VOYAGE AU CENTRE DE LA HP48 G/GX

VOYAGE AU CENTRE DE LA HP48 G/GX

Paul COURBIS

Première édition : Septembre 1993
Deuxième édition : Juillet 1994
Troisième édition : Décembre 2000

Présente édition : février 2019
avec l'aimable autorisation des éditions Angkor

Certaines parties de cet ouvrage sont basées sur des extraits de "Voyage au centre de la HP48 s/sx" de Paul COURBIS et Sébastien LALANDE, éditions Angkor, Paris.

Du même auteur :

Voyage au centre de la HP28 c/s
Voyage au centre de la HP48 s/sx
Le compagnon de voyage de la HP48 g/gx

Parmi toutes les personnes qui ont contribué, directement ou indirectement, à la réalisation de cet ouvrage, je tiens à remercier tout particulièrement ma famille pour l'aide et le soutien qu'elle m'a apportés, Xavier BOUCHET, Christian BOURGEOIS, Cyrille de BREBISSON pour ses programmes PAR5LM, ARKA, SPRITE et GVIEW, Christian CHAFFARD, Bernard CHALLIOL, Ray DEPEW, Douglas R. CANNON, Stéphane DOAT pour ses programmes ASCLOAD, CHOOSER et SCROLLER, Christophe DUPONT DE DINECHIN pour son programme μSOLVER et ses judicieuses remarques, Etienne de FORAS pour ses bonnes adresses, Luc FAUCHEUR pour sa contribution aux programmes mathématiques, Wlodek MIER-JEDRZEJOWICZ pour son article sur les clubs HP dans le monde, Dominique MOISESCU pour son programme SSAG, "NESOPE" pour la conception de la couverture, Christophe NGUYEN pour ses programmes CIRCLE et BANNER, Jean TOURRILHES, la société MAUBERT ELECTRONIC, tous les membres du groupe comp.sys.hp48 ainsi que toutes les personnes qui ont contribué par leurs remarques et leurs conseils à la réalisation de cet ouvrage…

Note au
lecteur

Cet ouvrage s'adresse à la fois aux néophytes et aux programmeurs expérimentés : il comprend des chapitres d'initiation à l'utilisation "classique" de la HP48 ainsi que des explications permettant d'accéder à des ressources non révélées par le constructeur...

Il a un double but : expliquer comment accéder à toutes ces ressources et servir de boîte à outils.

Il est divisé en quatre parties :

- Une première partie qui familiarise le lecteur avec les principes de base de la HP48 : notation polonaise inversée, utilisation de la pile, langage de programmation... Des exercices corrigés sont proposés ;

- Une deuxième partie qui présente de manière progressive les ressources cachées de la HP48 sous une forme claire, accessible à tous et émaillée de nombreux exercices (corrigés en annexe) ; ce cours d'initiation au langage-machine pourra ensuite servir de manuel de référence pour le programmeur ;

- Une bibliothèque de plus de 100 programmes variés prêts à l'emploi. Jeux, programmes mathématiques, utilitaires divers, programmes musicaux (...) sont au rendez-vous !

- Une série d'annexes contenant des documents de référence pour le programmeur (liste exhaustive des messages d'erreur, liste complète des instructions...).

Il est important de noter que les différences entre les HP48 G et GX sont prises en compte dans cet ouvrage : tous les programmes, schémas et autres informations, (à l'exception de ce qui concerne les modules-mémoire, uniquement utilisables avec les HP48GX), sont indépendants du type de machine possédée.

Maintenant c'est à vous ! Je vous souhaite une agréable lecture !

Note au lecteur

Table
des matières

Première partie
La HP48

**Les principes de base de l'utilisation de la HP48
comme le constructeur les décrit...**

                En guise d'entrée : comment s'y retrouver
                parmi toutes les inscriptions présentes sur
                cette machine...

                Les principes de base de cette notation,
                accompagnés d'exemples et d'exercices...

Deuxième partie
Le langage-machine

Les ressources cachées de la HP48 :
Comment faire plus que ce que Hewlett-Packard a prévu...

Troisième partie
Bibliothèque de
programmes

**Toute une collection de programmes
utiles et prêts à l'emploi...**

Programmes concernant le langage-machine

Programmes mathématiques

Jeux

Programmes divers

Annexes

**Réponses aux exercices, documents de
référence pour le programmeur
glossaire et index...**

> Toutes les réponses aux exercices posés
> dans les deux premières parties du livre...

> Quelques informations utiles : comment
> déterminer la version de sa machine, que faire
> en cas de graves problèmes...

> Une explication détaillée de notions chères
> aux informaticiens : hexadécimal, binaire, bits,
> quartets, octets...

> Quelques programmes en langage-machine
> tout faits...

Table des matières

Première partie

La HP48

Introduction

Vous avez entre les mains une des meilleures machines à calculer du marché, si ce n'est la meilleure...

Elle diffère des autres machines du commerce car elle est beaucoup plus complexe du point de vue matériel, bien plus simple du point de vue de l'utilisateur, et peut vous permettre de résoudre des problèmes d'une haute complexité.

Étant donné le nombre incroyable de fonctions internes et leur puissance, il a fallu élaborer un système d'utilisation très puissant, pour que tout le monde puisse s'en servir, du mathématicien émérite, à l'informaticien le plus compétent, en passant par les physiciens, les statisticiens (...) mais aussi par ceux qui n'entendent rien à tous ces domaines.

L'utilisation de cette machine étant bien différente de celle des calculatrices habituelles, elle apparaît souvent au premier abord comme compliquée alors qu'en réalité c'est certainement la plus simple qui soit. Ce n'est qu'une question d'habitude et en quelques jours, avec un peu de pratique, vous deviendrez un virtuose de la HP48...

Les chapitres de cette première partie sont consacrés à une vision générale de l'utilisation standard de la machine : quelques trucs à savoir, comment faire des programmes simples, comment s'organiser...

Mais attention : ces quelques informations ne peuvent en aucun cas se substituer aux manuels fournis par Hewlett-Packard ! Le but de cette partie n'est que de vous présenter les capacités de votre machine, de manière à vous faciliter la lecture de ces manuels...

En fait, la HP48 permet de faire beaucoup plus de choses que ce que Hewlett-Packard présente dans ses manuels : grâce au langage-machine il est possible d'accéder à de nouvelles ressources, de réaliser des programmes infiniment plus rapides...

C'est pourquoi une deuxième partie vous apprendra, de manière très didactique, abordable par les programmeurs de tous niveaux,

---

ce qu'est la programmation en langage-machine et vous décrira la structure interne de la HP48...

Si vous ne connaissez rien au langage-machine ou à l'assembleur voici une bonne occasion de commencer à programmer dans ces langages...

Mais avant de passer à cela, il convient de bien connaître l'utilisation normale de la machine !

Pour vous aider dans cet apprentissage, des exemples de programmes, depuis des programmes élémentaires jusqu'à des programmes complexes, sont donnés en troisième partie (bibliothèque de programmes).

En les utilisant et en les modifiant au gré de votre imagination, vous serez très rapidement capable de faire vous-même des programmes sophistiqués...

Première approche
de la HP48

Votre machine est sous vos yeux, elle est tapissée de boutons et d'inscriptions turquoises, violettes et blanches qui ne signifient pas grand chose à première vue...

NON ! Ne partez pas en courant ! C'est comme un sapin de Noël : à première vue ça fait fouillis, mais si on s'y arrête quelques instants, on s'aperçoit que les décorations ont été placées judicieusement, que chacune est à sa place, et que son créateur n'a pas travaillé à la légère, bien au contraire.

Dites-vous bien que bientôt vous arriverez à maîtriser l'ensemble et trouverez cela génial...

Avant toute chose, comme chaque appareil électrique, la HP48 a besoin de courant. Vérifiez donc que les trois piles électriques se trouvent bien dans le compartiment (au dos de la machine en bas) et dans le bon sens (la pile du haut et celle du bas ayant le "plus" vers la gauche, celle du milieu l'ayant vers la droite).

I) Le clavier

La deuxième chose à faire est de la mettre en marche. Jusque-là tout est simple, il suffit d'appuyer sur le bouton [ON] qui est la première touche en bas à gauche (c'est écrit en blanc).

Au-dessus (c'est-à-dire dans la direction de l'écran à cristaux liquides) se trouvent deux touches [↱] (turquoise) et [↰] (violette).

Les inscriptions blanches inscrites sur la touche correspondent en général à l'action d'un simple appui sur la touche.

Les inscriptions turquoises au-dessus d'une touche correspondent à l'appui de [↱] (turquoise) suivi de l'appui de cette touche. De même les inscriptions violettes correspondent à un appui de [↰] suivi d'un appui sur cette touche.

Ainsi [↱] [STO] exécute la commande RCL (qui comme nous le verrons plus tard effectue un ReCaLl, c'est-à-dire rappelle le contenu d'une variable).

Au-dessus de [↰] se trouve la touche [α].

Si vous appuyez une seule fois sur [α] la prochaine touche appuyée correspondra à une lettre (celle inscrite en blanc à droite de certaines touches).

Par exemple, [α] puis [SIN] donnera la lettre "S", alors qu'un simple appui sur [SIN] exécutera la fonction sinus.

Pour rester en mode alphabétique, il convient d'appuyer deux fois de suite sur [α].

Pour sortir de ce mode, il suffit d'appuyer une autre fois sur [α].

Ainsi, pour taper 'AB' il faut appuyer consécutivement sur les touches : ['] [α] [α] [A] [B] [ENTER].

II) L'écran

Il est divisé en 3 parties :

- Au-dessus de la barre horizontale se trouve l'état de la machine. Vous y trouverez entre accolades ({ }) le répertoire courant (voir chapitre 3 pour vous familiariser avec l'arborescence).

  Peuvent s'y trouver aussi de petits chiffres (1, 2, 3, 4, et 5) indiquant l'état de certains indicateurs de la machine, l'indication du mode de mesure des angles (RAD, pour le mode "radians", ou GRAD, pour le mode "grades", rien n'apparaissant en mode "degrés") ainsi que la date et l'heure.

- En dessous, séparées de la première zone par une barre horizontale, sont affichées 4 lignes :

```
4 :
3 :    "Voyage au centre ...
2 :              456789
1 :                 123
```

Il s'agit de l'affichage de la pile (voir le chapitre 2).

- Enfin, la troisième zone représente le "menu" courant qui est constitué de 6 cases noires dans lesquelles se trouvent des noms évoquant la fonction des 6 touches blanches situées juste en dessous (première rangée du clavier).

Ainsi la touche blanche [ ]A engendre-t-elle la fonction dont le nom figure sur la première case du menu (en bas à gauche de l'écran) et ainsi de suite pour les suivantes.

Une case surmontée d'une petite barre horizontale correspond à l'accès à un sous-menu.

Ces notions de menus et de sous-menus seront revues dans le chapitre 3...

Ainsi, si vous appuyez sur "MTH", cela conduira à afficher le menu des fonctions mathématiques, regroupées en sous-menus : "VECTR", "MATR", "LIST", "HYP", "REAL", "BASE". Il est possible de sélectionner un sous-menu par appui sur la touche située immédiatement en dessous. Ainsi appuyer sur [ ]E permettra d'avoir accès aux fonctions mathématiques concernant les réels : "%", "%CH", "%T", "MIN", "MAX", "MOD"... Appuyer alors sur la touche [ ]D revient à exécuter la fonction MIN (calcul du minimum de deux réels pris dans la pile)...

Cette première vision de la HP48, orientée vers l'aspect physique de la machine, est maintenant terminée.

Nous allons à présent entrer dans le monde merveilleux de l'utilisation de cette fantastique machine...

Exercices :

A-1-1 : Quelle séquence de touches doit-on utiliser pour accéder à "=" ?

A-1-2 : Même question pour "RCL".

La notation
polonaise inversée

La HP48 utilise un mode de calcul appelé "la notation polonaise inversée" (en anglais Reverse Polish Notation, RPN) qui repose sur le principe de pile.

Définissons tout d'abord le principe de pile...

I) La pile

Imaginez une pile d'assiettes... La seule assiette accessible à un instant donné est celle du dessus (la première).

La HP48 stocke les données temporaires de la même manière : elle les empile... Et vous les montre à l'écran (du moins pour les 4 dernières entrées) précédées de leur numéro d'ordre (1 :, 2 :, 3 : et 4 :). Évidemment cela ne ressemble plus trop à notre pile d'assiettes puisque la première est celle du bas... Mais le principe reste le même !

Suivant le principe de pile, seule la donnée au niveau 1 (la plus en bas de l'écran) est disponible... Heureusement il existe des commandes permettant d'influer sur l'ordre des éléments ! Mais avant de les étudier, apprenons à placer des données dans cette fameuse pile...

La HP48 gère plusieurs types de données (réels, entiers, chaînes de caractères, noms, programmes, équations, objets graphiques, etc...). Chacun de ces types d'éléments est susceptible d'être placé dans la pile.

Pour cela, il suffit de taper l'intitulé de l'objet et de presser [ENTER] qui valide cette entrée.

Par exemple, pour placer le réel 123 dans la pile, il suffit de taper la séquence de touches : [1] [2] [3] [ENTER].

L'écran change alors d'aspect, et sa partie centrale présente un affichage du type suivant :

```
4 :
3 :
2 :
1 :                    123
```

Cela signifie que la pile contient un élément, 123, placé au niveau 1...

Remarque : la HP48 n'affiche que les quatre premiers niveaux de la pile, mais celle-ci peut être beaucoup plus importante (limitée seulement par la mémoire disponible).

II) Calculer en RPN

Les différentes fonctions de la HP48 (addition, soustraction...) vont donc devoir prendre leurs données dans la pile... Et leur résultat ? Très logiquement elles le remettent dans cette pile !

Ce style de notation est souvent déroutant pour l'utilisateur débutant habitué à la notation standard. Mais avec l'usage il se rendra vite compte qu'elle est plus performante. En particulier, elle évite l'usage de parenthèses, car la pile sert au stockage des données intermédiaires : par exemple pour calculer (2+3)*(4+5), on effectuera les commandes suivantes :

- On part de la pile vide (si elle ne l'est pas, utilisez la commande CLR ([↤] [DEL], ou si aucune commande n'est en cours d'édition : [DEL], tout simplement) qui la nettoie, et que nous reverrons bientôt). L'affichage central est alors :

```
4 :
3 :
2 :
1 :
```

- [2] [ENTER] La pile est alors :

```
4 :
3 :
2 :
1 :                      2
```

- [3] [ENTER] La pile est alors :

```
4 :
3 :
2 :                    2
1 :                    3
```

Remarquez que le "3" a poussé le "2" au deuxième niveau, ce qui est normal puisque la nouvelle "assiette du dessus" est "3"...

- [+] qui réalise l'addition :

```
4 :
3 :
2 :
1 :                    5
```

- [4] [ENTER] La pile est alors :

```
4 :
3 :
2 :                    5
1 :                    4
```

- [5] [ENTER] La pile devient :

```
4 :
3 :                    5
2 :                    4
1 :                    5
```

- [+] qui donne :

```
4 :
3 :
2 :                    5
1 :                    9
```

- Et enfin [*], d'où le résultat :

```
4 :
3 :
2 :
1 :                   45
```

Nous n'avons eu aucune parenthèse à taper, et en plus nous avons pu contrôler les résultats intermédiaires (5 et 9)...

La seule chose à se rappeler est donc : une commande prend ses arguments (les données dont elle a besoin) dans la pile, et y replace ses résultats...

III) Gérer la pile

Nous avons vu que les commandes n'influaient que sur les premiers éléments de la pile, alors est-il impossible d'accéder aux autres ? Non, car tout est prévu : nous avons à notre disposition des commandes de gestion de la pile... En particulier nous disposons au clavier des commandes suivantes :

- SWAP ([↰] [▶], ou lorsqu'on n'est pas en mode édition de ligne : [▶]) qui échange les deux premiers éléments de la pile (niveaux 1 et 2). Par exemple :

```
4 :
3 :
2 :                    2
1 :                    1
```

donnera après SWAP :

```
4 :
3 :
2 :                    1
1 :                    2
```

- DROP ([↰] [←], ou lorsqu'on n'est pas en mode édition de ligne : [←]) qui enlève l'élément au niveau 1. Ainsi :

```
4 :
3 :                    3
2 :                    2
1 :                    1
```

donnera :

```
4 :
3 :
2 :                    3
1 :                    2
```

- CLR ([←] [DEL], ou lorsqu'on n'est pas en mode édition de ligne : [DEL]) qui vide la pile. Appliquée à une pile quelconque, il conduira à :

```
4 :
3 :
2 :
1 :
```

Mais il en existe d'autres : elles sont accessibles par le menu STACK (appuyer sur [←] puis [↑], première touche de menu, et n'oubliez pas, les menus s'affichent par pages de six fonctions et deux commandes permettent de passer de page en page : NEXT, [NXT], et PREVIOUS, [←] [NXT]). Ces commandes de gestion sont :

- OVER réalise une copie de l'élément au niveau 2 :

```
4 :
3 :
2 :            123
1 :            456
```

conduira à :

```
4 :
3 :            123
2 :            456
1 :            123
```

- ROT effectue une rotation des 3 premiers éléments de la pile :

```
4 :
3 :              3
2 :              2
1 :              1
```

donnera :

```
4 :
3 :              2
2 :              1
1 :              3
```

Cette instruction permet de récupérer un objet situé au niveau 3 de la pile sans le dupliquer (contrairement à PICK, instruction présentée page suivante).

- ROLL est une fonction similaire, mais qui prend un argument (au niveau 1 de la pile) correspondant au nombre d'éléments à traiter. Ainsi 1 ROLL ne fait rien (si ce n'est utiliser le réel 1 pris au premier niveau de la pile), 2 ROLL correspond à SWAP, 3 ROLL à ROT...

- ROLLD fonctionne comme ROLL mais effectue une rotation dans le sens inverse (le premier objet "remonte" au dernier niveau).

Par exemple, si la pile contient les trois réels 4, 5 et 6 aux niveaux 4, 3 et 2 et l'argument 3 au niveau 1 :

```
4 :                          4
3 :                          5
2 :                          6
1 :                          3
```

Alors ROLLD donnera :

```
4 :
3 :                          6
2 :                          4
1 :                          5
```

(ne pas oublier que ROLLD prend un argument, ici 3).

- PICK prend aussi un argument dans la pile. Elle considère alors qu'il s'agit d'un numéro de niveau et copie l'élément qui s'y trouve. Ainsi 1 PICK correspond à DUP, 2 PICK correspond donc à OVER.

Exemple : si la pile contient les quatre valeurs suivantes :

```
4 :                  123456789
3 :                          1
2 :                          1
1 :                          3
```

alors PICK donnera :

```
4 :                  123456789
3 :                          1
2 :                          1
1 :                  123456789
```

(ne pas oublier que PICK prend un élément dans la pile, ici le réel 3).

- **DEPTH** renvoie le nombre d'éléments dans la pile, c'est-à-dire le nombre d'étages occupés. Si la pile est vide on obtiendra donc 0. Exemple :

```
4 :
3 :
2 :                    33333
1 :                    44444
```

donnera :

```
4 :
3 :                    33333
2 :                    44444
1 :                        2
```

(il y avait 2 éléments dans la pile).

- **DUP** duplique l'élément au niveau 1 :

```
4 :
3 :
2 :                        2
1 :                        1
```

donne :

```
4 :
3 :                        2
2 :                        1
1 :                        1
```

- **DUP2** duplique les 2 premiers éléments de la pile. Ainsi :

```
4 :
3 :
2 :                        2
1 :                        1
```

donnera :

```
4 :                        2
3 :                        1
2 :                        2
1 :                        1
```

- DUPN est une généralisation de DUP et DUP2 : elle prend un argument (n) et duplique les n premiers éléments de la pile. Ainsi 1 DUPN correspond à DUP et 2 DUPN à DUP2.

- DROP2 ôte les deux premiers éléments de la pile :

```
4 :
3 :                    3
2 :                    2
1 :                    1
```

donnera :

```
4 :
3 :
2 :
1 :                    3
```

- DROPN est une généralisation de DROP et DROP2. Elle prend un argument dans la pile (n) et ôte les n premiers éléments de la pile (non compris l'argument de DROPN qui a déjà été pris par la commande). 1 DROPN correspond à DROP, 2 DROPN à DROP2...

Cette revue des commandes de gestion de la pile est terminée. Comme vous pouvez le constater, le jeu de commandes mis à votre disposition est très complet...

Exercices :

A-2-1 : Calculer 5/((3+1)*(9-5))

A-2-2 : Si la pile contient :

```
4 :
3 :                    3
2 :                    2
1 :                    1
```

comment arriver à :

```
4 :
3 :                    1
2 :                    2
1 :                    3
```

A-2-3 : Que calcule la séquence de touches suivante ?

[5] [ENTER] [3] [*] [1] [1] [-] [4] [/] [1] [-] [COS]

Quel en est le résultat ?

Bien organiser
ses données

La HP48 est un véritable petit ordinateur, et à ce titre elle doit être capable de stocker des données. Celles-ci peuvent être de différents types : réels, entiers, programmes, listes...

Elles peuvent se regrouper en deux familles : données internes (fonctions préprogrammées...) et données utilisateur (celles que vous entrerez dans votre machine).

Toutes ces données apparaissent soit sous la forme d'objets dans la pile (partie centrale de l'écran), soit sous forme d'entrées dans les menus...

I) Menu

Il existe deux types de menus : les menus de fonctions internes et les menus utilisateur. Dans ces derniers, vous verrez apparaître vos propres données. Un menu est une série d'objets accessibles par leurs noms, mis en correspondance avec les six touches du haut du clavier.

S'il y a plus de 6 objets, les autres apparaîtront si l'on fait défiler la liste grâce à [NXT] (NEXT, page suivante, c'est-à-dire les six cases suivantes) et [←] [NXT] qui est PREV (PREVIOUS, page précédente).

Ainsi : [←] [VAR] (MEMORY) vous amène dans le menu MEMORY qui rassemble l'ensemble des fonctions internes assurant la gestion de la mémoire. Si vous appuyez sur [ ]A (au-dessous de MEM, en bas à gauche de l'écran), la machine renvoie une valeur dans la pile (partie centrale de l'écran). L'affichage ressemblera à :

```
4 :
3 :
2 :
1 :                    26173.5
```

Lorsque vous avez appuyé sur la touche [ ]A, la HP48 a reconnu que vous désiriez exécuter l'objet MEM et a répondu à votre demande. Cette fonction renvoie la mémoire libre (c'est-à-dire la place qui reste à votre disposition). Cette valeur est exprimée en octets (voir l'annexe "Binaire, hexadécimal et autres barbaries...").

Si vous appuyez sur [NXT], vous pourrez accéder aux autres fonctions du menu MEMORY...

Remarque : cette promenade dans le menu est cyclique : si, arrivé à la dernière page de menu, vous appuyez encore sur [NXT], vous vous retrouverez à la première page...

Autre exemple : [MTH] vous met dans le menu MATHS qui se décompose en 2 pages ressemblant à :

```
1 :   [VECTR]  [MATR]   [LIST]   [HYP]    [REAL]   [BASE]

2 :   [PROB]   [FFT]    [CMPL]   [CONS]   []       []
```

Les pages 1 et 2 s'enchaînent dans cet ordre avec NXT et dans l'ordre inverse avec PREV.

Au-dessus des labels des touches, se trouvent de petites barres qui signifient que si vous appuyez sur la touche correspondante, vous aurez accès à un menu, sous-menu du premier.

Cette structure peut se décrire par un arbre...

II) L'arborescence des menus

Pour expliquer ceci nous utilisons la notion d'arbre.

Le menu principal (le premier) s'appelle la racine. Dans cette racine on voit des cases "normales" et éventuellement d'autres qui possèdent une petite barre sur le dessus :

    case "normale"   sous-menu

Ces cases "spéciales", correspondant à des sous-menus, sont des branches qui partent vers d'autres menus.

Au bout de chaque branche se trouve un nouveau menu qui est sous-menu de la racine. Par exemple, pour le menu PROGRAM ([PRG]), on a l'arborescence suivante (représentée partiellement) :

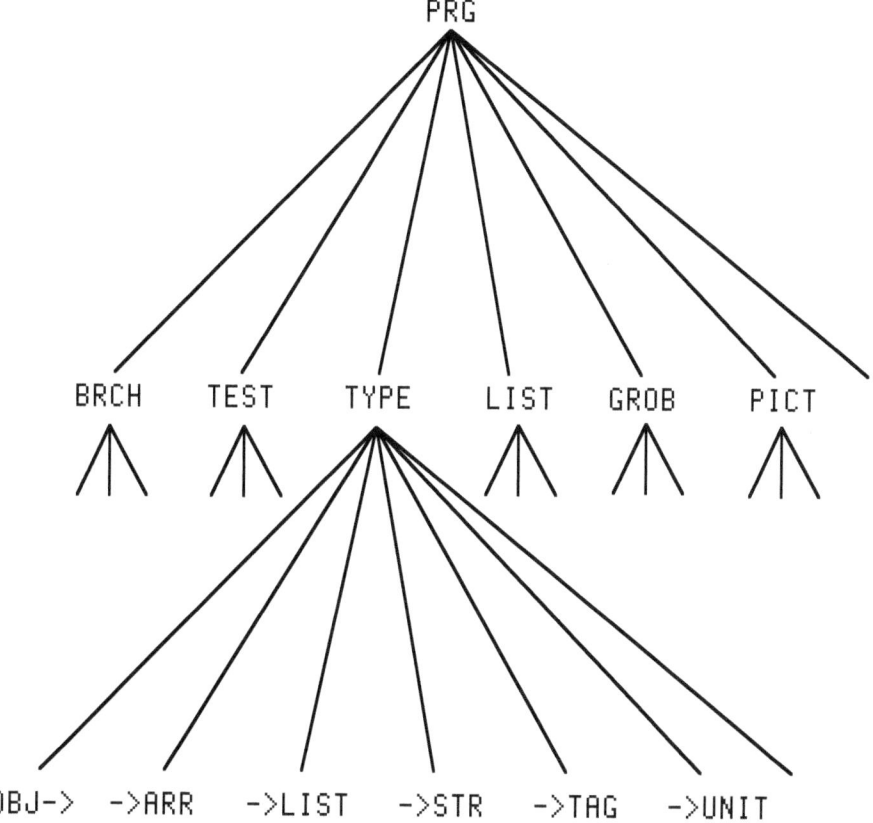

Ces sous-menus peuvent eux-mêmes avoir des sous-menus en plus des données qu'ils contiennent et ainsi de suite.

Pour nommer les menus les uns par rapports aux autres, on parle de menu-père et de menu-fils. Ce sont deux menus reliés par une branche, le père est celui le plus proche de la racine, le fils est celui le plus éloigné...

III) Le menu "VAR"

Le menu "VAR" est votre menu. C'est là que vous pouvez stocker vos données, créer vos propres sous-menus...

La racine du menu VAR a un nom particulier : HOME. Pour descendre dans un sous-menu, il suffit d'appuyer sur la touche

---

correspondante à une case de menu (avec la petite barre au-dessus) ou de taper son nom.

Pour revenir au menu-père, il suffit de faire faire [←] ['] (UP).

Et pour revenir directement à la racine : [→] ['] (HOME).

On appelle menu VAR courant, le menu dans lequel nous nous trouvons à un instant donné.

Pour stocker une donnée, il suffit de la mettre dans la pile, de rentrer un nom (suite de caractères entre ') et de le STOcker...

Exemple : 512 [ENTER] (place le réel 512 dans la pile), puis :

['] [α] [α] [A] [B] [C] [ENTER]

L'écran ressemblera alors à :

```
4 :
3 :
2 :                    512
1 :                   'ABC'
```

Tapez [VAR] (pour vous placer dans votre menu) puis [STO] (pour stocker le réel). [ABC] apparaît à gauche (au début) du menu courant...

Pour rappeler la donnée, il suffit de faire ['] [α] [α] [A] [B] [C] [ENTER] [→] [STO].

Vous pouvez aussi faire [→] [ABC] où [ABC] est la touche du menu correspondant à ABC. De même si [ABC] existe déjà dans le menu pour stocker quelque chose sous le même nom (ce qui efface l'ancienne donnée), il suffit de mettre dans la pile le nouveau contenu et de faire [←] [ABC].

Si le contenu d'une case de menu n'est pas un programme, vous pouvez rappeler son contenu en appuyant simplement sur la touche correspondante. Ainsi pour rappeler le réel 512 précédemment stocké, suffit-il d'appuyer sur la touche [ABC]...

Vous pouvez créer un sous-menu avec la fonction [CRDIR] dans le menu MEMORY en tapant un nom (par exemple 'DIREC'), puis en appuyant sur la touche [CRDIR] (par la séquence de touches : [←] [MEMORY] [DIR] [CRDIR]).

Grâce à cette possibilité de créer des sous-menus, vous pourrez regrouper vos différentes données par affinités.

Par exemple, si vous entrez dans votre machine des programmes de mathématiques, des programmes en langage-machine et des programmes de jeux, vous aurez tout intérêt à créer 3 sous-menus dans le menu HOME : 'MATHS', 'LM', et 'JEUX'.

Vous placerez dans chacun d'eux les données correspondantes, ce qui vous permettra de les retrouver facilement...

Trois autres commandes sont importantes à connaître dans le cas du menu VAR : il s'agit de UPDIR ([←] [']) qui permet de remonter d'un étage dans l'arborescence de VAR (pour passer du menu-fils au menu-père), HOME ([→][']) qui permet de remonter directement à la racine de VAR. Enfin, la commande PATH (dans le sous menu DIR du menu MEMORY: [←][VAR][E][A]) permet de savoir où l'on se trouve dans l'arborescence de VAR. Cette commande renvoie une liste contenant la suite des noms des menus (le premier élément est donc toujours HOME).

Exercices :

A-3-1 : Créer un sous-répertoire EXO du menu HOME regroupant trois variables A B et C, contenant respectivement les réels 1 2 et 3.

A-3-2 : Combien de sous-menus contient le menu MTH ?

La programmation
de la HP48

Jusqu'à présent, nous avons utilisé diverses commandes de la HP48.

Il est possible de créer ses propres commandes en utilisant ces dernières.

La HP48 ne possède pas seulement des commandes de base, mais un véritable langage de programmation...

Ce langage s'appelle le RPL (Reverse Polish Lisp ou Lisp Polonais Inversé)... Pourquoi ce nom étrange ? Parce que ce langage dérive d'un autre, le LISP ("LISt Processor" ou "Lot of Insane and Stupid Parenthesis" selon les auteurs).

Ce langage, très puissant et utilisé en intelligence artificielle, est malheureusement assez difficile d'emploi du fait de sa syntaxe : chaque commande de base s'écrit entre parenthèses... D'où une profusion de "(" et de ")" dans les programmes, ce qui les rend peu lisibles...

Mais la notation polonaise inversée, comme nous l'avons vu, permet de se passer de parenthèses...

Le RPL était né !

Ce langage gère des objets... Ce terme peut paraître assez vague, et c'est bien son but ! En effet la HP48 fait le moins de distinctions possibles sur le type des entités qu'elle manipule : la fonction utilisée est générique et s'adapte au cas particulier qui lui est proposé...

Ainsi, c'est le même "+" qui servira à additionner deux réels, deux entiers, deux matrices mais aussi un réel à un entier, une chaîne de caractères à une liste...

Grâce à cette aptitude de la fonction à s'adapter, il est possible de réaliser facilement des programmes complexes, qui, dans la plupart des cas, seront eux aussi génériques...

Par exemple : si la pile contient les réels 2 et 3, respectivement aux niveaux 2 et 1 :

```
4 :
3 :
2 :              2
1 :              3
```

appuyer sur + conduira à :

```
4 :
3 :
2 :
1 :              5
```

Ce qui est bien le résultat de 2+3...

Si vous y mettez les deux chaînes de caractères "ABC" et "DEF" (par [↱] ["] [α] [α] [A] [B] [C] [ENTER], pour "ABC", et de manière similaire pour la seconde chaîne) :

```
4 :
3 :
2 :          "ABC"
1 :          "DEF"
```

Alors "+" réalisera l'addition (ou plus exactement la concaténation) des deux chaînes et la pile sera alors :

```
4 :
3 :
2 :
1 :        "ABCDEF"
```

La commande s'est donc bien adaptée aux types des arguments qui lui sont fournis...

Les concepts de base du Reverse Polish Lisp étant fixés, nous allons maintenant étudier les méthodes de programmation de la HP48...

I) Méthodes

Comme nous l'avons vu, un programme est un groupe de commandes ; dans le cas du RPL, ce groupe de commandes est signalé par deux symboles : « et ».

Un programme en RPL est donc une suite de commandes mises entre « et ».

Prenons un exemple :

Pour calculer la puissance cubique d'un réel, nous taperions le réel (par exemple [7] [7] [7] [ENTER]) puis la séquence suivante :

[3] [y^x]

Mais si nous avions beaucoup de cubes à calculer, il serait intéressant d'automatiser cette procédure. Nous allons pour cela créer le programmes CUBE1...

Comme nous l'avons vu, un programme est une suite de commandes délimitée par deux caractères spéciaux : « et ».

Tapons donc le programme...

Remarque : en cas de faute de frappe, la touche "←" permet d'effacer le caractère à gauche du curseur. En cas de faute grave, appuyer sur [ON] effacera tout ce que vous avez tapé (sans détruire le contenu de la pile).

- Pour commencer un programme, il faut un caractère spécial. Celui-ci s'obtient grâce à la séquence [←] [-]. Comme vous l'avez remarqué, le caractère réciproque (») s'affiche lui aussi. L'écran ressemble alors à :

```
2 :
1 :
«
»
```

  et un curseur clignote à droite du "«". C'est là que vos prochains caractères vont apparaître...

- La première commande à effectuer est de placer 3 dans la pile, tapons donc [3] puis un espace ([SPC]) qui servira de séparateur...

- La seconde est y^x, appuyons donc sur cette touche...
Surprise, ce n'est pas "y^x" qui s'affiche mais le symbole
"^". Ce symbole signifie lui aussi "mise à la puissance".

Notre écran est alors :

```
2 :
1 :
« 3 ^
»
```

Avec le curseur à droite de "^"...

- Notre programme est terminé, il ne reste plus qu'à le
valider en tapant [ENTER]. L'écran sera alors :

```
4 :
3 :
2 :
1 :                          « 3 ^ »
```

Le programme est maintenant dans la pile, c'est le
premier objet puisqu'il se trouve au niveau un...

Nous pourrions exécuter le programme en tapant [EVAL], mais
cela nous conduirait à une erreur (puisque la pile ne contient pas
assez de données) et nous perdrions le programme (une fois
exécuté, il disparaîtrait de la pile). Nous allons donc le stocker dans
une variable :

['] [α] [α] [C] [U] [B] [E] [1] [ENTER] [STO]

Si maintenant vous appuyez sur la touche [VAR], vous devez voir
"CUBE1" dans la case de gauche du menu... C'est votre programme !

Maintenant mettez un nombre dans la pile, appuyez sur [VAR] si
vous ne l'avez pas déjà fait, appuyez sur la touche correspondant à
CUBE1, le nombre dans la pile sera alors mis au cube en appuyant
sur une seule touche au lieu de trois !

Il existe d'autres manières d'effectuer le calcul. En voici quelques-
unes présentées comme tous les programmes de la bibliothèque
(partie 3 de ce livre) :

CUBE2 (# D649h)
```
«
   DUP DUP * *
»
```

CUBE3 (# E4F0h)
```
«
   → A
   «
     A A * A *
   »
»
```

CUBE4 (# 4526h)
```
«
   → A
   'A*A*A'
»
```

Ce listing s'interprète de la manière suivante :

- En caractères gras, se trouve le nom de l'objet ;

- A côté du nom, entre parenthèses, se trouve la valeur du checksum de l'objet, qui permet de vérifier que ce dernier a été correctement entré (pour calculer ce checksum, placer le nom de l'objet dans la pile, par exemple 'CUBE2' et exécuter la fonction BYTES ([←] [MEMORY] [BYTES]). Celle-ci renvoie deux valeurs : la valeur du checksum et la taille de l'objet. Le checksum est ici donné en hexadécimal, il faut donc se placer dans ce mode, par HEX, pour effectuer la comparaison) ;

- Dessous, jusqu'au nom suivant, se trouve le listing de l'objet, c'est-à-dire l'aspect qu'il aura une fois tapé.

Pour entrer ces objets il faut donc :

- Entrer l'objet lui-même (comme nous l'avons fait pour CUBE1) et le mettre dans la pile (en le validant par [ENTER]) ;

- Mettre son nom dans la pile ;

- Taper [STO].

Quelques remarques sur les quatre programmes :

- CUBE1 utilise la fonction interne déjà programmée : la puissance notée "^" qui prend deux arguments dans la pile : un réel et la puissance à laquelle vous voulez l'élever. CUBE1 s'occupe de mettre la puissance dans la pile (3), c'est à vous de spécifier le réel...

- CUBE2 utilise la pile. La fonction DUP duplique le niveau 1 de la pile (ce qui est très rapide comme toutes les fonctions de manipulation de pile). L'utilisation de deux "DUP" permet d'obtenir 3 exemplaires de l'objet dans la pile, que l'on multiplie ensuite entre eux. Par exemple, si l'utilisateur lance 'CUBE2' sur la pile :

```
4 :
3 :
2 :
1 :                    5
```

Après le premier DUP on aura :

```
4 :
3 :
2 :                    5
1 :                    5
```

Après le second :

```
4 :
3 :                    5
2 :                    5
1 :                    5
```

Après la première multiplication :

```
4 :
3 :
2 :                    5
1 :                   25
```

Après la seconde :

```
4 :
3 :
2 :
1 :                  125
```

Ce qui est bien le cube de 5...

- CUBE3 utilise le concept de "variable locale".

Nous avons déjà vu ce qu'était une variable lorsque nous avons stocké des objets. Une variable locale est une variable qui présente la particularité de n'être visible que par le programme dans lequel elle est déclarée.

Pour créer une telle variable on utilise le symbole "→" suivi de un ou plusieurs noms de variables puis d'un "«" qui signifie que la liste de noms s'arrête là.

Cela va créer, pour la partie de programme entre "«" qui suit et le "»" correspondant, les variables correspondantes, en utilisant les valeurs qui étaient dans la pile ; dans cette partie du programme toute utilisation du nom d'une de ces variables rappellera la valeur qu'elle a prise par "→".

Quelques remarques :

- "→" conserve l'ordre d'empilage : si la pile contient 5 au niveau 2 et 42 au niveau 1, la séquence "→ A B" placera 5 dans la variable A et 42 dans la variable B...

- Si une variable locale a le même nom qu'une autre variable, c'est le contenu de la variable locale la plus proche qui est utilisé. Par exemple dans le cas du programme :

   « 1 → A « 2 → A « A » » »

   On place 1 dans une première variable locale A, puis 2 dans une variable locale de même nom, alors, lors de l'utilisation de A, c'est la valeur 2 qui sera utilisée...

- Les variables locales auront nécessairement toutes disparu lorsque le programme se terminera (normalement, par erreur ou par interruption) ;

- Par opposition aux variables locales, qui ne sont visibles que localement, on parlera de variables globales à propos des variables du menu VAR, celles-ci étant visibles de partout...

• CUBE4 est semblable à CUBE3 mais au lieu de faire suivre "→ A" par un objet programme on le fait suivre par une expression algébrique qui joue le même rôle.

CUBE1 est le plus court mais si l'utilisateur oublie de mettre une donnée dans la pile, il obtiendra non seulement un message d'erreur "^ Error : Too Few Arguments", mais aussi l'apparition d'un 3 dans la pile ce qui n'est pas très "propre"...

Au contraire les autres programmes commencent par une fonction qui teste la présence d'un objet dans la pile avant toute autre chose...

En fait, c'est le programme suivant :

```
CUBE (# C875h)
«
   → A
   'A^3'
»
```

qui est le plus court et le plus performant, mais aussi le plus correctement programmé. Il est possible d'écrire un tel programme, grâce à l'existence d'une fonction interne "^". En règle générale, pour faire vos programmes, vous aurez à choisir parmi les méthodes de CUBE2 ou CUBE3, tout en sachant que :

- CUBE2 est le plus rapide.
- CUBE3 est bien programmé car il utilise des variables locales pour stocker les entrées et la pile pour les calculs, mais plus lent que CUBE2 car le rappel d'une variable locale est plus lent que l'exécution d'un DUP.

Il faut surtout éviter au maximum le genre de programme suivant :

```
«
   'A' STO A A * A * 'A' PURGE
»
```

Il est en effet très lent car il doit créer et détruire une variable globale, ce qui peut de plus écraser des données préexistantes (si une variable globale A existe déjà) et peut laisser des traces s'il est interrompu (la variable globale A peut subsister). Cependant avoir recours à un tel style de programmation est parfois nécessaire...

II) Variables et arborescence

Nous avons vu qu'une variable locale est une variable qui n'est visible que d'une partie bien définie d'un programme, qui apparaît au début de l'exécution de cette partie et qui disparaît à la fin.

Nous avons aussi vu qu'une variable globale est une donnée stockée dans le menu VAR ou dans un de ses menus-fils... Il est possible pour des variables de porter des noms identiques. En effet, on peut avoir des variables de même nom dans des menus utilisateur différents, ainsi que des variables locales...

Alors comment savoir quel contenu va être utilisé lorsqu'on appelle une variable ? Il suffit de savoir comment la HP48 recherche ce contenu :

- Première étape : elle recherche si une variable locale porte ce nom, en commençant par les variables les plus récemment crées ;

- Ensuite, si elle n'a pas trouvé, elle regarde dans le menu VAR courant si la variable existe. Si tel est le cas, elle prend le contenu. Sinon elle passe au menu-père, cherche à nouveau la variable et itère cette opération jusqu'à ce qu'elle la trouve où qu'elle atteigne le menu HOME.

- Si aucune variable correspondante n'a été trouvée, cela signifie que la variable n'existe pas et au lieu de prendre son contenu, la HP48 va utiliser le nom de celle-ci (variable mise entre "' ").

Cette capacité de la HP48 à gérer des variables locales permet une technique de programmation classique : la récursivité...

III) Récursivité

Il existe des problèmes mathématiques dits récursifs, c'est-à-dire qui se référencient eux-mêmes. Par exemple, le calcul de la valeur d'une fonction f en un point n peut être tel que :

- $f(n)=g(f(n-1))$ où g est une fonction connue et calculable ;
- il existe un nombre n_0 tel que $f(n_0)$ est connu et vaut f_0.

Nous sommes parfaitement capables de calculer f(n), pour n quelconque supérieur à n_0 puisqu'il suffit d'appliquer plusieurs fois la première formule à $f(n_0)=f_0$ connu, puis à $f(f(n_0))$, puis à $f(f(f(n_0)))$...

Inversement on peut dire : pour calculer f(n), je suppose f(n-1) connu et je fais mon calcul ; pour calculer f(n-1), je suppose f(n-2) connu et je fais mon calcul...

Calculons par exemple la fonction factorielle. Nous savons que :
- factorielle(n) vaut n*factorielle(n-1) ;
- factorielle de 0 vaut 1.

Pour calculer factorielle n, nous écririons donc :

- si n vaut 0 je sais faire, c'est 1 !
- si n est plus grand que 0, je dois d'abord calculer factorielle(n-1) et le multiplier par n...

Ce qui se programme directement :

```
FACTORIELLE (# 83DBh)
«
   → N
   «
      IF
         N 0 ==
      THEN
         1
      ELSE
         N 1 - FACTORIELLE N *
      END
   »
»
```

Explication du programme :

- On commence par prendre une valeur dans la pile et on la place dans la variable locale N ;
- On teste ensuite si N contient 0 :
  - si tel est le cas, "on sait faire" et on renvoie la valeur 1 (qui correspond à factorielle(1)) dans la pile...
  - sinon on commence par demander le calcul de factorielle(N-1) que l'on multiplie ensuite par le contenu de N.

Pour bien comprendre le fonctionnement d'un programme récursif, il faut garder à l'esprit que lorsqu'un programme "s'appelle lui-même", c'est une copie de ce programme qui est exécutée, copie qui n'a rien à voir avec le premier...

Regardons par exemple le calcul de factorielle(2). Pour calculer ce nombre nous aurons besoin de la valeur de factorielle(1) donc de factorielle(0) que l'on sait enfin calculer...

Trois copies de 'FACTORIELLE' vont donc s'enchaîner... Le tableau ci-contre permet de les observer...

	Copie 1	Copie 2	Copie 3
	C'est celle que l'on appelle avec la valeur 2 dans la pile : pour elle, N contient le réel 2...		
	N est différent de 0 : elle doit utiliser factorielle(1), elle place 1 (2-1) dans la pile et appelle factorielle.		
	Elle attend la réponse... et N vaut toujours 2 pour elle.	Factorielle est lancée avec 1 dans la pile... factorielle(1) ? On ne sait pas faire on doit donc appeler factorielle pour 1-1=0 !	
	Elle continue à attendre... N continue à valoir 2.	Elle aussi attend.	Factorielle est lancée, elle trouve 0 dans la pile... Elle sait faire et place 1 !
	Devinez quoi, elle attend encore. Pourquoi voudriez-vous que N change ?	On trouve le résultat dans la pile (1) on le multiplie par N (1) d'où le résultat : 1.	
	Ca y est, le résultat de factorielle (1) est arrivé, on le multiplie par N (2), d'où le résultat : 2.		

Déroulement du calcul de factorielle de 2

Calcul récursif de la factorielle de 2.

Le principe est le même quelle que soit la valeur du premier N. Le voici par exemple résumé pour 5 :

Copie 1	Copie 2	Copie 3	Copie 4	Copie 5	Copie 6
N=5, f(4)= ?					
N=5,...	N=4, f(3)= ?				
N=5,...	N=4,...	N=3, f(2)= ?			
N=5,...	N=4,...	N=3,...	N=2, f(1)= ?		
N=5,...	N=4,...	N=3,...	N=2,...	N=1, f(0)= ?	
N=5,...	N=4,...	N=3,...	N=2,...	N=1,...	N=0, f(0)=1
N=5,...	N=4,...	N=3,...	N=2,...	N=1, f(0)=1 ⇒ f(1)=1	
N=5,...	N=4,...	N=3,...	N=2, f(1)=1 ⇒ f(2)=2		
N=5,...	N=4,...	N=3, f(2)=2 ⇒ f(3)=6			
N=5,...	N=4, f(3)=6 ⇒ f(4)=24				
N=5, f(4)=24 ⇒ f(5)=120					

D'où factorielle(5)=120...

Tout au long de ce chapitre, vous avez acquis quelques notions de base de programmation... A présent, il faut vous perfectionner : en essayant de bien comprendre le fonctionnement de petits programmes (ceux des manuels de la HP48 ou ceux de la bibliothèque de programmes de ce livre), ainsi qu'en en écrivant vous-même...

Exercices :

A-4-1 : Écrire un programme additionnant deux réels pris dans la pile. Peut-il additionner deux chaînes de caractères ?

A-4-2 : Que fait le programme suivant ?

$$\ll \rightarrow A\ B\ \ll A\ B\ +\ A\ B\ *\ /\ \gg\ \gg$$

A-4-3 : Écrire un programme récursif calculant le $n^{\text{ième}}$ terme de la suite de Fibonacci U_n définie par :

- Si n est supérieur ou égal à 2, $U_n = U_{n-1} + U_{n-2}$;
- $U_0 = U_1 = 1$.

Bien présenter
ses données

Jusqu'à présent, nous avons découvert les capacités de calcul, de stockage et de programmation de la HP48. Mais savoir calculer, stocker des données ou écrire des programmes n'est pas suffisant...

En effet, la mémoire de la HP48 est très importante (32 Ko pour la HP48 G, 128 Ko de base pour la HP48 GX extensible à plusieurs méga-octets [256 Ko de mémoire principale, ram interne et carte 128 Ko en port 1 mergée, auxquels on peut adjoindre jusqu'à 4 Mo, carte en port 2 gérée comme un disque dur]). Il est donc important de bien organiser et de bien présenter ses programmes et données, de manière à pouvoir "s'y retrouver" plus tard.

Pour ce faire, il existe quelques techniques que nous allons étudier ici.

I) Faciliter l'accès aux données

Dans le chapitre 3, nous avons étudié l'arborescence des menus : c'est un des éléments essentiels d'une bonne présentation des données et programmes car cette arborescence nous permet de classer les différentes variables et programmes par affinité (tous les programmes mathématiques ensemble dans un menu 'MATHS', tous les programmes matriciels dans un sous-menu...).

De plus, au sein d'un même menu, nous pouvons classer les variables grâce à la fonction ORDER. Cette commande prend en argument une liste contenant les noms des variables dans l'ordre souhaité par l'utilisateur.

Ainsi, nous pourrons mettre en premier les programmes importants, suivis par leurs sous-programmes, moins utiles.

Il est aussi essentiel de bien choisir les noms, de manière à ce que la simple vision de l'intitulé d'une variable en évoque le contenu.

Cependant, il serait quelquefois utile d'associer un nom de fonction préexistante ou un dessin à un programme que nous venons de créer. Ceci est possible grâce au menu CST (touche à gauche de VAR).

Ce nouveau menu permet de présenter des objets de la HP48 (fonctions intégrées, programmes utilisateur...), sans consommation excessive de mémoire.

Le mécanisme de fonctionnement de ce menu est simple : lorsqu'on appuie sur la touche [CST], la HP48 recherche une variable 'CST' dont nous allons voir la structure. Si elle ne la trouve pas dans le menu courant, elle va explorer le menu-père et ainsi de suite. Si aucune variable 'CST' n'est trouvée, nous obtiendrions un menu vide sans utilité.

Il est donc possible d'avoir un menu CST par sous-menu de VAR et donc des menus CST adaptés au menu courant (d'où, encore une fois, l'intérêt de bien organiser ses données).

La variable CST doit contenir une liste. Pour chaque élément nous avons plusieurs possibilités :

- Il s'agit d'un nom : dans ce cas chaque touche du menu CST sera associée à la variable de ce nom ;

- Il s'agit d'une chaîne de caractères : celle-ci sera mise dans la ligne de commande si l'on appuie sur la touche ;

- Il s'agit d'une liste constituée de deux objets : dans ce cas le premier sera l'intitulé de la touche, et le second l'objet associé. Si le premier élément est un objet graphique de 21 colonnes et 8 lignes, alors la fonction sera représentée par le graphique correspondant...

- Tout autre objet sera exécuté. Son intitulé servira de label pour la touche correspondante.

Voici un exemple de menu CST. La règle de présentation des objets est toujours la même : le nom en gras, suivi du listing de l'objet. Pour le rentrer, il conviendra de taper la séquence { ... } suivie de [ENTER] 'CST' STO.

```
CST (# 9D17h)
{ { "A" "Un " } { GROB 21 8
0000000400C10A00E08FFFF0EFFFF1F700C10CFF70000000
"avion " } { "in" "dans "} { "the" "le "} {"sky"
"ciel "} " !" }
```

Après avoir stocké cet objet, passer en menu CST (en appuyant sur la touche [CST], à gauche de [VAR]). Amusant, non ? A présent, appuyez successivement sur les six touches de menu, de gauche à droite... Bravo ! Votre HP48 vient de réaliser une traduction anglais-français !

Ce menu nous permet donc d'associer des icônes à des fonctions, mais aussi de mélanger fonctions internes de la HP48 et fonctions-utilisateur...

Mais nous pouvons encore faire mieux : ce type d'assignation de fonctions à des touches peut se faire pour la totalité du clavier. Cette redéfinition des touches est alors globale.

Nous allons voir cette capacité de la HP48 à travers un exemple. Voici un petit programme qui joue un air de musique aléatoire :

```
«
  -56 CF 1 10
  START
    4400 RAND * .1 RAND * BEEP
  NEXT
»
```

Tapez-le. L'affichage de la pile est alors :

```
2:
1: « -56 CF 1 10 START
    4400 RAND * .1 RAND
    * BEEP NEXT »
```

Tapez à présent : [5] [1] [ENTER] [A] [S] [N] [ENTER]

Passez à présent en mode 1USR (par [↤] [α]), puis appuyez sur [ENTER] vous entendez une petite musique !

L'explication est simple : nous avons assigné le programme à la touche [ENTER]. Cette assignation n'est valable que dans un mode particulier : le mode USER. Nous sommes temporairement passé dans ce mode par [↤] [α] (cette séquence fait passer en mode "1USR", mode "USER" actif pour une seule touche). Pour y passer durablement, il convient de taper [↤] [α] [↤] [α]. "USER" s'affiche alors en haut de l'écran. Pour revenir au mode normal : [↤] [α]. Remarque : les touches non redéfinies gardent leurs significations premières en mode USER.

Vous pouvez ainsi redéfinir tout le clavier, y compris la touche ON, pour peu que vous soyez en mode USER ou 1USR. La syntaxe de ASN est la suivante :

```
arg1 arg2 ASN
```

arg1 représente la fonction que l'on désire faire effectuer à la machine lors de l'appui de la touche. Ce peut être un nom de programme, un programme lui-même ou tout autre objet. Un nom particulier est prédéfini : 'SKEY' qui rend à la touche sa fonction standard.

arg2 est un réel qui se décompose ainsi :

- Chiffre des dizaines : numéro de la ligne de la touche (entre 1 et 9, 1 correspondant à la ligne du haut) ;
- Chiffre des unités : colonne de la touche (entre 1 et 6, 1 correspondant à la première colonne) ;
- Chiffre des dixièmes : le mode de la touche :
    - 1 (ou 0) mode normal ;
    - 2 mode [←]   (shift-violet) ;
    - 3 mode [→]   (shift-turquoise) ;
    - 4 mode [α]   (alpha) ;
    - 5 mode [α] [←] (alpha, shift-violet) ;
    - 6 mode [α] [→] (alpha, shift-turquoise) ;

Par exemple, pour remplacer DROP au clavier, il conviendra d'assigner une nouvelle fonction à la touche 56.2.

A noter que la séquence 0 DELKEYS remet toutes les touches dans leur état standard.

Les techniques que nous venons de voir permettent de faciliter l'accès aux données. Nous allons à présent voir comment en faciliter la compréhension…

II) Faciliter la compréhension

Plusieurs méthodes existent pour améliorer cette compréhension des programmes ou de leurs résultats.

Nous en avons retenu trois, importantes et faciles à mettre en œuvre :

- La HP48 permet de placer des commentaires qui commencent par le caractère "@" ([α] [⇥] [ENTER]). Malheureusement ces commentaires disparaissent dès l'appui sur [ENTER]... Ils sont donc peu utiles, si ce n'est lorsque l'on stocke les programmes sur un autre ordinateur. Pour laisser des commentaires dans un programme de manière constante, on peut placer une séquence du type "commentaire" DROP, où "commentaire" est le texte désiré. Ce type de remarque restera dans le programme. Vous pouvez en particulier noter le but du programme, sa syntaxe (nombre et type d'arguments en entrée) et quels résultats il renvoie...

- Les messages : il est intéressant de signaler à l'utilisateur ce qui se passe : il est donc souhaitable d'inclure des messages d'erreur et des indications sur le déroulement du programme...

- Expliciter les résultats : quoi de plus difficile à utiliser que le résultat d'un programme lorsqu'on ne sait pas à quoi correspondent les résultats ? Pour simplifier leur lecture, il est utile de les "tagguer", c'est-à-dire de leur rajouter un préfixe (nom, commentaire...) non pris en compte par les fonctions de la HP48. Cette opération s'effectue à l'aide de la fonction →TAG qui prend en arguments l'objet à tagguer et son tag. Le programme μSOLVER de la bibliothèque de programme utilise cette technique.

La morale de ce chapitre est simple : il vous faut concevoir vos programmes comme si quelqu'un d'autre devait les utiliser. De cette manière, si quelque temps plus tard vous décidez de les reprendre, vous ne rencontrerez pas trop de difficultés...

Sauver et échanger des données

La mémoire dont vous disposez n'est pas infinie : en standard, elle est de 32Ko pour la HP48 G ou 128 Ko pour la HP48 GX (1 Kilo octets soit environ 1000 caractères). De ce fait, il est nécessaire de pouvoir l'augmenter à l'aide de cartes mémoire. Deux ports sont prévus à cet effet, au dos de la machine, sous le cache du haut.

De plus, pourquoi retaper des données ou programmes déjà présents sur une autre HP48 ? Ceci est non seulement loin d'être amusant, mais conduit souvent à faire des erreurs. Il serait donc utile de pouvoir les échanger directement entre machines ou de les conserver sur un ordinateur.

Nous allons à présent étudier tout cela...

I) les cartes mémoire (HP48 GX)

Elles sont de deux types : ROM ou RAM.

a) Les ROMs.

Les ROMs sont des mémoires que l'on ne peut que lire (Read Only Memory) : les informations qu'elles contiennent ne peuvent être modifiées.

En fait, il existe quatre types de ROMs :

- Les ROMs pures, (comme celles contenues dans la HP48) ;
- Les PROMs ou ROMs programmables ;
- Les EPROMs qui sont des PROMs effaçables par rayons ultra-violets ;
- Les EEPROMs qui sont des PROMs effaçables électriquement.

Ce type de carte le plus souvent vendue préprogrammée. La carte HP-SOLVE est une carte de ce type. Moyennant l'achat d'un programmeur adéquat, on peut en réaliser soi-même (de type PROM, EPROM ou EEPROM). Cependant cette technique est coûteuse...

Comme pour les rams (voir ci-dessous), les cartes rom existent en plusieurs capacités :

- 32 Ko et 128 Ko (utilisables en ports 1 et 2) ;
- 256 Ko, 512 Ko, 1 Mo, 2 Mo, 4 Mo (utilisables uniquement en port 2). Ces cartes sont gérées par "bancs" de 128 Ko (voir ci-dessous).

En fait, une carte rom se comporte exactement comme une carte ram déjà programmée et protégée en écriture...

2) Les RAMs

Les RAMs sont des mémoires que l'on peut modifier. Les RAMs existantes pour la HP48 GX sont de 32 Ko, 128 Ko (utilisables en port 1 et 2), 256 Ko, 512 Ko, 1 Mo, 2 Mo et 4 Mo (ces dernières, gérées par bancs de 128 Ko, se comportent comme plusieurs cartes 128 Ko dans le même boîtier, la sélection d'une carte particulière se faisant de manière logicielle).

Sur ces RAMs, existe un petit sélecteur permettant de les protéger contre l'écriture (donc de les transformer en ROMs). Elles peuvent être utilisées de deux manières différentes :

- Comme une extension de votre mémoire interne grâce à la commande MERGE (uniquement pour les cartes de 32 et 128 Ko en port 1) ;
- Comme une disquette en mode BACKUP.

Il faut faire trois remarques importantes :

- Une carte en mode MERGE ne doit pas être protégée contre l'écriture ;
- Une carte en mode BACKUP protégée contre l'écriture par son sélecteur <u>ne peut jamais être affectée par un 'memory lost'</u> ;
- Si une carte se trouve dans l'un des ports, qu'elle n'est pas "mergée" et qu'aucune donnée n'y est encore stockée, vous obtiendrez le message "Invalid Card

Data" à l'allumage, car la carte n'est pas encore configurée.

Pour mettre une carte en mode MERGE, éteignez la machine, insérez la carte dans le port 1 après avoir vérifié que l'écriture y est autorisée, allumez (ON), puis tapez 1 MERGE ou MERGE1 (les deux commandes sont équivalentes, la première n'étant conservée que pour des raisons de compatibilité avec la HP48 sx). A présent faites MEM, vous verrez que la mémoire disponible a considérablement augmenté.

Pour mettre une carte en mode BACKUP, insérez la carte dans un port, et stockez-y vos données directement. Les noms des objets d'un port ne sont pas de la forme 'nom' mais des objets "taggués" de la forme :x :nom où x est le numéro du port (0, 1, 2... 33) :

- 0 correspond à la mémoire interne de la HP48 ;
- 1 correspond à la carte en port 1 ;
- Les ports 2 à 33 correspondent à la carte en port 2 :
    - S'il s'agit d'une carte de 32 Ko ou 128 Ko, seul le port 2 est disponible ;
    - Les cartes de capacité supérieure à 128 Ko (256 Ko, 512 Ko, 1 Mo, 2 Mo, 4 Mo) sont divisées en zones (ou "bancs") de 128 Ko. Les numéros de port 2, 3... correspondent alors respectivement au premier "banc" (banc 0) de la carte en port 2, au deuxième "banc" (banc 1) de la carte en port 2... On disposera donc des ports 2 et 3 dans le cas d'une carte 256 Ko, des ports 2 à 5 dans le cas d'une 512 Ko, 2 à 9 pour une 1 Mo, 2 à 17 pour une 2 Mo et 2 à 33 dans le cas d'une 4 Mo.

Lors de ce stockage, l'écriture doit être permise. En fait, nous vous conseillons de toujours laisser vos cartes "backup" en mode écriture interdite, sauf lorsque vous devez faire des sauvegardes.

Par exemple, si la carte est dans le port 1, "hello" :1 :BONJOUR STO stockera la chaîne "hello" de nom BONJOUR dans le port 1.

II) HP48 <-> ordinateur, la RS232c

Hewlett-Packard commercialise un câble pour relier votre HP48 à un ordinateur Macintosh ou compatible PC. Un logiciel de transmission est fourni avec le câble, ce qui vous permet de récupérer sur votre disque dur ou sur une disquette, les données de votre HP48. Deux logiciels permettent un tel transfert : KERMIT et XMODEM.

Pour utiliser KERMIT, il faut le lancer sur votre ordinateur. Vous pouvez alors :

- Transmettre des données de la HP48 vers l'ordinateur. Pour cela, il faut taper :
  - sur la HP48 :
    `'nom_de_la_variable_a_envoyer' SEND`
  - sur l'ordinateur : RECEIVE.
- Transmettre des données de l'ordinateur vers la HP48 :
  - sur la HP48 lancer RECEIVE ;
  - sur l'ordinateur :
    SEND nom_du_fichier_à_transmettre

Sur la HP48, il est aussi possible d'accéder à ces commandes par l'intermédiaire de menus déroulants (menu I/O, [↱] [1]).

Pour tout échange, il faut s'assurer que les paramètres de transmission sont les bons. Il faut vérifier que les paramètres ont des valeurs correspondantes. Nous vous proposons une configuration :

- Sur la HP48, placez-vous dans le menu I/O et affichez le SETUP ([↰] [1] puis [B]). Grâce aux différentes touches de menu, amenez l'affichage à :

```
IR/wire:            wire
ASCII/binary:       binary
baud:               9600
parity:             none 0
cksum: 3     translate: 1
```

Cela signifie que :

- Les communications se font par l'intermédiaire de la prise RS232c (wire) et non pas par l'émetteur Infra-rouge (IR) ;
- Les objets transmis le sont en mode binaire (binary). Cette option est nécessaire pour transmettre des objets non-standards (programme en langage-machine...). Remarque : lorsqu'on récupère en mode ASCII des objets sauvés en mode binaire, on obtient

des chaînes de caractères commençant par la séquence "HPHP-48". Le programme ASCLOAD de la bibliothèque de programmes permet de récupérer l'objet initial...

- La vitesse de transmission est de 9600 bauds, qui est la vitesse de transmission la plus élevée possible pour la HP48 ;
- Il n'y a pas de parité, (on ne fait pas suivre chaque octet par un bit de contrôle) ;
- Enfin on s'est placé dans une logique de vérification des données de type 3 avec une conversion des caractères de type 1.

• Sur l'ordinateur, il convient de s'assurer que les réglages correspondent bien aux précédents... En particulier, sur IBM PC et compatibles, il faut taper les commandes suivantes (après chaque lancement de Kermit et avant la première transmission) :

```
SET PORT 1
SET BAUD 9600
SET PARITY NONE
```

III) Communication par Infra Rouge

Deux HP48 peuvent s'échanger des données sans fil à une distance inférieure à 5 cm. Pour se faire, les deux machines doivent posséder le même SETUP. Par exemple :

```
IR/wire:         IR
ASCII/binary:    binary
baud:            9600
parity:          none 0
cksum: 3    translate: 1
```

Notez en particulier que le mode de transmission doit être IR (infra-rouge) et non plus wire (par câble) comme pour la liaison avec un ordinateur.

Placez les deux machines face à face, les petites flèches (au-dessus du second 't' de "Hewlett-Packard") en vis-à-vis, faites `'nom_de_la_variable_à_transmettre'` SEND sur la machine émettrice, et RECEIVE sur l'autre. La donnée transmise sera stockée dans le répertoire courant.

Si le nom existe déjà, elle sera stockée sous un nouveau nom, de la forme nom_précédent.1 (puis nom_précédent.2 et ainsi de suite à chaque transfert du même nom), à moins que le flag -36 ne soit mis à un (par -36 SF pour le mettre à un, -36 CF pour le remettre à 0), dans ce dernier cas, l'ancienne variable sera alors écrasée par la nouvelle.

ATTENTION : Si les piles sont trop faibles, les transmissions ne fonctionnent pas.

Les autres points forts de la HP48

La HP48 est avant tout une calculatrice scientifique dont nous allons voir un aperçu des capacités. Le but de ce chapitre n'étant pas d'expliciter les fonctions, mais de vous en faire connaître l'existence (de manière à ce que vous sachiez aller les chercher dans les manuels fournis avec la machine), elles ne seront pas détaillées...

I) Calcul symbolique

La HP48 permet d'effectuer du calcul "symbolique". Ce terme étrange, signifie qu'elle n'est pas limitée à la manipulation de valeurs approchées, mais qu'elle peut effectuer directement des opérations mathématiques complexes sur des expressions littérales... Parmi les manipulations possibles, nous pouvons citer :

- La dérivation : pour obtenir la dérivée d'une expression par rapport à une variable, il suffit de faire :

  `'expression' 'variable' ∂`

  Par exemple : `'SIN(X)/X' 'X' ∂` donne `'COS(X)/X-SIN(X)/X^2'`

  Attention : si une valeur est stockée dans la variable `'X'` du menu courant ou de un de ses pères, l'expression sera évaluée et nous obtiendrions une valeur approchée de la dérivée. Dans ce cas, il faut donc la supprimer (`'X'` PURGE) ou utiliser une autre variable dans l'expression algébrique. Il faut de plus être en mode "symbolique" (faire -2 SF -3 SF)

- Développement limité : `'expression' 'var' n TAYLR`

  Où `'expression'` est la formule algébrique dont on veut le développement limité, `'var'` est la variable par rapport à laquelle on le veut et n, l'ordre du développement.

  Exemple : `'SIN(X)' 'X' 5 TAYLR` donne :

  `'X-1/3 !*X^3+1/5 !*X^5'`

Remarque : TAYLR se trouve dans le menu SYMBOLIC (accessible par [←] [9]).

- Intégration : il est possible de calculer des valeurs approchées d'intégrales, mais aussi, dans le cas de fonctions simples, de réaliser formellement l'intégration.

II) Calcul numérique

La HP48 possède de nombreuses fonctions de calcul numérique (dont la liste serait trop longue à évoquer).

La plupart de ces fonctions se trouvent dans le menu MTH et sont classées en dix catégories : calcul vectoriel, matriciel, travail sur les listes, calculs hyperboliques, travail sur des parties de nombres réels(partie entière, fractionnelle...), sur les nombres entiers, probabilité, transformées de Fourier, manipulation de nombres complexes et constantes diverses.

De plus, des fonctions statistiques sont accessibles (menu STAT, [→] [5], ou [←] [5] pour un accès plus convivial à travers des menus déroulants et des écrans de saisie).

Il est aussi possible de résoudre des équations différentielles (calculs approchés), de calculer les racines d'une équation, de rechercher les d'extrema, de calculer les valeurs d'une fonction en un point grâce aux fonctions du menu SOLVE ([←] [7]) ;

On dispose aussi de quelques outils de calculs financiers simples (calculs de remboursements d'emprunts, de taux...).

La HP48 utilise jusqu'à 12 chiffres significatifs pour vous rendre un résultat le plus précis possible (et jusqu'à 15 pour les calculs internes).

Si ce résultat obtenu doit être exprimé sous forme de fraction, les fonctions →Q et →Qπ vous permettent d'obtenir la fraction la plus proche du réel donné en argument.

III) Graphisme

Le menu PLOT ([←] [8]) vous présente toutes les fonctions nécessaires au tracé de courbes de toutes sortes (classique, conique, polaire, paramétrique et même courbes en trois dimensions, du type z=f(x, y)...).

A noter que le graphique courant peut être visualisé et édité par simple appui sur [PICTURE] ([←] [PICTURE]). On peut alors déplacer le curseur grâce aux quatre flèches, placer les coordonnées dans la pile en appuyant sur [ENTER] et revenir en mode normal par simple pression sur la touche [ON]. De nombreuses fonctions (zoom, déplacement de blocs, allumage ou extinction de points, tracé de lignes, de cercles, marquage de points...) sont aussi disponibles à travers les six touches du menu.

IV) Unités

La HP48 vous permet de faire vos calculs avec des unités. Pour créer un objet unité, il suffit de mettre à la suite d'un réel, le caractère underscore ("_" obtenu par [→] [*]) suivi de l'unité désirée. Par exemple :

[1] [→] [*] [m]

Vous pouvez aussi placer la valeur dans la pile, aller dans le menu UNITS ([←] [6]) et choisir votre unité dans une des 16 catégories présentes (longueur, aire, volume, date et heure, vitesse, masse, force, énergie, puissance, pression, température, électricité, angles, lumière, radiation et viscosité).

[→] [6] vous donne un autre menu d'UNITS dans lequel se trouve en particulier la fonction CONVERT qui permet la conversion entre unités.

V) Gestion du temps

Le menu TIME ([←] [4]) vous donne accès à toute une série de fonctions de gestion du temps.

En particulier, vous pourrez définir des alarmes et effectuer des calculs sur les dates et les heures...

VI) L'équation library

Cette librairie, autrefois distribuée sur carte pour la HP48 SX, contient un catalogue d'équations regroupées par thèmes (électricité, mécanique des fluides).

Ce catalogue est accessible par [↱] [3] et s'utilise à travers des menus déroulants forts simples. Remarque [↰] [3] donne accès à un autre menu permettant d'utiliser certains utilitaires…

Pour la plupart des équations, un schéma explicatif rappelle la signification des diverses variables intervenant dans la formule…

VII) Et aussi…

Ce n'est pas tout, loin de là… De nombreuses fonctionnalités viennent encore enrichir la puissance de la machine, par exemple le menu CHARS ([↱] [PRG]) qui permet d'obtenir n'importe quel caractère, ou encore le gestionnaire de pile…

Il y a de tout ! Même un petit jeu (MINEHUNT, accessible par ([↰] [3] [D] [MINE])

Conclusion

Ce qui vous a été présenté ici n'est qu'un aperçu des fantastiques possibilités de la HP48 ainsi que quelques astuces, de manière à vous permettre d'acquérir une vue d'ensemble de la machine.

Nous vous conseillons d'approfondir cette première approche en parcourant vos manuels et en utilisant votre machine le plus souvent possible : plus vous pratiquerez, plus cela vous semblera facile et vous apprendrez à résoudre très rapidement des problèmes longs et fastidieux.

Lorsque vous vous serez familiarisé avec l'utilisation de la machine telle qu'elle est décrite par Hewlett-Packard, vous vous émerveillerez devant ses incroyables atouts...

Mais ce n'est pas fini ! Au cours de la partie suivante, vous allez découvrir que vous pouvez encore en faire bien plus, grâce à la programmation en langage-machine...

Conclusion

Deuxième partie

Le langage machine

Introduction

Dans cette partie intitulée "le langage-machine" nous apprendrons non seulement comment concevoir des programmes dans ce langage, mais aussi comment est organisée la mémoire de la HP48.

En effet, tout programmeur désirant aller aux limites de sa machine doit avoir une connaissance la plus étendue possible de sa structure, de manière à pouvoir accéder aux informations dont il a besoin et auxquelles le constructeur ne lui donne pas accès...

Cette visite guidée de la HP48 se fera en plusieurs étapes : du niveau le plus bas (le langage-machine à proprement parler, c'est-à-dire le seul langage que connaisse le processeur de la HP48), au niveau le plus haut (l'organisation de la mémoire) en passant par les objets qu'elle sait gérer. En résumé nous verrons donc :

- Le langage-machine :
    - Qu'est ce que le langage-machine ?
    - Le langage-machine du microprocesseur de la HP48 (le Saturn) ;
    - Les instructions du langage-machine (classées par type de fonction).
- Les objets de la HP48, c'est-à-dire les entités que la machine est capable de gérer (objets 'classiques' auxquels l'utilisateur a accès, mais aussi objets internes non documentés par Hewlett-Packard) ;
- L'organisation de la mémoire de la HP48 :
    - Mémoire en général ;
    - Ram des entrées sorties, ou comment accéder directement au contraste, à l'horloge..
    - Le gestionnaire de bancs qui permet de contrôler la carte en port 2 ;
    - Mémoire vive réservée qui contient les informations internes de la HP48 ;
    - Mémoire utilisateur qui contient les objets (programmes, variables...) créés par ce dernier.
- Comment programmer en langage-machine ?

Dans certains de ces chapitres sont présentés des tableaux décrivant la mémoire de la calculatrice (contenu de la mémoire à une adresse donnée, structure de codage des objets…).

Des conventions ont été prises de manière à en assurer l'homogénéité. Voici un tableau type :

adresse 1	Contenu 1	Longueur 1
adresse 2	Contenu 2	Longueur 2
adresse 3	Contenu 3	Longueur 3
adresse fin		

On a toujours…

- Une adresse est un nombre hexadécimal (base 16) qui correspond à la position dans la mémoire du contenu décrit dans la case contiguë (case encadrée du tableau) ; On a toujours `adresse 1 < adresse 2 < adresse 3` : le tableau se lit de haut en bas (comme un texte normal) ; la description des objets n'impliquant pas des adresses fixes, on utilisera le symbole @ (quelquefois indicé, sous la forme @$_i$, si plusieurs adresses sont utilisées) pour indiquer l'adresse de début de l'objet ; la dernière adresse (`adresse fin`) indique l'adresse du premier quartet suivant le dernier contenu étudié.

  Lorsqu'une adresse est sous la forme (xxx), cela signifie que l'on accède indirectement à l'adresse de la case en réalisant une lecture de 5 quartets à l'adresse écrite entre les deux parenthèses. Ainsi, dans le cas du tableau du début du chapitre 8 (la mémoire vive), (#807E8h) indique que l'adresse de fin du tableau (en l'occurrence l'adresse de fin de mémoire vive) se trouve écrite en #807E8h ;

- La colonne centrale indique de manière succincte à quoi correspond le contenu de la zone mémoire spécifiée ; ce champ est repris de manière détaillée dans le texte accompagnant le tableau, de manière à en spécifier la signification ;

- Le champ 'longueur' (colonne de droite) indique, en décimal, le nombre de quartets (élément mémoire élémentaire de la HP48 ayant une valeur comprise entre 0 et F, donc stockée sur 4 bits, d'où son nom) du contenu étudié. Ainsi `longueur 1` est égale à `adresse 2 - adresse 1`. Ce champ pourra correspondre à une valeur spécifiée dans un des champs de l'objet : par exemple `longueur 3` pourrait être `contenu 2`.

Pour finir, voici quelques conseils de lecture.

Étant donné que le but de cette partie est double, à la fois didactique et de référence, le lecteur ne doit pas être impressionné par les informations qu'il y trouvera.

La lecture se fera en fait en deux temps : tout d'abord un survol rapide qui permettra au lecteur d'acquérir les différentes notions exposées.

Connaissant ces notions, le lecteur pourra ensuite utiliser cette partie comme un ouvrage de référence dans lequel il trouvera les informations précises dont il aura besoin pour réaliser des programmes performants en langage-machine.

Introduction

Qu'est-ce que
le langage-machine ?

Si vous savez déjà ce que sont assembleur et langage-machine vous pouvez passer directement au chapitre suivant... Sinon il ne vous reste qu'à lire ce qui suit !

Pour expliquer ce qu'est le langage-machine, on peut le comparer au langage évolué auquel l'utilisateur a naturellement accès. Cette comparaison peut se faire au travers d'une petite histoire : celle de monsieur Durand et de monsieur Dupont.

Ces deux personnages désirent installer des prises de courant chez eux.

Monsieur Dupont n'est pas bricoleur et prend donc la solution la plus simple : celle de faire appel à un homme du métier... Il prend donc son téléphone et appelle l'électricien de son quartier. Quelque temps plus tard celui-ci vient (enfin) chez monsieur Dupont et réalise le travail demandé en contrepartie d'une somme conséquente (matériel + main d'œuvre + charges sociales + frais de déplacement + pourboire...). Monsieur Dupont paye de mauvais cœur car le travail réalisé ne correspond pas exactement à ses souhaits...

Monsieur Durand au contraire est habile de ses mains. Il décide donc de faire le travail lui-même. Pour cela il se rend chez son quincaillier où il achète une prise et du fil. Il rentre ensuite chez lui et pose ces derniers comme il le voulait, là où il le voulait... le tout pour une somme plus que modique.

On peut dire que, dans le premier cas, Monsieur Dupont a utilisé un langage évolué en donnant un ordre qui recouvre de nombreuses opérations élémentaires (chercher du fil, chercher une prise...) alors que Monsieur Durand a directement effectué ces opérations élémentaires.

Monsieur Durand a donc utilisé un langage de bas niveau, directement exécutable qui ressemble fortement au langage-machine alors que monsieur Dupont lui a préféré un langage de haut niveau...

Cette petite histoire correspond bien à la comparaison de ces deux types de langages pour d'autres raisons :

- Appeler l'électricien est plus facile que réaliser le travail soi-même puisqu'il suffit de savoir donner des ordres !

- Cependant un langage de haut niveau est plus coûteux en temps (tout comme l'électricien est plus coûteux en argent) ;

- Le langage de haut niveau ne permet pas de faire exactement ce que l'on désire ;

- Et même il n'est pas possible de tout demander dans un tel langage (avez-vous déjà demandé à un électricien de venir vous changer une lampe ?..).

Le langage-machine, quant à lui, permet l'accès direct à toutes les ressources de la machine et de manière très rapide, mais est compliqué à utiliser puisqu'il se compose d'instructions très élémentaires (il faut donc un grand nombre de ces instructions, même dans le cas de la réalisation d'une fonction simple)...

En fait les deux langages sont complémentaires : les deux sont très utiles, les deux sont agréables à utiliser, mais ils ne permettent pas les mêmes choses... Pour préciser un peu, ajoutons que du point de vue de la machine, le langage-machine est le seul langage reconnu (ainsi tout langage de haut niveau est en fait constitué d'appels à des programmes écrits en langage-machine).

Cependant, s'il est très clair pour la machine, il est absolument illisible pour un être humain car il se compose d'une suite de chiffres... C'est pourquoi on introduit un troisième langage : l'assembleur. Il s'agit d'une représentation symbolique de ces chiffres par des mnémoniques, c'est-à-dire de noms abrégés qui rappellent la fonction effectuée par l'instruction machine (on notera par exemple P=0 au lieu de 20).

Cependant la machine n'est pas à même de comprendre ces symboles. Il faut donc les transformer en une suite de nombres qui lui seront compréhensibles.

Ce passage de l'assembleur au langage-machine s'appelle l'assemblage, l'opération inverse se nomme, logiquement, le désassemblage. On commence donc par écrire le programme en assembleur puis on effectue l'assemblage pour le rendre exécutable par la machine...

Il faut savoir que dans le cas de la HP48, on pourra soit faire l'assemblage à la main, soit de manière automatique en utilisant un programme adapté (Il existe plusieurs assembleurs Saturn : Areuh pour IBM PC et machines Unix, écrit par MM. Pierre DAVID et Janick TAILLANDIER, Satas et HPDS pour Atari St, Amiga, IBM PC et machines Unix, écrit par M. Christophe DUPONT DE DINECHIN, ASM Flash qui fonctionne sur la HP48 elle-même... De plus, une carte ROM en contenant un, ainsi que de nombreux utilitaires tels qu'un désassembleur, un éditeur rapide, un générateur de librairies (...) devrait prochainement voir le jour.

Un programme de désassemblage, qui fonctionne sur toute HP48, est proposé en annexe (dans la bibliothèque de programmes).

Dernier terme à expliciter : celui de "microprocesseur". Il s'agit en fait du cœur de la machine : l'entité électronique qui exécute les instructions en langage-machine.

L'unité élémentaire d'information reconnue par le microprocesseur est le bit (c'est-à-dire la valeur 0 ou 1). Du fait de cette utilisation d'une base binaire par la machine, il est intéressant d'utiliser une base puissance de 2, en l'occurrence la base 16 (2 puissance 4) ou hexadécimale.

Dans cette base on compte 0, 1, 2, 3, 4, 5, 6, 7, 8, 9, A, B, C, D, E, F, 10... Ainsi la valeur 23h (le 'h' est mis pour rappeler qu'il s'agit d'une valeur hexadécimale) vaut 35 en décimal (16 * 2 + 3). Remarque : chacun des chiffres de cette base (0...F) se stocke sur 4 bits :

Valeur hexa.	Bits	Valeur déci.
0	0000	0
1	0001	1
2	0010	2
3	0011	3
4	0100	4
5	0101	5
6	0110	6
7	0111	7
8	1000	8
9	1001	9
A	1010	10
B	1011	11
C	1100	12
D	1101	13
E	1110	14
F	1111	15

Dans le cas de la HP48, chaque quartet contient donc un chiffre hexadécimal (d'où l'intérêt d'utiliser cette base pour décrire le contenu de la mémoire).

Il peut cependant être nécessaire de stocker des nombres décimaux en mémoire. On utilise alors la notation "décimal codé binaire", pour laquelle on considère qu'un nombre hexadécimal est en fait décimal. Par exemple on considérera que le nombre 15h est le nombre décimal 15.

Ce type de stockage conduit à prévoir deux modes de calculs pour le microprocesseur : le mode hexadécimal où les registres sont considérés comme contenant des nombres hexadécimaux, et le mode décimal où les registres sont supposés contenir des nombres en notation "décimal codé binaire".

Le mode en cours influe sur la manière dont les opérations mathématiques sont effectuées par le microprocesseur : en mode hexadécimal l'addition de 9 et 3 donnera Ch, alors qu'en mode décimal on obtiendra le nombre 12h, correspondant à la valeur décimale 12 en notation "décimal codé binaire"...

Le chapitre suivant présente les caractéristiques du microprocesseur de la HP48 (la liste des instructions se trouve en chapitre 3, et une fiche de référence est proposée en annexe).

Exercices :

B-1-1 : Coder les valeurs décimales 1, 10, 25, 65535 et 48830 en hexadécimal.

B-1-2 : Exprimer en base décimale les valeurs hexadécimales 123h, 10h, 100h, B52h, 3h.

Le microprocesseur Saturn

Le microprocesseur des calculatrices de la série HP48 est un Saturn (4 bits). Il s'agit sensiblement du même microprocesseur que celui du HP71 ou de la HP28.

I) Les registres

Le Saturn possède un jeu de 19 "registres" ("registre" est le nom d'une mémoire du microprocesseur. Un registre ne contient que des entiers positifs). Ces 19 registres peuvent être classés en 6 catégories :

- Les registres d'entrées/sorties ;
- Les registres-drapeaux ;
- Les pointeurs ;
- Les registres de sauvegarde ;
- Les registres de calcul ;
- Le pointeur de champs.

a) Les registres d'entrées/sorties.

Ils sont deux :

- **OUTPUT** (12 bits). Il permet d'envoyer du courant sur un ou plusieurs des 12 fils du clavier et du buzzer (haut parleur de la HP48). Ce registre ne peut être qu'écrit.
- **INPUT** (16 bits). Il permet de lire l'état des 16 entrées (provenant en particulier du clavier). Il ne peut être que lu.

Ces deux "registres" sont utilisés pour l'émission d'un BEEP (écriture dans **OUTPUT**) ainsi que pour l'échantillonnage du clavier (on envoie du courant sur une ligne de touches et on regarde si ce courant ressort sur une colonne de touches ce qui permet de savoir si le bouton, situé à l'intersection ligne/colonne, est enfoncé ou non [s'il est enfoncé, le courant passe...]).

Le tableau ci-contre représente la correspondance entre les touches du clavier et les couples OUT/IN à utiliser pour les tester (toutes les valeurs sont hexadécimales) : pour tester une touche, il suffit de faire le OUT correspondant, de récupérer IN et de faire un ET entre cette valeur et la valeur donnée dans le tableau. Si le résultat est non nul, cela signifie que la touche en question est enfoncée.

Il est possible de tester simultanément plusieurs touches en utilisant un masque de sortie constitué par l'addition logique (OR) de plusieurs masques. Attention : pour tester la touche [ON], il convient d'interdire les interruptions (voir plus loin).

Pour émettre un "click" sur le buzzer, faire un OUT #800h suivi d'un OUT #0h..

Voici quelques exemples :

- Pour tester l'appui de la touche "A", il convient de faire un "OUT" de la valeur #002, de récupérer la valeur entrante par "IN" et de réaliser un ET logique avec le masque #0010. Ceci donne un morceau de programme du type :

```
LCHEX    #002         Masque de sortie
OUT=C
GOSBVL   #01160       réalise C=IN
LAHEX    #00010       Masque d'entrée
A=A&C    A
?A=0     A
GOYES    Touche_non_appuyée…
* la touche A est enfoncée
```

Remarques :
- On utilise la routine en #01160h au lieu de l'instruction C=IN car cette dernière ne fonctionne pas correctement lorsqu'elle est exécutée en mémoire vive. Une autre adresse utile est #01EECh qui réalise successivement les deux opérations OUT=C et C=IN (voir l'annexe 4) ;
- La touche [ON] ne nécessite pas de masque de sortie : son appui donne toujours lieu à la mise à un du bit 15 du registre IN.

- Tester l'appui d'une touche quelconque : le programme est le même que précédemment, le masque de sortie devenant #1FFh (#001h OR #002h OR #004h OR #008h OR #010h OR #020h OR #040h OR #080h OR #100h)

A	B	C	D	E	F
002 / 0010	100 / 0010	100 / 0008	100 / 0004	100 / 0002	100 / 0001
MTH	PRG	CST	VAR	↑	NXT
004 / 0010	080 / 0010	080 / 0008	080 / 0004	080 / 0002	080 / 0001
'	STO	EVAL	←	↓	→
001 / 0010	040 / 0010	040 / 0008	040 / 0004	040 / 0002	040 / 0001
SIN	COS	TAN	√x	y^x	1/x
008 / 0010	020 / 0010	020 / 0008	020 / 0004	020 / 0002	020 / 0001
ENTER		+/−	EEX	DEL	←
010 / 0010		010 / 0008	010 / 0004	010 / 0002	010 / 0001

α	7	8	9	÷
008 / 0020	008 / 0008	008 / 0004	008 / 0002	008 / 0001
↰	4	5	6	×
004 / 0020	004 / 0008	004 / 0004	004 / 0002	004 / 0001
↱	1	2	3	−
002 / 0020	002 / 0008	002 / 0004	002 / 0002	002 / 0001
ON	0	.	SPC	+
/ 8000	001 / 0008	001 / 0004	001 / 0002	001 / 0001

Couples OUT / IN des touches du clavier

et le masque d'entrée #001Fh (#0001h OR #0002h OR #0004h OR #0008h OR #0010h) ;

- Émettre un son : utiliser périodiquement et alternativement les masques de sortie #800h et #000h (activer le haut parleur et le désactiver).

b) Les registres-drapeaux :

Ils sont au nombre de trois :

- **CARRY** (1 bit). C'est le bit de retenue ; lorsqu'une opération donne lieu à une retenue (dépassement de la capacité d'un registre, soustraction donnant un résultat inférieur à zéro...), ce drapeau est armé : il peut ensuite être utilisé lors d'un test.

- **HST** (hardware status) (4 bits). C'est un registre de 4 drapeaux (**MP** module pulled, **S R** service request, **SB** sticky bit, **XM** external module missing). Ces registres peuvent être mis à zéro mais ne peuvent être armés directement. C'est le microprocesseur lui-même qui en change la valeur dans le cas d'événements particuliers (sauf pour XM qui est mis à un par l'instruction RTNSXM).

- **STATUS** (16 bits). Il s'agit de drapeaux comme ceux accessibles par les instructions SF et CF du RPL classique (Attention : ce ne sont pas les mêmes !). Les drapeaux 12 à 15 sont utilisés de manière constante par la HP48 : les drapeaux 0 à 11 sont donc à disposition de l'utilisateur pour la réalisation de programmes. On représente ce registre par **ST**.

c) Les pointeurs :

Ce sont des registres utilisés pour indiquer une zone mémoire particulière. Ils sont au nombre de trois :

- **D0** et **D1** (20 bits chacun). Ils sont utilisés pour la lecture et l'écriture en mémoire ;

- **PC** (program counter - 20 bits). Il contient l'adresse de l'instruction assembleur à lire (c'est-à-dire la prochaine instruction à exécuter).

Ces registres ont une longueur de 20 bits (5 quartets). La HP48 est donc capable de gérer 2^{20} quartets soit 512 Kilo-octets...

d) Les registres de sauvegarde :

Ils sont de deux types :

- **RSTK** (return stack) (8 étages de 20 bits chacun) : il s'agit d'une pile de 8 étages utilisée pour la sauvegarde d'adresses. Cette pile se comporte exactement comme la pile RPL de la HP48 avec toutefois une différence : même vide, elle contient des 00000. Elle sert à la sauvegarde d'informations et en particulier à la sauvegarde de l'adresse de retour lors de l'appel à une sous-routine. Attention : le nombre de niveaux de la pile est limité, il faut donc l'utiliser avec parcimonie. Il faut en particulier éviter tant que possible de s'en servir pour placer des données et garder à l'esprit le fait que les interruptions de la HP48 en consomment jusqu'à deux niveaux (un niveau si les interruptions sont interdites par ST=0 15, deux sinon). Seuls 6 ou 7 niveaux sont donc disponibles.
- **R0 R1 R2 R3** et **R4** (64 bits chacun) : ils sont utilisés pour la sauvegarde des registres de calcul.

e) Les registres de calcul :

Ces quatre registres **A B C** et **D** (64 bits chacun) sont utilisés pour effectuer des calculs. **A** et **C** sont spécialement dédiés aux opérations de lecture et d'écriture en mémoire (ils sont alors utilisés avec **D0** et **D1**).

f) Le pointeur de champs :

Les registres **A B C** et **D** sont très longs (64 bits) et peu nombreux. Cependant ils sont divisés en zones plus petites appelées "champs". Ces champs, s'ils ne se recouvrent pas, peuvent être utilisés indépendamment les uns des autres. Ceci permet de conduire simultanément des calculs différents avec peu de registres occupés. Voici un tableau des champs :

numéro des quartets du registre

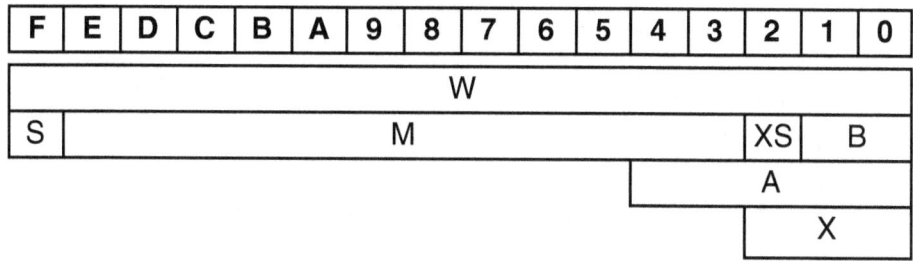

F	E	D	C	B	A	9	8	7	6	5	4	3	2	1	0
W															
S	M												XS	B	
													A		
													X		

Ainsi le champ **M** représente les quartets E à 3, **A** les quartets 4 à 0, **W** la totalité du registre...

Pour se rappeler la signification de ces symboles, il suffit de savoir qu'ils représentent les initiales de mots anglais correspondant à leur utilisation :

- **A** comme **A**ddress car le champ **A** contient 5 quartets (qui est la longueur d'une adresse) et qui est prévu pour contenir des adresses ;

- **B** comme **B**yte (octet) car deux quartets valent un octet ;

- **M** comme **M**antisse (un réel peut être stocké dans un registre et se décompose en son signe, sa mantisse, et son exposant. Voir le paragraphe II du chapitre 4) ;

- **S** comme **S**ign (pour la même raison) ;

- **X** comme e**X**ponent (exposant signé) ;

- **XS** comme e**X**ponent-**S**ign (en comparant ce quartet à 5 on peut en déduire le signe de l'exposant : positif s'il est inférieur à 5, négatif sinon) ;

- **W** comme **W**ide.

Ces champs sont de longueur et de position fixes. Cependant il en existe deux autres, le champ **P** et le champ **WP** (**W**ide-**P**) dont la taille dépend du registre **P**.

Ce registre de 4 bits contient un nombre entre 0 et F. Le champ **P** est alors défini comme étant le quartet de numéro **P**, **WP**, quant à lui, contient les quartets 0 à P (voir tableau ci-dessus).

Il faut faire attention au fait que ce registre conditionne le chargement de constantes dans **A** et **C** (instructions LAHEX et LCHEX) comme décrit dans le chapitre 3.

Dans un programme en assembleur, on écrit le nom du champ impliqué dans l'opération après cette dernière. Par exemple `?C=0 A` signifie : "le champ **A** du registre **C** vaut-il zéro ?".

Pour l'assemblage, on se trouve en présence de deux cas :

- soit l'opération existe directement avec le champ concerné (c'est toujours le cas pour le champ **A**, quelquefois pour le champ **B**), alors le code est donné directement ;

- Sinon le code est donné avec une lettre minuscule (**a**, **f**, ou **b**) à remplacer par le quartet signifiant le champ donné, selon le tableau de correspondance donné ci-dessous.

Ainsi, lorsque l'on rencontre, dans la liste des instructions une ligne du type :

```
Ab0        A=0 b
```

Pour A=0 W, on utilisera les codes AF0 (F pour **W** puisque le symbole est b).

Champ	a	f	b
P	0	0	8
WP	1	1	9
XS	2	2	A
X	3	3	B
S	4	4	C
M	5	5	D
B	6	6	E
W	7	7	F
A		F	

Codage des champs

Un dernier type de codage de champ est de définir le nombre de quartets sur lequel doit porter l'opération : dans la liste, ceci est symbolisé par **x**. Par exemple :

```
158x       DAT0=A x+1
```

signifie que l'opération se fera sur x+1 quartets pour le code 158x (ainsi 1583 signifie "effectuer l'opération DAT0=A pour les quartets 0...x de A"). Ce type d'opération est équivalent à l'utilisation d'un champ de type **WP** sans avoir à changer la valeur du registre **p**.

II) Le Saturn et ses "chips"

La HP48 G/GX intègre différents modules-mémoire avec lesquels le Saturn peut communiquer via des opérations de lecture ou d'écriture (paragraphe I-d du chapitre suivant), mais aussi grâce à des commandes directes de configuration et de déconfiguration (pour plus de détails, voir "les commandes du bus", paragraphe VII du chapitre suivant).

Pour comprendre l'action de ces dernières commandes, il faut garder à l'esprit l'organisation générale des différents modules que résume le schéma ci-dessous :

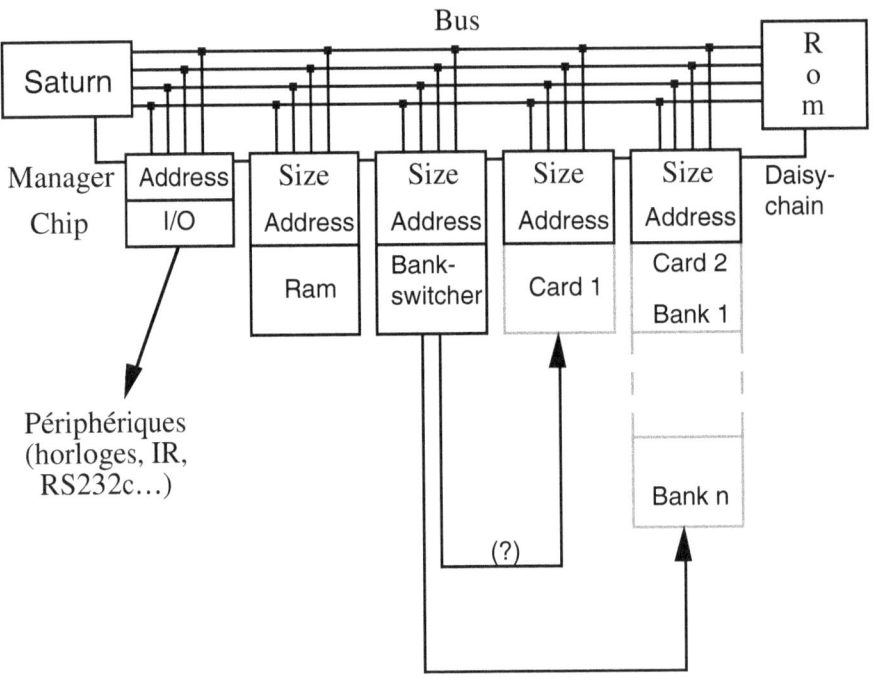

Les différents éléments en présence (le Saturn et ses chips) communiquent par l'intermédiaire d'un "bus", c'est-à-dire un ensemble de conducteurs sur lesquels transitent les données.

Pour chacun des modules-mémoire, est présent un gestionnaire (manager) qui, connaissant l'adresse de départ et la taille du module qu'il gère, est capable de déterminer si les informations présentes sur le bus lui sont destinées ou non.

Il faut noter que deux modules (ou plus) peuvent débuter à la même adresse. La priorité se fait selon l'ordre des modules sur le bus :

- Ram I/O (voir le chapitre 6 pour plus de détails à son sujet). Le gestionnaire de ce module est un peu particulier dans la mesure où seule l'adresse de départ est configurable, la taille étant fixe de 64 quartets ;

- La ram interne (32 Ko dans le cas de la HP48G, 128 Ko pour la HP48GX) ;

- Le gestionnaire de bancs (bank-switcher) qui permet de sélectionner le banc actif de la carte en port 2 (et probablement de la carte en port 1).

  Pour plus de détails à son sujet, consulter le chapitre 8 qui lui est consacré ;

- La carte en port 1 ;

- La carte en port 2 ;

- La rom. Celle-ci ne dispose pas de gestionnaire, mais débute nécessairement en #00000h, pour une taille de 512 Ko.

Physiquement, cette priorité est obtenue à l'aide d'une connexion allant de gestionnaire en gestionnaire (daisy-chain) : lorsqu'une commande transite sur le bus, le Saturn active une sortie connectée à l'entrée du premier module. Celui-ci en déduit la présence d'une commande qu'il va lire sur le bus. Si cette commande s'adresse à lui, il l'exécute sinon il active une sortie connectée au module suivant pour lui spécifier qu'une commande pouvant s'adresser à lui se trouve sur le bus. Et ainsi de suite jusqu'à ce que le bon module soit atteint ou que l'on atteigne la rom.

Les gestionnaires de modules permettent de choisir l'adresse de départ et la taille (sauf dans le cas de la ram I/O) de ces derniers. Ce réglage s'effectue grâce aux commandes RESET, CONFIG et UNCNFG (voir le paragraphe VII du chapitre suivant). De plus l'instruction C=ID permet d'obtenir des informations sur le premier gestionnaire du bus en attente de configuration.

Remarques :

- La taille d'un module n'est configurable que par pas de #1000h quartets (2 Ko), sauf dans le cas de la ram I/O dont la taille est fixe (64 octets) ;

- L'adresse de départ d'un module doit être un multiple de sa taille ;

- Le hardware de la HP48 G est quasiment identique à celui de la HP48 GX (la seule différence est l'absence de connecteur pour carte sur le premier modèle). En particulier, les gestionnaires de modules sont présents dans la HP48 G ;

- Que le module soit présent ou non, le gestionnaire correspondant existe toujours et doit être configuré. Dans ce cas, il est en général configuré à une adresse inutilisée (#7E000h sur la HP48) et à sa taille minimale (#1000h quartets) ;

- La taille attribuée au gestionnaire peut être différente de la taille réelle du module :

    - si la taille réelle est supérieure à la taille du gestionnaire, seul le début du module est accessible. Remarque : la taille minimale de configuration est de #1000h quartets (soient 2 kilo-octets), sauf dans le cas de la ram I/O (qui contient 64 quartets, taille fixe et non modifiable) ;

    - si la taille réelle est inférieure à la taille du gestionnaire, plusieurs copies du modules seront visibles (par exemple, un module de 32 Ko déclaré en 128 Ko à l'adresse #C0000h, sera visible en #C0000h, #D0000h, #E0000h et #F0000h).

III) Notes diverses sur le Saturn

Le Saturn possède une particularité qu'il faut connaître : il "retourne" ce qu'il lit. Par exemple, sachant qu'en #00000 on trouve "2", qu'en #00001h on trouve "3", lire 2 quartets en #00000h conduira à trouver la valeur 32 dans le registre impliqué. De ce fait toutes les valeurs écrites en mémoire sont "à l'envers". Cette particularité est valable pour tous les chargements de la mémoire vers les registres (lecture en mémoire ou chargement de constantes).

Les différentes instructions qui composent le jeu d'instructions disponible peuvent être groupées selon certains critères :

- Par type de fonction réalisée (chapitre suivant) ce qui est commode lorsqu'on cherche à effectuer une opération particulière sans connaître sa syntaxe, ni les registres auxquels elle s'applique ;

- Par code de la fonction et par ordre alphabétique du mnémonique de la fonction (en annexe), sous la forme de deux listes de référence (deux fois deux pages en vis-à-vis) qui serviront d'aides-mémoire aux programmeurs connaissant déjà les fonctions ou aux personnes désirant désassembler des programmes existants (par exemple les routines présentes en mémoire-morte)...

Dernier point à noter, les registres utilisés par la HP48 :

- **D0** qui pointe sur le prochain objet à exécuter (c'est pourquoi on termine toujours un programme en langage-machine par une lecture à cette adresse) ;

- **D1**, le pointeur de pile. Il pointe sur le premier étage de la pile. Lire 5 quartets à cette adresse renvoie l'adresse de l'objet au niveau 1 ;

- **B** champ A, le pointeur de pile des retours. Lorsqu'on exécute des objets, il peut être nécessaire de stocker des adresses de retour. **B** pointe sur la prochaine case libre de la pile des retours (Attention : cette pile n'est pas le registre **RSTK**) ;

- **D** champ A, qui contient le nombre de blocs de 5 quartets (5 quartets correspond à 1 étage de pile) actuellement libres.

Ces registres sont utilisés par le système. Ils peuvent être utilisés dans des programmes en langage-machine, <u>à condition que leur valeur soit restaurée en fin d'exécution</u> (deux routines en mémoire morte permettent la sauvegarde et la récupération de ces registres : SAVE_REGS, # 0679Bh et LOAD_REGS, # 067D2h. Pour plus de détails, voir l'annexe 4, routines utiles).

Par contre, certains registres sont utilisés en permanence (lors des interruptions) :

- un ou deux étage de la return-stack (RSTK) ;

- les drapeaux 12 à 15 sont utilisés en permanence par la HP48 (lors des interruptions, c'est-à-dire de l'exécution d'un programme s'occupant de la gestion de certains événements particuliers : appui sur une touche, horloge arrivant à la valeur 0, mise en place d'une carte mémoire...). Il ne faut donc jamais les utiliser. Notons en particulier :

  - le drapeau 15 qui permet de supprimer le traitement des interruptions ;
  - le drapeau 14 qui indique qu'une interruption n'a pu être traitée (lorsque ces dernières sont interdites grâce au drapeau 15) ;
  - le drapeau 13 qui est mis à 1 lorsqu'une interruption a eu lieu et a été traitée.

Le drapeau 10, quant à lui, est utilisé par la HP48 lors des allocations-mémoire : si on prend la précaution de mettre ce drapeau à zéro avant la tentative de réservation, celui-ci se retrouvera à 1 si un nettoyage de la mémoire (garbage collector) a dû être effectué.

Exercices

B-2-1 : Comment se code le champ **W** pour les instructions :

```
Ba3        D=D-C     a
AbB        C=D       b
```

B-2-2 : Mêmes questions pour les champs **P** et **WP.**

B-2-3 : Sachant que :

```
Aa3        D=D+C     a
Ab3        D=0       b
```

désassembler les instructions machine A13, A73, A83 et A93.

B-2-4 : Sachant que #00321h contient "1", #00322h contient "1", #00323h contient "4", #00324h contient "C" et que #00325h contient "8", que contiendra un registre après lecture de 3 quartets en #00321h ?

B-2-5 : Même question après lecture de deux quartets en #00322h.

B-2-6 : Même question après lecture de 4 quartets en #00321h.

B-2-7 : Si le registre A champ X contient 210h (2 dans le quartet de numéro 2, 1 dans le quartet de numéro 1 et 0 dans celui de numéro 1) et que l'on écrit cette valeur en #80080h, que contiendront #80080, #80081h et #80082h ?

B-2-8 : Si on relit ensuite 3 quartets à partir de #80080h dans C champ X, quelle sera la valeur contenue dans le champ X de ce registre ? Dans son champ B ? Dans son champ XS ?

B-2-9 : Si **P** vaut 2, combien de quartets seront impliqués par l'instruction "A=DAT0 P" et par "C=DAT0 WP" ?

Les instructions
du Saturn

Voici le jeu complet des instructions du microprocesseur Saturn.
Elles sont présentées par type de fonction réalisée.

Grâce à cette liste, le lecteur désireux de réaliser un programme
en langage-machine pourra facilement trouver les instructions dont il
a besoin... Elles sont présentées dans l'ordre suivant :

- Affectations :
    - Chargements de constantes ;
    - Chargements de valeurs ;
    - Sauvegardes et récupérations (Rn et RSTK) ;
    - Transferts avec la mémoire ;
    - Transferts avec l'extérieur ;

- Échanges de contenus de registres ;

- Opérations mathématiques :
    - Incrémentations ;
    - Additions ;
    - Décrémentations ;
    - Soustractions ;
    - "Et" logiques ;
    - "Ou" logiques ;
    - "Non" logiques ;
    - Complémentations à 2 ;
    - Décalage à gauche d'un bit ;
    - Décalage à droite d'un bit ;
    - Décalage à gauche d'un quartet ;
    - Décalage à droite d'un quartet ;
    - Rotations des quartets vers la gauche ;
    - Rotations des quartets vers la droite ;

- Sauts :
    - Sauts relatifs inconditionnels ;
    - Sauts relatifs conditionnels ;
    - Sauts absolus fixes ;
    - Sauts absolus par valeur ;
    - Manipulations du compteur de programme.

- Appels de sous-programmes :
    - Appels relatifs ;
    - Appels absolus ;
    - Retours de sous-programmes.

- Tests :
    - Comparaisons avec des constantes ;
    - Comparaisons entre registres.

- Commandes du Bus ;

- Instructions de contrôle ;

- Instructions sans effet ;

- Pseudo-opérations.

Chacune des opérations est décrite par une ligne du type :

opération   champ (cycles)   ?   code

où :

- "opération" est le mnémonique de l'instruction (par exemple A=0) ;

- "champ" est la désignation du champ sur lequel opère l'instruction ;

- "cycles" permet de calculer le temps d'exécution de l'instruction. Il peut être en effet intéressant de calculer exactement la vitesse à laquelle va se dérouler un programme donné (émission d'un son pur, utilisation de l'émetteur/récepteur infra-rouge…).

    Chaque cycle a une durée de l'ordre de 280 nanosecondes (soit une vitesse de 3,5 MHz pour le processeur). Le microprocesseur Saturn de la HP48 présente cependant une particularité notable : il s'agit d'un processeur 4 bits dont les périphériques (mémoire morte ou vive, contrôleur écran…) travaillent en 8 bits.

De ce fait, il existe une mémoire "cache" entre le Saturn et ses périphériques. Cette mémoire interne est constituée de deux quartets (un octet) en adresse paire (par exemple deux quartets en #00000, ou deux quartets en #01234h). La mise à jour de ce buffer nécessite un cycle d'horloge.

En particulier une telle mise à jour doit avoir lieu pendant le transfert des codes de l'instruction entre la mémoire et le processeur. Dans le cas où l'instruction comporte un nombre impair de codes, le nombre d'accès mémoire dépend de la parité de l'adresse à laquelle elle débute.

C'est pourquoi certaines instructions peuvent demander n ou n+1 cycles pour s'exécuter. Pour ces dernières, le nombre de cycles est noté conventionnellement n.5 (par exemple 4.5). Si l'adresse de début de l'instruction est paire, on arrondira inférieurement, supérieurement sinon...

De plus, les instructions de lecture en mémoire impliquent, elles aussi, un accès à la mémoire cache. Le nombre de cycles de ces instructions est alors noté sous la forme (n1, n2) où est n2 est le nombre de cycles nécessaire à cet accès, à ajouter à n1 (n1 devant être arrondi selon la règle précédente). Si le nombre de quartets lus est impair, n2 sera fractionnaire et il conviendra de l'arrondir comme pour n1 en fonction de l'adresse de départ de la lecture (inférieurement si l'adresse est paire, supérieurement sinon).

Enfin, dans le cas des instructions conditionnelles, deux nombres sont donnés, sous la forme (n1/n2). Le premier nombre correspond au cas où le test est vérifié, le second au cas où il ne l'est pas.

Exemple : calcul du temps d'exécution d'une boucle. Voici le listing d'un petit programme assembleur :

```
L1    97A        ?C=0      W
      31         Goyes     Fin
      1B00000    D0=       00000
      142        A=DAT0    A
      A7E        C=C-1     W
      6DEF       GOTO      L1
Fin
```

?C=0 W Goyes Fin : Si le premier test est vérifié, l'instruction s'exécutera en 32 ou 33 cycles selon la parité de l'adresse. Si le test n'est pas vérifié, elle occupera 24 ou 25 cycles (16 quartets sont en jeu puisqu'on travaille sur le champ W).

```
D0=00000 : 10 ou 11 cycles.
A=DAT0 A :23 ou 24 cycles (on lit en une adresse
```
paire).
```
C=C-1 W :  20 ou 21 cycles.
GOTO L1 :   14 cycles.
```

Soit au total 32 ou 33 cycles si la boucle n'est pas effectuée (C=0 W), 93 sinon (ne pas oublier que si une instruction de longueur impaire commence en une adresse paire, l'instruction suivante commencera en une adresse impaire et vice et versa) ;

- Le point d'interrogation (après le nombre de cycles) est remplacé par un M si le résultat dépend du mode courant (décimal/hexadécimal) ;

- enfin, "code" est le code hexadécimal de l'instruction. Ce code peut comporter des lettres minuscules qui doivent être remplacée par le quartet correspondant (selon le champ choisi, lettre a, b ou f, voir le chapitre précédent, selon le nombre x de quartets mis en œuvre…).

I) Affectations

a) Chargements de constantes

On peut charger des constantes dans certains des registres du Saturn. Il existe notamment des mises à zéro. Voici, par registre, les chargements possibles :

- Pour **A** :
    - Mise à zéro de **A** champ A :
      A=0   A   (8)   D0
    - Mise à zéro d'un autre champ :
      A=0   b   (4.5+q)   Ab0
    - Mise à zéro du bit x de **A**. Le numéro de ce bit est compris entre 0 et F. Cette instruction n'a donc d'effet que sur les 4 premiers quartets du registre A :
      ABIT=0   x   (7.5)   8084x
    - Mise à un du bit d de **A**. Il s'agit de l'opération inverse de la précédente :
      ABIT=1   x   (7.5)   8085x
    - Chargement d'une valeur dans **A**. On spécifie le nombre x+1 de quartets à charger. Les quartets en question sont h_0 à h_x. La valeur de

$\textbf{P}$ influe sur le chargement : le quartet h_0 va dans le quartet n° $\textbf{P}$ de $\textbf{A}$, h_1 dans le n° $\textbf{P}+1$... Étant donné que le Saturn "retourne" les quartets lus lors d'un accès mémoire on a :

LAHEX $\quad h_x..h_0 \quad (5+q+(5+q)/2) \quad 8082xh_0..h_x$

- Pour $\textbf{B}$:
  - Mise à zéro de $\textbf{B}$ champ A :

    B=0 $\qquad$ A $\qquad$ (8) $\hspace{4cm}$ D1
  - Mise à zéro d'un autre champ :

    B=0 $\qquad$ b $\qquad$ (4.5+q) $\hspace{3cm}$ Ab1

- Pour $\textbf{C}$:
  - Mise à zéro de $\textbf{C}$ champ A :

    C=0 $\qquad$ A $\qquad$ (8) $\hspace{4cm}$ D2
  - Mise à zéro d'un autre champ :

    C=0 $\qquad$ b $\qquad$ (4.5+q) $\hspace{3cm}$ Ab2
  - Mise à zéro du bit x ($0h \leq x \leq Fh$) de $\textbf{C}$:

    CBIT=0 $\qquad$ x $\qquad$ (7.5) $\hspace{3cm}$ 8088x
  - Mise à un du bit x ($0h \leq x \leq Fh$) de $\textbf{C}$:

    CBIT=1 $\qquad$ x $\qquad$ (7.5) $\hspace{3cm}$ 8089x
  - Chargement d'une valeur dans $\textbf{C}$. Comme pour LAHEX, la valeur de $\textbf{P}$ influe sur le chargement : le quartet h_0 va dans le quartet n° $\textbf{P}$ de $\textbf{A}$, h_1 dans le n° $\textbf{P}+1$...

    LCHEX $\quad h_x..h_0 \quad (2+q+(2+q)/2) \quad 3xh_0..h_x$

- Pour $\textbf{D}$:
  - Mise à zéro de $\textbf{D}$ champ A :

    D=0 $\qquad$ A $\qquad$ (8) $\hspace{4cm}$ D3
  - Mise à zéro d'un autre champ :

    D=0 $\qquad$ b $\qquad$ (4.5+q) $\hspace{3cm}$ Ab3

- Pour $\textbf{P}$:
  - Affecter la valeur n ($0h \leq n \leq Fh$) à $\textbf{P}$:

    P= $\qquad$ n $\qquad$ (3) $\hspace{4cm}$ 2n

- Pour $\textbf{D0}$:
  - Affectation des 2 quartets de poids faible :

    D0=(2) $\qquad$ qp $\qquad$ (6) $\hspace{3.5cm}$ 19pq
  - Affectation des 4 quartets de poids faible :

    D0=(4) $\qquad$ srqp $\qquad$ (9) $\hspace{3.5cm}$ 1Apqrs
  - Affectation des 5 quartets :

    D0=(5) $\qquad$ tsrqp $\qquad$ (10.5) $\hspace{2.5cm}$ 1Bpqrst

---

- Pour **D1** :
    - Affectation des 2 quartets de poids faible :
      D1=(2)   qp   (6)   1Dpq
    - Affectation des 4 quartets de poids faible :
      D1=(4)   srqp   (9)   1Epqrs
    - Affectation des 5 quartets :
      D1=(5)   tsrqp   (10.5)   1Fpqrst

- Pour **HST** :
    - Mise à zéro de **XM** :
      XM=0   (4.5)   821
    - Mise à zéro de **SB** :
      SB=0   (4.5)   822
    - Mise à zéro de **SR** :
      SR=0   (4.5)   824
    - Mise à zéro de **MP** :
      MP=0   (4.5)   828
    - On peut combiner ces 4 instructions pour remettre plusieurs drapeaux à zéro (en sommant les troisièmes quartets qui indiques les drapeaux concernés). En particulier pour les mettre tous les 4 à zéro (1+2+4+8 = #Fh) :
      CLRHST   (4.5)   82F

- Pour **ST** :
    - Mise à zéro du drapeau d (0h ≤ d ≤ Fh) :
      ST=0   d   (5.5)   84d
    - Mise à zéro de tous les drapeaux :
      CLRST   (7)   08
    - Mise à un du drapeau d :
      ST=1   d   (5.5)   85d

b) Chargements de valeurs

- Pour **A** :
    - Chargement du champ A de **B** dans le champ A de **A** :
      A=B   A   (8)   D4
    - Idem pour un champ quelconque :
      A=B   b   (4.5+q)   Ab4

- Idem pour **C** :

A=C	A	(8)	DA
A=C	b	(4.5+q)	AbA

- Pour **B** :
  - Chargement du champ A de **A** dans le champ A de **B** :

B=A	A	(8)	D8

  - Idem pour un champ quelconque :

B=A	b	(4.5+q)	Ab8

  - Idem pour **B** et **C** :

B=C	A	(8)	D5
B=C	b	(4.5+q)	Ab5

- Pour **C** :
  - Chargement du champ A de **A** dans le champ A de **C** :

C=A	A	(8)	D6

  - Idem pour un champ quelconque :

C=A	b	(4.5+q)	Ab6

  - Idem pour **C** et **B** :

C=B	A	(8)	D9
C=B	b	(4.5+q)	Ab9

  - Idem pour **C** et **D** :

C=D	A	(8)	DB
C=D	b	(4.5+q)	AbB

  - Chargement de **P** dans le quartet n de **C** :

C=P	n	(8)	80Cn

  - Chargement des drapeaux 0 à 11 de **ST** dans le champ X de **C** :

C=ST		(7)	09

- Pour **D** :
  - Chargement du champ A de **C** dans le champ A de **D** :

D=C	A	(8)	D7

  - Idem pour un champ quelconque :

D=C	b	(4.5+q)	Ab7

- Pour **P** :
  - Chargement du quartet n de **C** dans **P** :

P=C	n	(8)	80Dn

- Pour **D0** :
    - Chargement de **A** champ A dans **D0** :
      D0=A   (9.5)   130
    - Chargement des quartets 0 à 3 de **A** dans **D0** :
      D0=AS   (8.5)   138
    - Idem avec **C** :
      D0=C   (9.5)   134
      D0=CS   (8.5)   13C
- Pour **D1** :
    - Chargement de **A** champ A dans **D1** :
      D1=A   (9.5)   131
    - Chargement des quartets 0 à 3 de **A** dans **D1** :
      D1=AS   (8.5)   139
    - Idem avec **C** :
      D1=C   (9.5)   135
      D1=CS   (8.5)   13D
- Pour **ST** :
    - Chargement du champ X de **C** dans les drapeaux 0 à 11 de **ST** :
      ST=C   (7)   0A

c) Sauvegardes et récupérations (Rn et RSTK)

- Pour **A** :
    - Sauvegarde de la totalité des quartets :
      R0=A   (20.5)   100
      R1=A   (20.5)   101
      R2=A   (20.5)   102
      R3=A   (20.5)   103
      R4=A   (20.5)   104
    - Sauvegarde du champ A seulement :
      R0=A   A   (14)   81AF00
      R1=A   A   (14)   81AF01
      R2=A   A   (14)   81AF02
      R3=A   A   (14)   81AF03
      R4=A   A   (14)   81AF04
    - Idem pour un champ quelconque :
      R0=A   a   (9+q)   81Aa00
      R1=A   a   (9+q)   81Aa01
      R2=A   a   (9+q)   81Aa02
      R3=A   a   (9+q)   81Aa03
      R4=A   a   (9+q)   81Aa04

- Récupération de la totalité des quartets :

A=R0		(20.5)	110
A=R1		(20.5)	111
A=R2		(20.5)	112
A=R3		(20.5)	113
A=R4		(20.5)	114

- Récupération du champ A seulement :

A=R0	A	(14)	81AF10
A=R1	A	(14)	81AF11
A=R2	A	(14)	81AF12
A=R3	A	(14)	81AF13
A=R4	A	(14)	81AF14

- Idem pour un champ quelconque :

A=R0	a	(9+q)	81Aa10
A=R1	a	(9+q)	81Aa11
A=R2	a	(9+q)	81Aa12
A=R3	a	(9+q)	81Aa13
A=R4	a	(9+q)	81Aa14

- **Pour C :**

  - Sauvegarde de la totalité des quartets :

R0=C		(20.5)	108
R1=C		(20.5)	109
R2=C		(20.5)	10A
R3=C		(20.5)	10B
R4=C		(20.5)	10C

  - Sauvegarde du champ A seulement :

R0=C	A	(14)	81AF08
R1=C	A	(14)	81AF09
R2=C	A	(14)	81AF0A
R3=C	A	(14)	81AF0B
R4=C	A	(14)	81AF0C

  - Idem pour un champ quelconque :

R0=C	a	(9+q)	81Aa08
R1=C	a	(9+q)	81Aa09
R2=C	a	(9+q)	81Aa0A
R3=C	a	(9+q)	81Aa0B
R4=C	a	(9+q)	81Aa0C

- Récupération de la totalité des quartets :

C=R0		(20.5)	118
C=R1		(20.5)	119
C=R2		(20.5)	11A
C=R3		(20.5)	11B
C=R4		(20.5)	11C

- Récupération du champ A seulement :

C=R0	A	(14)	81AF18
C=R1	A	(14)	81AF19
C=R2	A	(14)	81AF1A
C=R3	A	(14)	81AF1B
C=R4	A	(14)	81AF1C

- Idem pour un champ quelconque :

C=R0	a	(9+q)	81Aa18
C=R1	a	(9+q)	81Aa19
C=R2	a	(9+q)	81Aa1A
C=R3	a	(9+q)	81Aa1B
C=R4	a	(9+q)	81Aa1C

- Récupération du champ A de **C** dans **RSTK** :

C=RSTK	(9)	07

- Sauvegarde du champ A de **C** dans **RSTK** :

RSTK=C	(9)	06

d) Transferts avec la mémoire

Comme nous l'avons vu, un accès mémoire en lecture implique l'utilisation de la mémoire cache du Saturn. Le nombre de cycles se décompose en deux parties notées (n1, n2). Le premier nombre doit être arrondi si nécessaire selon la parité de l'adresse de l'instruction (inférieurement si l'instruction débute en une adresse impaire, supérieurement sinon). De même pour le second selon la parité de l'adresse de lecture. Le nombre de cycles nécessaires est la somme des deux valeurs arrondies...

- Pour **A** :
    - Lecture de 5 quartets pointés par **D0** dans le champ A de **A** :

A=DAT0	A	(20.5, 3.5)	142

    - idem pour le champ B :

A=DAT0	B	(19.5)	14A

- idem pour un champ quelconque :
  A=DAT0   a   (20+q, (q+2)/2)   152a
- idem pour x+1 quartets :
  A=DAT0   x+1   (19+q, (q+2)/2)   15Ax
- idem pour une zone pointée par **D1** :
  A=DAT1   A   (20.5, 3.5)   143
  A=DAT1   B   (19.5)   14B
  A=DAT1   a   (20+q, (q+2)/2)   153a
  A=DAT1   x+1   (19+q, (q+2)/2)   15Bx
- Écriture des 5 quartets du champ A de **A** à l'adresse contenue dans **D0** :
  DAT0=A   A   (19.5)   140
- idem pour le champ B :
  DAT0=A   B   (16.5)   148
- idem pour un champ quelconque :
  DAT0=A   a   (19+q)   150a
- idem pour x+1 quartets :
  DAT0=A   x+1   (18+q)   158x
- idem pour une zone pointée par **D1** :
  DAT1=A   A   (19.5)   141
  DAT1=A   B   (16.5)   149
  DAT1=A   a   (19+q)   151a
  DAT1=A   x+1   (18+q)   159x

- Pour **C** :
  - Lecture de 5 quartets pointés par **D0** dans le champ A de **C** :
    C=DAT0   A   (20.5, 3.5)   146
  - idem pour le champ B :
    C=DAT0   B   (19.5)   14E
  - idem pour un champ quelconque :
    C=DAT0   a   (20+q, (q+2)/2)   156a
  - idem pour x+1 quartets :
    C=DAT0   x+1   (19+q, (q+2)/2)   15Ex
  - idem pour une zone pointée par **D1** :
    C=DAT1   A   (20.5, 3.5)   147
    C=DAT1   B   (19.5)   14F
    C=DAT1   a   (20+q, (q+2)/2)   157a
    C=DAT1   x+1   (19+q, (q+2)/2)   15Fx

- Écriture des 5 quartets du champ A de **C** à
  l'adresse contenue dans **D0** :
  DAT0=C   A   (19.5)   144
- idem pour le champ B :
  DAT0=C   B   (16.5)   14C
- idem pour un champ quelconque :
  DAT0=C   a   (19+q)   154a
- idem pour x+1 quartets :
  DAT0=C   x+1   (18+q)   15Cx
- idem pour une zone pointée par **D1** :
  DAT1=C   A   (19.5)   145
  DAT1=C   B   (16.5)   14D
  DAT1=C   a   (19+q)   155a
  DAT1=C   x+1   (18+q)   15Dx

e) Transferts avec l'extérieur

Ces instructions permettent de tester le clavier, ainsi que d'émettre des sons sur le buzzer de la HP48 (voir le chapitre précédent).

Attention : Comme nous l'avons vu précédemment les instructions A=IN et C=IN fonctionnent incorrectement lorsqu'elles se trouvent sur des adresses impaires. Il est donc fortement recommandé de ne pas les utiliser pour des programmes situés en mémoire vive, mais de faire appel aux sous-routines situées en mémoire morte (# 01160h qui réalise C=IN par exemple. Pour plus de détails, voir l'annexe 4, "routines utiles").

- Pour **A** :
    - Lecture des entrées (dans les 4 quartets 0,1,2
      et 3 de **A**) :
      A=IN   (8.5)   802
- Pour **C** :
    - Lecture des entrées (dans les 4 quartets 0,1,2
      et 3 de **C**) :
      C=IN   (8.5)   803
    - Écriture de **C** champ X dans les sorties :
      OUT=C   (7.5)   801
    - Écriture du quartet 0 de **C** dans le quartet 0 du
      registre de sortie :
      OUT=CS   (5.5)   800

II) Échanges de contenus de registres

- Pour **A** :
    - Échange de **A** champ A et **B** champ A :
ABEX	A	(8)		DC
    - Idem pour un champ quelconque :
ABEX	b	(4.5+q)		AbC
    - Idem pour **A** et **C** :
ACEX	A	(8)		DE
ACEX	b	(4.5+q)		AbE
    - Idem pour tous les quartets de **A** et **R0** :
AR0EX	(20.5)		120
    - Idem pour le champ A seulement :
AR0EX	A	(14)		81AF20
    - Idem pour un champ quelconque :
AR0EX	a	(9+q)		81Aa20
    - Idem pour **A** et **R1** :
AR1EX		(20.5)		121
AR1EX	A	(14)		81AF21
AR1EX	a	(9+q)		81Aa21
    - Idem pour **A** et **R2** :
AR2EX		(20.5)		122
AR2EX	A	(14)		81AF22
AR2EX	a	(9+q)		81Aa22
    - Idem pour **A** et **R3** :
AR3EX		(20.5)		123
AR3EX	A	(14)		81AF23
AR3EX	a	(9+q)		81Aa23
    - Idem pour **A** et **R4** :
AR4EX		(20.5)		124
AR4EX	A	(14)		81AF24
AR4EX	a	(9+q)		81Aa24
    - Échange de **A** champ A et **D0** :
AD0EX	(9.5)		132
    - Idem pour les quartets 0 à 3 de **A** et **D0** :
AD0XS	(8.5)		13A
    - Idem pour **A** et **D1** :
AD1EX	(9.5)		133
AD1XS	(8.5)		13B

- Pour **B** :
    - Échange de **A** champ A et **B** champ A :
      BAEX   A   (8)   DC
    - Idem pour un champ quelconque :
      BAEX   b   (4.5+q)   AbC
    - Idem pour **B** et **C** :
      BCEX   A   (8)   DD
      BCEX   b   (4.5+q)   AbD
- Pour **C** :
    - Échange de **C** champ A et **A** champ A :
      CAEX   A   (8)   DE
    - Idem pour un champ quelconque :
      CAEX   b   (4.5+q)   AbE
    - Idem pour **C** et **B** :
      CBEX   A   (8)   DD
      CBEX   b   (4.5+q)   AbD
    - Idem pour **C** et **D** :
      CDEX   A   (8)   DF
      CDEX   b   (4.5+q)   AbF
    - Idem pour **C** et **R0** :
      CR0EX   (20.5)   128
    - Idem pour le champ A seulement :
      CR0EX   A   (14)   81AF28
    - Idem pour un champ quelconque :
      CR0EX   a   (9+q)   81Aa28
    - Idem pour **C** et **R1** :
      CR1EX   (20.5)   129
      CR1EX   A   (14)   81AF29
      CR1EX   a   (9+q)   81Aa29
    - Idem pour **C** et **R2** :
      CR2EX   (20.5)   12A
      CR2EX   A   (14)   81AF2A
      CR2EX   a   (9+q)   81Aa2A
    - Idem pour **C** et **R3** :
      CR3EX   (20.5)   12B
      CR3EX   A   (14)   81AF2B
      CR3EX   a   (9+q)   81Aa2B

- Idem pour **C** et **R4** :

CR4EX		(20.5)	12C
CR4EX	A	(14)	81AF2C
CR4EX	a	(9+q)	81Aa2C

- Échange de **C** champ A et **D0** :

CD0EX	(9.5)	136

- Idem pour les quartets 0 à 3 de **C** et **D0** :

CD0XS	(8.5)	13E

- Idem pour **C** et **D1** :

CD1EX	(9.5)	137
CD1XS	(8.5)	13F

- Échange du quartet n de **C** avec **P** :

CPEX	n	(8)	80Fn

- Échange de **ST** (drapeaux 0 à 11) avec **C** champ X :

CSTEX	(7)	0B

- Pour **D** :

  - Échange de **D** champ A et **C** champ A :

DCEX	A	(8)	DF

  - Idem pour un champ quelconque :

DCEX	b	(4.5+q)	AbF

III) Opérations mathématiques

a) Incrémentations

Ces instructions modifient la valeur de la retenue (carry). La carry est en effet mise à 1 s'il y a dépassement de la valeur maximale stockable dans le registre. Elle est remise à zéro sinon. Par exemple, incrémenter A champ B valant # FFh, donne le résultat # 0h et la retenue est mise à 1.

- Pour **A** :

  - Incrémentation de **A** champ A :

A=A+1	A	(8)	M	E4

  - Idem pour un champ quelconque :

A=A+1	a	(4.5+q)	M	Ba4

  - Incrémentation du champ A de **A** de x+1 (0h ≤ x ≤ Fh) :

A=A+x+1	A	(13)	818F0x

- Idem pour un champ quelconque :
  A=A+x+1   a   (8+q)   818a0x

  ATTENTION : cette dernière instruction ne fonctionne correctement que pour les champs X, M, B et W…

- Pour **B** :
  - Incrémentation de **B** champ A :
    B=B+1   A   (8)   M   E5
  - Idem pour un champ quelconque :
    B=B+1   a   (4.5+q)   M   Ba5
  - Incrémentation du champ A de **B** de x+1 (0h ≤ x ≤ Fh) :
    B=B+x+1   A   (13)   819F1x
  - Idem pour un champ quelconque :
    B=B+x+1   a   (8+q)   818a1x

    ATTENTION : cette dernière instruction ne fonctionne correctement que pour les champs X, M, B et W…

- Pour **C** :
  - Incrémentation de **C** champ A :
    C=C+1   A   (8)   M   E6
  - Idem pour un champ quelconque :
    C=C+1   a   (4.5+q)   M   Ba6
  - Incrémentation du champ A de **C** de x+1 (0h ≤ x ≤ Fh) :
    C=C+x+1   A   (13)   818F2x
  - Idem pour un champ quelconque :
    C=C+x+1   a   (8+q)   818a2x

    ATTENTION : cette dernière instruction ne fonctionne correctement que pour les champs X, M, B et W…

- Pour **D** :
  - Incrémentation de **D** champ A :
    D=D+1   A   (8)   M   E7
  - Idem pour un champ quelconque :
    D=D+1   a   (4.5+q)   M   Ba7
  - Incrémentation du champ A de **D** de x+1 (0h ≤ x ≤ Fh) :
    D=D+x+1   A   (13)   818F3x

- Idem pour un champ quelconque :
  D=D+x+1   a   (8+q)   818a3x
  ATTENTION : cette dernière instruction ne fonctionne correctement que pour les champs X, M, B et W...

- Pour **P** :
  - Incrémentation de **P** :
    P=P+1   (4)   0C

- Pour **D0** :
  - Ajout de x+1 à **D0** :
    D0=D0+   x+1   (8.5)   16x

- Pour **D1** :
  - Ajout de x+1 à **D1** :
    D1=D1+   x+1   (8.5)   17x

b) Additions

Ces instructions modifient la valeur de la retenue (carry) : elle est mise à 1 en cas de dépassement de la valeur maximale, à 0 sinon.

- Pour **A** :
  - Addition des champs A de **A** et **B** :
    A=A+B   A   (8)   M   C0
  - Idem pour un champ quelconque :
    A=A+B   a   (4.5+q)   M   Aa0
  - Idem pour **A** et **C** :
    A=A+C   A   (8)   M   CA
    A=A+C   a   (4.5+q)   M   AaA

- Pour **B** :
  - Addition des champs A de **B** et **A** :
    B=B+A   A   (8)   M   C8
  - Idem pour un champ quelconque :
    B=B+A   a   (4.5+q)   M   Aa8
  - Idem pour **B** et **C** :
    B=B+C   A   (8)   M   C1
    B=B+C   a   (4.5+q)   M   Aa1

- Pour **C** :
  - Addition des champs A de **C** et **A** :
    C=C+A   A   (8)   M   C2

- Idem pour un champ quelconque :
  C=C+A   a   (4.5+q)   M   Aa2
- Idem pour **C** et **B** :
  C=C+B   A   (8)   M   C9
  C=C+B   a   (4.5+q)   M   Aa9
- Idem pour **C** et **D** :
  C=C+D   A   (8)   M   CB
  C=C+D   a   (4.5+q)   M   AaB
- Ajout de **P**+1 à **C** champ A :
  C+P+1   (9.5)   809

- **Pour D :**
  - Addition des champs A de **D** et **C** :
    D=D+C   A   (8)   M   C3
  - Idem pour un champ quelconque :
    D=D+C   a   (4.5+q)   M   Aa3

c) Décrémentations

Ces instructions modifient la valeur de la retenue (carry) : elle est mise à 1 si on passe en dessous de zéro, à 0 sinon.

- **Pour A :**
  - Décrémentation de **A** champ A :
    A=A-1   A   (8)   M   CC
  - Idem pour un champ quelconque :
    A=A-1   a   (4.5+q)   M   AaC
  - Décrémentation du champ A de **A** de $x+1$ ($0h \leq x \leq Fh$) :
    A=A-(x+1)   A   (13)   818F8x
  - Idem pour un champ quelconque :
    A=A-(x+1)   a   (8+q)   818a8x
    ATTENTION : cette dernière instruction ne fonctionne correctement que pour les champs X, M, B et W…

- **Pour B :**
  - Décrémentation de **B** champ A :
    B=B-1   A   (8)   M   CD
  - Idem pour un champ quelconque :
    B=B-1   a   (4.5+q)   M   AaD

- Décrémentation du champ A de **B** de x+1 (0h ≤ x ≤ Fh) :
  B=B-(x+1)   A   (13)   818F9x
- Idem pour un champ quelconque :
  B=B-(x+1)   a   (8+q)   818a9x
  ATTENTION : cette dernière instruction ne fonctionne correctement que pour les champs X, M, B et W…

- Pour **C** :
  - Décrémentation de **C** champ A :
    C=C-1   A   (8)   M   CE
  - Idem pour un champ quelconque :
    C=C-1   a   (4.5+q)   M   AaE
  - Décrémentation du champ A de **C** de x+1 (0h ≤ x ≤ Fh) :
    C=C-(x+1)   A   (13)   818FAx
  - Idem pour un champ quelconque :
    C=C-(x+1)   a   (8+q)   818aAx
    ATTENTION : cette dernière instruction ne fonctionne correctement que pour les champs X, M, B et W…

- Pour **D** :
  - Décrémentation de **D** champ A :
    D=D-1   A   (8)   M   CF
  - Idem pour un champ quelconque :
    D=D-1   a   (4.5+q)   M   AaF
  - Décrémentation du champ A de **D** de x+1 (0h ≤ x ≤ Fh) :
    D=D-(x+1)   A   (13)   818FBx
  - Idem pour un champ quelconque :
    D=D-(x+1)   a   (8+q)   818aBx
    ATTENTION : cette dernière instruction ne fonctionne correctement que pour les champs X, M, B et W…

- Pour **P** :
  - Décrémenter **P** :
    P=P-1   (4)   OD

- Pour **D0** :
  - Décrémenter **D0** de x+1 :
    D0=D0-   x+1   (8.5)   18x

- Pour **D1** :
    - Décrémenter **D1** de x+1 :
      D1=D1-   x+1   (8.5)   1Cx

d) Soustractions

Ces instructions modifient la valeur de la retenue (carry) : elle est mise à 1 si passe en dessous de zéro, à 0 sinon.

- Pour **A** :
    - Soustraction de **C** champ A à **A** champ A :
      A=A-C   A   (8)   M   EA
    - Idem pour un champ quelconque :
      A=A-C   a   (4.5+q)   M   BaA
    - Soustraction du champ A de **A** au champ A de **B** et stockage du résultat dans **A** champ A :
      A=B-A   A   (8)   M   EC
    - Idem pour un champ quelconque :
      A=B-A   a   (4.5+q)   M   BaC
- Pour **B** :
    - Soustraction du champ A de **A** au champ A de **B** :
      B=B-A   A   (8)   M   E8
    - Idem pour un champ quelconque :
      B=B-A   a   (4.5+q)   M   Ba8
    - Idem pour **B** et **C** :
      B=B-C   A   (8)   M   E1
      B=B-C   a   (4.5+q)   M   Ba1
    - Soustraction du champ A de **B** au champ A de **C** et stockage du résultat dans **B** champ A :
      B=C-B   A   (8)   M   ED
    - Idem pour un champ quelconque :
      B=C-B   a   (4.5+q)   M   BaD
- Pour **C** :
    - Soustraction du champ A de **A** au champ A de **C** :
      C=C-A   A   (8)   M   E2
    - Idem pour un champ quelconque :
      C=C-A   a   (4.5+q)   M   Ba2
    - Idem pour **C** et **D** :
      C=C-D   A   (8)   M   EB
      C=C-D   a   (4.5+q)   M   BaB

- Soustraction du champ A de **C** au champ A de
  A et stockage du résultat dans **C** champ A :

C=A-C	A	(8)	M	EE

- Idem pour un champ quelconque :

C=A-C	a	(4.5+q)	M	BaE

- Pour **D** :

  - Soustraction du champ A de **C** au champ A de
    D :

D=D-C	A	(8)	M	E3

  - Idem pour un champ quelconque :

D=D-C	a	(4.5+q)	M	Ba3

  - Soustraction du champ A de **D** au champ A de
    C et stockage du résultat dans **D** champ A :

D=C-D	A	(8)	M	EF

  - Idem pour un champ quelconque :

D=C-D	a	(4.5+q)	M	BaF

e) "Et" logiques

- Pour **A** :

  - Entre les champs A de **A** et **B** :

A=A&B	A	(11)	0EF0

  - Idem pour un champ quelconque :

A=A&B	a	(6+q)	0Ea0

  - Idem entre **A** et **C** :

A=A&C	A	(11)	0EF6
A=A&C	a	(6+q)	0Ea6

- Pour **B** :

  - Entre les champs A de **B** et **A** :

B=B&A	A	(11)	0EF4

  - Idem pour un champ quelconque :

B=B&A	a	(6+q)	0Ea4

  - Idem entre **B** et **C** :

B=B&C	A	(11)	0EF1
B=B&C	a	(6+q)	0Ea1

- Pour **C** :

  - Entre les champs A de **C** et **A** :

C=C&A	A	(11)	0EF2

- Idem pour un champ quelconque :
  C=C&A   a   (6+q)   0Ea2
- Idem entre **C** et **B** :
  C=C&B   A   (11)   0EF5
  C=C&B   a   (6+q)   0Ea5
- Idem entre **C** et **D** :
  C=C&D   A   (11)   0EF7
  C=C&D   a   (6+q)   0Ea7

- Pour **D** :
  - Entre les champs A de **D** et **C** :
    D=D&C   A   (11)   0EF3
  - Idem pour un champ quelconque :
    D=D&C   a   (6+q)   0Ea3

f) "Ou" logiques

- Pour **A** :
  - Entre les champs A de **A** et **B** :
    A=A!B   A   (11)   0EF8
  - Idem pour un champ quelconque :
    A=A!B   a   (6+q)   0Ea8
  - Idem entre **A** et **C** :
    A=A!C   A   (11)   0EFE
    A=A!C   a   (6+q)   0EaE

- Pour **B** :
  - Entre les champs A de **B** et **A** :
    B=B!A   A   (11)   0EFC
  - Idem pour un champ quelconque :
    B=B!A   a   (6+q)   0EaC
  - Idem entre **B** et **C** :
    B=B!C   A   (11)   0EF9
    B=B!C   a   (6+q)   0Ea9

- Pour **C** :
  - Entre les champs A de **C** et **A** :
    C=C!A   A   (11)   0EFA
  - Idem pour un champ quelconque :
    C=C!A   a   (6+q)   0EaA

- Idem entre **C** et **B** :

C=C!B	A	(11)		0EFD
C=C!B	a	(6+q)		0EaD

- Idem entre **C** et **D** :

C=C!D	A	(11)		0EFF
C=C!D	a	(6+q)		0EaF

- Pour **D** :

- Entre les champs A de **D** et **C** :

D=D!C	A	(11)		0EFB

- Idem pour un champ quelconque :

D=D!C	a	(6+q)		0EaB

g) "Non" logiques

Ces instructions mettent la retenue à 0 quelle que soit la valeur initiale du registre concerné. Attention : le résultat dépend du mode courant (décimal/ hexadécimal). Appliqué au champ A de C contenant #00005h, on obtiendra #99994h en mode décimal et #FFFFAh en mode hexadécimal.

- Pour **A** :

- Non logique pour le champ A de **A** :

A=-A-1	A	(8)	M	FC

- Idem pour un champ quelconque :

A=-A-1	b	(4.5+q)	M	BbC

- Pour **B** :

- Non logique pour le champ A de **B** :

B=-B-1	A	(8)	M	FD

- Idem pour un champ quelconque :

B=-B-1	b	(4.5+q)	M	BbD

- Pour **C** :

- Non logique pour le champ A de **C** :

C=-C-1	A	(8)	M	FE

- Idem pour un champ quelconque :

C=-C-1	b	(4.5+q)	M	BbE

- Pour **D** :

- Non logique pour le champ A de **D** :

D=-D-1	A	(8)	M	FF

- Idem pour un champ quelconque :

D=-D-1	b	(4.5+q)	M	BbF

h) Complémentations à 2

La retenue (carry) est mise à 0 si le registre était nul, à 1 sinon. Attention : le résultat dépend du mode courant (décimal ou hexadécimal). Appliqué au champ A de C contenant #00005h, on obtiendra #99995h en mode décimal et #FFFFBh en mode hexadécimal.

- Pour **A** :
  - Complément à 2 pour le champ A :
    A=-A   A   (8)   M   F8
  - Idem pour un champ quelconque :
    A=-A   b   (4.5+q)   M   Bb8
- Pour **B** :
  - Complément à 2 pour le champ A :
    B=-B   A   (8)   M   F9
  - Idem pour un champ quelconque :
    B=-B   b   (4.5+q)   M   Bb9
- Pour **C** :
  - Complément à 2 pour le champ A :
    C=-C   A   (8)   M   FA
  - Idem pour un champ quelconque :
    C=-C   b   (4.5+q)   M   BbA
- Pour **D** :
  - Complément à 2 pour le champ A :
    D=-D   A   (8)   M   FB
  - Idem pour un champ quelconque :
    D=-D   b   (4.5+q)   M   BbB

i) Décalage d'un bit à gauche :

Cette opération est une multiplication par deux, d'où son mnémonique. La retenue (carry) est mise à 1 en cas de dépassement de la valeur maximale, à 0 sinon.

- Pour **A** :
  - Décalage d'un bit à gauche de **A** champ A :
    A=A+A   A   (8)   M   C4
  - Idem pour un champ quelconque :
    A=A+A   a   (4.5+q)   M   Aa4
- Pour **B** :
  - Décalage d'un bit à gauche de **B** champ A :
    B=B+B   A   (8)   M   C5
  - Idem pour un champ quelconque :
    B=B+B   a   (4.5+q)   M   Aa5

- Pour **C** :
    - Décalage d'un bit à gauche de **C** champ A :
      C=C+C   A   (8)   M   C6
    - Idem pour un champ quelconque :
      C=C+C   a   (4.5+q)   M   Aa6
- Pour **D** :
    - Décalage d'un bit à gauche de **D** champ A :
      D=D+D   A   (8)   M   C7
    - Idem pour un champ quelconque :
      D=D+D   a   (4.5+q)   M   Aa7

j) Décalages à droite d'un bit

La dénomination de l'instruction est la suivante : <registre>SRB, les lettres SRB signifiant "Shift Right Bit". Le bit sortant est perdu, mais **SB** est mis à 1 s'il était non nul (attention : SB n'est pas remis à zéro si le bit sortant est nul...). Le bit entrant est zéro. En mode hexadécimal, cette opération s'identifie donc à une division par deux.

- Pour **A** :
    - Sur la totalité des quartets :
      ASRB   (21.5)   81C
    - Pour le champ A :
      ASRB   A   (13.5)   819F0
    - Pour un champ quelconque :
      ASRB   a   (8.5+q)   819a0
- Pour **B** :
    - Sur la totalité des quartets :
      BSRB   (21.5)   81D
    - Pour le champ A :
      BSRB   A   (13.5)   819F1
    - Pour un champ quelconque :
      BSRB   a   (8.5+q)   819a1
- Pour **C** :
    - Sur la totalité des quartets :
      CSRB   (21.5)   81E
    - Pour le champ A :
      CSRB   A   (13.5)   819F2
    - Pour un champ quelconque :
      CSRB   a   (8.5+q)   819a2

- Pour **D** :
    - Sur la totalité des quartets :
      DSRB   (21.5)   81F
    - Pour le champ A :
      DSRB   A   (13.5)   819F3
    - Pour un champ quelconque :
      DSRB   a   (8.5+q)   819a3

k) Décalage d'un quartet vers la gauche:

La dénomination de l'instruction est : <registre>SL <champ>, les lettres SL signifiant "Shift Left". Le quartet sortant est perdu, mais **SB** est mis à 1 s'il était non nul.

Cette instruction s'identifie donc à une multiplication par 16 si on est en mode hexadécimal, par 10 si on est en mode décimal.

- Pour **A** :
    - Multiplication par 16 de **A** champ A :
      ASL   A   (9)   F0
    - Idem pour un champ quelconque :
      ASL   b   (5.5+q)   Bb0
- Pour **B** :
    - Multiplication par 16 de **B** champ A :
      BSL   A   (9)   F1
    - Idem pour un champ quelconque :
      BSL   b   (5.5+q)   Bb1
- Pour **C** :
    - Multiplication par 16 de **C** champ A :
      CSL   A   (9)   F2
    - Idem pour un champ quelconque :
      CSL   b   (5.5+q)   Bb2
- Pour **D** :
    - Multiplication par 16 de **D** champ A :
      DSL   A   (9)   F3
    - Idem pour un champ quelconque :
      DSL   b   (5.5+q)   Bb3

l) Décalage d'un quartet vers la droite :

La dénomination de l'instruction est : <registre>SR <champ>.

les lettres SR signifiant "Shift Right". Le quartet sortant est perdu, mais **SB** est mis à 1 s'il était non nul.

Cette instruction s'identifie donc à une division par 16 si on est en mode hexadécimal, par 10 si on est en mode décimal.

- Pour **A** :
    - Décalage d'un quartet à droite de **A** champ A :
      ASR   A   (9)   F4
    - Idem pour un champ quelconque :
      ASR   b   (5.5+q)   Bb4

- Pour **B** :
    - Décalage d'un quartet à droite de **B** champ A :
      BSR   A   (9)   F5
    - Idem pour un champ quelconque :
      BSR   b   (5.5+q)   Bb5

- Pour **C** :
    - Décalage d'un quartet à droite de **C** champ A :
      CSR   A   (9)   F6
    - Idem pour un champ quelconque :
      CSR   b   (5.5+q)   Bb6

- Pour **D** :
    - Décalage d'un quartet à droite de **D** champ A :
      DSR   A   (9)   F7
    - Idem pour un champ quelconque :
      DSR   b   (5.5+q)   Bb7

m) Rotations des quartets vers la gauche

Il s'agit d'une rotation circulaire vers la gauche des quartets (le quartet 0h devient le quartet 1h, le 1h devient le 2h... Le Fh devient le 0h), d'où le nom de ces instructions : <registre>SLC

SLC signifiant "Shift Left Circular".

- Pour **A** :
      ASLC   (22.5)   810

- Pour **B** :

BSLC	(22.5)	811

- Pour **C** :

CSLC	(22.5)	812

- Pour **D** :

DSLC	(22.5)	813

n) Rotations des quartets vers la droite

Il s'agit d'une rotation circulaire vers la droite des quartets (le quartet 0h devient le quartet Fh, le 1h devient le 0h... le Fh devient le Eh), d'où le nom de ces instructions :

<registre>SRC

SLC signifiant "Shift Right Circular".

- Pour **A** :

ASRC	(22.5)	814

- Pour **B** :

BSRC	(22.5)	815

- Pour **C** :

CSRC	(22.5)	816

- Pour **D** :

DSRC	(22.5)	817

IV) Sauts

La longueur des sauts relatifs se calcule toujours de la même manière : on compte le nombre de quartets entre la fin de l'instruction de saut hors-longueur et le début de l'instruction où l'on veut sauter.

S'il s'agit d'un saut en arrière, on code la valeur négative par complément à 2.

Par exemple si on a affaire au saut relatif GOTO dont le code est 6aaa (aaa étant la longueur du saut) qui commence à l'adresse $@_1$ et que l'on veut sauter à l'adresse $@_2$, on codera le saut :

- par $(@_2-(@_1+1))$ si c'est un saut en avant (1 est le nombre de quartets du code hors-longueur). Par exemple

---

si $@_1$=#00123h et $@_2$=#00456h le saut devra se faire sur 332h quartets et on le codera par la séquence : 6**233** (ne pas oublier que le Saturn 'retourne' les données).

- par le complément à 2 de (($@_1$+1)-$@_2$) s'il s'agit d'un saut en arrière. Par exemple si $@_1$=#00456h et $@_2$=#00123h, le saut se fera sur 334h quartets, ce qui donnera en complément à 2 : CCCh et le saut se codera par 6**CCC** (pour calculer la valeur en pratique, il suffit de taper #0h valeur - et d'ignorer les "F" inutiles : par exemple #0 #334h - donne #FFF...FCCCh d'où le codage du saut sur 3 quartets : CCC).

Comme il y a complémentation à 2, on aura des limitations sur la longueur des sauts :

- Pour un codage sur 2 quartets à -80h +7Fh quartets ;
- Pour un codage sur 3 quartets à -800h +7FFh quartets ;
- Pour un codage sur 4 quartets à -8000h +7FFFh quartets.

<u>Remarque</u> : Dans les listings des programmes assembleur, on pourra utiliser des labels (ou étiquettes) pour indiquer les points d'arrivée des sauts.

a) <u>Sauts relatifs inconditionnels</u>

Ils sont classés par longueur de saut maximal croissante :

GOTO	abc	(14)	6cba
GOLONG	abcd	(17)	8Cdcba

b) <u>Sauts relatifs conditionnels</u>

- Tous les sauts suivant un test (voir le paragraphe VI). Pour ces derniers, le temps d'exécution est inclus dans celui du test. Attention, la longueur à prendre pour calculer le temps de transfert est le nombre de codes du test plus 2 (car le saut est codé sur deux quartets) ;
- Sauts dépendants de la retenue (**CARRY**). Deux temps sont donnés, le premier dans le cas où le saut est réalisé (12.5), le second dans celui où il ne l'est pas (4.5) :
  - Saut si la **CARRY** est à zéro :
    GONC   ab   (12.5/4.5)   5ba
  - Saut si la **CARRY** est à un :
    GOC   ab   (12.5/4.5)   4ba

---

c) Sauts absolus fixes

GOVLNG   abcde   (18.5)   8Dedcba

d) Sauts absolus par valeur

- Contrôlés par **A** :
    - Saut à l'adresse contenue dans **A** champ A :
    PC=A   (19)   81B2
    - Idem avec sauvegarde dans **A** champ A. L'adresse sauvegardée est celle de l'instruction suivante :
    APCEX   (19)   81B6
    - Saut à l'adresse écrite dans les 5 quartets pointés par **A** (on lit 5 quartets à l'adresse contenue dans **A** champ A et on continue l'exécution à cette adresse) :
    PC=(A)   (26, 3.5)   808C

    Remarque : cette instruction implique deux transferts de données, le premier pour les codes la composant, le second pour accéder aux 5 quartets lus à l'adresse contenue dans le champ A de **A**. Le nombre de cycles se calcule donc comme pour les accès mémoire (voir plus haut).

- Contrôlés par **C** :
    - Saut à l'adresse contenue dans **C** champ A :
    PC=C   (19)   81B3
    - Idem avec sauvegarde dans **C** champ A :
    CPCEX   (19)   81B7
    - Saut à l'adresse écrite dans les 5 quartets pointés par **C** :
    PC=(C)   (26, 3.5)   808E

    Remarque : cette instruction implique deux transferts de données, le premier pour les codes la composant, le second pour accéder aux 5 quartets lus à l'adresse contenue dans le champ A de **C**. Le nombre de cycles se calcule donc comme pour les accès mémoire (voir plus haut).

e) Manipulations du compteur de programme

En plus des instructions précédemment citées qui permettent d'affecter une valeur au compteur de programme **PC** (saut relatif, saut par valeur…), il est possible de connaître la valeur courante de **PC**.

La valeur obtenue correspond à l'adresse de la prochaine instruction devant être exécutée.

- Chargement de **PC** dans **A** champ A :

  A=PC   (11)   81B4

- Chargement de **PC** dans **C** champ A :

  C=PC   (11)   81B5

V) Appels de sous-programmes

Les sous-programmes sont appelés grâce à une instruction d'appel. Le retour de sous-programme se fait grâce à des instructions de retour de sous-programme dont la liste est donnée au paragraphe c.

Les longueurs des appels relatifs se calculent différemment de celles des sauts relatifs. On compte en effet le nombre de quartets à partir de l'adresse du premier quartet après l'instruction de saut.

Par exemple pour un programme du type :

$$\begin{aligned}&\text{Gosub } @_1\\ @_2\quad &\text{* suite du programme...}\\ \\ @_1\quad &\text{* petit sous programme utile...}\end{aligned}$$

la longueur du saut sera $@_1 - @_2$.

Le principe est le même que dans le cas les sauts relatifs pour distinguer sauts en avant et sauts en arrière…

Remarque : Dans les listings assembleurs, on pourra utiliser des labels (ou étiquettes) pour indiquer les points d'arrivée des appels de sous-programmes.

a) Appels relatifs

Ils sont classés par longueur de saut maximal croissante :

GOSUB	abc	(15)	7bca
GOSUBL	abcd	(18)	8Edcba

b) Appel absolu

GOSBVL	abcde	(19.5)	8Fedcba

c) Retours de sous-programmes

- Retours inconditionnels :
  - Retour simple :
    RTN   (11)   01
  - Retour avec mise à zéro de la retenue :
    RTNCC   (11)   03
  - Retour avec mise à un de la retenue :
    RTNSC   (11)   02
  - Retour avec mise à un de **XM** :
    RTNSXM   (11)   00
  - Retour de routine de gestion d'interruptions :
    RTI   (11)   0F

    Remarque : lorsque le Saturn passe en mode "interrompu", il n'accepte plus aucune interruption (une interruption n'est pas interruptible). L'instruction RTI permet de quitter le mode "interrompu" pour revenir au mode "interruptible".

- Retours conditionnels :
  - L'ensemble des instructions de tests permet d'effectuer des retours conditionnels de sous-programme (voir le paragraphe VI).
  - Retour si la carry est à un :
    RTNC   (12.5/4.5)   400
  - Retour si la carry est à zéro :
    RTNNC   (12.5/4.5)   500

VI) Tests

Les tests sont tous sous la forme :

```
?<registre><comparateur><registre ou constante> <champ>
```

Où "registre" est à remplacer par un nom de registre (A, B, C, D...), "comparateur" est un indicateur de type de test (=, <, ≤...), "constante" une valeur fixe (0 en général) et où "champ" précise les quartets du (ou des) registre(s) sur lesquels doit se faire la comparaison.

Ils sont toujours suivis d'une instruction de saut (GOYES) ou de retour de sous-programme (RTNYES). Cette instruction, qui vient immédiatement après le test, se code sur deux quartets suivant la règle :

- 00 pour coder RTNYES ;

- La valeur du saut en relatif sur deux quartets pour coder GOYES. La longueur du saut se compte à partir de l'adresse de stockage de l'instruction GOYES (voir le calcul des sauts relatifs dans le paragraphe IV).

Remarques :

- Ces instructions modifient la valeur de la retenue (carry). Elle est en effet mise à 1 si le test est vérifié ;

- Les valeurs des registres étant des nombres positifs, ces comparaisons sont non-signées ;

- Le nombre de cycle de base et double : le premier correspond au temps d'exécution si le test est vérifié (saut ou retour effectué), le second s'il ne l'est pas.

a) Comparaisons avec des constantes

- Pour **A** :
    - Le champ A de **A** est-il nul ?
      ?A=0   A   (21.5/13.5)   8A8
    - Idem pour un champ quelconque :
      ?A=0   a   (16.5+q/8.5+q)   9a8
    - Le champ A de **A** est-il non-nul ?
      ?A#0   A   (21.5/13.5)   8AC
    - Idem pour un champ quelconque :
      ?A#0   a   (16.5+q/8.5+q)   9aC

- Le bit x (0h ≤ x ≤ Fh) de **A** est-il à zéro ?
  ?ABIT=0   x   (20.5/12.5)   8086x
- Le bit x (0h ≤ x ≤ Fh) de **A** est-il à un ?
  ?ABIT=1   x   (20.5/12.5)   8087x

- Pour **B** :
  - Le champ A de **B** est-il nul ?
    ?B=0   A   (21.5/13.5)   8A9
  - Idem pour un champ quelconque :
    ?B=0   a   (16.5+q/8.5+q)   9a9
  - Le champ A de **B** est-il non-nul ?
    ?B#0   A   (21.5/13.5)   8AD
  - Idem pour un champ quelconque :
    ?B#0   a   (16.5+q/8.5+q)   9aD

- Pour **C** :
  - Le champ A de **C** est-il nul ?
    ?C=0   A   (21.5/13.5)   8AA
  - Idem pour un champ quelconque :
    ?C=0   a   (16.5+q/8.5+q)   9aA
  - Le champ A de **C** est-il non-nul ?
    ?C#0   A   (21.5/13.5)   8AE
  - Idem pour un champ quelconque :
    ?C#0   a   (16.5+q/8.5+q)   9aE
  - Le bit x (0h ≤ x ≤ Fh) de **C** est-il à zéro ?
    ?CBIT=0   x   (20.5/12.5)   808Ax
  - Le bit x (0h ≤ x ≤ Fh) de **C** est-il à un ?
    ?CBIT=1   x   (20.5/12.5)   808Bx

- Pour **D** :
  - Le champ A de **D** est-il nul ?
    ?D=0   A   (21.5/13.5)   8AB
  - Idem pour un champ quelconque :
    ?D=0   a   (16.5+q/8.5+q)   9aB
  - Le champ A de **D** est-il non-nul ?
    ?D#0   A   (21.5/13.5)   8AF
  - Idem pour un champ quelconque :
    ?D#0   a   (16.5+q/8.5+q)   9aF

- Pour **HST** :
  - **XM** est-il nul ?
    ?XM=0   (15.5/7.5)   831

- **SB** est-il nul ?
  ?SB=0   (15.5/7.5)   832
- **SR** est-il nul ?
  ?SR=0   (15.5/7.5)   834
- **MP** est-il nul ?
  ?MP=0   (15.5/7.5)   838
- Comme pour les mises à zéro de ces drapeaux, on peut combiner les différents tests pour tester simultanément la nullité de plusieurs drapeaux. Par exemple, on peut tester si SB et SR sont nuls par l'instruction de code 836.

- Pour **P** :
    - **P** est-il égal à n ?
      ?P=   n   (15.5/7.5)   89n
    - **P** est-il différent de n ?
      ?P#   n   (15.5/7.5)   88n

- Pour **ST** :
    - Le drapeau n de **ST** est-il égal à 0 ?
      ?ST=0   n   (16.5/8.5)   86n
    - Le drapeau n de **ST** est-il égal à 1 ?
      ?ST=1   n   (16.5/8.5)   87n
    - Le drapeau n de **ST** est-il différent de 0 ?
      ?ST#0   n   (16.5/8.5)   87n
    - Le drapeau n de **ST** est-il différent de 1 ?
      ?ST#1   n   (16.5/8.5)   86n

b) <u>Comparaisons entre registres</u>

- Pour **A** :
    - Le champ A de **A** est-il égal à celui de **B** ?
      ?A=B   A   (21.5/13.5)   8A0
    - Idem pour un champ quelconque :
      ?A=B   a   (16.5+q/8.5+q)   9a0
    - Idem pour **A** et **C** :
      ?A=C   A   (21.5/13.5)   8A2
      ?A=C   a   (16.5+q/8.5+q)   9a2
    - Le champ A de **A** est-il différent de celui de **B** ?
      ?A#B   A   (21.5/13.5)   8A4

- Idem pour un champ quelconque :
  ?A#B   a   (16.5+q/8.5+q)   9a4
- Idem pour **A** et **C** :
  ?A#C   A   (21.5/13.5)   8A6
  ?A#C   a   (16.5+q/8.5+q)   9a6
- Le champ A de **A** est-il inférieur ou égal à celui de **B** ?
  ?A<=B   A   (21.5/13.5)   8BC
- Idem pour un champ quelconque :
  ?A<=B   a   (16.5+q/8.5+q)   9bC
- Le champ A de **A** est-il strictement inférieur à celui de **B** ?
  ?A<B   A   (21.5/13.5)   8B4
- Idem pour un champ quelconque :
  ?A<B   a   (16.5+q/8.5+q)   9b4
- Le champ A de **A** est-il supérieur ou égal à celui de **B** ?
  ?A>=B   A   (21.5/13.5)   8B8
- Idem pour un champ quelconque :
  ?A>=B   a   (16.5+q/8.5+q)   9b8
- Le champ A de **A** est-il strictement supérieur à celui de **B** ?
  ?A>B   A   (21.5/13.5)   8B0
- Idem pour un champ quelconque :
  ?A>B   a   (16.5+q/8.5+q)   9b0

- Pour **B** :
  - Le champ A de **B** est-il égal à au champ A de **A** ?
    ?B=A   A   (21.5/13.5)   8A0
  - Idem pour un champ quelconque :
    ?B=A   a   (16.5+q/8.5+q)   9a0
  - Idem entre **B** et **C** :
    ?B=C   A   (21.5/13.5)   8A1
    ?B=C   a   (16.5+q/8.5+q)   9a1
  - Le champ **B** de A est-il différent du champ A de **A** ?
    ?B#A   A   (21.5/13.5)   8A4
  - Idem pour un champ quelconque :
    ?B#A   a   (16.5+q/8.5+q)   9a4

- Idem entre **B** et **C** :

?B#C	A	(21.5/13.5)	8A5
?B#C	a	(16.5+q/8.5+q)	9a5

- Le champ A de **B** est-il inférieur ou égal à celui de **C** ?

?B<=C	A	(21.5/13.5)	8BD

- Idem pour un champ quelconque :

?B<=C	a	(16.5+q/8.5+q)	9bD

- Le champ A de **B** est-il strictement inférieur à celui de **C** ?

?B<C	A	(21.5/13.5)	8B5

- Idem pour un champ quelconque :

?B<C	a	(16.5+q/8.5+q)	9b5

- Le champ A de **B** est-il supérieur ou égal à celui de **C** ?

?B>=C	A	(21.5/13.5)	8B9

- Idem pour un champ quelconque :

?B>=C	a	(16.5+q/8.5+q)	9b9

- Le champ A de **B** est-il strictement supérieur à celui de **C** ?

?B>C	A	(21.5/13.5)	8B1

- Idem pour un champ quelconque :

?B>C	a	(16.5+q/8.5+q)	9b1

- Pour **C** :
  - Le champ A de **C** est-il égal à celui de **A** ?

?C=A	A	(21.5/13.5)	8A2

  - Idem pour un champ quelconque :

?C=A	a	(16.5+q/8.5+q)	9a2

  - Idem entre **C** et **B** :

?C=B	A	(21.5/13.5)	8A1
?C=B	a	(16.5+q/8.5+q)	9a1

  - Idem entre **C** et **D** :

?C=D	A	(21.5/13.5)	8A3
?C=D	a	(16.5+q/8.5+q)	9a3

  - Le champ A de **C** est-il différent de celui de **A** ?

?C#A	A	(21.5/13.5)	8A6

  - Idem pour un champ quelconque :

?C#A	a	(16.5+q/8.5+q)	9a6

- Idem pour **C** et **B** :

  ?C#B   A   (21.5/13.5)   8A5

  ?C#B   a   (16.5+q/8.5+q)   9a5

- Idem pour **C** et **D** :

  ?C#D   A   (21.5/13.5)   8A7

  ?C#D   a   (16.5+q/8.5+q)   9a7

- Le champ A de **C** est-il inférieur ou égal à celui de **A** ?

  ?C<=A   A   (21.5/13.5)   8BE

- Idem pour un champ quelconque :

  ?C<=A   a   (16.5+q/8.5+q)   9bE

- Le champ A de **C** est-il strictement inférieur à celui de **A** ?

  ?C<A   A   (21.5/13.5)   8B6

- Idem pour un champ quelconque :

  ?C<A   a   (16.5+q/8.5+q)   9b6

- Le champ A de **C** est-il supérieur ou égal à celui de **A** ?

  ?C>=A   A   (21.5/13.5)   8BA

- Idem pour un champ quelconque :

  ?C>=A   a   (16.5+q/8.5+q)   9bA

- Le champ A de **C** est-il strictement supérieur à celui de **A** ?

  ?C>A   A   (21.5/13.5)   8B2

- Idem pour un champ quelconque :

  ?C>A   a   (16.5+q/8.5+q)   9b2

- Pour **D** :

  - Le champ A de **D** est-il égal à celui de **C** ?

    ?D=C   A   (21.5/13.5)   8A3

  - Idem pour un champ quelconque :

    ?D=C   a   (16.5+q/8.5+q)   9a3

  - Le champ A de **D** est-il différent de celui de **C** ?

    ?D#C   A   (21.5/13.5)   8A7

  - Idem pour un champ quelconque :

    ?D#C   a   (16.5+q/8.5+q)   9a7

  - Le champ A de **D** est-il inférieur ou égal à celui de **C** ?

    ?D<=C   A   (21.5/13.5)   8BF

- Idem pour un champ quelconque :
  ?D<=C   a   (16.5+q/8.5+q)   9bF
- Le champ A de **D** est-il strictement inférieur à celui de **C** ?
  ?D<C   A   (21.5/13.5)   8B7
- Idem pour un champ quelconque :
  ?D<C   a   (16.5+q/8.5+q)   9b7
- Le champ A de **D** est-il supérieur ou égal à celui de **C** ?
  ?D>=C   A   (21.5/13.5)   8BB
- Idem pour un champ quelconque :
  ?D>=C   a   (16.5+q/8.5+q)   9bB
- Le champ A de **D** est-il strictement supérieur à celui de **C** ?
  ?D>C   A   (21.5/13.5)   8B3
- Idem pour un champ quelconque :
  ?D>C   a   (16.5+q/8.5+q)   9b3

VII) Commandes du Bus

Ces commandes sont très mal connues car peu documentées dans les HDS du HP71 publiées par Hewlett-Packard.

- Commandes :
    - Envoi de la commande "B" sur le bus :
      BUSCB   (10)   8083
    - Envoi de la commande "C" sur le bus :
      BUSCC   (8.5)   80B
    - Envoi de la commande "D" sur le bus :
      BUSCD   (10)   808D

Ces trois commandes envoient sur le bus une séquence particulière de données pouvant être interprétées par les modules.

Dans le cas de la HP48, ces commandes ne semblent pas être utilisées…

- Commande d'arrêt du microprocesseur : cette commande arrête le Saturn et le place en mode basse-consommation jusqu'à ce qu'une condition de réveil ait lieu : appui sur une touche dont le masque OUT est actif, appui sur [ON], passage à zéro de l'horloge...

SHUTDN   (6.5)   807

- Commande de Reset à tous les chips :

RESET   (7.5)   80A

Cette instruction réinitialise les cinq gestionnaires de modules du bus : ils passent tous les cinq dans un état de non-configuration.

- Commande de déconfiguration : déconfigure le module situé à l'adresse contenue dans **C** champ A (c'est-à-dire réinitialise le gestionnaire correspondant) :

UNCNFG   (14.5)   804

- Commande de configuration : copie le champ A de **C** dans le registre de configuration du module courant (premier module non configuré sur le bus).

Cette commande est en général effectuée juste après un UNCNFG. C'est à l'aide de ces deux commandes que s'effectue le déplacement de la Ram utilisateur pour laisser libre accès à la Rom cachée (voir les chapitres sur la mémoire).

Il faut noter que les mémoires de 32 Ko ou plus nécessitent une double configuration. La première correspond à la taille du module en complément (#100000 - taille en quartet), ce qui permet de n'utiliser qu'une partie du module, le second correspondant à l'adresse de départ. Ainsi le déplacement de la Ram interne de #80000h en #F0000h s'effectue par un UNCNFG sur #80000h, puis par un double CONFIG en #F0000h, la remise en mode normal par une déconfiguration en #F0000h, suivie d'une configuration en #F0000h ou #C0000h (HP48 G ou GX) puis en #80000h.

CONFIG   (13.5)   805

• Demande d'identification du module courant. Cet identificateur est stocké dans le champ A de **C** :

C=ID   (13.5)   806

La réponse obtenue dépend de l'état du module courant. (c'est-à-dire le module non configuré le plus prioritaire).

En particulier :

- Si aucun module n'est déconfiguré, **C** champ A vaudra 0 ;
- Si le module courant correspond à la ram I/O on obtiendra la dernière adresse de configuration plus #00019h, soit, en général, #00119h ;
- Si le module est complètement déconfiguré (pas de taille, pas d'adresse de départ), C(B) contiendra un identificateur de module :

Module	Identificateur
Ram interne	#003h
Gestionnaire de bank	#005h
Port 1	#007h
Port 2	#001h

Les trois autres quartets de **C** champ A contiendront l'ancienne taille affectée au module (en complément) ;

- Si le module a déjà reçu une première configuration, c'est-à-dire si sa taille est déjà fixée, l'identificateur vaudra :

Module	Identificateur
Ram interne	#0F4h
Gestionnaire de bancs	#0F6h
Port 1	#0F8h
Port 2	#0F2h

Les trois autres quartets de **C** champ A contiendront l'ancienne adresse affectée au module (on obtient l'adresse en faisant C=0 champ B sur le résultat obtenu) ;

• Recherche du service demandé par un module sur le bus. Le résultat est stocké dans le quartet 0 de **C**, 1 bit par type de demande.

SREQ ? (9.5) 80E

Cette commande était utilisée pour la gestion de périphériques HP-IL du HP71 (lecteur de carte...) et ne semble n' être d'aucune utilité sur la HP48...

VIII) Instructions de contrôle

- Instructions de contrôle des interruptions :
  - Autorisation des interruptions masquables :
    INTON   (7)   8080
  - Interdiction des interruptions masquables :
    INTOFF   (7)   808F
  - Réinitialisation des interruptions :
    RSI   (8.5)   80810
    Cette instruction génère une nouvelle interruption si l'un des bits du registre INPUT est actif. Si le microprocesseur est déjà en mode "interrompu", cette nouvelle interruption ne sera générée qu'après l'exécution de la prochaine instruction RTI.
- Contrôle du mode de calcul. Ces deux instructions influent sur le résultat des opérations mathématiques comme décrit dans le chapitre précédent :
  - Passage en mode de calcul décimal codé binaire :
    SETDEC   (4)   05
  - Passage en mode hexadécimal :
    SETHEX   (4)   04

  Remarques :
  - Les instructions concernées par ces deux instructions (c'est-à-dire dont le résultat dépend du mode courant) sont les instructions du type R=R-1, R=R+1, R=R+R', R=R-R', R=R'-R, R=-R-1 et R=-R, où R et R' sont deux des registres A, B, C et D (éventuellement confondus dans le cas des instructions de la forme R=R+R') ;
  - il n'existe aucune instruction permettant de connaître de manière directe le mode (hexadécimal ou décimal) dans lequel on se trouve. Une technique classique pour le déterminer est de charger un registre avec la valeur 9 (par exemple par LCHEX #9) puis de l'incrémenter sur le champ P (C=C+1 P). Si la retenue est à 1, on est en mode décimal (9+1=10, il y a dépassement de la valeur maximale d'un quartet qui est #Fh), si elle est à zéro, on est en mode héxadécimal (9+1=#Ah, pas de dépassement).

IX) Instructions sans effet

Afin de réserver de la place pour des ajouts futurs, il peut être intéressant d'utiliser des opérations sans effet (NOP=no operation). On utilise conventionnellement les trois opérations suivantes, construites à partir de sauts relatifs :

NOP3	420
NOP4	6300
NOP5	64000

X) Pseudo-opérations

De manière à pouvoir insérer des valeurs fixes dans un programme (par exemple des prologues d'objets), on utilise une pseudo-instruction CON (constant) qui insère les quartets précisés en argument :

CON(n)	$q_1..q_n$	$q_n..q_1$

Exercices

B-3-1 : Assembler le programme suivant (ce programme ne réalise aucune fonction particulière, il a comme seul but de familiariser le lecteur avec la technique d'assemblage) :

```
          CON(5)    #02DCC
début     CON(5)    (fin)-(début)
          GOTO      l1
sub1      A=A-1     A
          LCHEX     #12345
l2        C=C-1     A
          GONC      l2
          RTNCC
l1        LCHEX     #00005
          A=C       A
l3        GOSUB     l2
          ?A#0      A
          GOYES     l3
          LCHEX     #00001
          A=C       A
          GOSUB     l4
```

```
              ?A=0      A
              GOYES     l5
              A=A-1     A
    l5        A=DAT0    A
              D0=D0+    5
              PC=(A)
    l4        ?C=0      A
              RTNYES
              C=0       A
              A=A+1     A
              RTN
fin
```

B-3-2 : A l'aide du tableau présenté en annexe 5, désassembler le code suivant :

```
14313  31791  577B7  61557  13114  21648  08C
```

Les objets de la HP48

La HP48 gère des entités appelées "objets". Il en existe 28 dont 17 ne sont pas directement accessibles à l'utilisateur (ceux indiqués par une étoile), voire totalement inaccessible en standard (ceux indiqués par deux étoiles).

Ils commencent tous par un prologue de 5 quartets qui indique leur nature. Voici les objets avec leur prologue et leur type (renvoyé par la fonction TYPE) :

Prologue	Objet		Type
02911	System Binary	(**)	20
02933	Real		0
02955	Long Real	(**)	21
02977	Complex		1
0299D	Long Complex	(**)	22
029BF	Character	(**)	24
029E8	Array		3/4
02A0A	Linked Array	(**)	23
02A2C	String		2
02A4E	Binary Integer		10
02A74	List		5
02A96	Directory		15
02AB8	Algebraic		9
02ADA	Unit		13
02AFC	Tagged		12
02B1E	Graphic		11
02B40	Library	(**)	16
02B62	Backup	(*)	17
02B88	Library Data	(**)	26
02BAA	Extended Pointer	(**)	27
02BCC	Reserved 1	(**)	27
02BEE	Reserved 2	(**)	27
02C10	Reserved 3	(**)	27
02D9D	Program		8
02DCC	Code	(**)	25
02E48	Global Name		6
02E6D	Local Name	(*)	7
02E92	XLIB Name	(*)	14

Chacun de ces 28 objets est stocké en mémoire selon une structure bien précise que nous allons étudier en détail. Chacun des objets sera présenté sous forme condensée par un tableau dont les différents éléments seront explicités dans le texte.

Lors de la lecture, il faut garder à l'esprit le fait que le microprocesseur Saturn "retourne" les valeurs lues et que de ce fait les différentes valeurs sont écrites à l'envers en mémoire et en particulier les prologues (ainsi le prologue 02911 sera en fait écrit 11920 dans la mémoire de la HP48).

Les deux programmes GASS et SSAG de la bibliothèque de programmes permettent respectivement le codage et le décodage des objets :

- GASS permet de transformer la suite des chiffres hexadécimaux représentant l'objet (quartets stockés en mémoire) en l'objet lui-même. Ainsi le system binary codé 1192000000 (voir page ci-contre) peut-il être obtenu en tapant "1192000000" GASS (si le programme GASS est présent en mémoire bien sûr). On obtiendra alors dans la pile le system binary correspondant au codage entré :
  - <0b> si on est en mode binaire (base 2, accessible par la commande BIN) ;
  - <0o> si on est en mode octal (base 8, accessible par la commande OCT) ;
  - <0d> si on est en mode décimal (base 10, accessible par la commande DEC) ;
  - <0h> si on est en mode hexadécimal (base 16, accessible par la commande HEX) ;

  Pour plus de détails sur les bases citées ci-dessus, vous pouvez consulter l'annexe 3, "Binaire, hexadécimal et autres barbaries"…

  Remarque : la chaîne de code à fournir à GASS doit être tapée sans espace ni retour à la ligne ;

- Le programme SSAG réalise la fonction inverse (comme son nom l'indique) : à partir d'un objet quelconque, il donne sa représentation mémoire. Le résultat est une chaîne de nombres hexadécimaux (une telle chaîne peut être retransformée en objet par GASS).

Remarque : la représentation mémoire est indépendante du mode d'affichage (binaire/octal/décimal/hexadécimal…).

I) System Binary

@	Prologue (02911)	5 quartets
@+5h	Contenu	5 quartets
@+Ah		

Le "system binary" est un entier court (5 quartets) qui est utilisé par la HP48 de manière interne.

Il apparaît à l'écran sous la forme <XXXXXb> où XXXXX est le contenu et b la base courante. Il peut en particulier servir au passage de paramètres entre deux programmes indépendants.

Exemples :

- 1192000000 est le system binary <00000h> ;
- 1192054321 est le system binary <12345h> ;

Exercices :

B-4-1 : Que représente 1192012345 ?

B-4-2 : Coder le system binary <ABCDEh> ;

B-4-3 : Même question pour le system binary <123d>.

II) Real

@	Prologue (02933)	5 quartets
@+5h	Exposant	3 quartets
@+8h	Mantisse	12 quartets
@+14h	Signe	1 quartet
@+15h		

Il s'agit du réel usuel auquel l'utilisateur a accès. Pour le coder, on le sépare en trois parties : son signe, sa mantisse, nombre compris entre 1 (inclus) et 10 (exclu), et son exposant c'est-à-dire la puissance de 10 par laquelle il faut multiplier la mantisse pour ré-obtenir le réel : Réel = Signe * Mantisse * $10^{Exposant}$

En représentation interne ces trois éléments sont codés de la manière suivante :

- Si l'exposant est négatif, on le remplace par "1000 - exposant" afin d'obtenir un nombre positif (de ce fait les exposants de la HP48 sont compris entre -499 et +499, puisque la machine doit distinguer les exposants positifs des exposants négatifs). Ce nombre (compris entre 0 et 999) est stocké en Décimal Codé Binaire sur 3 quartets ;

- La mantisse, rendue entière par multiplication par 10^{11} est stockée en Décimal Codé Binaire sur 12 quartets ;

- Le signe est codé sur 1 quartet par 0 = '+' et 9 = '-'.

Exemples

12345.6789 est codé 33920400000 9876543210

-3.14159265359E-2 est codé 339208999535629514139

Exercices

B-4-4 : Coder le réel 12.

B-4-5 : Que représente 339204000000000543779 ?

III) Long Real

@	Prologue (02955)	5 quartets
@+5h	Exposant	5 quartets
@+Ah	Mantisse	15 quartets
@+19h	Signe	1 quartet
@+1Ah		

Cet objet est utilisé de manière interne par la HP48 pour effectuer des calculs en grande précision. Le principe de codage est le même que pour le réel simple, l'exposant ayant une valeur comprise entre -49999 et +49999, et la mantisse ayant 15 chiffres significatifs.

Exemples

55920000009798535629514130 représente le réel long :
3,14159265358979 (π).

Le réel -123E45678 est représenté (de manière étendue) par :
55920876540000000000003219

Exercices

B-4-6 : Comment la HP48 coderait-elle le réel long 1234567890123456 ?

B-4-7 : Que représente 55920899990000000000000019 ?

IV) Complex

@	Prologue (02977)		5 quartets
@+5h	Exposant 1	Partie	3 quartets
@+8h	Mantisse 1	Réelle	12 quartets
@+14h	Signe 1		1 quartet
@+15h	Exposant 2	Partie	3 quartets
@+18h	Mantisse 2	Imaginaire	12 quartets
@+24h	Signe 2		1 quartet
@+25h			

C'est l'objet classique auquel l'utilisateur a accès. Sa structure est simple : après les 5 quartets du prologue, on trouve deux réels privés de leur prologue, le premier constituant la partie réelle du complexe, le second sa partie imaginaire.

Exemple

Le complexe (123456789012,210987654321) est codé :

77920 110 210987654321 0 110 123456789012 0

Exercices

B-4-8 : Coder le complexe (1,2).

B-4-9 : Quel est le complexe suivant ?

77920100000000000003391000000000000330

V) Long Complex

@	Prologue (0299D)		5 quartets
@+5h	Exposant 1	Partie	5 quartets
@+Ah	Mantisse 1	Réelle	15 quartets
@+19h	Signe 1		1 quartet
@+1Ah	Exposant 2	Partie	5 quartets
@+1Fh	Mantisse 2	Imaginaire	15 quartets
@+2Eh	Signe 2		1 quartet
@+2Fh			

Le complexe long possède une structure similaire au complexe, les deux réels de ce dernier ayant fait place à deux réels longs.

Exemple

Le complexe long (123456789012345,543210987654321) est codé :

D9920 11000 543210987654321 0 11000 123456789012345 0

Exercices

B-4-10 : Coder le complexe étendu (0,0).

B-4-11 : Que représentent les codes ci-dessous ?

D99200000054321098765432191100012345678901234 59

VI) Character

@	Prologue (029BF)	5 quartets
@+5h	Caractère	2 quartets
@+7h		

Il s'agit d'un nombre compris entre 0 et 255 (00h et FFh), ce qui correspond au domaine de valeur des codes ASCII étendus (codage des caractères).

Exemple

FB92014 est le caractère 'A' ('A' est de code ASCII 41h).

Exercices

B-4-12 : Coder le caractère 'C' (de code ASCII 43h).

B-4-13 : Que représente FB92044 ?

VII) Array

@	Prologue (029E8)	5 quartets
@+5h	Longueur totale hors-prologue l_t	5 quartets
@+Ah	Type des objets	5 quartets
@+Fh	Nombre d de dimensions	5 quartets
@+14h	Dimension 1 (d_1)	5 quartets
@+d*5+Fh	Dimension d (d_d)	5 quartets
@+d*5+14h	Contenu objet 1 (pas de prologue)	
	Contenu objet d_2+1	
	Contenu objet $d_1*...*d_d$	

@+l_t+5h

L'objet array est utilisé pour stocker vecteurs et matrices. En fait, son usage peut être généralisé.

En effet, juste après la longueur totale hors-prologue de l'objet en question, on trouve une indication sur le type d'objets contenus.

Ce type (codé sur 5 quartets) correspond au prologue des objets contenus (la matrice est donc forcément homogène, c'est-à-dire qu'elle ne contient que des objets de même type).

Seconde généralisation : le nombre de dimensions. Habituellement 1 ou 2 (1 pour les vecteurs, 2 pour les matrices), on peut l'étendre à volonté...

Viennent ensuite des indications sur les dimensions (pour une matrice, ce seront les nombres de lignes et de colonnes).

Après cette partie déclarative, on trouve les valeurs stockées dans l'objet.

Ces valeurs sont des objets privés de leur prologue (qui serait inutile puisque le prologue est précisé dans la partie déclarative de la matrice). Ils sont rangés dans l'ordre des dimensions (par exemple, pour une matrice à deux dimensions, on remplit la ligne 1 puis la ligne 2 puisque la première dimension d'une matrice est son nombre de lignes).

Il faut cependant noter que si tous les objets matriciels envisageables (matrice de dimension 25 contenant des vecteurs, par exemple) sont possibles à créer, ils ne seront pas forcément utiles dans la mesure où la HP48 ne saura pas les gérer correctement.

Exemple

La matrice [[1 2] [3 4]] est codée en :

8E920 95000 33920 20000 20000 20000 000000000000001 0 000000000000002 0 000000000000003 0 000000000000004 0

Exercices

B-4-14 : Donner les 35 premiers quartets d'une matrice de system binary de dimensions 3x5x8.

B-4-15 : Quel est le type des éléments de la matrice dont le code débute par la séquence ci-dessous ?

8E92010F00C2A20100009100052000...

VIII) Linked Array

@	Prologue (02A0A)	5 quartets
@+5h	Longueur totale hors-prologue l_t	5 quartets
@+Ah	Type des objets (de longueur l_o)	5 quartets
@+Fh	Nombre d de dimensions	5 quartets
@+14h	Dimension 1 (d_1)	5 quartets
@+d*5+14h	Dimension d (d_d)	5 quartets
@+d*5+19h	Pointeur sur objet 1	5 quartets
	Pointeur sur objet d_2+1	5 quartets
	Pointeur sur objet d_1*...*d_d	5 quartets
	Élément 1	l_o quartets
@+l_t-l_o+5h	Élément n	l_o quartets

@+l_t+5h

Les "linked array" (ou tableaux indexés) sont des matrices (voir pages précédentes) où les éléments ont été remplacés par des offsets (5 quartets) sur des objets (privés de prologue) situés en fin de matrice.

La nullité d'un offset indique l'absence d'élément dans la case correspondante.

Cette structure permet un stockage économique en terme de place mémoire dans le cas de matrices comportant un grand nombre d'éléments identiques. Ainsi dans l'exemple ci-contre la matrice identité d'ordre 2 sera-t-elle stockée en 82 quartets au lieu de 94...

Ce gain en terme de place mémoire occupée est d'autant plus grand que la matrice possède une forme remarquable : par exemple la matrice identité d'ordre 100...

De plus, dans le cas d'une table de messages (ou de tout autre table contenant des objets de longueurs différentes), il est beaucoup plus facile d'accéder au $n^{ième}$ élément de la table (on lit l'offset en @+d*5+19h+n*5, d'où l'adresse de l'objet, au lieu d'avoir à parcourir la totalité de la table).

Une des tables de messages de la HP48 est ainsi organisée, il s'agit de la table des messages de la librairie #BEh. Cette table correspond au XLIB Name XLIB 190 0 que l'on peut rappeler dans la pile par la commande LIBEVAL :

$$\#BE000 \quad LIBEVAL$$

Exemple

Voici la matrice identité d'ordre 2 :

A0A20 D4000 33920 20000 20000 20000 41000 F1000 A1000 50000 0000000000000010 0000000000000000

IX) String

@	Prologue (02A2C)	5 quartets
@ +5h	Longueur totale hors-prologue l_t	5 quartets
@ +Ah	Premier caractère	2 quartets
@ +l_t+3h	Dernier caractère	2 quartets
@ +l_t+5h		

Il s'agit des chaînes de caractères (objets du type de "Hello World") bien connues des utilisateurs.

Son codage est simple : la longueur totale hors-prologue suivie par la liste des codes ASCII des caractères dans leur ordre d'apparition.

Exemple

"STRING" se code : C2A20 11000 35 45 25 94 E4 74

Exercices

B-4-16 : Coder la chaîne de caractères "Hello World".

B-4-17 : Décoder l'objet :

C2A203100024271667F60212

X) Binary Integer

@	Prologue (02A4E)	5 quartets
@+5h	Longueur totale hors-prologue l_t	5 quartets
@+Ah	Valeur de l'entier	l_t-5 quartets
@+l_t+5h		

Il s'agit de l'entier classique. La longueur usuelle est au maximum de 15h (ce qui correspond à un entier hexadécimal de 16 chiffres, c'est-à-dire à une taille de mots de 64 bits), mais peut en fait être étendue à volonté (d'ailleurs la HP48 utilise de tels grands entiers de manière interne).

Exemple

#12345678h est codé en E4A20 51000 8765432100000000

Exercices

B-4-18 : Coder #87654321d.

B-4-19 : Décoder E4A20A000012345.

XI) List

@	Prologue (02A74)	5 quartets
@+5h	Premier objet	
	Dernier objet	
	Épilogue (0312B)	5 quartets

La liste est un objet composite. Elle contient une collection d'objets quelconques. De ce fait sa structure est très élémentaire : un prologue, les objets mis bout à bout et un épilogue (on peut considérer que le prologue joue le rôle de "{", et l'épilogue le rôle de "}").

A noter qu'un objet peut être remplacé par son adresse (si celle-ci est fixe). C'est ce qui est fait pour les instructions courantes du RPL qui sont représentées par leurs adresses en mémoire morte.

Exemple

{ "A" B } se code 47A20 C2A207000014 84E201024 B2130

Exercices

B-4-20 : Coder une liste vide.

B-4-21 : Décoder 47A2084E2020F4B4B2130.

XII) Directory

La structure du HOME-directory est la suivante :

@	Prologue (02A96)	5 quartets
@+5h	Nombre de librairies attachées n_l	3 quartets
@+8h	N° Librairie 1	3 quartets
@+Bh	Adresse Hash Table 1	5 quartets
@+10h	Adresse Liste Messages 1	5 quartets
	N° Librairie n_l	3 quartets
	Adresse Hash Table n_l	5 quartets
	Adresse Liste Messages n_l	5 quartets
$@_1$	Offset sur dernier objet ($@_d$-$@_1$)	5 quartets
$@_1$+5h	00000	5 quartets
$@_2$	Nombre n_1 de caractères du nom$_1$	2 quartets
$@_2$+2h	Caractère 1 nom$_1$ (nom	2 quartets
	Caractère n_1 objet 1)	2 quartets
	Nombre n_1 de caractères du nom$_1$	2 quartets
	Objet 1	
$@_3$	Taille zone précédente ($@_3$-$@_2$)	5 quartets
$@_3$+2h	Nombre n_2 de caractères du nom$_2$	2 quartets

@$_d$	Nombre n_d de caractères du nom$_d$	2 quartets
@$_{d+2h}$	Caractère 1 nom$_d$ (nom	2 quartets
	Caractère n_d objet d)	2 quartets
	Nombre n_d de caractères du nom$_d$	2 quartets
	Objet d	

Le directory est l'objet qui contient les variables utilisateur.

Il comporte aussi des indications sur les librairies qui lui sont attachées.

Il existe deux types de directories différents : le HOME-directory qui constitue le répertoire principal du menu VAR (auquel peut être attaché un nombre quelconque de librairies) et l'objet directory constituant un sous-menu…

Voyons tout d'abord le premier d'entre eux, représenté par le tableau ci-contre.

Le premier champ après le prologue indique le nombre de librairies attachées.

Vient ensuite un champ descriptif pour chacune des librairies attachées.

Ce champ est divisé en trois parties qui sont respectivement :

- • Le numéro de la librairie. Ces numéros sont attribués selon les critères définis par Hewlett-Packard :
  - # 000h à # 100h librairies HP en Rom ;
  - # 101h à # 200h librairies HP en Ram ;
  - # 201h à # 300h librairies non HP (distribués par HP) ;
  - # 301h à # 6FFh utilisation libre ;
  - # 700h à # 7FFh usage interne par la HP48.
- • L'adresse de la "hash-table" de la library (voir l'objet "library") ;

- L'adresse de la liste des messages de la library (voir l'objet "library"). Ce pointeur est nul lorsqu'il n'y a pas de table des messages.

Il y a deux remarques à faire :

- Si les deux tables précédentes se trouvent dans une zone à accès indirect (rom sous la ram interne, carte multi-bancs en port 2...), on trouve à la place de l'adresse de la table, celle d'un objet Extended Pointer référençant la table (voir le paragraphe XX) ;

- Le home-directory est toujours attaché à 3 librairies au minimum : les librairies # 002h, #0ABh et # 700h .

Ce début est différent dans le cas d'un sous directory... Pour ce dernier, la structure est la suivante :

@	Prologue (02A96)	5 quartets
@+5h	Numéro de la librairie attachée	3 quartets
@+8h	Offset sur dernier objet ($@_d - @_1$)	5 quartets
@+Dh	00000	5 quartets
@+12h	Nombre n_1 de caractères du nom$_1$	2 quartets

Le numéro de la librairie vaut # 7FFh si aucune n'est attachée, et vaut le numéro de la librairie attachée sinon.

La suite est la même pour les deux types de directories :

On trouve ensuite un offset qui permet de déterminer la position du dernier objet du directory.

Vient ensuite une zone de 5 quartets nuls puisque l'objet suivant est le premier (ceci sert lorsque l'on parcourt le directory du dernier objet vers le premier).

Chaque variable du directory est ensuite décrite par les champs suivants :

- Nombre de caractères du nom (sur 2 quartets) ;

- Caractères du nom (en code ASCII) ;
- Nombre de caractères du nom (sur 2 quartets) ;
- L'objet ;
- La longueur totale des 4 zones précédentes (sauf pour le dernier objet). Ce champ permet le parcours du directory depuis le dernier objet vers le premier.

Exemple

Voici le listing d'un directory vide : 69A20 FF7 00000

Directory ne contenant que "3" dans 'D' :

69A20 FF7 A0000 00000 10 44 10 C2A207000033

Exercices

B-4-22 : Ajouter la variable 'A' contenant "4" au directory précédent.

B-4-23 : Attacher la librairie 123h dont la table de hash-codes est en 7FE30h et sans table des messages au directory précédent.

XIII) Algebraic

@	Prologue (02AB8)	5 quartets
@+5h	Premier objet	
	Dernier objet	
	Épilogue (0312B)	5 quartets

L'expression algébrique représentée par cet objet est stockée sous forme de calcul en notation polonaise inversée.

De cette manière il n'y a pas stockage de parenthèses.

Les opérations sont codées par l'adresse en Rom (sur 5 quartets) de la fonction les réalisant.

Exemple

'C+D' est codé sous la forme "C D +" par

8BA20 84E201034 84E201044 76BA1 B2130

Exercices

B-4-24 : Coder l'expression 'A+B'.

B-4-25 : Sachant que la routine de soustraction se trouve en #1AD09h et celle de multiplication en #1ADEEh, décoder l'objet :

8BA2084E20101484E20102484E20103490DA1EEDA1B2130

XIV) Unit

@	Prologue (02ADA)	5 quartets
@+5h	Objet impliqué	
	Desc 1 Description de	
	Desc n l'unité	
	Épilogue (0312B)	5 quartets

Après le classique prologue, on trouve l'objet impliqué par l'unité. Il fait en fait partie d'un calcul en notation polonaise inversée qui décrit ses rapports avec l'unité.

Les unités élémentaires la constituant sont stockées sous forme d'objets-chaînes de caractères (voir la description de cet objet). Seules 3 opérations de type multiplicatif sont possibles entre les unités (on ne crée pas d'unité en additionnant des joules à des secondes ou en soustrayant des grammes à des kilomètres !) :

- Multiplication ;
- Division ;
- Élévation à une puissance.

Ces trois opérations sont représentées par une référence à un objet situé dans la mémoire morte (à accès direct) de la machine. Pour coder ou décoder les objets unités, on a donc besoin d'un tableau de correspondance entre les opérations et le pointeur les représentant :

Opération	Adresse
−	#10B86h
*	#10B5Eh
/	#10B68h
^	#10B72h

Remarque : l'utilisation d'adresses différentes de celles précédemment citées, conduit à un "plantage" de la machine lors de l'affichage de l'objet constitué...

Exemple

$9,81$ m/s^2 est représenté par :

ADA20 339200000000000001890 C2A2070000D6...
...C2A207000037 339200000000000000020 27B01...
...86B01 68B01 B2130

(En fait, pour une telle unité, la HP48 remplace l'objet réel 2 par un pointeur sur un objet réel situé en mémoire morte).

Exercices

B-4-26 : Coder 1,2 m.

B-4-27 : Décoder
ADA2033920000000000000000150C2A2070000D63...
...F2A227B0168B01B2130

XV) Tagged

@	Prologue (02AFC)	5 quartets
@ +5h	Longueur l_t du tag	2 quartets
@ +7h	Carac. 1 Caractères	2 quartets
@ +l_t *2+5h	Carac l_t du tag	2 quartets
@ +l_t *2+7h	Objet "taggué"	

Cet objet est utilisé pour représenter les objets "taggués". A la suite du prologue on trouve le nombre de caractères du tag, suivi par les codes ASCII du dit tag.

Vient ensuite l'objet impliqué.

Exemple

REEL : 1,23456789012 est codé :

CFA20 40 255454C4 339200002109876543210

Exercices

B-4-28 : Coder UN : TAG.

B-4-29 : Décoder CFA2020F4B484E206034F4252514C4.

XVI) Graphic

@	Prologue (02B1E)	5 quartets
@+5h	Longueur totale hors-prologue l_t	5 quartets
@+Ah	Nombre n_l de lignes (en pixels)	5 quartets
@+Fh	Nombre n_c de colonnes (en pixels)	5 quartets
@+14h	Col. 1 à 8 Pixels de la	1 + 1 quartets
	Derniers pixels Ligne 1	1 + 1 quartets
	Col. 1 à 8 Pixels de la	1 + 1 quartets
	Derniers pixels Ligne n_l	1 + 1 quartets

@+l_t+5h

L'objet graphique comporte l'indication de ses dimensions en pixels car il est stocké sur un nombre de colonnes multiple de 8. Pour les colonnes inexistantes, on stocke des bits quelconques (nuls, en général).

Le premier quartet représente les 4 premières colonnes, le quartet qui suit les quatre suivantes et ainsi de suite... Pour un groupe donné de quatre colonnes, le bit de poids faible du quartet représente la colonne la plus à gauche, le bit de poids fort celle de droite.

Exemple

GROB 8 1 FF se code E1B20 11000 10000 80000 FF.

Exercice

B-4-30 : Décoder E1B20110001000040000F0.

XVII) Library

Adresse	Champ	Taille
@	Prologue (02B40)	5 quartets
@+5h	Longueur totale hors-prologue l_t	5 quartets
@+Ah	Nombre n_c de caractères du nom	2 quartets
@+Ch	Carac 1 Caractères	(2 quartets)
@+n_c*2+Ah	Carac n_c du nom	(2 quartets)
@+n_c*2+Ch	Nombre n_c de caractères du nom	(2 quartets)
@+n_c*2+Eh	Library number	3 quartets
$@_1$	Offset to Hash Table ($@_h$-$@_1$)	5 quartets
$@_2$	Offset to Message Array ($@_m$-$@_2$)	5 quartets
$@_3$	Offset to Link Table ($@_l$-$@_3$)	5 quartets
$@_4$	Offset to Config Object ($@_c$-$@_4$)	5 quartets
$@_h$	Hash Table	
$@_m$	Message Array	
$@_l$	Link Table	
$@_{o1}$-7/9h	Type $XLIB_1$ (commande/fonction)	1 ou 3 quartet(s)
$@_{o1}$-6h	Numéro de librairie de $XLIB_1$	3 quartets
$@_{o1}$-3h	Numéro de commande de $XLIB_1$	3 quartets
$@_{o1}$	Objet(s) $XLIB_1$	

@$_{on}$-7/9h	Type XLIB$_n$ (commande/fonction)	1 ou 3 quartet(s)
@$_{on}$-6h	Numéro de librairie de XLIB$_n$	3 quartets
@$_{on}$-3h	Numéro de commande de XLIB$_n$	3 quartets
@$_{on}$	Objet(s) XLIB$_n$	
@$_{o(n+1)}$	Autre objet 1 Autres Objets	
@$_{o(n+m)}$	Autre objet m (non visibles)	
@$_c$	Config Object (non visible)	
@$+l_t$+1h	Checksum (CRC)	4 quartets
@$+l_t$+5h		

Cet objet est le plus complexe des objets de la HP48.

Il commence par son nom. Ce champ n'est pas indispensable. Dans le cas d'une librairie non nommée, les champs contenant les caractères et le second champ contenant la longueur sont absents. Vient le numéro d'identification de la librairie, qui doit être unique (voir la description de l'objet directory).

De plus, si la librairie ne porte pas de nom, elle n'aura pas d'entrée dans le menu LIBRARY.

On trouve ensuite 4 offsets permettant de retrouver respectivement la hash-table, la message-table, la link-table (ces trois tables sont décrites plus loin) et l'objet de configuration (exécuté après chaque arrêt système). Un champ nul indique que la table ou l'objet n'existe pas. Viennent ensuite les 3 tables (si elles existent et dans un ordre quelconque).

On trouve ensuite les objets visibles de la librairie (précédés chacun de leur type, de leur numéro de librairie et de leur numéro de commande). La zone de données "type" indique à quel genre d'objet on a affaire :

- Dans le cas d'une librairie de commandes (numéro de librairie supérieur ou égal à #700h), cette zone comporte 1 seul quartet, en général mis à la valeur #9h. Dans ce cas, le champ "objet(s) XLIB" peut contenir de 1 à 3 objets :

- Le premier (toujours présent) correspond au programme à utiliser pour exécuter la commande ;
- Le deuxième est utilisé lors de la phase de compilation de la ligne de commande (il est appelé avec certains arguments (position dans la ligne de commande, par exemple) et agit sur le codage. Ainsi la commande C$ analyse ce qui la suit en ligne de commande et en déduit le codage de l'objet chaîne au cours de la phase de compilation ;
- Le dernier est utilisé en mode "DEBUG".

- Dans le cas d'une librairie standard, le bit 3 du premier quartet précédant le numéro de librairie renseigne sur la longueur du champ : il est à 0 si le champ comporte 3 quartets, à 1 sinon.

Si ce bit est à zéro, on a affaire à une commande, sinon il s'agit d'une fonction (utilisable en particulier dans les objets "algebraic").

Les 11 bits restants indiquent la présence (bit à 1) ou l'absence (bit à 0) de 11 objets dans le champ "objet(s) XLIB" (en plus du programme principal utilisé lors de l'exécution de l'instruction), suivant le codage :

Quartet	Bit	Objet	Utilisation
@n-9h	0	12	???
	1	11	???
	2	10	Intégration
	3	9	Menu RULES (liste)
@n-8h	0	8	???
	1	7	???
	2	6	Isol
	3	5	Dérivation
@n-7h	0	4	Algebraic (entier)
	1	3	???
	2	2	Equation writer
	3		(Toujours à 0 par définition)

Dans le cas d'une commande, un seul quartet donne des indications sur la présence d'objet suivant l'objet principal. Il se décompose comme suit :

Quartet	Bit	Objet	Utilisation
@n-7h	0	3	???
	1	2	Version "fonction" de la cmde
	2	1	Equation writer
	3		(Toujours à 1 par définition)

Remarque : cette zone de flags n'est utilisée que si l'objet principal est un programme (prologue #02D9Dh) ou un XLIB Name (prologue #02E92h).

La syntaxe de ces programmes n'est pas évidente à décoder. Cependant, deux d'entre eux sont assez faciles à comprendre :

- L'objet "Algebraic" est un entier ou un programme renvoyant un entier dans la pile. Cet entier décrit la syntaxe de la fonction lorsqu'elle est incluse dans un objet algébrique. Cet entier se lit de droite à gauche (du quartet de poids faible au quartet de poids fort) et se décompose en trois parties.

  Le quartet de poids faible correspond à la priorité de la fonction par rapport à la fonction se trouvant à sa gauche. Plus ce quartet est élevé, plus la fonction est prioritaire. De même, le quartet de poids fort correspond à la priorité de la fonction par rapport à la fonction se trouvant à sa droite. Le reste des quartets (qui se lit toujours de droite à gauche) décrit la syntaxe de la fonction elle même. Chacun des quartets correspond à un des éléments de l'objet algébrique :

Quartet	Signification
0	Argument quelconque
1	Intitulé de la fonction
2	Argument prioritaire
3	Argument : nom global
4	Parenthèse ouvrante
5	Parenthèse fermante
6	Virgule
7	Signe égal
8	"Argument virgule" à volonté
9	"Nom global virgule" à volonté

Ainsi, la fonction "!" est définie par :#010Ah, ce qui signifie que la fonction est peu prioritaire par rapport à la fonction à droite (0), très prioritaire par rapport à celle à gauche (A) et se met sous la forme "argument fonction" (01), c'est-à-dire "arg!".

Remarque : cet entier n'est présent que dans le cas de syntaxes non-standards ;

- L'objet "Rules" est une liste qui comporte les intitulés et les actions à ajouter au sous-menu RULES de l'éditeur d'équations (Equation Writer).

On trouve ensuite les objets à usage interne (sous-programmes...), dont l'objet de configuration (qui est généralement le dernier).

Le checksum se calcule quant à lui sur la zone $@+5h$ à $@+l_t+1h$ selon la formule décrite avec l'objet Backup.

Hash Table

Sa structure est la suivante :

Adresse	Contenu	Taille
$@_h$	Prologue (02A4E)	5 quartets
$@_h+5h$	Longueur totale hors-prologue l_h	5 quartets
$@_{c1}$	Offset pour classe 1 ($@_{n1}-@_{c1}$)	5 quartets
$@_{c16}$	Offset classe 16 ($@_{n16}-@_{c16}$)	5 quartets
$@+5Ah$	Longueur l_n de la liste des noms	5 quartets
$@_{n1}$	Nombre de caractères du nom 1	2 quartets
$@_{n1}+2h$	Premier carac. Caractères	2 quartets
	Dernier carac. du nom 1	2 quartets
	Numéro de commande 1	3 quartets

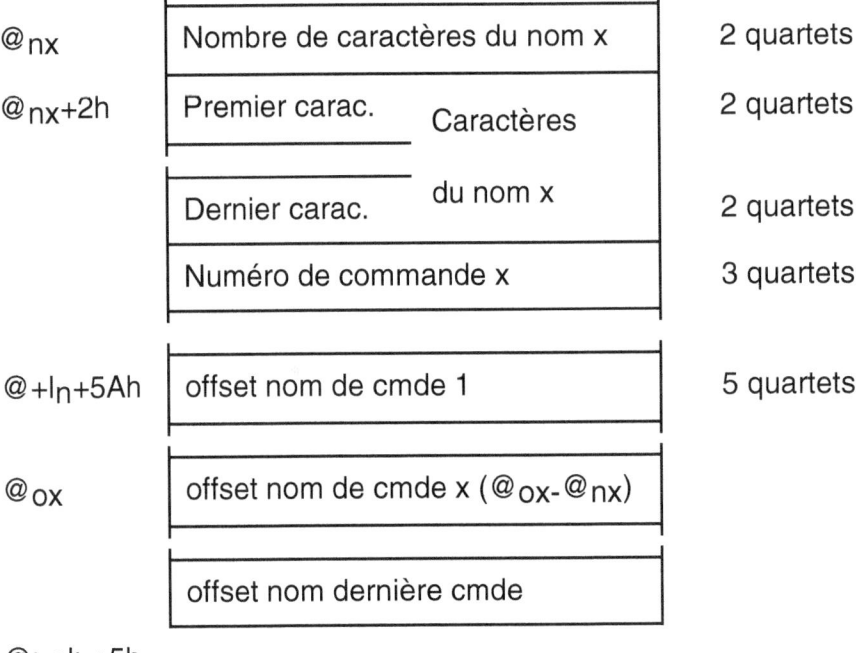

@h+lh+5h

De manière à minimiser le temps d'accès aux fonctions d'une librairie, la HP48 utilise une technique de hash-coding.

Le principe est simple : on utilise une fonction qui renvoie un nombre (ici compris entre # 1h et # 10h) à partir du nom. Dans le cas de la HP48, cette fonction correspond au nombre de caractères du nom (1 pour 1 caractère … 16 pour 16 et plus).

Ce type de hash-code est assez peu performant dans la mesure où la répartition est mauvaise : certaines classes sont vides, d'autres très pleines et le temps moyen d'accès en est pénalisé.

Si on compare ce type de hash-coding à celui obtenu à l'aide du CRC (qui se calcule très rapidement puisque de manière entièrement câblée) on obtient le résultat suivant pour la librairie #002 qui contient la quasi-totalité des fonctions RPL utilisateur : le nombre moyen d'accès à faire pour trouver un label donné (moyenne pondérée de l'espérance mathématique du nombre d'accès à réaliser pour une classe donnée), est de 41.76 dans le cas du hash-coding par la longueur et de 12.24 dans le cas du hash-coding par CRC, soit 3.4 fois moins. Cette différence sera d'autant plus grande que le nombre de labels sera élevé (car on a toujours tendance à prendre des noms de longueur moyenne).

Il faut donc éviter de surcharger les librairies avec des noms inutiles et utiliser des sous-programmes sans nom (pas d'entrée dans la table de hash-code mais une entrée dans la table des liens).

Pour chaque classe de nom, on réalise une table où sont stockés noms et informations s'y rattachant (ici le numéro de commande dans la librairie) : les 16 premiers champs de la hash-table sont des offsets permettant de la retrouver.

On trouve ensuite la longueur de cette table des noms (ce qui permet en particulier d'en connaître l'adresse de fin). Elle est constituée d'une entrée par nom.

Pour chacun d'entre eux on trouve, dans cet ordre, le nombre de caractères du nom, les codes ASCII de ces caractères, puis le numéro de commande.

La dernière zone de la hash-table comporte dans l'ordre des numéros de commandes, les offsets utilisés pour retrouver les noms de commandes dans la hash-table (pour l'affichage).

Remarques :

- Si un nom se trouve dans la première partie de la hash-table mais pas dans la seconde, il ne pourra être que tapé (lors d'une demande d'affichage, on ne pourra pas trouver d'offset le concernant et il sera affiché sous la forme XLIB xxx yyy). De plus, il n'apparaîtra pas dans le menu correspondant à la librairie ;

- Un objet de la librairie ne se trouve pas forcement dans la table des noms : il s'agit alors d'un objet caché qui ne peut être appelé que par un XLIB Name. Il s'agit en général des sous-programmes d'une librairie auxquels l'utilisateur n'est pas sensé avoir accès.

    C'est le cas de tous les objets de la librairie #0F0h qui contient les sous-programmes nécessaires au fonctionnement de l'Equation Writer qui, situés en Rom cachée, ne peuvent être utilisés de manière simple qu'à travers des objets XLIB Names (qui permettent l'appel de routines en Rom cachée de manière transparente)...

Le deuxième offset pointe sur la table des messages dont la structure est décrite page suivante.

Message table (objet "array")

Cette table est constituée par un objet "array" à une dimension (vecteur) pour par un objet "linked array" à une dimension (vecteur lié). Dans le premier cas on à la structure suivante :

Adresse	Contenu	Taille
$@_m$	Prologue (029E8)	5 quartets
$@_m+5h$	Longueur totale hors-prologue l_m	5 quartets
$@_m+Ah$	Type objets : chaînes (02A2C)	5 quartets
$@_m+Fh$	Nombre de dimensions (00001)	5 quartets
$@_m+14h$	Nombre n de messages	5 quartets
$@_m+19h$	Longueur l_1	5 quartets
$@_m+1Dh$	Premier carac. Texte du	2 quartets
$@_m+l_1+19h$	Dernier carac. message 1	2 quartets
	Longueur l_n	5 quartets
	Premier carac. Texte du	2 quartets
	Dernier carac. message n	2 quartets

$@_m+l_m+5h$

Dans le premier cas, il s'agit d'un vecteur de chaînes de caractères (voir la structure de l'objet "array"). Ce vecteur contient les messages utilisés par la librairie. Le numéro du message se compose du numéro de librairie et du rang du message dans le vecteur (le premier message porte le numéro 1) :

$$\text{Librairy Number} * \#100h + rang$$

Message table (objet "linked array")

Dans le cas où l'objet est de type vecteur lié (dans le cas de la librairie #BEh par exemple), on a la structure suivante :

@m	Prologue (02A0A)	5 quartets
@m+5h	Longueur totale hors-prologue l_m	5 quartets
@m+Ah	Type objets : chaînes (02A2C)	5 quartets
@m+Fh	Nombre de dimensions (00001)	5 quartets
@m+14h	Nombre n de messages	5 quartets
@o1	Offset message 1 : $@_{m1}$-$@_{o1}$	
@on	Offset message n : $@_{mn}$-$@_{on}$	
@m1	Longueur l_1	5 quartets
@m1+5h	Premier carac. Texte du	2 quartets
@m1+l1+5h	Dernier carac. message 1	2 quartets
@mn	Longueur l_n	5 quartets
@mn+5h	Premier carac. Texte du	2 quartets
@mn+l1+5h	Dernier carac. message n	2 quartets

@m+lm+5h

Dans ce second cas, il s'agit d'un vecteur lié de chaînes de caractères (voir la structure de l'objet "linked array"). Ce vecteur contient les messages utilisés par la librairie. Comme dans le cas précédent, le numéro du message se compose du numéro de librairie et du rang du message dans le vecteur (le premier message porte le numéro 1) : Librairy Number * #100h + rang

---

Par exemple, le message d'erreur #201h ("Too Few Arguments") est le premier message de la librairie #002h. En plus des librairies de commandes, la HP48 en utilise plusieurs autres ne contenant que des tables de messages : il s'agit des librairies #00h, #001h, #002h, #003h, #005h #006h, #00Ah, #00Bh, #00Ch et #00Dh...

Link table

Le troisième offset de la librairie pointe sur la link-table dont la structure est la suivante :

$@_l$	Prologue (02A4E)	5 quartets
$@_l+5h$	Longueur totale hors-prologue l_l	5 quartets
$@_{l1}$	Offset pour l'objet 1 ($@_{o1}-@_{l1}$)	5 quartets
$@_{ld}$	Offset pour l'objet d ($@_{od}-@_{ld}$)	5 quartets
$@_l+l_l+5h$		

Cette troisième et dernière table permet de retrouver l'adresse de début d'un objet de la librairie. Il s'agit encore d'un grand entier contenant une série d'offsets sur 5 quartets. Ces offsets sont dans le même ordre que les objets dans la librairie.

Exemple

Une librairie vide se code :

04B20 C2000 406594445440 FF6 00000 00000 00000 00000 49B1

Exercices

B-4-31 : Quel est le numéro de librairie de l'exemple ci-dessus ?

B-4-32 : Quel est son nom ?

B-4-33 : A-t-elle une table de messages ?

XVIII) Backup

Adresse	Champ	Taille
@	Prologue (02B62)	5 quartets
@+5h	Longueur totale hors-prologue l_t	5 quartets
@+Ah	Nombre n_c de caractères	2 quartets
@+Ch	Carac 1 — Nom de	2 quartets
@+n_c*2+8h	Carac n_c — l'objet	2 quartets
@+n_c*2+Ah	Nombre n_c de caractères	2 quartets
@+n_c*2+Ch	Premier objet sauvegardé	
	Dernier objet sauvegardé	
@+l_t+5h		

Il s'agit de l'objet utilisé pour stocker les sauvegardes dans un port quelconque.

Après le prologue et la longueur totale hors-prologue de l'objet, on trouve le nom de l'objet sauvegardé.

Vient ensuite le ou les objets sauvegardés.

Dans l'utilisation standard faite de cet objet par la HP48, il contient toujours deux objets.

- Le premier est l'objet sauvegardé ;

- Le second est un System Binary contenant le CRC (code de redondance cyclique) de l'objet en question (ce qui permet la vérification de l'intégrité de l'objet de manière similaire qu'il s'agisse d'une librairie ou d'un objet Backup situé dans le port examiné).

La structure ainsi réalisée est la suivante :

@	Prologue (02B62)		5 quartets
@+5h	Longueur totale hors-prologue l_t		5 quartets
@+Ah	Nombre n_c de caractères		2 quartets
@+Ch	Carac 1	Nom de	2 quartets
@+n_c*2+8h	Carac n_c	l'objet	2 quartets
@+n_c*2+Ah	Nombre n_c de caractères		2 quartets
@+n_c*2+Ch	Objet		
@+l_t-5h	Prologue 02911	System Integer	5 quartets
@+l_t	0	du CRC	1 quartet
@+l_t+1h	Valeur du CRC		4 quartets
@+l_t+5h			

L'objet 'backup' ne contient qu'un seul objet sauvé, suivi d'un 'system binary' qui contient la somme de contrôle de l'objet, calculée par la même formule que dans le cas de la librairie (qui, comme dans le cas de la librairie, sont les 4 derniers quartets d'un objet dont la longueur est inscrite en @+5h).

Il s'agit du même code de contrôle que pour les échanges fait avec Kermit, à savoir le calcul du reste d'une division du polynôme ayant comme coefficients les bits de l'objet considéré par le polynôme :

$$x^{16}+x^{12}+x^5+1$$

Ce calcul n'est pas réalisé de manière logicielle dans le cas de la HP48, mais à l'aide d'un circuit électronique spécialisé (voir le chapitre sur la Ram des entrées-sorties).

Les programmes CRC et CRCLM présentés dans la bibliothèque de programmes réalisent un tel calcul (de manière purement logicielle).

Cette somme de contrôle est calculée, dans le cas du backup, sur la zone allant de @+5h à @+l$_t$ inclus.

Exemple

26B20 92000 40 2434B405 40 C2A2090000F4B4 11920 0 6D26 est le backup de la chaîne "OK".

Exercices

B-4-34 : Quel est le nom du backup ?

B-4-35 : Quelle est la valeur de sa somme de contrôle ?

XIX) Library Data

@	Prologue (02B88)	5 quartets
@+5h	Longueur totale hors-prologue l_t	5 quartets
@+Ah	Contenu	l_t-5 quartets
@+l_t+5h		

Cet objet n'a pas d'existence dans la HP48 de base. Il est laissé libre d'usage aux programmeurs réalisant des librairies et ayant besoin d'un nouvel objet pour stocker leurs données (on peut, par exemple, envisager une librairie correspondant à un mini-tableur, et ayant besoin de stocker des tableaux sous une forme autre que matricielle).

Il n'y a donc pas de structure particulière pour cet objet, si ce n'est qu'il débute par son prologue (comme pour tout objet) suivi de la longueur totale hors-prologue…

XX) Extended Pointer

@	Prologue	5 quartets
@+5h	Adresse	5 quartets
@+Ah	Adresse routine d'accès	5 quartets
@+Fh		

Dans la HP48 G/GX plusieurs zones mémoire peuvent se recouvrir (voir le chapitre suivant). Lorsqu'on veut référencer un objet particulier, donner son adresse ne suffit donc plus. L'objet Extended Pointer permet de pallier à cet inconvénient; Il est décomposé en deux parties :

- L'adresse physique de l'objet ;

- L'adresse du programme en langage-machine permettant d'accéder à cet objet (pour plus de détails, voir la description des informations sur les librairies en fin de chapitre 8). Si cette adresse est nulle, cela signifie que l'objet est directement accessible. Pour plus de détails sur les adresses des routines de switch, voir la description des informations sur les librairies (chapitre 8).

Exemple

AAB20 1352C 83B07 est un Extended Pointer sur la hash-table de la librairie #0ABh.

XXI) Reserved 1, 2, et 3

@	Prologue	5 quartets
@+5h	Longueur totale hors-prologue l_t	5 quartets
@+Ah	Contenu	l_t-5 quartets
@+l_t+5h		

Ces quatre objets ont la même structure (hormis la différence de prologue). Ils ne sont pas utilisés, mais sont probablement réservés pour un usage futur (pour que Hewlett-Packard puisse créer un nouvel objet sans avoir à bouleverser toute la structure de la Rom existante. C'est d'ailleurs ce qui a été le cas pour l'objet précédent, Extended Pointer, qui n'existait pas sur la HP48s/sx).

Les prologues sont :

- #02BCCh   pour Reserved 1 ;
- #02BEEh   pour Reserved 2 ;
- #02C10h   pour Reserved 3.

Comme de tels objets n'existent pas, aucun exemple ni exercice ne sera donné à leur sujet.

XXII) Program

@	Prologue (02D9D)	5 quartets
@+5h	Premier objet	
	Dernier objet	
	Épilogue (0312B)	5 quartets

Cet objet sert à stocker tous les programmes utilisateur. Il s'agit d'un objet similaire à la liste : un prologue, une collection d'objets quelconques, un épilogue.

Comme dans le cas de la liste, les objets de la collection peuvent être remplacés par leur adresse (si celle-ci est fixe). C'est ce qui est fait en particulier pour coder les instructions de la machine (ce qui prend moins de place mémoire que si on stockait les instructions comme des XLIB Names).

Cependant, l'épilogue et le prologue ne correspondent pas à "«" et "»" qui sont des objets faisant partie de la collection.

Exemple

Le programme « A B + » se code en :

D9D20 E1632 84E201014 84E201024 76BA1 93632 B2130

Exercices

A l'aide de l'exemple précédent, déterminer :

B-4-36 : Par quoi sont codés "«" et "»" ?

B-4-37 : Comment est codée l'addition ?

XXIII) Code

@	Prologue (02DCC)	5 quartets
@+5h	Longueur totale hors-prologue l_t	5 quartets
@+Ah	Codes machine	l_t-5 quartets
@+l_t+5h		

Cet objet sert à stocker des programmes en langage-machine. Le champ "codes-machine" contient la suite des codes des instructions-machine du programme assembleur qu'il représente.

Exemple

Pour des exemples, voir les programmes en langage-machine présentés en annexe.

Exercices

B-4-38 : Comment est stocké un code vide ?

B-4-39 : Écrire un code ne faisant rien (à l'aide des autres chapitres).

XXIV) Global Name

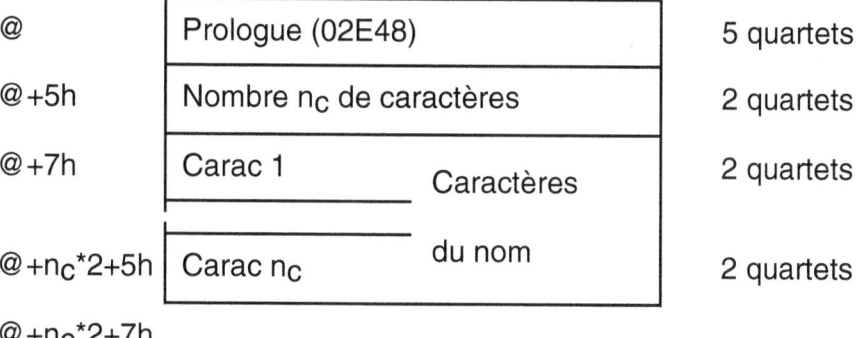

@	Prologue (02E48)	5 quartets
@+5h	Nombre n_C de caractères	2 quartets
@+7h	Carac 1	2 quartets
@+n_C*2+5h	Carac n_C	2 quartets

Caractères du nom

@+n_C*2+7h

C'est l'objet utilisé pour stocker les noms globaux. Le champ après le prologue indique le nombre de caractères constituant le nom. On trouve ensuite les caractères, dans leur ordre d'apparition, sous forme de codes ASCII.

Exemple

Le nom global 'Voyage' est codé :

$$84E20\ 60\ 65\ F6\ 97\ 16\ 76\ 56$$

Exercices

B-4-40 : Coder 'Hello'.

B-4-41 : Que représente 84E2000 ?

XXV) Local Name

@	Prologue (02E6D)	5 quartets
@+5h	Nombre n_C de caractères	2 quartets
@+7h	Carac 1 — Caractères	2 quartets
@+n_C*2+5h	Carac n_C — du nom	2 quartets
@+n_C*2+7h		

C'est l'objet utilisé pour stocker les noms locaux. Sa structure est la même que celui du nom global (voir plus haut) hormis la différence de prologue.

Exemple

'Local' se code D6E20 50 C4 F6 36 16 C6.

Exercices

B-4-42 : Combien de caractères dans le nom local codé ci-dessous ?

D6E2040E416D656

B-4-43 : Quel est ce nom ?

XXVI) XLIB name

@	Prologue (02E92)	5 quartets
@+5h	N° de librairie	3 quartets
@+8h	N° de commande	3 quartets
@+Bh		

Lorsqu'on utilise des librairies, on fait référence aux commandes qu'elles contiennent.

Pour optimiser l'accès à ces commandes leur nom est remplacé par un "XLIB name" qui contient le numéro de librairie et le numéro d'ordre de la commande en question.

Cette notation peut être utilisée pour les commandes des librairies standard de la HP48.

Remarques :

- La commande LIBEVAL permet d'évaluer une commande d'une librairie. Il prend en argument un entier égal à la somme du numéro de librairie multiplié par #1000h et du numéro de commande (par exemple, #002110h LIBEVAL exécute la commande DROP) ;
- Le programme XLIBRCL de la bibliothèque de programme permet de rappeler le contenu d'un XLIB Name.

Exemple

La commande FREE, librairie #002h, commande #163h peut être représentée par 29E20 200 361.

Exercices

B-4-44 : Coder la commande #123h de la librairie #456h.

B-4-45 : Quels sont les numéros de librairie et de commande de la XLIB "29E20100200" ?

XXVII) Autres objets (Externals & Co)

A tous les objets précédents, on peut ajouter :

- Les adresses d'objets structurés qui sont utilisées dans les programmes, listes et autres objets composites. Par exemple, l'instruction SWAP est représentée par l'adresse en mémoire morte #1FBBDh .

- Des codes en langage-machine stockés sous la forme <adresse courante + 5h> <codes LM>, ou, plus généralement, <adresse d'un programme LM>. Ces objets ne sont concevables qu'en mémoire morte où leur adresse est fixe... Ils sont représentés à l'affichage par l'appellation générique d'"externals".

De nombreux objets et programmes existent en mémoire morte (voir les annexes 5, adresses de programmes utiles, 8, adresses de toutes les instructions du RPL).

Toutes ces adresses permettent ce qu'on appelle la "programmation en externals" (car les adresses utilisées apparaissent sous le terme "external" lorsqu'on tente d'afficher des objets les contenant) qui n'est autre que l'utilisation d'adresses en lieu et place d'instructions du RPL. Comme dans le cas de programmes standards, ces adresses sont stockées au sein d'un objet programme.

Cette programmation par adresse peut aussi se qualifier de programmation en system-RPL car il s'agit du langage de base de la programmation de la HP48 : toutes les instructions utilisateur (SWAP, DUP...) sont programmées dans ce langage.

Sa principale difficulté réside, entre autres, dans la multitude des adresses utilisables (si les fonctions RPL sont assez génériques, les fonctions du system-RPL sont une collection de cas particuliers innombrables ou presque, difficiles à mémoriser).

Cependant il s'agit d'un langage très proche du RPL en ce qui concerne ses principes (on dispose de variables locales, de la pile, d'instructions puissantes...) qui est donc beaucoup moins déroutant pour l'utilisateur que le langage-machine, beaucoup plus "ésotérique"...

Toutes ces adresses peuvent en général être aussi utilisées comme argument de la fonction SYSEVAL.

Voici un exemple de petit programme écrit en externals :

"D9D20 A0792 B5421 5E141 B2130"

Il s'installe en tapant la chaîne de code sans espace ni retour chariot et en exécutant GASS, situé en bibliothèque de programmes (d'où un objet "Invalid Expression" External External dans la pile, objet qui peut être stocké mais qui ne doit jamais être édité).

Ce programme se lit de la manière suivante (ne pas oublier que les adresses sont "retournées" en mémoire) :

02D9D	Début de l'objet programme
2970A	Adresse "Invalid Expression"
1245B	Adresse de DISP1 (affiche en ligne 1. Cf annexe 5)
141E5	Adresse de ERRBEEP (Bip d'erreur. Cf annexe 5)
0312B	Fin de l'objet programme

Si on l'exécute, il affichera le message "Invalid Expression" et produira un BEEP d'erreur. Il pourrait aussi s'écrire en RPL standard sous la forme beaucoup plus longue et beaucoup plus lente à l'aide de l'instruction SYSEVAL :

```
«
  # 2970Ah SYSEVAL
  # 1245Bh SYSEVAL
  # 141E5h SYSEVAL
»
```

Où encore, en remplaçant les adresses par leurs fonctions équivalentes en RPL :

```
«
  "Invalid Expression"
  1 DISP
  1400 .1 BEEP
»
```

Mais cette substitution entre "external" et fonction RPL n'est que rarement possible, car le "system-RPL" est beaucoup plus riche que le langage mis à la disposition de l'utilisateur (à moins de remplacer une adresse par un programme entier !)...

Tout cela paraît très simple, mais il ne faut jamais oublier que dans le cas des "externals" et des autres programmes à usage interne, aucune vérification n'est en général faite sur le nombre et le type des objets passés en paramètres. On y gagne bien sûr beaucoup en rapidité, mais il faut être très vigilant lors de leur utilisation...

En particulier, il est fortement conseillé de débuter des programmes en externals par un appel à un programme de vérification des arguments présents sur la pile (voir l'annexe 5).

Mais attention : quels que soient les gains obtenus en vitesse par la programmation en "externals", on est loin d'atteindre les performances de l'assembleur.

Cependant, dans de nombreux cas, des fonctions utiles sont déjà programmées en mémoire morte et allègent donc le code-machine nécessaire à un programme donné (il n'y a qu'à comparer le programme CHK de la bibliothèque de programmes à son équivalent en externals pour être convaincu...).

Organisation générale
de la mémoire

Nous avons vu que le microprocesseur Saturn utilise des registres de 20 bits pour adresser la mémoire et peut donc de ce fait accéder à 2^{20} éléments élémentaires de mémoire, les quartets, soit 512 Ko (kilo-octets).

Cet espace-mémoire est divisé en 5 parties :

- La mémoire morte (Rom) qui contient tous les programmes utilisés par la machine (calcul de racines carrées, tracés de courbes, beep...). Cette mémoire qui, comme son nom l'indique, ne peut être modifiée (elle est "morte"), a une taille de 512 Ko ;

- La mémoire vive (Ram) des entrées-sorties qui sert à accéder aux périphériques de la HP48 (émetteur/récepteur infra-rouge, horloge, écran...). Cette zone est très courte puisqu'elle ne comporte que 64 quartets. Elle recouvre une partie de la mémoire morte ;

- La mémoire vive interne où sont stockées les informations de l'utilisateur (programmes, variables, alarmes...). Cette zone fait 32 Ko ou 128 Ko selon le type de machine (32 Ko pour la HP48 G, 128 pour la HP48GX) ;

- Les deux cartes enfichables (128 Ko maximum chacune). Dans le cas des cartes mémoire de capacité supérieure à 128 Ko (256 Ko, 512 Ko, 1 Mo, 2 Mo, 4 Mo), un stratagème est utilisé pour pallier à cette limitation : la carte est divisée en bancs de 128 Ko (2 bancs pour la carte de 256 Ko, 4 pour celle de 512 Ko...), et seul un bloc de 128 Ko est visible à un instant donné. Le choix du banc désiré se fait de manière purement logicielle. A noter que ces cartes ne peuvent pas être utilisée en extension mémoire (par MERGE), car une fusion suivie d'un changement de banc conduirait à une perte de mémoire inévitable... La configuration idéale d'une HP48 GX semble donc être la suivante :

- Une carte 128 Ko en port 1 fusionnée pour augmenter la capacité mémoire ;
- Une carte 4 Mo en port 2 utilisée comme mémoire de masse (objets BACKUP et Librairies).

Si on totalise ainsi la mémoire utilisée en configuration maximale (128 Ko en interne, 1 carte de 128 Ko en port 1, 4 Mo en port 2...), on obtient un total de bien supérieur au maximum adressable par le microprocesseur Saturn (512 Ko, c'est-à-dire la taille de la mémoire morte seule !)...

Pour remédier à ce problème, la HP48 utilise une technique appelée le 'bank-switching'.

Cette méthode est très classique : elle consiste à attribuer la même adresse à deux zones-mémoire distinctes, l'une des deux étant prioritaire sur l'autre. Cette mémoire plus prioritaire est la seule visible et "cache" l'autre.

Si on veut accéder à la mémoire cachée, on effectue une reconfiguration de la mémoire visible, afin de lui attribuer une autre adresse. La zone cachée est alors accessible.

De façon à minimiser les temps d'accès, on ne stocke en général dans la mémoire cachée que des informations auxquelles on accède peu souvent.

La mémoire de la HP48 peut donc se trouver dans différents états :

- En ce qui concerne l'état standard de la mémoire :
    - La ram I/O est configurée à l'adresse #00100h et a une taille (non configurable) de 64 quartets (elle se termine donc en #0013Fh) ;
    - La ram interne est configurée en #80000 et a une taille de 32 Ko ou 128 Ko selon le modèle de machine (Figure 1 : la HP48 G, Figure 2 à 5 : la HP48 GX) ;
    - Le gestionnaire de bancs se trouve toujours configuré en #7F000h, pour une taille de #1000h quartets (soient 2 Ko, minimum pour un module configurable en taille) ;
    - En ce qui concerne les cartes en port 1 et 2, il y a deux cas de figures : si la carte est absente, le gestionnaire de carte sera

configuré en #7E000h pour une taille de 2 Ko. Si la carte est présente, elle sera configurée à la taille idoine (32 ou 128 Ko), à l'adresse #C0000h (comparer les figures 2 et 3, par exemple).

- Lorsque la machine doit accéder à des zones mémoire cachées (par exemple rom "sous" la ram interne, carte en port 2 recouverte par une carte en port 1...), plusieurs solutions sont utilisées :
  - Pour accéder à ce qui se situe sous le début de la ram interne, on déplace celle-ci à l'adresse #C0000h (sur les cartes en port 1 et 2), on effectue la lecture (qui conduit souvent à un transfert de données en ram réservée) puis on replace la ram à sa taille normale ;
  - Pour accéder au reste de la rom caché par la ram interne, il suffit de la reconfigurer temporairement à une taille plus faible (2 Ko ou 32 Ko selon les cas de figure) ;
  - Pour le reste, il suffit de déconfigurer le (ou les) module(s) masquant la zone intéressante, d'effectuer la lecture puis de reconfigurer le (ou les) module(s).

A titre d'illustration, 5 de ces états sont représentés par les schémas pages suivantes (sur lesquels la priorité d'accès des modules se fait de gauche à droite : le module le plus prioritaire [la ram I/O] est à gauche, le moins prioritaire [la rom] est à droite, comme dans le schéma du chapitre 2)

Remarque : il convient d'interdire les interruptions lors des déconfigurations de modules. En effet, une des premières actions de la routine de gestion des interruptions est de vérifier qu'aucun module n'est déconfiguré. Si un des gestionnaires est trouvé en état de déconfiguration, un arrêt-système est alors déclenché, de manière à replacer la mémoire dans un état standard...

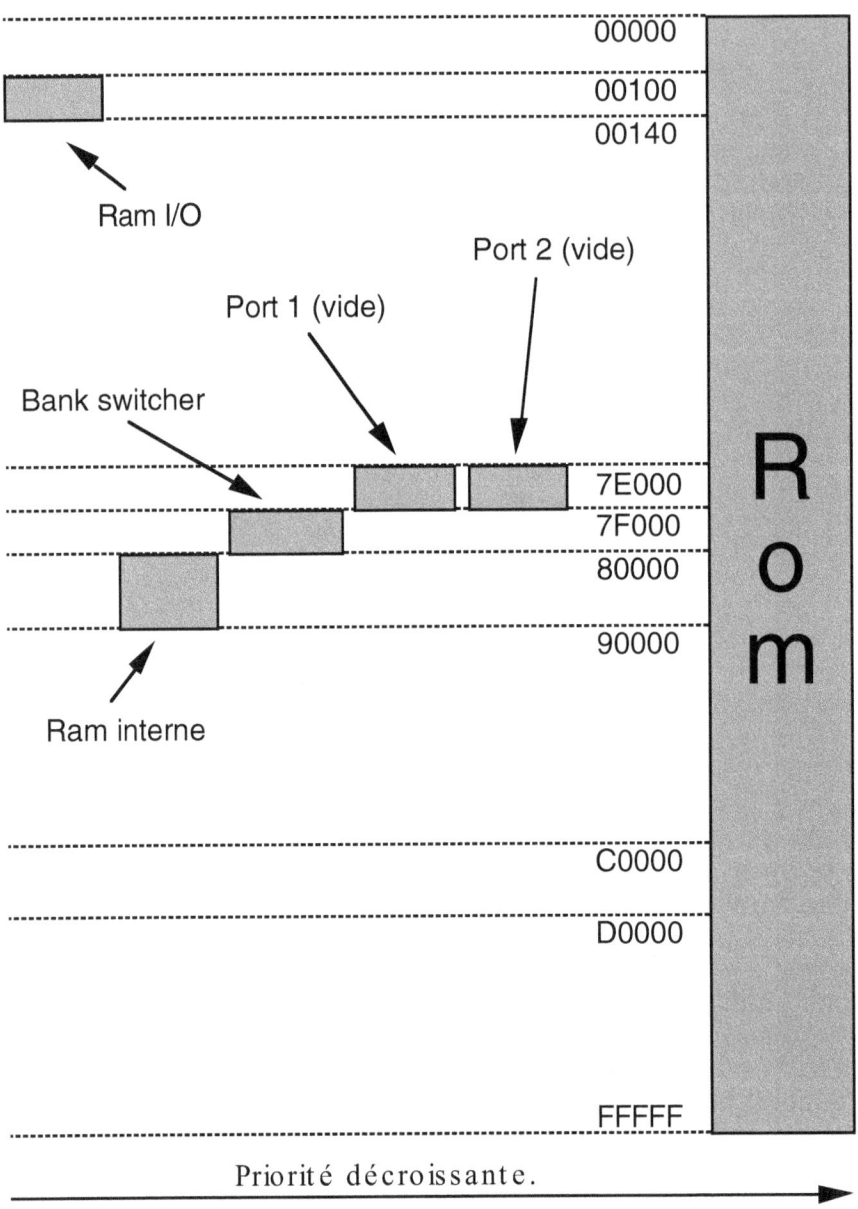

Figure 1:

Configuration mémoire d'une HP48 G

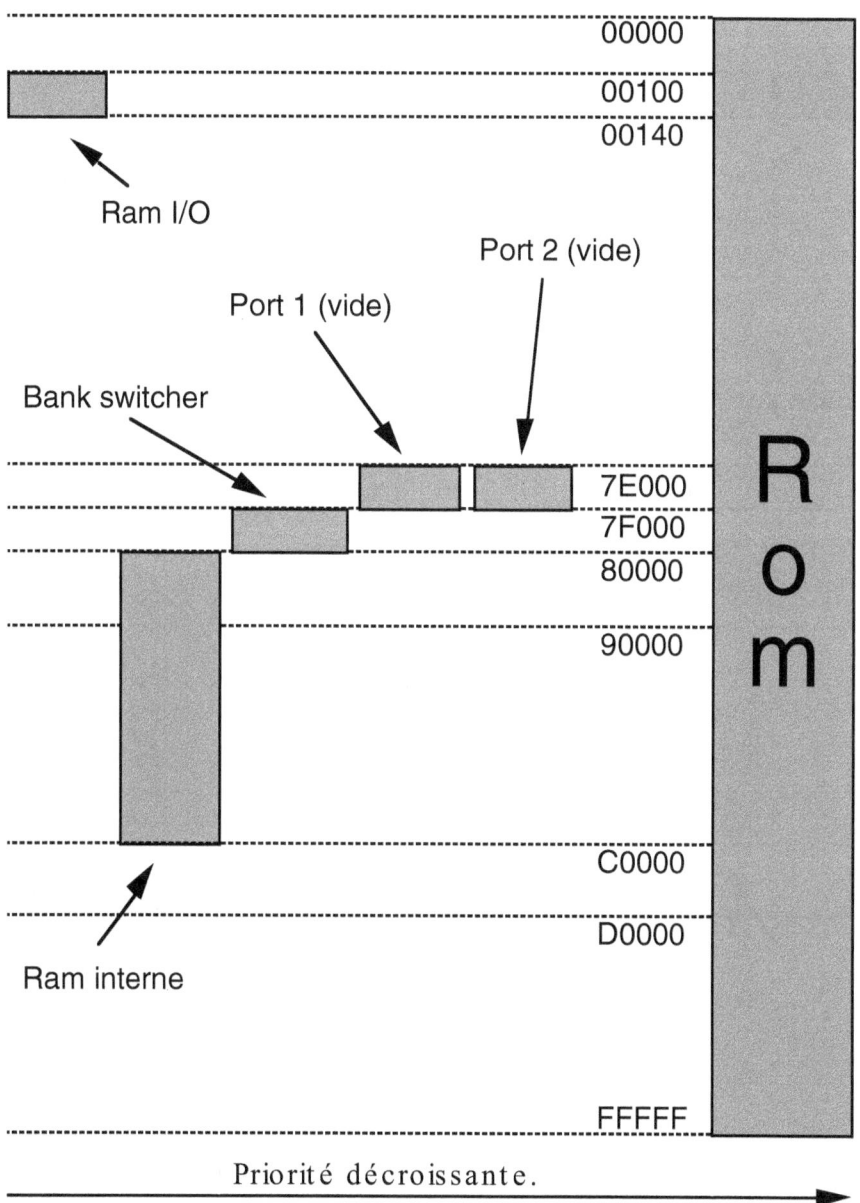

Figure 2 :

Configuration mémoire d'une HP48 GX

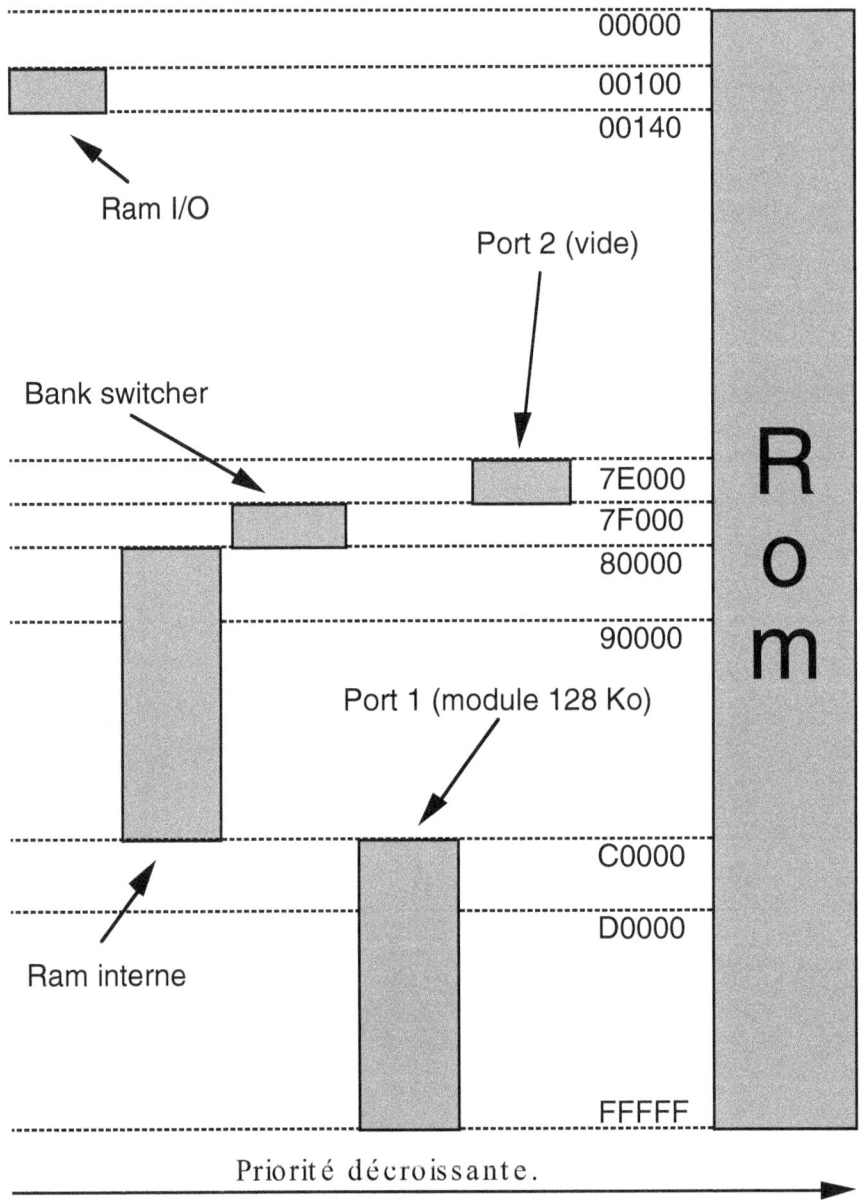

Figure 3 :

Configuration mémoire d'une HP48 GX - Carte 128 Ko en port 1

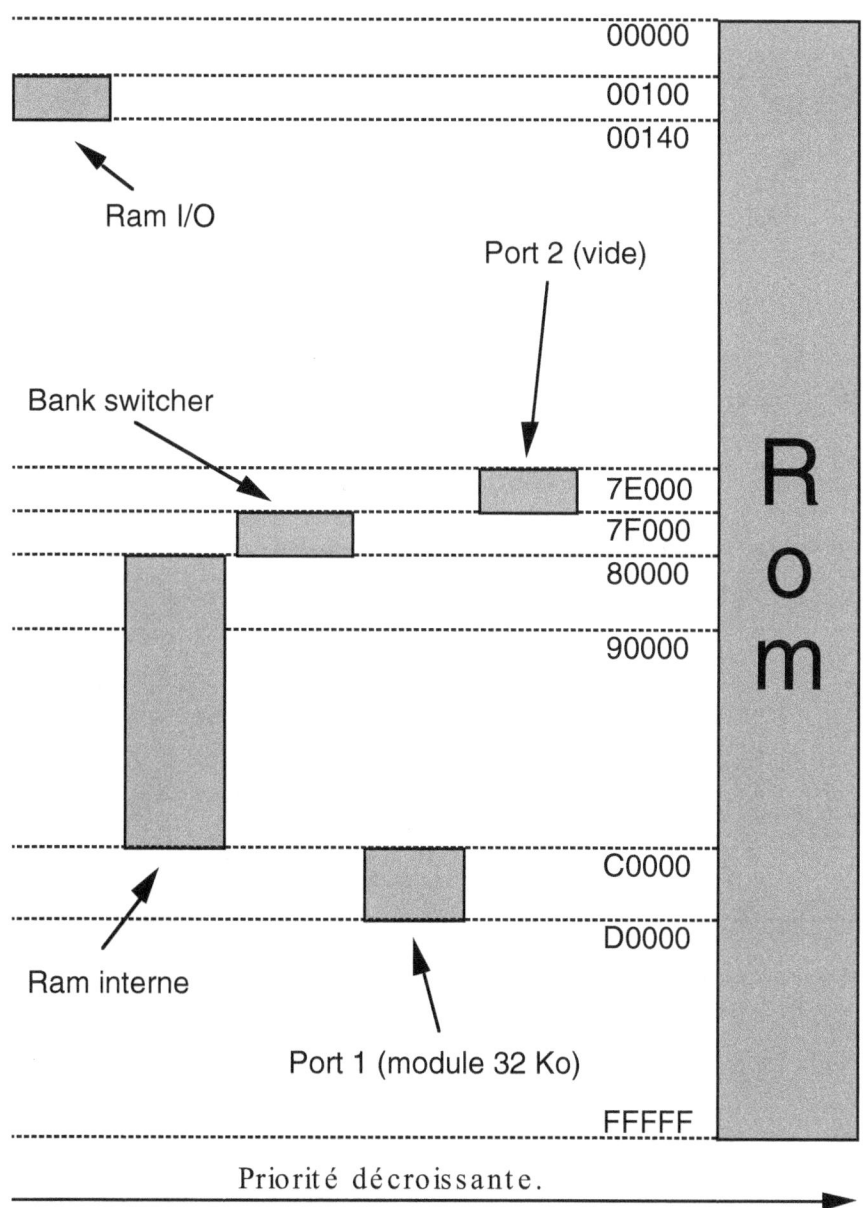

Figure 4 :

Configuration mémoire d'une HP48 GX - Carte 32 Ko en port 1

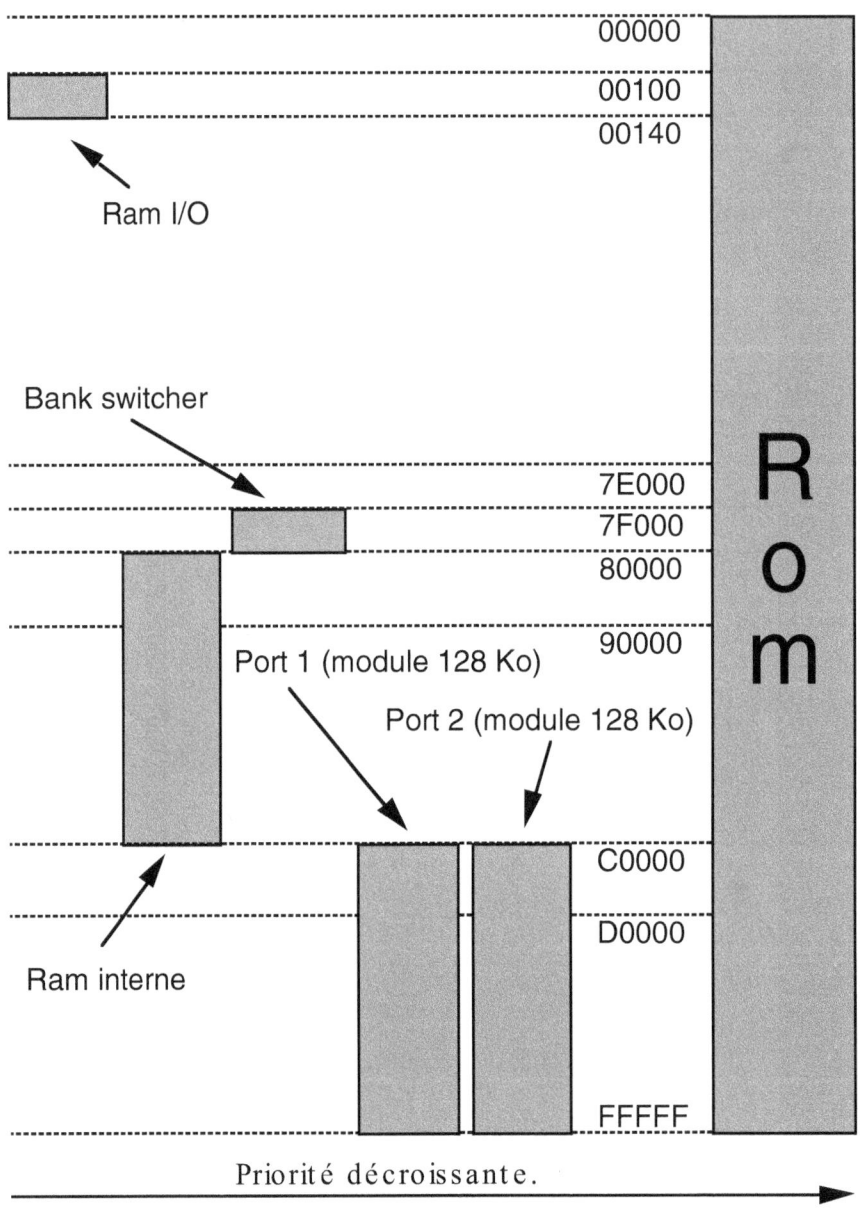

Figure 5 :

Configuration mémoire d'une HP48 GX - Carte 128 Ko en port 1,
carte 128 Ko (ou plus) en port 2

La Ram des
entrées-sorties

Pour communiquer avec ses périphériques, la HP48 utilise, entre autres méthodes, une zone particulière de la mémoire : la Ram des entrées-sorties.

Cette zone de 64 quartets est en effet un moyen d'échanges avec le monde extérieur. En écrivant ou en lisant des quartets, il est possible d'envoyer des ordres ou de consulter des données provenant des périphériques...

Dans les pages suivantes, la Ram des entrées-sorties est décrite bit par bit, dans un tableau du type suivant :

	Bit 3	Bit 2	Bit 1	Bit 0
#00100h				
#00101h				

où bit 3 est le bit de poids fort du quartet concerné, 0 son bit de poids faible.

L'usage du ou des bits est précisé dans le tableau et expliqué plus longuement dans le texte lui faisant face.

#00100h	Display	Marge gauche		
#00101h	Contraste écran			
#00102h				
#00103h	Balayage			
#00104h	Calculateur de codes de redondance cyclique			
#00105h				
#00106h				
#00107h				
#00108h	Tests des batteries			
#00109h				
#0010Ah				
#0010Bh	Alert	Alpha	Right Shift	Left Shift
#0010Ch	Indicateurs		Transmitting	Busy
#0010Dh	Vitesse RS232c			
#0010Eh	Configuration de la détection de cartes			
#0010Fh	Informations sur les ports (HP48 GX)			
#00110h	Contrôle RS232c			
#00111h	Informations sur la réception RS232c			
#00112h	Informations sur l'émission RS232c			
#00113h	Annulation des erreurs de réception			
#00114h	Buffer d'entrée RS232c			
#00115h				
#00116h	Buffer de sortie RS232c			
#00117h				
#00118h	Type d'interruption			
#00119h				
#0011Ah	Réception Infra-Rouge			
#0011Bh				
#0011Ch	Émission Infra-Rouge			
#0011Dh				Buffer IR
#0011Eh	Sauvegarde pour les interruptions			
#0011Fh	Adresse de base de la Ram interne			

Marge gauche

La marge gauche est codée sur 3 bits et a donc une valeur de 0 à 7. Elle sert au scrolling d'écran de la partie haute (hors-zone des menus). Par exemple, mettre la valeur 1 conduit à décaler l'affichage d'une colonne à gauche.

Son usage est lié à la marge droite et à l'adresse de bitmap écran décrites plus loin.

Display

Display est à mettre à 1 pour allumer l'écran, à 0 pour l'éteindre.

Il est intéressant de noter qu'éteindre l'écran rend le clavier inactif et accélère la machine d'environ 13%. Cette accélération s'explique par le fait que les bitmaps-écran se trouvent en mémoire. Si l'écran est éteint, il n'y a plus accès à la mémoire à chaque rafraîchissement de l'affichage.

De ce fait le bus se trouve déchargé et les échanges entre la mémoire et le microprocesseur se font plus rapidement. En particulier, l'exécution de programme est accélérée… Le programme FAST (voir la bibliothèque de programmes) utilise cette particularité de la HP48 pour réaliser des calculs de manière plus rapide…

Contraste écran

Le contraste de l'écran est codé sur 5 bits (bit de poids fort en #00102h). Le contraste est donc réglable sur 32 niveaux.

Cependant, seules les valeurs de #3h à #13h sont accessibles par [ON][+] et [ON][-]. Le programme CONTRAST (voir la bibliothèque de programmes) utilise cette adresse pour régler l'afficheur de manière logicielle.

Balayage

Le rafraîchissement de l'écran se fait ligne par ligne. Mettre le bit 3 de #00103h à un empêche ce balayage. Il est fortement déconseillé de l'interdire trop longtemps sous peine de griller l'écran (tous les affichages se font sur la même ligne de points d'où une saturation de l'afficheur).

Calculateur de CRC

La HP48 utilise des checksums (voir le chapitre sur les objets). pour vérifier l'intégrité des données en mémoire.

Afin d'en calculer rapidement la valeur, elle utilise un circuit électronique branché sur le bus. Ce circuit lit les informations circulant entre la mémoire (rams et rom uniquement, la lecture de la ram I/O ne perturbant pas le CRC) et le microprocesseur et calcule le CRC (code de redondance cyclique) correspondant.

Pour calculer un CRC (comme le réalise la fonction BYTES) il suffit donc de forcer ces 4 quartets à zéro, de lire les quartets de l'objet dont on veut calculer le CRC, puis de relire les 4 quartets en #00104h.

Cette lecture ne devant pas être perturbée, il faut donc interdire les interruptions lorsqu'on l'effectue (par l'instruction assembleur INTOFF).

Attention : il ne faut pas oublier de ré-autoriser ces interruptions en fin de programme grâce à l'instruction machine INTON).

De plus, ces quatre quartets ayant des valeurs très variables, on peut les utiliser comme générateur de nombres aléatoires en langage-machine.

La valeur du CRC étant fonction des quartets lus en mémoire, on pourra en particulier commencer par lire des valeurs pseudo-aléatoires (adresse de fin de pile, mémoire libre…) avant de lire la valeur pseudo-aléatoire en #00104h…

Tests des batteries

Les quartets #00108h et #00109h permettent le test des piles de la HP48 (alimentation interne et piles de cartes mémoire dans le cas de la HP48 GX).

Le quartet en #00109h permet le contrôle du circuit de test des piles. En particulier le bit 3 du quartet #00109h sert à déclencher le test : il convient de le forcer à 1 pour effectuer la vérification (ce qui revient à écrire #Ch, les 3 autres bits étant respectivement à 0, 1 et 0).

Pour effectuer le test, il suffit alors de lire la valeur du quartet en #00108h. Chacun des bits de ce quartet donne une indication sur l'état d'une des piles de la HP48 : lorsqu'un bit est à 1, cela signifie que la batterie correspondante est faible :

- bit 3 de #00108h : pile de la carte en port 2 ;
- bit 2 de #00108h : pile de la carte en port 1 ;
- bit 1 de #00108h : alimentation interne de la HP48 ;
- enfin le bit 0 correspond à un niveau de pile très bas pour l'alimentation interne.

A noter que les tests internes de la HP48 réalisent plusieurs lectures du quartet #00108h (6 lectures consécutives). Si lors d'une seule de ces lectures on obtient un bit à 1, la batterie est alors déclarée faible…

En fin de test, il ne faut pas oublier de remettre le bit 3 de #00109h à 0 (écrire #4h en #00109h).

Indicateurs

Les indicateurs (alpha, busy...) sont allumés grâce à 1 bit chacun (1=allumé, 0=éteint). Le bit 3 de #0010Ch conditionne l'allumage ou l'extinction de l'ensemble des indicateurs (de la même manière que le bit 3 de #00100h conditionne l'extinction de l'écran).

Vitesse RS232c

L'émission et la réception de données sur la prise RS232c se font suivant une vitesse exprimée en "bauds" (dans le cas de la norme RS232c, cette unité correspond à un nombre de bits par seconde). La HP48 est capable d'émettre des données à quatre vitesses différentes : 1200 bauds, 2400 bauds, 4800 bauds et 9600 bauds grâce à un processeur spécialisé qui doit être configuré en termes de vitesse de transmission : les 3 bits de poids faibles de #0010Dh permettent de régler cette vitesse. Le codage se fait ainsi :

Bit 2	Bit 1	Bit 0	Vitesse
0	0	0	1200 bauds
0	1	0	2400 bauds
1	0	0	4800 bauds
1	1	0	9600 bauds

Configuration de la détection des cartes

Le quartet en #0010Eh permet un contrôle du circuit électronique de détection des cartes. Il est recommandé de ne pas modifier la valeur de ce quartet sous peine d'obtenir un "arrêt-système". En particulier le bit 3 doit toujours être à 1.

Informations sur les ports (HP48 GX)

Le quartet #0010Fh donne des indications sur l'état des deux ports de la HP48 GX (emplacement des cartes-mémoire). Ces bits ont la signification suivante :

Bit n°	Rôle
0	à 1 : Carte présente en port 2.
1	à 1 : Carte présente en port 1.
2	à 1 : Écriture possible en port 2.
3	à 1 : Écriture possible en port 1.

Contrôle RS232c

Ce quartet (#00110h) contrôle le circuit d'émission/réception sur la ligne RS232c. Les rôles des quatre bits de ce quartet sont les suivants :

Bit n°	Rôle
0	à 1 : Autorise la génération d'une interruption lorsque le circuit de réception est actif (caractère en cours de réception).
1	à 1 : Autorise la génération d'une interruption lorsqu'un caractère vient d'être reçu (buffer de réception plein).
2	à 1 : Autorise la génération d'une interruption lorsqu'un caractère vient d'être émis (buffer d'émission vide).
3	à 1 : Prise série active.

Informations sur la réception RS232c

Chacun des bits de #00111h permet d'avoir des informations sur l'état de la ligne RS232c en réception :

Bit n°	Rôle
0	à 1 : Caractère présent dans le buffer de réception
1	à 1 : Le circuit est en train de recevoir un caractère
2	à 1 : Une erreur à eu lieu
3	

Remarques :

- Le bit 0 est mis à un par le circuit de réception RS232c et est mis à zéro lorsqu'on lit le caractère dans le buffer de réception ;

- Le bit 2 est remis à zéro grâce au quartet #00113h (voir plus bas).

Informations sur l'émission RS232c

Chacun des bits de #00112h permet d'avoir des informations sur l'état de la ligne RS232c en réception :

Bit n°	Rôle
0	à 1 : Caractère présent dans le buffer d'émission
1	à 1 : Le circuit est en train d'émettre un caractère
2	
3	

Remarques :

- Le bit 0 est mis à un lorsqu'on écrit un caractère dans le buffer d'émission ;

- Il est remis à zéro lorsque le caractère a été effectivement émis.

Annulation des erreurs de réception

Écrire une valeur quelconque dans le quartet #00113h permet d'annuler le bit 2 de #00111h qui signale des erreurs en réception…

Buffer d'entrée RS232c

Pour recevoir un caractère, il suffit donc de lire les deux quartets en #00114h (ce qui a pour effet de remettre à zéro le bit 0 de #00111h qui signale qu'un caractère a été reçu)..

Sortie RS232c

Pour émettre un caractère sur la ligne RS232c, il suffit de le placer dans ce buffer en #00116h (à la condition que celui-ci soit vide, ce qui est signalé par une valeur 0 dans le bit 0 de #00112h).

Type d'interruption

Les deux quartets en #00118h permettent à la HP48 de déterminer le type de l'interruption qui vient d'avoir lieu (ces quartets sont utilisés par le gestionnaire d'interruptions). En particulier, le bit 3 de #00119h signale les interruptions clavier.

Réception infra-rouge

En #0011Ah, se trouve l'entrée infra-rouge :

Bit n°	Rôle
0	à 1 : Une interruption IR a eu lieu
1	à 1 : Interruptions IR autorisées
2	à 1 : Mode RS232c
3	à 1 : On reçoit de l'infra-rouge

Remarque : le bit 2 permet de choisir le mode de communication infra-rouge : mis à 1, la communication se fait selon le standard RS232c (et on utilise alors les buffers en #00114h et #00116h). Mis à 0, on est en mode "Red Eye", c'est-à-dire qu'on commande directement les diodes IR pour réaliser l'émission/réception de données… Mettre le bit 2 à zéro a aussi pour effet de passer la ligne RS232c en mode "wire" (les communications se font via la prise).

Émission infra-rouge

Ce quartet (#0011C) contrôle la diode infra-rouge de la HP48 :

Bit n°	Rôle
0	à 1 : Le buffer IR (#0011Dh) est plein
1	à 1 : Le circuit est occupé à transmettre
2	à 1 : Autorise les interruptions "buffer vide"
3	à 1 : Allume la diode d'émission

La diode peut donc s'utiliser directement (bit 3 de #0011Ch) ou à travers le buffer IR (bit 0 de #0011Dh) qui permet d'envoyer une impulsion sur la diode (en écrivant 1 ou 0 dans ce bit). Attention : ces fonctions ne sont utilisables que si l'on est en mode "Red Eye" (voir plus haut).

Buffer IR

Ce bit est utilisé pour l'émission d'impulsions sur la diode infra-rouge (voir ci-dessus).

Sauvegarde pour les interruptions

Ce quartet est une petite mémoire vive qui est utilisée par le gestionnaire d'interruptions comme zone de sauvegarde.

Adresse de base de la Ram interne

#0011Fh contient l'adresse de base de la Ram interne (#8h ou #Ch). #8h est la valeur normale (Ram interne en #80000h), #Ch étant la valeur correspondant à un déplacement de la Ram (Ram interne en #C0000h). Cette valeur est mise à jour par le système lors des déplacements de la mémoire interne (pour accéder à la Rom cachée). il ne s'agit que d'une petite mémoire vive : changer sa valeur n'a aucune influence sur l'adresse de base de la Ram interne.

Elle est utilisée par les routines devant fonctionner en mode normal et en mode Ram déplacée (comme le gestionnaire d'écran) de manière à ce que la position de la Ram interne n'ait aucune influence sur le fonctionnement de la machine

---

#00120h				
#00121h				
#00122h	Adresse du début de la bitmap écran			
#00123h				
#00124h				
#00125h				
#00126h	Marge à droite (en quartets)			
#00127h				
#00128h	Hauteur menu & Vsync			
#00129h	Cntrl Rom			
#0012Ah				
#0012Bh				
#0012Ch				
#0012Dh				
#0012Eh	Contrôle horloge 1			
#0012Fh	Contrôle horloge 2			
#00130h				
#00131h				
#00132h	Adresse de début de la bitmap des menus			
#00133h				
#00134h				
#00135h				
#00136h				
#00137h	Horloge 1			
#00138h				
#00139h				
#0013Ah				
#0013Bh	Horloge 2			
#0013Ch				
#0013Dh				
#0013Eh				
#0013Fh				

Adresse bitmap écran

L'écran de la HP48 est divisé en deux demi-écrans horizontaux : l'écran lui-même (affichage de la pile) et le menu. Les pixels de ces écrans sont stockés en mémoire à une adresse quelconque que le driver d'écran doit connaître.

En particulier l'adresse de début du bitmap correspondant à la partie haute de l'écran est stockée en #00120h. Elle correspond à l'adresse du contenu de l'objet graphique (GROB) correspondant. Il y a deux remarques à faire :

- Le bit de poids faible de cette adresse est ignoré (ceci étant dû à l'utilisation d'un circuit électronique de gestion d'écran 8 bits). Pour ajuster au bon quartet, il conviendra de jouer sur la marge à gauche. Celle-ci devra avoir une valeur entre 0 et 3 si le graphique est situé en une adresse paire, entre 4 et 7 s'il se trouve en une adresse impaire ;

- Cette adresse ne peut être qu'écrite : sa relecture est impossible (la valeur lue ne correspond à rien de valide). Elle doit donc être sauvegardée si l'on veut la réutiliser ultérieurement. Un emplacement est prévu à cet effet dans la Ram réservée (voir le chapitre suivant).

Marge à droite

De manière à permettre des scrolls rapides de l'écran, on stocke aussi une marge à droite (en quartets, le bit 0 est ignoré) en #00125h et à gauche (en pixels) en #00100h.

Cette valeur est signée (le signe est le bit de poids fort). En utilisant une valeur négative adaptée et en mettant comme adresse de bitmap écran, l'adresse de la dernière ligne du GROB, on peut "retourner" l'affichage (ligne 1 affichée physiquement en ligne 64, ligne 2 en 63...). Le programme REVSCR (bibliothèque de programmes) réalise une telle inversion.

Pour effectuer des scrolls rapides, il suffit donc de fixer l'adresse de début de bitmaps, ainsi que les deux marges aux valeurs correspondant à la partie de l'objet graphique que l'on désire visualiser...

Les deux remarques faites pour l'adresse de début de la bitmap écran sont toujours valables (la valeur doit être paire, ce qui explique que les objets graphiques soient constitués de blocs de 8 pixels, et ne peut être relue, ce qui nécessite sa sauvegarde).

Hauteur menu

La hauteur de la séparation entre les deux écrans est réglable grâce à l'offset en #00128h. Mettre cet offset à 3Fh conduit à faire disparaître la barre des menus.

Attention : la valeur des deux derniers bits de #00128h ne doit pas être modifiée. Pour changer la valeur de la hauteur menu, il convient donc de lire sa sauvegarde (voir ci-dessous), d'extraire les deux bits de poids fort (par un ET logique avec #C0h)), d'ajouter la hauteur désirée (par un OU logique) et de sauver le tout en #00128h et en #8069Ah (sauvegarde). La valeur ne peut être qu'écrite et doit donc être sauvegardée en ram réservée où l'on trouve :

- en #8068Dh : adresse de la bitmap écran (5 quartets) ;
- en #80695h : adresse de la bitmap menu (5 quartets) ;
- en #80692h pour la marge à droite (3 quartets) ;
- en #8069Ah pour la hauteur de séparation (2 quartets).

Vsync

Cette valeur ne peut être que lue et est codée sur 6 bits en #128h. Elle indique le numéro de la ligne de la bitmap écran en cours d'affichage et est décroissante (la valeur maximale est conditionnée par le nombre de lignes de la bitmap-écran : elle est de #3Fh [63] si la bitmap comporte 64 lignes [pas de barre des menus]). Une mesure montre que le rafraîchissement complet de l'écran se fait en 1/64ème de seconde.

On peut utiliser cet indicateur pour réaliser des scrolls fluides (on ne déplace l'écran que lorsque c'est la bitmap des menus qui est en cours de rafraîchissement : on attend le passage de VSYNC à 0 (rafraîchissement de la dernière ligne de la bitmap écran), on attend encore 1/(64*64) seconde (temps de rafraîchissement de la ligne 0) et on peut effectuer le scroll). Cette méthode n'est bien sûr pas valable si aucune bitmap de menu n'est affichée... .

Cntrl Rom

Le bit 3 de #129h contrôle le comportement de la mémoire morte de la HP48. Si ce bit est à 0, on peut accéder aux 512 Ko de Rom. Si il est à 1, les 256 premiers Ko se trouvent dupliqués en #80000h. Ce mode est utilisé pour la compatibilité avec les HP48 S et SX qui ne comportaient que 256 Ko de Rom (#00000h-#7FFFFh, dupliqués en #80000h-#FFFFFh).

Contrôle horloge 1

Le quartet #0012Eh permet le contrôle de l'horloge 1 (voir ci-dessous). Les rôles des différents bits sont les suivants :

Bit n°	Rôle
0	
1	à 1 : Le passage à zéro provoquera une interruption
2	à 1 : Le passage à zéro réveillera la machine (sortie de SHUTDOWN)
3	à 1 : L'horloge 1 nécessite un traitement (une interruption vient d'avoir lieu : ce bit est utilisé par le gestionnaire d'interruptions)

Contrôle horloge 2

Le quartet #0012Fh permet le contrôle de l'horloge 2 (voir ci-dessous). Les rôles des différents bits sont les suivants :

Bit n°	Rôle
0	à 1 : Horloge active. Attention : ce bit est vérifié lors des interruptions, le mettre à zéro provoque un arrêt système (car le seul cas où l'horloge 2 est arrêtée est celui du mode coma : en sortie de ce mode, il y a reconfiguration de la machine).
1	à 1 : Le passage à zéro provoquera une interruption
2	à 1 : Le passage à zéro réveillera la machine (sortie de SHUTDOWN)
3	à 1 : L'horloge 2 nécessite un traitement (une interruption vient d'avoir lieu : ce bit est utilisé par le gestionnaire d'interruptions)

Horloge 1

Ce quartet en #137h est une horloge dont la valeur, en seizièmes de seconde, va en décroissant de #Fh à #0h et qui est utilisée par la machine lors des tests claviers. Il convient en effet de détecter qu'une touche a été relâchée (ce qui ne provoque pas d'interruptions) pour pouvoir valider deux appuis successifs sur la même touche...

Horloge 2

Dernière zone de la Ram des entrées-sorties : l'horloge. Sa valeur, en 8192èmes de seconde, est stockée sur 8 quartets et va décroissant de #FFFFFFFFh à #00000000h.

La HP48 n'utilise pas la totalité de cette plage de valeurs :

- Lorsque l'affichage de l'heure est validé, la calculatrice n'utilise que la plage correspondant à un intervalle d'une seconde. Les valeurs de ces 8 quartets vont donc de #00001FFFh à #00000000h (soit 8192 8192èmes de seconde) ;

- Si l'affichage n'est pas validé et si une alarme doit avoir lieu dans l'heure qui suit, c'est le nombre de 8192èmes de seconde avant cette alarme qui constitue la valeur de l'horloge ;

- Sinon la plage de valeurs utilisée est 0 à 1 heure (soit #01C20000h à #00000000h), avec remise à 1 heure dès l'appui de touche en mode interactif.

Cette utilisation s'explique par le fait que le passage de l'horloge par la valeur # 00000000h provoque une interruption utilisable par la machine...

Le gestionnaire de bancs

Comme nous l'avons déjà vu, la HP48 GX est capable de gérer des cartes de capacité supérieure à 128 Ko en port 2. Ces cartes sont divisées en bancs de 128 Ko (2 bancs pour une carte 256 Ko, 4 pour une carte 512 Ko, 8 pour une carte 1 Mo, 16 pour une 2 Mo et 32 pour une 4 Mo), un seul banc étant visible à un instant donné.

En fait, une telle carte se comporte comme plusieurs cartes 128 Ko dans un seul boîtier, la sélection de telle ou telle carte se faisant de manière purement logicielle.

Pour choisir le banc auquel elle désire avoir accès, la HP48 utilise un module particulier, le gestionnaire de bancs (qui en terme de priorité vient au troisième rang, après la ram I/O et la mémoire vive interne). Celui-ci est en général configuré à l'adresse #7F000h, pour une taille de #1000h quartets.

Bien qu'il ait une taille théorique de 2 Ko, seuls les 128 premiers quartets sont utilisés (ceci étant dû aux limitations des gestionnaires de modules qui ne peuvent être configurés en taille que par pas de 2 Ko).

Pour sélectionner le banc n (n allant de 0 à 31) de la carte en port 2, il suffit d'effectuer un simple accès en lecture (par une instruction du type A=DAT0 B) aux deux quartets situés à l'adresse :

$$\#7F040h + 2 * n$$

Soit une lecture en #7F040h pour accéder au premier banc (banc n° 0), #7F042h pour le deuxième... #7F07E pour le dernier (s'il existe).

Il semble logique de penser que les 64 premiers quartets (#7F000h à #7F003Fh inclus) peuvent être utilisés pour réaliser une sélection de banc pour une carte en port 1. Cependant la rom de la HP48 ne contient aucun programme capable de gérer une carte de capacité supérieure à 128 Ko en port 1...

On a donc, en résumé, la structure décrite par le tableau de la page suivante.

#7F000h	Accès banc 0 du port 1 (?)	2 quartets
#7F002h	Accès banc 1 du port 1 (?)	2 quartets
#7F004h	Accès banc 2 du port 1 (?)	2 quartets
#7F03Eh	Accès banc 31 du port 1 (?)	2 quartets
#7F040h	Accès banc 0 du port 2	2 quartets
#7F042h	Accès banc 1 du port 2	2 quartets
#7F044h	Accès banc 2 du port 2	2 quartets
#7F07Eh	Accès banc 31 du port 2	2 quartets
#7F080h		

Voici un exemple de sous-programme copiant le banc 0 d'une carte en port 2 sur le banc 3 de cette même carte (attention : ce programme ne fonctionnera que sur une HP48 GX munie d'une carte de capacité supérieure ou égale à 512 Ko, non protégée en écriture et sans carte en port 1) :

```
        GOSBVL   DISINTR  ; Pas d'interruption !
        LCHEX(5) #04000   ; 16 * #4000h qu. à transférer
        B=C      A
        D0=(5)   #C0000   ; Adresse de début du transfert

L1      D1=(5)   #7F040   ; Adresse sélection banc 0
        A=DAT1   B        ; On sélectionne le banc 0

        ?B=0     A        ; A t'on terminé le transfert ?
        GOYES    FIN      ; Si oui -> fin

        C=DAT0   W        ; On lit 16 quartets en banc 0

        D1=(5)   #7F046   ; Adresse sélection banc 3
        A=DAT1   B        ; On sélectionne le banc 3

        DAT0=C   W        ; On écrit 16 quartets

        B=B-1    A        ; 16 quartets de moins…
        D0=D0+   16

        GOTO L1           ; On itère…

FIN     GOSBVL ALLINTR    ; Interruptions autorisées
        RTN
```

Remarque : le programme de la page précédente n'effectue aucune sauvegarde des registres de travail de la HP48 et ne peut donc être utilisé tel quel, mais doit être englobé dans un programme plus complet (par exemple dans un objet CODE débutant par un appel à SAVE_REG, suivi par un appel à ce programme, lui-même suivi par un appel à LOAD_REG et un retour au RPL).

De plus il conviendrait de l'améliorer pour prendre en compte la présence d'une carte en port 1 (si elle est présente, il conviendrait de la déconfigurer) et une vérification du nombre de bancs de la carte en port 2.

Ces modifications peuvent se faire de manière assez aisée en utilisant la table de configuration située en ram réservée (voir le chapitre suivant).

La mémoire vive

La mémoire de la HP48 est divisée en plusieurs zones ayant chacune un rôle distinct. Avant de nous pencher en détail sur chacune de ces zones, en voici l'organisation globale :

#80000h	Ram réservée	
(#806D0h)	GROBS écran	
(#806E9h)	Objets temporaires	
(#806EEh)	Return Stack	
B	Mémoire libre	D*5 quartets
D1	Pile	(#8081Dh) qu.
(#806FDh)	Ligne de commande	48 quartets min.
(#80702h)	Pile d'undo et variables locales	
(#80707h)	Données boucles internes	
(#8070Ch)	Temporary environment	78 quartets
(#80711h)	Variables utilisateur (HOME dir)	
(#80716h)	Sauvegardes en port 0	
(#807E8h)		

Toutes ces zones, sauf la mémoire réservée, sont situées à des adresses variables. Ces adresses sont stockées dans la mémoire réservée (ainsi que dans certains registres du microprocesseur).

Pour cette visite guidée de la mémoire vive, nous allons donc détailler la mémoire réservée, et à l'occasion de la description des différents contenus, nous étudierons les zones mémoire correspondantes...

Adresse	Champ		Taille
#80000h	CMOS word		5 quartets
#80005h	Taille actuelle ram interne		5 quartets
#8000Ah	Taille normale ram interne		5 quartets
#8000Fh	Base de l'adresse fin ram interne		1 quartet
#80010h	Type		1 quartet
#80011h	Date	WSLOG 1	13 quartets
#8001Eh	CRC		4 quartets
#80022h	Type		1 quartet
#80023h	Date	WSLOG 2	13 quartets
#80030h	CRC		4 quartets
#80034h	Type		1 quartet
#80035h	Date	WSLOG 3	13 quartets
#80042h	CRC		4 quartets
#80046h	Type		1 quartet
#80047h	Date	WSLOG 4	13 quartets
#80054h	CRC		4 quartets
#80058h	Valeur	Offset	13 quartets
#80065h	CRC	d'horloge	4 quartets
#80069h	Prochaine extinction automatique		13 quartets
#80076h	Drapeau extinction automatique		1 quartet
#80077h	Drapeau pour le mode "coma"		1 quartet
#80078h	Auto-test start time		13 quartets

CMOS word

Les 5 premiers quartets de la mémoire vive sont toujours à la valeur #A5C3Fh. Il s'agit d'un mot de vérification de la validité du contenu de la mémoire : si la mémoire est corrompue (par exemple dans le cas d'une absence d'alimentation électrique trop longue), ces quartets ont en effet toutes les chances de perdre leur valeur standard, ce qui est une bonne indication de corruption potentielle du reste de la ram…

Lorsqu'on essaye de changer ces valeurs, on obtient un arrêt-système (car le gestionnaire d'interruptions vérifie ces quartets).

Taille actuelle de la ram interne

La HP48 GX a souvent recours à une reconfiguration en taille de la ram interne pour accéder à la mémoire morte cachée. Lors de ces reconfiguration, sont mis à jour les 5 quartets en #80005h qui contiennent la taille de la carte en complément. En standard on a donc :

- #F0000h pour la HP48 G (ce qui correspond à une taille de #10000h, soient 32 Ko) ;
- #C0000h pour la HP48 GX (ce qui correspond à une taille de #40000h, soient 128 Ko).

Taille normale de la ram interne

Ces 5 quartets en #8000Ah contiennent la taille réelle de la ram interne en complément. Ils sont utilisés pour reconfigurer la ram interne à sa taille normale de manière rapide.

Les valeurs que l'on y trouve sont les mêmes que les valeurs standards des 5 quartets en #80005 (taille actuelle de la ram interne).

Base de l'adresse de fin de ram interne

Ce quartet (#8000Fh) contient le quartet de poids fort de l'adresse suivant la fin de la ram interne. En standard on trouve donc :

- #9h pour la HP48 G (puisque la ram interne de 32 Ko occupe l'espace #80000h à #8FFFFh) ;

- #Ch pour la HP48 GX (puisque la ram interne de 128 Ko occupe l'espace #80000h à #BFFFFh).

WSLOG 1, 2, 3 et 4

En #80010h, #80022h, #80034h et #80046h sont stockées les informations que renvoie la commande WSLOG.

Cette commande (non documentée dans les manuels livrés avec la HP48) place dans la pile 4 chaînes de caractères contenant les causes, les date et les heures des quatre derniers démarrages à chaud de la machine.

Les causes possibles sont représentées par un code allant de #0h à #Fh suivant la correspondance présentée dans le tableau de la page suivante.

C'est le premier quartet de la zone qui contient ce code (respectivement #80010h, #80022h, #80034h et #80046h).

On trouve ensuite la date à laquelle s'est produit le problème, codée sur 13 quartets (respectivement #80011h, #80023h, #80035h et #80047h), en 8192ème de seconde depuis le premier janvier de l'an 1 !

Enfin, sur 4 quartets, on trouve un checksum permettant de vérifier l'intégrité de la donnée. Ce checksum est calculé sur les 14 quartets précédents.

Ce checksum est plus exactement appelé code de redondance cyclique. Il est calculé en considérant que les bits des quartets de données sont les coefficients d'un polynôme que l'on divise par le polynôme de degré 16 $x^{16}+x^{12}+x^5+1$.

Le reste de cette division (un polynôme de degré 15 au plus dont les coefficients sont 0 ou 1) peut être stocké sur 4 quartets (16 bits). Ces quatre quartets constituent la somme de contrôle recherché…

Dans le cas de la HP48, le calcul est effectué par un circuit électronique dont l'accès se fait par la Ram des entrées-sorties (voir le chapitre 6).

Les programme CRC et CRCLM de la bibliothèque de programmes, réalisent le même calcul de manière purement logicielle…

Code	Signification
0	Allumage de la machine alors que celle-ci était en mode COMA (mise en mode coma par ON-SPC).
1	Batteries très faibles.
2	Problème hardware durant une transmission infra rouge.
3	La machine a effectué un redémarrage (exécution du programme en #00000h).
4	L'offset d'horloge (contrôlé par CRC) a été corrompu.
5	Changement dans les données d'une carte de manière non contrôlée.
6	Non utilisé.
7	Le mot de vérification (sur 5 quartets) en Ram ne correspond plus à l'état de la mémoire (la Ram est peut-être corrompue). Il s'agit des 5 quartets en #80000h (CMOS word)
8	Une anomalie a été détectée lors de la configuration d'un des 5 modules (l'un d'entre eux n'est pas configuré ou ne correspond pas à un module valide). Ces 5 modules sont la ram I/O, la ram interne, le gestionnaire de banc, la carte en port 1 et la carte en port 2.
9	Liste d'alarmes corrompue (le CRC n'est plus valide).
A	Non utilisé.
B	Module retiré.
C	Reset système (par le bouton de reset situé sous un des pieds de la machine par exemple).
D	Un gestionnaire d'erreurs RPL est introuvable.
E	Table de configuration corrompue.
F	Carte Ram retirée.

Tableau de codage de WSLOG

Offset d'horloge

On trouve en #80058h l'offset d'horloge codé sur 13 quartets et suivi de son CRC (en #80065h).

Là encore l'offset correspond à une durée (en $8192^{\text{ème}}$ de secondes) écoulée depuis la naissance du Christ.

Prochaine extinction automatique

Ces 13 quartets en #80069h indiquent l'heure à laquelle doit se produire la prochaine extinction automatique de la machine : il s'agit d'une alarme traitée de la même manière que celles définies par l'utilisateur.

Cette valeur n'est pas contrôlée par CRC car elle est peu importante...

Remarque : ces 13 quartets sont mis à zéro pendant l'exécution de programmes-utilisateur (la HP48 ne doit pas s'éteindre pendant une telle exécution). C'est pourquoi une lecture de cette zone grâce à la commande PEEK (bibliothèque de programmes) renverra toujours une suite de 13 quartets nuls.

Drapeau pour l'extinction automatique

Lorsque l'alarme précédente a lieu, le gestionnaire d'interruptions met le quartet en #80076h à zéro pour indiquer au gestionnaire RPL que la machine doit s'éteindre (le gestionnaire RPL appelle alors la routine d'extinction).

Ce n'est donc pas le gestionnaire d'interruptions qui s'occupe d'éteindre la HP48.

Drapeau pour le mode coma

Ce drapeau (#80077h) est mis à 0 en cas de passage en mode coma (quartet utilisé par le gestionnaire d'interruptions pour savoir avec quelle fréquence il convient de tester l'état des batteries : en mode coma on les teste moins souvent pour éviter de consommer de l'énergie inutilement, puisque, par définition, le mode coma a pour principal intérêt d'économiser les piles).

Autotest start & fail time

Les deux zones de 13 quartets en #80078h et #80085h sont utilisées lors de l'auto-test (ON-D) pour stocker respectivement les temps de début du test et d'échec (si un échec a lieu).

Comme ces deux valeurs ne sont que peu importantes, elles ne sont pas validées par un CRC.

#80085h	Auto-test fail time	13 quartets
#80092h	Préparation affichage	44 quartets
#800BEh		35 quartets
#800E1h	Cartes enfichées (bits 0 et 1)	1 quartet
#800E2h		4 quartets
#800E6h	Sauvegarde #8065Ah (Dis. On-x)	1 quartet
#800E7h	Sauvegarde ST(15)	1 quartet
#800E8h		13 quartets
#800F5h	Zone de transfert	532 quartets
#80309h	Transferts : quartets restants	5 quartets
#8030Eh		12 quartets
#80319h	Données Buffer	512 quartets
#80519h	BufLen	2 quartets
#8051Bh	BufFull d'entrée	1 quartet
#8051Ch	BufStart	2 quartets
#8051Eh	État de la prise	1 quartet
#8051Fh	Demandé	1 quartet
#80520h	Parité RS232c	1 quartet
#80521h		2 quartet
#80523h	Tempo #110h	1 quartet
#80524h	Calcul conftab carte en port 1	2 quartets
#80526h	Calcul conftab carte en port 2	2 quartets

Préparation affichage

Les 44 quartets en #80092h servent à préparer les affichages de certains messages d'erreurs (par exemple : "Invalid Card Data"). Cette zone peut contenir jusqu'à 22 caractères...

En utilisation normale, la HP48 n'utilise pas ces 44 quartets (ni les deux zones précédentes, auto-test start / fail time) et le programmeur en langage-machine peut donc les utiliser comme zone de sauvegarde de données.

Le programme ARKA de la bibliothèque de programme utilise cette technique pour conserver le score courant du joueur (ce qui permet de ne pas occuper un des registres du Saturn pour contenir une valeur utilisée peu souvent).

Cartes enfichées (HP48 GX)

Ce quartet reprend les données lisibles dans la Ram des entrées sorties à l'adresse #0010Fh.

Les bits 0 et 1 de #800E1h indiquent la présence ou l'absence de carte en port 1 et 2.

Si bit est à un, cela signifie que la carte correspondante est présente, à zéro qu'elle est absente.

Le bit 2 (respectivement 3) est à 1 si la carte en port 1 (respectivement en port 2) est en écriture autorisée.

En résumé, on a le tableau suivant :

Bit 3	Bit 2	Bit 1	Bit 0
2 : Écriture ok	1 : Écriture ok	2 : Carte prés.	1 : Carte prés.

Par exemple, si le quartet #800E1h vaut #Bh (en binaire : #1011b) cela signifie :

- Qu'une carte est présente en port 1 puisque le bit 0 est à 1 ;

- Qu'une carte est présente en port 2 puisque le bit 1 est à 1 ;

- Que la carte en port 1 est protégée contre l'écriture puisque le bit 2 est à 0 ;

- Que la carte en port 2 n'est pas protégée contre l'écriture puisque le bit 3 est à 1.

Ce quartet est utilisé par le gestionnaire d'interruptions pour vérifier qu'aucun changement n'a eu lieu dans la configuration des cartes enfichées.

Si la valeur du quartet n'est plus égale à la valeur lue en #0010Fh, cela signifie qu'un tel changement a eu lieu et un arrêt système sera déclenché pour remettre à jour les différents pointeurs système.

Sauvegarde #80650h (Dis. On-x)

Comme nous le verrons plus loin, le quartet #80650h permet d'inhiber certaines séquences ON-x (par exemple ON-C, ON-D…).

Lors des transferts de données entre la rom cachée ou la carte en port 2 et la mémoire centrale, de telles séquences (ainsi que les interruptions) doivent être interdites et le quartet #80650h est alors modifié.

Le quartet #800E6h sert à sauvegarder l'ancienne valeur de #80650h, de manière à pouvoir la restaurer en fin de transfert.

Sauvegarde ST(15)

Le bit 15 du registre ST permet d'interdire les interruptions. Comme nous venons de le voir, celles-ci ne doivent pas avoir lieu lors de certains transferts de données et ST(15) est alors modifié en conséquence.

Le quartet #800E7h sert à sauvegarder l'ancienne valeur de ce bit, de manière à pouvoir la restaurer en fin de transfert.

Zone de transfert

Les 532 quartets en #800F5h servent de buffer lors du transfert de données entre la ram et la carte en port 2 ou la rom cachée.

En effet, l'accès à ces données peut conduire à reconfigurer les différents modules, en ne laissant pas accès à la totalité de la mémoire vive.

De ce fait le transfert se fait par blocs en utilisant ce buffer. Les différentes étapes de ce transfert sont les suivantes :

1. Interdiction des interruptions avec sauvegarde de leur état actuel en #800E6h et #800E7h (voir plus haut) ;

2. Reconfiguration de la mémoire pour avoir accès aux données cachées. S'il est nécessaire de déplacer la ram interne, celle-ci est reconfigurée en #C0000h à une taille de 32 Ko ;

3. Copie de l'objet décaché dans la zone de transferts ;

4. Reconfiguration de la mémoire dans son état standard ;

5. Copie de l'objet en mémoire vive (dans la ram des objets temporaires) ;

6. Restauration de l'état initial des interruptions.

Si l'objet est trop important pour être contenu dans la zone de transfert, on itèrera plusieurs fois les étapes 2 à 5.

Remarque : cette zone peut être utilisée au sein de programmes assembleurs comme zone de stockage temporaires de données (elle n'est utilisée que dans le cas de l'évaluation d'un XLIB Name).

Transfert : quartets restants

Lors des transferts précédemment évoqués, le nombre de quartets à déplacer peut dépasser la taille du buffer : le transfert se fera en plusieurs étapes.

Dans ce cas, les 5 quartets en #80309h servent à stocker le nombre de quartets restant à transférer.

Buffer RS232c

Le buffer de la prise RS232c sert à stocker les données en provenance de l'extérieur et devant être traitées. Il est constitué :

- d'une zone de données de 512 quartets, soient 256 caractères, qui débute en #80319h;

- d'un pointeur de début, BufStart (2 quartets en #80519h), qui indique le numéro du premier caractère contenu (son adresse est donc #80319h + 2 * BufStart) ;

- d'un compteur de caractères présents, BufLen (2 quartets en #8051Ch). Le dernier caractère reçu se trouve donc en #80319h + 2 * BufStart + 2 * BufLen -2, le prochain reçu sera stocké en #80319h + 2 * BufStart + 2 * BufLen) ;
- BufFull en #8051Bh, est utilisé pour signaler un dépassement de capacité (buffer plein). Ce quartet vaut 0 si le buffer n'est pas plein, 8 si des informations ont été perdues ;
- État (#8051Eh) sert à stocker l'état de la transmission :
    - bit 0 : on a émis un XOFF ;
    - bit 1 : on est en protocole RECV ;
    - bit 2 : à 1 signifie que le dernier caractère de contrôle reçu était un XOFF, un XON sinon ;
    - bit 3 : on est en protocole XMIT ;
- Demandé sert à stocker le type d'action à entreprendre. Par exemple lorsque le buffer est presque plein, il conviendra d'émettre un XOFF (bit 3 de #8051Fh) ;
- Parité (#80520h) sert au stockage du type de parité :

Bit 3	Bit 2	Bit 1	Bit 0	Parité
0	0	0	0	None
1	1	0	0	odd
1	1	0	1	even
1	1	1	0	spc
1	1	1	1	mark

- enfin, le quartet en #80523h sert de stockage temporaire pour la valeur du quartet #110h (contrôle RS232c).

Ce buffer peut donc se représenter par le schéma ci-contre.

Remarque : La partie grisée représente la zone contenant des données (contrairement au buffer clavier, les cases mémoire n'ont pas été représentées de manière à ce que le dessin reste lisible).

Calcul conftab cartes en ports 1 et 2

Les deux zones de 2 quartets en #80524h et #80526h servent de zones de stockage temporaire lors du calcul de la table de configuration (les 11 quartets en #8052Bh).

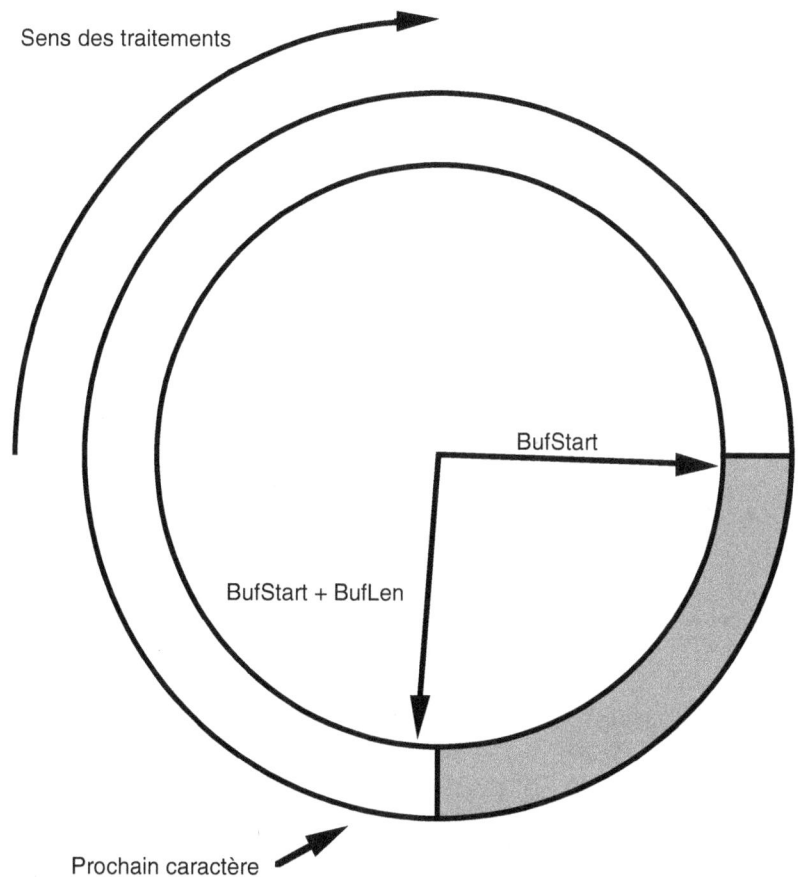

Le buffer RS232c de la HP48

Adresse	Description		Taille
#80528h			3 quartets
#8052Bh	CRC de la table de configuration		4 quartets
#8052Fh	Drapeaux	Informations	1 quartet
#80530h	Taille	carte 1	1 quartet
#80531h	Drapeaux	Informations	1 quartet
#80532h	Taille	sur la carte	1 quartet
#80533h	Nbr de bancs	en port 2	2 quartets
#80535h	Occupation #C0000h-#FFFFFh		1 quartet
#80536h	Fin zone backup en port 0		5 quartets
#8053Bh	Fin zone backup en port 1		5 quartets
#80540h	Fin zone backup en port 2 / banc 1		5 quartets
#80545h	Fin zone backup en port 2 / banc 2		5 quartets
#805D6h	Fin zone backup en port 2 / banc 31		5 quartets
#805DBh	Sauvegardes pour les interruptions		103 quartets
#80642h	Masque de sortie pour test clavier		3 quartets
#80645h	Contenu de la bitmap menus (?)		5 quartets
#8064Ah	Adresse graphique PICT (?)		5 quartets
#8064Fh			6 quartets
#80655h	Vitesse machine		5 quartets
#8065Ah	Disable [ON]-[C/D/E/SPC]		1 quartet
#8065Bh	Disable keyboard		1 quartet

Table de configuration

Les 11 quartets en #8052Bh constituent une table de configuration décrivant l'état des cartes enfichées dans la machine.

Les 4 premiers quartets de cette table constituent une somme de contrôle pour les 7 autres quartets (une zone de 2 quartets pour la carte en port 1, une de 4 quartets pour la carte en port 2 et un quartet décrivant l'occupation de la zone #C0000h-#FFFFFh).

Cette somme de contrôle ne se calcule pas directement par la formule du CRC. Ce calcul est réalisé par une routine en langage-machine située en #09B73h (qui renvoie la somme de contrôle dans le champ A de C)

Ce calcul est en effet réalisé en prenant #FFFFh comme valeur initiale du CRC en lieu et place de #0000h. Le programme CRC de la bibliothèque de programme peut donc être facilement modifié pour calculer la somme de contrôle de la table de configuration : il suffit de remplacer la valeur #0h (deuxième ligne du programme) par #FFFFh...

Informations sur la carte en port 1

Les deux quartets en #8052Fh contiennent la configuration de la carte en port 1 :

- le premier quartet décrit l'usage de la carte :

Bit 3	Bit 2	Bit 1	Bit 0
Carte présente	Écriture ok	Carte "mergée"	Inutilisé

- le second indique la taille du module :
    - 0 si aucune carte n'est présente ;
    - 1 pour une carte de 32 Ko ;
    - 2 pour une carte de 128 Ko.

Informations sur la carte en port 2

Les quatre quartets en #80531h contiennent la configuration de la carte en port 2 :

- le premier quartet décrit l'usage de la carte (comme pour la carte en port 1, sauf pour MERGE bien entendu) ;

- le deuxième indique la taille du module (comme précédemment) ;
- les deux quartets suivants contiennent le nombre de bancs de la carte en port 2 :
    - 0 si aucune carte n'est enfichée ;
    - 1 pour une carte 32 ou 128 Ko ;
    - 2 pour une carte 256 Ko ;
    - 4 pour une carte 512 Ko et ainsi de suite…

Occupation #C0000h-#FFFFFh

Ce quartet (en #80535h) est calculé à partir des indications de taille des deux cartes (#80530h et #80532h). Il est égal à :

- #Fh si aucune carte n'est présente ;
- 4 fois le quartet en #80532h plus le quartet en #80530h, sinon.

Ce qui donne en résumé :

Carte 1	Carte 2	Quartet #80535h
absente	absente	#Fh
absente	32 Ko	#4h
absente	128 Ko	#8h
32 Ko	absente	#1h
32 Ko	32 Ko	#5h
32 Ko	128 Ko	#9h
128 Ko	absente	#2h
128 Ko	32 Ko	#6h
128 Ko	128 Ko	#Ah

Ceci permet à la HP48 de déterminer rapidement quelles séquences de déconfigurations / configurations doivent être effectuées pour accéder aux informations cachées (rom sous les modules, carte en port 2…).

Fins de backup (Ram interne, port 1 et 2)

Les 33 groupes de 5 quartets situés en #8053Bh, #80540h, #80545h… contiennent respectivement les adresses de fin des différentes zones de backup (ram interne, carte en port 1, banc 1 de la carte en port 2…).

Il semble y avoir un problème avec cette gestion des cartes puisque seules 31 fins de zones backup sont utilisables pour la carte en port 2 (alors qu'une carte 4 Mo comporte 32 bancs).

Il est possible qu'une nouvelle version de HP48 GX, où ce problème sera corrigé, voit le jour. Cette version pourrait donc comporter une zone de 5 quartets supplémentaires, ce qui décalerait d'autant la suite de la ram réservée. Ce décalage devrait être pris en compte pour corriger les adresses citées plus avant, ainsi que les programmes qui les utilisent.

Remarque : pour déterminer l'adresse de fin des fins de backup de votre HP48, il suffit de taper la séquence #64h #4h PEEK qui renverra les 4 quartets de poids faible de cette adresse ("BD50", soit #05DBh, dans les versions actuelles de la HP48 G/GX).

A noter que si une carte est mergée, la fin de sa zone de backup se confond avec la fin de la zone de backup en mémoire interne.

Le programme BFREE de la bibliothèque de programmes utilise ces adresses pour calculer l'espace disponible dans une carte, ce qui lui permet de déterminer l'espace libre même si la carte est protégée en écriture (contrairement à la fonction PVAR).

Attention : dans le cas de cartes Rom (qui sont reconnues par la HP48 GX comme des cartes Ram protégées en écriture), la valeur renvoyée peut être fausse si les données contenues dans la carte ne correspondent pas aux techniques "normales" de stockage en carte BACKUP.

En particulier, des données peuvent se trouver dans la zone mémoire située après la fin théorique d'utilisation de la carte…

Sauvegardes pour les interruptions

La zone de 103 quartets située en #805DBh est utilisée par le système lors des interruptions pour la sauvegarde temporaire du contenu des registres.

Les interruptions (détournement de l'exécution des programmes vers un programme spécial) sont utilisées par la HP48 pour le traitement du clavier, de la prise RS232c, de l'horloge…

Masque de sortie pour le test clavier

Lorsqu'on utilise l'instruction OUT=C pour tester les touches du clavier, il convient d'écrire la valeur utilisée dans les trois quartets en #80642h. En effet, lorsqu'une interruption a lieu, le gestionnaire d'interruptions utilise lui aussi l'instruction OUT=C et restaure, en fin de traitement, le masque de sortie à l'aide de ces trois quartets.

Si l'on ne prend pas la précaution de faire cette sauvegarde et qu'une interruption a lieu entre les instructions OUT=C et C=IN (ou A=IN), les résultats obtenus seront faux…

Vitesse machine

Les 5 quartets en #80655h contiennent la vitesse de la machine en nombre de cycles par seizième de seconde. Pour obtenir la vitesse du microprocesseur il suffit donc de multiplier par seize la valeur lue à cette adresse.

Le programme ci-dessous calcule la vitesse de la machine (il utilise le programme APEEK de la bibliothèque de programmes) :

```
SPD (# DEB6h)
«
   # 80655h APEEK 16 * B→R 1_Hz →UNIT
»
```

Il suffit d'en inverser le résultat pour obtenir la durée d'un cycle (utile pour calculer le temps d'exécution d'un programme en langage-machine comme expliqué au chapitre 3).

Diminuer la valeur de ces 5 quartets conduit en particulier à rendre les sons plus aigus, ce qui peut laisser croire que la machine a été accélérée par programme, ce qui n'est, hélas, pas possible…

Disable [ON]-[C/D/E/SPC]

Le quartet en #8056Ah est utilisé pour inhiber les séquences de touches ON-C (arrêt-système), ON-D (auto test manuel), ON-E (auto-test automatique) et ON-SPC (passage en mode coma).

En effet, certaines opérations ne doivent pas être interrompues sous peine de laisser la mémoire dans un état corrompu : par exemple le stockage d'un objet dans une variable.

Si la valeur du quartet est nulle, les séquences de touches ci-dessus sont ignorées.

Attention : le gestionnaire RPL remet cet indicateur à #Fh et ce quartet n'est donc en utilisable qu'au sein de programmes en langage-machine ou en externals...

Disable keyboard

Le quartet en #8056Bh permet d'inhiber le clavier.

Pour ce faire il suffit d'y écrire une valeur non nulle (#Fh par exemple).

Remarques :

- ni la touche ON, ni les différents arrêts-systèmes ne sont inhibés ;
- inhiber le clavier n'interdit pas les interruptions liées à l'appui sur une touche mais empêche simplement l'exécution de la routine de traitement d'un tel appui (le code de la touche ne sera donc pas stocké dans le buffer clavier) ;
- ce quartet est remis à zéro lors du passage en mode interactif (en particulier en fin de programme).

#8065Ch	Key state		13 quartets
#80669h	KeyStart	Buffer du	1 quartet
#8066Ah	KeyEnd	Clavier	1 quartet
#8066Bh	Codes Touches		32 quartets
#8068Bh	Sauvegarde touche (READKEY)		2 quartets
#8068Dh	Sauveg. @ bit. ecr. (#00120h)		5 quartets
#80692h	Sauveg. marge droite (#00125h)		3 quartets
#80695h	Sauveg. @ bit. menu (#00130h)		5 quartets
#8069Ah	Sauveg. hauteur menu (#00128h)		2 quartets
#8069Ch			52 quartets
#806D0h	@ GROB du menu		5 quartets
#806D5h	@ GROB de la pile		5 quartets
#806DAh	@ GROB courant		5 quartets
#806DFh	@ GROB non visible		5 quartets
#806E4h	@ GROB graphique (PICT)		5 quartets
#806E9h	@ début des objets temporaires		5 quartets
#806EEh	@ fin des objets temporaires		5 quartets
#806F3h	@ début de mémoire libre (B)		5 quartets
#806F8h	@ fin de mémoire libre (D1)		5 quartets
#806FDh	@ ligne de commande		5 quartets
#80702h	@ pile d'undo et variables locales		5 quartets
#80707h	@ données boucles internes		5 quartets

Key state

Dans cette zone de 13 quartets en #8065Ch est enregistré l'état courant des 49 touches du clavier de la HP48, 1 bit par touche, le bit étant à 1 si la touche correspondante est enfoncée (au maximum : 3 touches simultanées)...

Cette table est mise à jour lors des interruptions qui ont en particulier lieu chaque fois qu'une touche du clavier est enfoncée (sauf si le quartet #8065Bh n'est pas à zéro, si le flag 15 de ST est à 0 ou si on est en mode INTOFF)...

La routine KSTATE (#008E6h) s'occupe de calculer la valeur courante de KEYSTATE (résultat dans les 13 quartets de poids faibles de A).

Le tableau de correspondance bit/touche est le suivant :

	Bit 3	Bit 2	Bit 1	Bit 0
#8065Ch	.	SPC	+	ON
#8065Dh	3	–	'	0
#8065Eh	➡	A	1	2
#8065Fh	4	5	6	×
#80660h	9	÷	←	MTH
#80661h	α	SIN	7	8
#80662h	+/–	EEX	DEL	←
#80663h	√x	y^x	1/x	ENTER
#80664h	↓	→	COS	TAN
#80665h	NXT	SIN	EVAL	←
#80666h	PRG	CST	VAR	↑
#80667h	C	D	E	F
#80668h				B

Codage de Keystate

Buffer clavier

Le buffer clavier comporte une zone de données de 32 quartets (16 codes de touches puisque chaque touche est codée sur deux quartets, voir la table de codage ci-contre).

Deux pointeurs sont utilisés pour repérer le contenu du buffer (c'est-à-dire les touche frappées mais non encore traitées) :

- KeyStart (#80669h) indiquant le numéro de la case contenant la première touche ;
- KeyEnd (#8066Ah) pointant sur la première case libre (là où sera enregistré le code de la prochaine touche entrée).

Les codes des touches à traiter sont donc contenus de #8066B+2*KeyStart à #8066B+2*KeyEnd, de manière cyclique (de la même manière que pour le buffer RS232 décrit plus haut) comme le montre le schéma ci-dessous (Dans ce schéma, KeyStart vaut 4 et KeyEnd 8) :

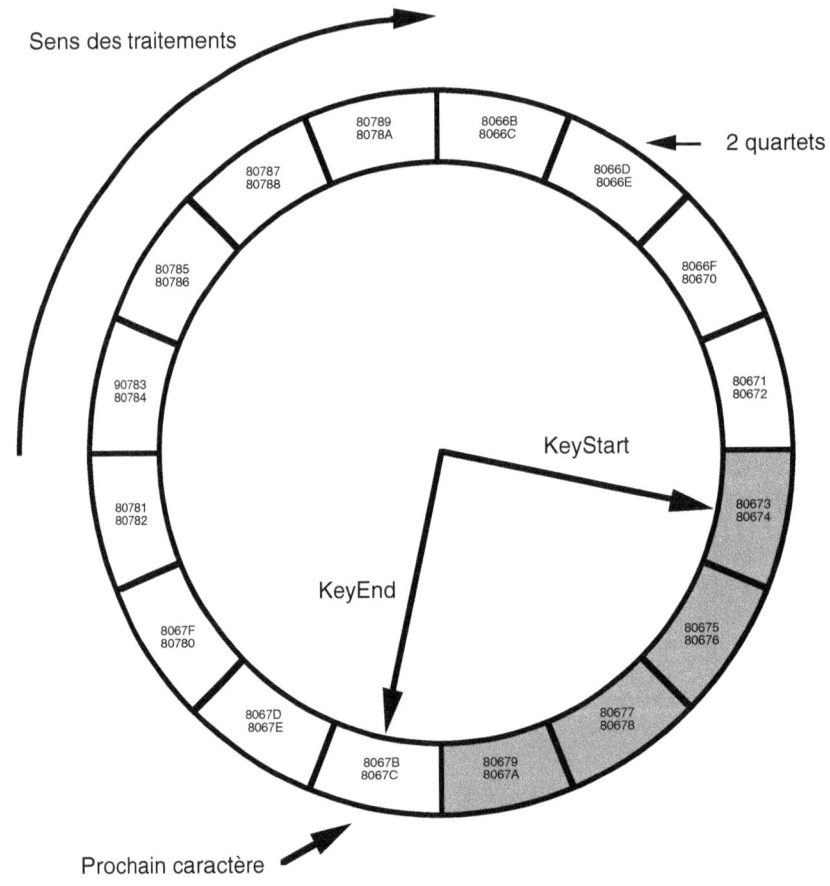

A	B	C	D	E	F
01	02	03	04	05	06
MTH	PRG	CST	VAR	↑	NXT
07	08	09	0A	0B	0C
'	STO	EVAL	←	↓	→
0D	0E	0F	10	11	12
SIN	COS	TAN	√x	y^x	1/x
13	14	15	16	17	18
ENTER		+/−	EEX	DEL	←
19		1A	1B	1C	1D
α	7	8	9		÷
80	1F	20	21		22
←	4	5	6		×
40	24	25	26		27
↱	1	2	3		−
C0	29	2A	2B		2C
ON	0	.	SPC		+
2D	2E	2F	30		31

Codes buffer des touches du clavier

Remarque : dans le cas de l'appui simultané d'une touche et d'un seul des trois modificateurs [↱], [↰] et [α], le code de touche placé dans le buffer clavier sera la somme des deux codes.

Sauvegarde touche (READKEY)

La routine READKEY (#04840h) prend une touche dans le buffer clavier et renvoie son code dans le champ B de C, mais le sauve aussi dans les deux quartets en #8068Bh.

Sauvegardes pointeurs écran

Dans le chapitre sur la Ram des entrées-sorties, nous avons vu que plusieurs zones étaient utilisées pour décrire l'afficheur de la HP48 (marge gauche, droite, hauteur du menu...), mais que certains de ces indicateurs ne pouvaient être qu'écrits. De ce fait, il est nécessaire de les stocker dans une zone-mémoire accessible, en l'occurrence en Ram réservée. C'est pourquoi nous trouvons stockées ici :

- en #8068Dh, la sauvegarde de l'adresse de la bitmap écran (écrite en #00120h) ;
- en #80692h, la sauvegarde de la marge à droite (écrite en #00125h) ;
- en #80695h, la sauvegarde de l'adresse de la bitmap du menu (écrite en #00130h) ;
- en #8069Ah, la sauvegarde de la hauteur de séparation entre l'écran et le menu (écrite en #00128h).

Ces différents paramètres sont donc toujours stockés aux deux endroits (Ram réservée et Ram des entrées-sorties) par les programmes de gestion d'écran de la HP48.

Adresses des objets graphiques

Les 5 adresses suivantes pointent sur les différents objets graphiques utilisés par la machine :

- En #806D0h se trouve l'adresse de l'objet graphique constituant la barre des menus ;
- En #806D5h se trouve l'adresse de l'objet graphique constituant la pile ;
- En #806DAh se trouve l'adresse de l'objet graphique courant (pile ou graphique) ;

- En #806DFh se trouve l'adresse de l'objet graphique non affiché (c'est-à-dire celui de la pile en mode graphique et PICT en mode visualisation de la pile) ;
- En #806E4h se trouve à l'adresse de l'objet PICT.

Ces objets sont stockés dans la zone des objets temporaires (voir ci-dessous).

Objets temporaires

On trouve ensuite les adresses de début (en #806E9h) et de fin (en #806EEh) de la zone des objets temporaires.

Cette zone est utilisée par la HP48 pour stocker les objets à faible durée de vie, c'est-à-dire tous les objets non stockés dans une variable utilisateur (objets de la pile, résultats intermédiaires utilisés par la machine, préparation d'affichage…). Chacun des objets présents dans cette zone est stocké de la manière suivante :

Drapeau (garbage collector)	1 quartet
Objet	l_z - 6 quartets
Longueur l_z de la zone	5 quartets

Cette zone a donc la structure :

(#806E9h)

00000	5 quartets
Drapeau	1 quartet
Objet	
Longueur	5 quartets
Drapeau	1 quartet
Objet	
Longueur	5 quartets

(#806EEh)

Lorsqu'on utilise la machine, ces objets s'accumulent dans la zone des objets temporaires. Il faut donc procéder de temps en temps à un nettoyage de manière à détruire les objets non utilisés.

Cette opération (qui se produit notamment lors de l'utilisation de la commande MEM) est réalisée par un programme nommé le "garbage collector" (que l'on peut appeler dans un programme en langage-machine par un GOSBVL en #0613Eh).

Lors de cette opération, la machine repère tous les objets utilisés (à partir des différentes adresses stockées en mémoire). Elle marque chacun de ces objets (dans la zone Drapeau de la structure ci-dessus). Après avoir parcouru chacun de ses pointeurs, la HP48 détruit les objets non marqués (qui ne sont donc pas utilisés).

Pile des retours

L'adresse de fin des objets temporaires (écrite en #806EEh) pointe aussi sur le début de la pile des retours du langage de la HP48. C'est dans cette zone que sont sauvegardées les adresses de retour lors de l'exécution récursive d'objets (programme dans un programme par exemple).

Il y a empilage de l'adresse de retour lorsqu'on rencontre le prologue de programme (#02D9Dh) et dépilage (qui permet un retour à l'adresse d'appel) lorsque l'on rencontre l'épilogue indiquant la fin de l'objet programme (#031B2h).

La fin de cette zone est pointée par le registre B (qui est sauvegardé en #806F3h en général). Elle présente donc l'aspect suivant :

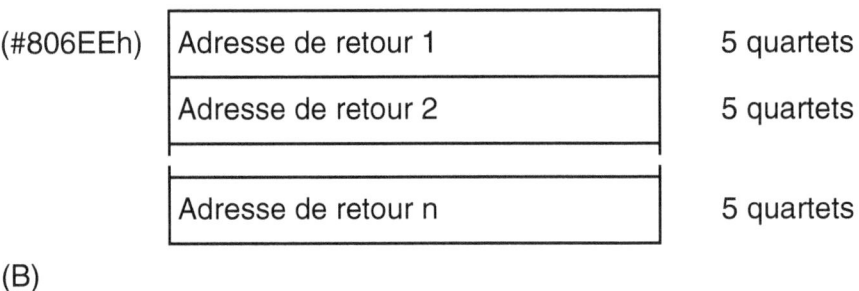

(#806EEh)

Adresse de retour 1	5 quartets
Adresse de retour 2	5 quartets
Adresse de retour n	5 quartets

(B)

L'adresse 1 étant la plus ancienne... Le registre B pointe sur la fin de cette zone et sur le début de la mémoire libre. Comme la routine de sauvegarde des registres utiles (SAVE_REG) sauve B en #806F3h, on trouve souvent la valeur de ce registre à cette adresse.

Mémoire libre

Elle est comprise entre l'adresse contenue dans B (fin de pile des retours) et l'adresse contenue dans D1 (premier étage de la pile, voir plus loin).

La taille de cette mémoire libre est stockée dans le registre D (champ A) en nombre de "cases de 5 quartets" (par exemple, si D champ A vaut #00100h, cela signifie que la zone de mémoire libre fait entre #00500h et #00504h quartets).

Cette indication en terme de "cases de 5 quartets" s'explique par le fait que la pile des retours et la pile-utilisateur (voir plus loin) utilisent des groupes de 5 quartets.

Il est donc facile de savoir s'il reste assez de mémoire libre pour étendre une de ces deux piles (ce qui est une opération très fréquente), puisqu'il suffit de tester si D (champ A) est non nul…

La pile utilisateur

De même que la valeur de B est sauvegardée en #806F3h, la valeur de D1, le pointeur de pile, est sauvegardée #806F8h.

La pile de la HP48 peut contenir n'importe quel objet. De manière interne la pile ne contient en fait que les adresses de ces objets (car les adresses ont une taille unique : 5 quartets). Le registre D1 pointe sur le premier étage de la pile, celle-ci se terminant à l'adresse stockée en #806FDh :

(D1)	Adresse de l'objet au niveau 1	5 quartets
	Adresse de l'objet au niveau 2	5 quartets
	Adresse du dernier objet	5 quartets
	00000	5 quartets

(#806FDh)

Pour connaître l'adresse d'un objet situé au niveau n, il suffit de prendre la valeur standard de D1 (sauvée en #806F8h par SAVE_REG), d'y ajouter (n-1)*5 (le premier objet est au niveau 1) et de lire 5 quartets à cette adresse.

En particulier, pour réaliser un SWAP (échange des objets aux niveaux 1 et 2), il suffit d'utiliser le programme assembleur suivant :

```
A=DAT1   A        * Adresse de l'objet 1
D1=D1+   5        * Passage au niveau 2
C=DAT1   A        * Adresse de l'objet 2
DAT1=A   A        * On écrit l'adresse de 1
D1=D1-   5        * Passage au niveau 1
DAT1=C   A        * On écrit l'adresse de 2
```

Attention : ce programme n'effectue aucune vérification sur le nombre des objets présents dans la pile...

Ligne de commande

La ligne de commande commençant à l'adresse contenue en #806FDh et se terminant à celle stockée en #80702h est la zone utilisée lors de l'édition de ligne de commande.

Cette zone contient les codes ASCII des caractères en cours d'édition et se termine par le caractère 00 (Null) qui sert de délimiteur de fin de ligne (ce qui explique l'impossibilité d'éditer des chaînes contenant ce caractère).

Elle comporte toujours au moins 23 caractères plus le caractère null, les caractères non existants étant remplis par des "nulls".

Remarque : les caractères sont stockés "à l'envers" comme le montre le schéma (dans le but de limiter la longueur de la zone mémoire à décaler lors de l'ajout d'un caractère) :

(#806FDh)	00	2 quartets
	Caractère n (n ≥ 23)	2 quartets
	Caractère n-1	2 quartets
	Caractère 2	
	Caractère 1	2 quartets

(#80702h)

La pile d'undo

La mémorisation du contenu de la pile (pile d'undo) et des variables locales se fait dans la même zone mémoire qui possède une structure par blocs :

(#80702h)	**Bloc 1**
	Bloc 2

	Dernier bloc (undo)
	00000

5 quartets

(#80707h)

Le dernier bloc concerne la mémorisation de la pile (UNDO), les autres contenant les différentes variables locales et leur contenu.

Le premier bloc contient les variables les plus récemment crées, l'avant-dernier les plus anciennes...

Chacun de ces blocs est sub-divisé en plusieurs champs, comme le montre le schéma suivant :

@		
	Longueur totale L	5 quartets
	Identificateur de bloc	5 quartets
	Adresse du premier nom local	5 quartets
	Adresse du premier contenu	5 quartets
	Adresse du dernier nom local	5 quartets
	Adresse du dernier contenu	5 quartets

@+L

Dans le cas d'un bloc de variables locales, l'identificateur de bloc vaut #00000h. Les adresses de noms locaux pointent sur des objets 'local name'. Les adresses de contenu pointent sur l'objet stocké dans la variable locale dont le nom précède.

Pour la pile d'undo, la structure est sensiblement la même (voir schéma ci-dessous).

L'identificateur de bloc vaut #00001h s'il n'y a pas de variables locales, #00002h sinon.

Pour des raisons d'homogénéité avec les blocs de variables locales, on trouve encore des pointeurs sur des noms locaux. Ces pointeurs valent tous #61D3Ah, adresse, en mémoire morte, du nom local vide (").

Le champ "nombre n d'éléments dans la pile" contient la profondeur de la pile (codée sur 5 quartets).

@		
	Longueur totale L	5 quartets
	Identificateur de bloc	5 quartets
	Adresse de " (#61D3Ah)	5 quartets
	Nombre n d'éléments dans la pile	5 quartets
	Adresse de " (#61D3Ah)	5 quartets
	Adresse de l'objet au niveau 1	5 quartets
	Adresse de " (#61D3Ah)	5 quartets
	Adresse de l'objet au niveau n	5 quartets
@+L		

La pile d'undo

Les champs restants contiennent les adresses des différents objets présents dans la pile d'undo…

Données boucles internes

La zone pointée par #80707h sert au stockage des valeurs d'index et de fin des boucles internes (externals START, #073F7h et NEXT, #07334h). Cette zone se décompose ainsi :

(#80707h)

Nombre n de boucles imbriquées	5 quartets
Paramètres boucle n	15 quartets
Paramètres boucle 1	15 quartets

(#8070Ch)

La boucle n étant la boucle la plus récemment crée. Chacune de ces zones de 15 quartets se décomposent en 3 blocs de 5 quartets chacunes :

00000	5 quartets
Valeur du compteur	5 quartets
Borne supérieure du compteur	5 quartets

#8070Ch	@ temporary environment		5 quartets
#80711h	@ home directory		5 quartets
#80716h	@ zone de sauvegarde (port 0)		5 quartets
#8071Bh	@ directory courant		5 quartets
#80720h	@ Stockage tempo ptr sur direct.		5 quartets
#80725h	@ userkeys		5 quartets
#8072Ah	@ alarmes		5 quartets
#8072Fh	@ objet à exécuter (D0)		5 quartets
#80734h	Zone de sauvegarde		5 quartets
#80739h	@ objet 1		5 quartets
#8073Eh	@ objet 2		5 quartets
#80743h	@ objet 3	Pile de LAST	5 quartets
#80748h	@ objet 4		5 quartets
#8074Dh	@ objet 5		5 quartets
#80752h	@ grand entier		5 quartets
#80757h			5 quartets
#8075Ch	@ Cmde 1	Pile des quatre	5 quartets
#80761h	@ Cmde 2	dernières	5 quartets
#80766h	@ Cmde 3	lignes de	5 quartets
#8076Bh	@ Cmde 4	commandes	5 quartets
#80770h			15 quartets
#8077Fh	@ Error message		5 quartets

Temporary environment

L'environnement temporaire (temporary environment) concerne la gestion des menus. Cette zone-mémoire contient les adresses nécessaires à l'affichage des touches de menu et à l'exécution des routines associées. Elle est structurée comme le montre le tableau ci-dessous :

Adresse	Contenu	Taille
(#8070Ch)	#07Ch	3 quartets
(#8070Ch)+3h	Adresse d'affichage 1	5 quartets
(#8070Ch)+8h	Adresse d'affichage 2	5 quartets
(#8070Ch)+Dh	Adresse d'affichage 3	5 quartets
(#8070Ch)+12h	Adresse d'affichage 4	5 quartets
(#8070Ch)+17h	Adresse d'affichage 5	5 quartets
(#8070Ch)+1Ch	Adresse d'affichage 6	5 quartets
(#8070Ch)+21h	Adresse d'affichage générique	5 quartets
(#8070Ch)+26h	Adresse d'exécution 1	5 quartets
(#8070Ch)+2Bh	Adresse d'exécution 2	5 quartets
(#8070Ch)+30h	Adresse d'exécution 3	5 quartets
(#8070Ch)+35h	Adresse d'exécution 4	5 quartets
(#8070Ch)+3Ah	Adresse d'exécution 5	5 quartets
(#8070Ch)+3Fh	Adresse d'exécution 6	5 quartets
(#8070Ch)+44h	Adresse d'exécution générique	5 quartets
(#8070Ch)+49h		

Les adresses d'affichage permettent à la HP48 de déterminer le texte à afficher au-dessus des touches ainsi que le texte à placer sur la ligne de commandes en mode PRG ou ALG.

Les adresses d'exécution permettent de retrouver l'adresse du programme associé à une de ces touches. Lorsqu' une touche de menu n'a pas de fonction associée, son nom est une chaîne vide (adresse #055DFh) et l'adresse de la routine d'exécution associée (#3FDD1h) est celle d'un programme émettant un petit "beep".

En plus de la gestion des 6 touches de menus, on trouve la gestion générique des touches du clavier, c'est-à-dire les adresses des programmes de gestions d'une touche quelconque, l'adresse d'affichage correspondant en standard à la liste vide en #55E9h et la routine d'exécution, à l'objet programme situé en #3F831h.

Home directory

L'adresse du "home directory", stockée en #80711h, est celle de l'objet "directory" constituant le répertoire principal (celui dans lequel on se trouve après un arrêt-système ou l'exécution de la commande HOME). Cet objet a été décrit en détail dans le chapitre sur les objets.

Zone de sauvegardes (port 0)

La HP48 permet d'effectuer des sauvegardes. Celles-ci peuvent être faites sur carte (pour la HP48 GX) mais aussi en mémoire interne (dans le port 0).

Cette zone de sauvegarde est organisée de la même manière, quel que soit le port utilisé. Dans le cas de la Ram interne (ou de la Ram interne et des cartes "mergées" dans le cas de la HP48 GX) on trouve l'adresse de début de cette zone en #80716h. Elle est constituée d'une suite d'objets "backup" (voir le chapitre sur les objets) :

(#80716h)	Objet Backup 1
	Objet Backup 2
	Dernier objet Backup
	00000 5 quartets

(#80536h)

Directory courant

En #8071Bh, est stocké le pointeur sur le répertoire courant, répertoire HOME, ou sous répertoire qui est lui aussi un objet de type "directory" (légèrement différent cependant de l'objet directory HOME, pour plus de détails voir le paragraphe XII du chapitre 4).

Stockage tempo ptr sur dir.

Les cinq quartets en #80720h servent au stockage temporaire de pointeurs sur répertoire. En général on y retrouve l'adresse du HOME directory.

Userkeys et alarmes

En #80725h et #8072Ah, on trouve respectivement les adresses des définitions de touches utilisateur et de la liste des alarmes.

Ces deux tables sont des variables comme celles créées par l'utilisateur et contenues dans un répertoire caché.

Il est en effet possible de "cacher" des objets contenus dans le répertoire utilisateur.

Le principe est simple : si lors du balayage du directory courant que la machine effectue pour déterminer les noms des objets de ce répertoire, elle rencontre un objet dont le nom est vide (' '), elle arrête sa recherche.

Pour cacher un objet, on peut donc soit lui donner le nom ' ' (c'est ce qui est fait pour le répertoire contenant les définitions de touches et la liste d'alarmes), soit le placer après un objet de nom vide. Dans ce second cas, l'objet reste exécutable mais n'apparaît pas comme touche de menu...

Le répertoire caché de la HP48 contient toujours les trois objets suivants :

- 'Alarms' qui contient la liste des alarmes ;

- 'UserKeys' qui contient la liste des définitions de touches USR ;

- 'UserKeys.CRC' qui contient la somme de contrôle de UserKeys (calculée par : UserKeys BYTES DROP).

Pour accéder à ce répertoire caché, il suffit de se placer dans le home-directory et de faire :

```
#15781h SYSEVAL
```

On se retrouve alors dans le directory caché, car ce syseval correspond à l'évaluation du nom vide (' ').

L'accès aux différents objets cachés est alors possible, mais il est fortement déconseillé de les détruire ou même de les modifier, sous peine de "Memory Lost" !

Pour revenir à la normale : exécuter HOME.

Objet à exécuter

#8072Fh sert de zone de sauvegarde du registre D0 et pointe donc sur le prochain objet devant être exécuté.

Pile de LAST

La pile de LAST (ARG) est une série de cinq adresses (stockées respectivement en #80739h, #8073Eh, #80743h, #80748h et #8074Dh) qui correspondent aux objets sauvés (c'est pourquoi le nombre maximal d'objets sauvés par LAST ARG est 5 bien que dans la plupart des cas seuls trois paramètres soient sauvés).

Si moins de 5 objets ont été sauvés, les autres adresses sont mises à la valeur #00000h.

Adresse grand entier

En #80752h, on trouve l'adresse d'un grand entier (184 chiffres).

Il s'agit probablement d'une table utilisée de manière interne par la HP48.

Cet entier est situé dans la Ram des objets temporaires.

Comme il s'agit du premier objet temporaire crée par la HP48, il est toujours le premier objet que l'on rencontre dans cette partie de la mémoire vive.

Pile des lignes de commandes

La pile de commande est constituée selon le même principe que la pile de LAST.

Elle comporte quatre adresses pointant sur des chaînes de caractères contenant ces lignes de commandes.

La plus récente est celle dont l'adresse est stockée en #8057Ch, la plus ancienne est #8076Bh.

Si moins de 4 lignes de commandes ont été sauvées, les adresses inutilisées sont mises à la valeur #00000h.

Adresse message d'erreur

En #8077Fh est stockée l'adresse de la chaîne de caractères contenant le dernier message d'erreur si celui-ci était un message défini par l'utilisateur (par "message" DOERR). Sinon cette adresse vaut #00000h.

#80784h	@ Application Display	5 quartets
#80789h	@ Application Keys	5 quartets
#8078Eh	@ Application Exit Condition	5 quartets
#80793h	@ Application error	5 quartets
#80798h		5 quartets
#8079Dh	Menu courant	5 quartets
#807A2h	Last menu	5 quartets
#807A7h		5 quartets
#807ACh		5 quartets
#807B1h		5 quartets
#807B6h	Unshifted menu key routine	5 quartets
#807BBh	Left shifted menu key routine	5 quartets
#807C0h	Right shifted menu key routine	5 quartets
#807C5h	Review key	5 quartets
#807CAh	Adresse Last menu VAR	5 quartets
#807CFh		5 quartets
#807D4h	Exit action	5 quartets
#807D9h	Command number	5 quartets
#807DEh	Last RPL token	5 quartets
#807E3h		5 quartets
#807E8h	@ de fin de ram	5 quartets
#807EDh	Mémoire libre (en 5 quartets) (D)	5 quartets

Adresses applications

L'external CNTRLLOOP (#38985h) qui met en place la boucle de contrôle paramétrable (voir le paragraphe XI de l'annexe 5 pour plus de détails) prend un certain nombre d'objets sur la pile.

Il sauve les adresses de ces objets en #80784h (Application display : objet exécuté avant chaque exécution de touche), en #80789h (Application keys : la table d'assignation des touches), en #8078Eh (Application exit condition : la clause de fin de la boucle), et en #80793h (Application error : objet à exécuter au cas où une erreur se serait produite).

Menu courant et last menu

En #8079Dh et #807A2h sont stockées les adresses respectives du menu courant et du denier menu.

Les offsets de menu (ie : le numéro du premier label à afficher) sont stockés en #80947h (menu courant) et #8099Eh (dernier menu).

La structure des menus (c'est-à-dire des objets pointés par ces adresses) est en général une liste ou un XLIB Name correspondant à une liste (mais ce peut être aussi un objet programme ou une matrice de noms XLIBS).

En particulier, les menus standards de la machine sont stockés dans la librairie #0A9h (169), le menu n correspondant au XLIB Name XLIB 169 n, sauf pour last menu [0] qui est un cas particulier (voir le tableau page suivante).

La structure du contenu de cette liste calque la définition du menu utilisateur CST (menu décrit dans la première partie de ce livre). Pour chaque élément de la liste :

- s'il s'agit d'un nom, le nom est affiché (en label) et considéré comme une touche du menu VAR (appuyer sur la touche exécute l'objet, appuyer sur un des shifts puis sur la touche rappelle le contenu de la variable ou stocke l'élément de niveau 1 dans cet objet ;

- s'il s'agit d'une chaîne, son contenu sert de label et est ajouté à la ligne de commande en cas d'appui sur la touche ;

- s'il s'agit d'un objet graphique 21x8, cet objet sera utilisé comme label ;

N°	Menu	N°	Menu	N°	Menu
1	CST	40	PRG.OUT	79	SOLVE.TVM
2	VAR	41	PRG.RUN	80	SOLVE.TVM.SOLVR
3	MTH	42	UNITS	81	PLOT
4	MTH.VECTR	43	UNITS.LENG	82	PLOT.PTYPE
5	MTH.MATR	44	UNITS.AREA	83	PLOT.PPAR
6	MTH.MATR.MAKE	45	UNITS.VOL	84	PLOT.3D
7	MTH.MATR.NORM	46	UNITS.TIME	85	PLOT.3D.PTYPE
8	MTH.MATR.FACTR	47	UNITS.SPEED	86	PLOT.3D.VPAR
9	MTH.MATR.COL	48	UNITS.MASS	87	PLOT.STAT
10	MTH.MATR.ROW	49	UNITS.FORCE	88	PLOT.STAT.PTYPE
11	MTH.LIST	50	UNITS.ENRG	89	PLOT.STAT.DATA
12	MTH.HYP	51	UNITS.POWR	90	PLOT.STAT.ΣPAR
13	MTH.PROB	52	UNITS.PRESS	91	PLOT.STAT.ΣPAR.MODL
14	MTH.REAL	53	UNITS.TEMP	92	PLOT.FLAG
15	MTH.BASE	54	UNITS.ELEC	93	SYMBOLIC
16	MTH.BASE.LOGIC	55	UNITS.ANGL	94	TIME
17	MTH.BASE.BIT	56	UNITS.LIGHT	95	TIME.ALRM
18	MTH.BASE.BYTE	57	UNITS.RAD	96	STAT
19	MTH.FFT	58	UNITS.VISC	97	STAT.DATA
20	MTH.CMPL	59	UNITS2	98	STAT.ΣPAR
21	MTH.CONS	60	PRG.ERROR.IFERR	99	STAT.ΣPAR.MODL
22	PRG	61	PRG.ERROR	100	STAT.IVAR
23	PRG.BRCH	62	STRINGS	101	STAT.PLOT
24	PRG.BRCH.IF	63	MODES	102	STAT.FIT
25	PRG.BRCH.CASE	64	MODES.FMT	103	STAT.ΣX
26	PRG.BRCH.START	65	MODES.ANGL	104	I/O
27	PRG.BRCH.FOR	66	MODES.FLAG	105	I/O.SRVR
28	EDIT	67	MODES.KEYS	106	I/O.IOPAR
29	PRG.BRCH.DO	68	MODES.MENU	107	IO.PRINT
30	SOLVE.ROOT.SOLVR	69	MODES.MISC	108	I/O.PRINT.PRTPA
31	PRG.BRCH.WHILE	70	MEMORY	109	I/O.SERIA
32	PRG.TEST	71	MEMORY.DIR	110	LIBRARY2
33	PRG.TYPE	72	MEMORY.ARITH	111	LIBRARY2.PORTS
34	PRG.LIST	73	STACK	112	LIBRARY
35	PRG.LIST.ELEM	74	SOLVE	113	EQLIB
36	PRG.LIST.PROC	75	SOLVE.ROOT	114	EQLIB.EQLIB
37	PRG.GROB	76	SOLVE.DIFFE	115	EQLIB.COLIB
38	PRG.PICT	77	SOLVE.POLY	116	EQLIB.MES
39	PRG.IN	78	SOLVE.SYS	117	EQLIB.UTILS

Les numéros des différents menus

- s'il s'agit d'une liste, alors :
  - le premier élément correspond au label de la touche. S'il s'agit d'un objet programme (prologue #02D9Dh) comportant l'adresse #40788h, cet objet sera exécuté et c'est son résultat qui sera utilisé comme label (chaîne, objet graphique…).

    En particulier, tout objet programme commençant par la séquence D9D2088704 sera exécuté. Quatre adresses sont particulièrement utiles :

    #3A328h qui prend une chaîne dans la pile et renvoie l'objet graphique correspondant au label ;

    #3A3ECh qui prend une chaîne dans la pile et renvoie un label de type sous-menu ;

    #3A44Eh qui prend une chaîne dans la pile et renvoie un label inversé (comme pour le menu SOLVR) ;

    #3A38Ah qui prend une chaîne dans la pile et renvoie un label du type utilisé dans le menu MODE (case blanche après le label lui-même).

    A noter que comme ces objets programmes particuliers sont exécutés à l'appui sur la touche de menu, on pourra les utiliser pour les menus CST afin d'afficher des messages pour l'utilisateur dès qu'il rentre dans ce menu (comme cela se passe pour le menu TIME par exemple).

  - le deuxième élément correspond à l'action à effectuer lors de l'appui sur la touche. Il peut lui-même être une liste dont le premier élément correspond à un appui normal sur la touche de menu, le second, à un appui sur la touche précédé d'un shift gauche (←)et le troisième, à un appui sur la touche précédé d'un shift droit (→).

Cette structure, qui peut paraître assez complexe, permet à l'utilisateur de définir des menus avec sous-menus (on affiche une icône de type répertoire, et le programme s'exécutant à l'appui de la touche va modifier le menu CST. Attention : il ne faut pas oublier d'aller modifier l'adresse 'last menu' pour que la commande correspondante fonctionne correctement).

Menu key routines et review

En #807B6h, #807BBh, #807C0h et #807C5h sont stockées les adresses des objets à exécuter pour réaliser les actions des touches de menu (non shiftée, left-shiftée et right-shiftée) et de la touche REVIEW ([↳] [↑]).

Adresse Last menu VAR

Dans le cas où le dernier menu sauvé est le menu VAR, l'adresse de l'objet directory correspondant est stocké en #807CAh.

Si le dernier menu ne correspond pas au menu VAR, l'adresse stockée en #807CAh correspond à un entier système nul (situé à l'adresse #3FEFh).

Exit action

Les 5 quartets en #807D4h contiennent l'adresse de l'objet à exécuter lorsqu'on quitte le menu courant.

En plaçant dans un des objets d'affichage exécutables d'un menu CUSTOM un programme d'installation d'un objet, on peut ainsi déclencher certaines actions en fin d'utilisation de ce menu (destruction de variables temporaires, message d'au revoir, sauvegarde de l'environnement courant...).

Command Number

Ces 5 quartets en #807D9h contiennent l'adresse de la commande en cours d'exécution et servent lors de l'affichage d'un message d'erreur pour déterminer le nom de la commande incriminée (à partie du numéro de librairie et du numéro de commande, qui sont stockés avant chaque commande dans le cas d'une librairie : voir l'objet librairie au paragraphe XVII du chapitre 4).

Mettre le numéro de commande à zéro revient à écrire l'adresse d'un entier système nul (par exemple #3FEFh qui est l'entier système nul utilisé dans la plupart des cas) dans ces 5 quartets (par une action du type #807D9h "FEF30" POKE ou #807D9h #03FEFh APOKE). C'est ce que réalise l'external CLRCN (#1884Dh), que l'on prend la précaution d'inclure en début de tout programme en externals ne faisant pas partie d'une librairie.

Last RPL token

En #807DEh est stocké l'adresse de l'objet ayant provoqué l'exécution de la ligne de commande.

Si c'est [ENTER] qui a provoqué cette exécution, l'adresse correspond à un objet programme vide (aucune action particulière à conduire).

Dans le cas où c'est un appui sur une touche du menu VAR qui a déclenché cette exécution, l'adresse est celle du nom de l'objet à exécuter.

Fin de mémoire vive

L'adresse de fin de mémoire vive peut être lue en #807E8h.

Cette adresse et en effet variable : pour la HP48 GX, la mémoire vive peut être étendue par adjonction d'une carte-mémoire.

Le programme RAMSEARCH de la bibliothèque de programme utilise cette adresse pour déterminer la zone mémoire où il doit effectuer sa recherche.

Mémoire libre

Les 5 quartets en #807EDh sont utilisés pour la sauvegarde du registre D. Celui-ci contient une approximation de la mémoire libre, mesurée en nombre de groupes de 5 quartets

Il est en effet intéressant de connaître la mémoire disponible dans cette unité car elle est principalement utilisée pour stocker des adresses : adresses de retour, adresses des objets pour la pile... et les adresses sont stockées sur 5 quartets....

La routine située en #069F7h (FREEMEM) s'occupe du recalcul de cette valeur à partir des adresses stockées en #806F8h et #806F3h.

#807F2h	Prochaine erreur à afficher	5 quartets
#807F7h	ATTN Counter	5 quartets
#807FCh		5 quartets
#80801h	Drapeaux internes	12 quartets
#8080Dh		16 quartets
#8081Dh	StackSize	5 quartets
#80822h	Racine de génération aléatoire	16 quartets
#80832h		15 quartets
#80841h	Indicateurs	2 quartets
#80843h	Système Drapeaux	16 quartets
#80853h	Utilisateur	16 quartets
#80863h		2 quartets
#80865h	Caractères à gauche (éditeur)	5 quartets
#8086Ah	Nbr de lignes (éditeur)	5 quartets
#8086Fh		5 quartets
#80874h	N° première ligne (éditeur)	5 quartets
#80879h		4 quartets
#8087Dh	Error number	5 quartets
#80882h	Pos. du curseur ds la ligne (éditeur)	5 quartets
#80887h	Pos. V à l'écran (éditeur)	5 quartets
#8088Ch	Pos. H à l'écran (éditeur)	2 quartets
#8088Eh	Curseur visible (éditeur)	1 quartet

Prochaine erreur à afficher

La zone située en #807F2h est utilisée pour stocker le numéro de la prochaine erreur à afficher (lors du retour au mode interactif, cette zone mémoire est regardée et si un message est en attente, il est affiché).

Attn Counter

Les 5 quartets en #807F7h sont à 0 si la touche ON n'a pas été frappée. Sinon les 5 quartets contiennent le nombre de fois où elle l'a été.

Ces 5 quartets sont utilisés par des programmes en langage-machine (comme BEEP) pour savoir s'ils doivent interrompre leur exécution…

Drapeaux internes

Les 12 quartets en #80801h servent au stockage de divers draveaux internes, tous n'étant pas connus :

	Bit 3	Bit 2	Bit 1	Bit 0
#80801h				
#80802h				
#80803h		Algebra	Ins	
#80804h		DA3 tmp	DA2b tmp	DA2a tmp
#80805h				
#80806h	DA1 tmp		AppSusp	
#80807h	DA3 valid	DA2b valid	DA2a valid	DA1 valid
#80808h	DA3 no ch	DA2b no ch	DA2a no ch	DA1 no ch
#80809h	DA3 ok	DA2b ok	DA2a ok	DA1 ok
#8080Ah				Prg
#8080Bh				
#8080Ch				

Où :

- Algebra est à un si on est en train d'entrer une équation (ALG en haut à droite de l'écran) ;

- Ins est à un si on est en mode insertion ;

- Les drapeaux notés DAn concernent l'afficheur (Display Area) qui est divisé en quatre parties :

DA 1	Partie haute (horloge…)
DA 2 a	Partie haute de la pile
DA 2 b	Partie basse de la pile
DA 3	Menu

Où:

- Tmp indique que le contenu affiché est temporaire ;
- Valid indique que le contenu affiché est valide ;
- Ok indique que le contenu affiché est correct ;
- No ch indique que le contenu affiché n'a pas été modifié.

- PRG est à un si on est en train d'entrer un programme (PRG en haut à droite de l'écran).

StackSize

Stacksize (#8081Dh) contient la taille de la pile en quartets. Celle-ci comportant toujours au moins 5 quartets à zéro, stacksize vaut : 5*(DEPTH+1).

Racine de génération aléatoire

En #80822h se trouve stockée la racine utilisée par la fonction RAND. Cette racine est un objet "real" privé de son prologue. On peut fixer la valeur de cette racine grâce à la fonction RDZ.

Indicateurs

Ces deux quartets en #80841h contiennent l'état des indicateurs de la HP48. Un bit à 1 signifie que l'indicateur est allumé :

	Bit 3	Bit 2	Bit 1	Bit 0
#80841h	Alert		Transmitting	
#80842h	Busy	Alpha	Right shift	Left shift

Drapeaux

Les drapeaux sont stockés de #80843h à #80862h, comme le montrent les deux tableaux ci-dessous. Pour les drapeaux système (-1 à -64) on a le codage suivant :

	Bit 3	Bit 2	Bit 1	Bit 0
#80843h	-4	-3	-2	-1
#80844h	-8	-7	-6	-5
#80845h	-12	-11	-10	-9
#80846h	-16	-15	-14	-13
#80847h	-20	-19	-18	-17
#80848h	-24	-23	-22	-21
#80849h	-28	-27	-26	-25
#8084Ah	-32	-31	-30	-29
#8084Bh	-36	-35	-34	-33
#8084Ch	-40	-39	-38	-37
#8084Dh	-44	-43	-42	-41
#8084Eh	-48	-47	-46	-45
#8084Fh	-52	-51	-50	-49
#80850h	-56	-55	-54	-53
#80851h	-60	-59	-58	-57
#80852h	-64	-63	-62	-61

Pour les drapeaux utilisateur (1 à 64) :

	Bit 3	Bit 2	Bit 1	Bit 0
#80853h	4	3	2	1
#80854h	8	7	6	5
#80855h	12	11	10	9
#80856h	16	15	14	13
#80857h	20	19	18	17
#80858h	24	23	22	21
#80859h	28	27	26	25
#8085Ah	32	31	30	29
#8085Bh	36	35	34	33
#8085Ch	40	39	38	37
#8085Dh	44	43	42	41
#8085Eh	48	47	46	45
#8085Fh	52	51	50	49
#80860h	56	55	54	53
#80861h	60	59	58	57
#80862h	64	63	62	61

Error number

En #8087Dh est stocké le numéro de la dernière erreur s'étant produite.

Ce nombre est à #00000h si aucune erreur n'est mémorisée et à #70000h s'il s'agit d'un message d'erreur défini par l'utilisateur.

La liste de tous les messages existants de base dans la HP48, avec leur numéro, est donnée en annexe.

Éditeur

L'éditeur de ligne de commande stocke divers paramètres en ram réservée, et, en particulier :

- En #80865h le nombre de caractères cachés à gauche de l'écran ;

- En #8086Ah le nombre de lignes que comporte la ligne de commande ;

- En #80874h le numéro de la première ligne affichée ;

- En #80882h la position du curseur dans la ligne de commande (c'est-à-dire aussi le numéro du prochain caractère entré) ;

- En #80887h la position verticale du curseur à l'écran (en lignes) ;

- En #8088Ch la position horizontale du curseur à l'écran (en caractères, de 0 à 22) ;

- Le quartet en #8088Eh spécifie si le curseur est visible ou non (ce quartet est utilisé pour gérer le clignotement du curseur) ;

- En #8088Fh, le code ascii du caractère caché sous le curseur ;

- En #80891h un objet graphique (GROB) contenant le dessin du caractère caché sous le curseur. Cet objet est un GROB standard, de taille 10 lignes et 6 colonnes. On trouve donc :
    - En #80891h, le prologue du GROB ;
    - En #80896h, la taille du GROB en quartets (#23h) ;
    - En #8089Bh, le nombre de lignes du GROB (#Ah) ;

- En #808A0h, le nombre de colonnes du GROB (#6h) ;
- De #808A5h à #808B8h les bits constituant le graphique à proprement parler.

- En #808B9h, la position horizontale du curseur en pixels ;

- En #808BEh, la position verticale du curseur en pixels.

#8088Fh	Code ascii car. ss curseur (éditeur)	2 quartets
#80891h	Prologue	GROB du	5 quartets
#80896h	Longueur	caractère sous	5 quartets
#8089Bh	Taille (10 par 6)	le curseur	10 quartets
#808A5h	Pixels	(éditeur)	20 quartets
#808B9h	Pos. H curs. en pixels (éditeur)		5 quartets
#808BEh	Pos. V curs. en pixels (éditeur)		5 quartets
#808C3h			12 quartets
#808CEh	Sauvegardes pour Garb. Coll.		10 quartets
#808D8h			57 quartets
#80911h	Alpha-lock		1 quartet
#80912h	Program entry		1 quartet
#80913h			52 quartets
#80947h	Offset du menu courant		5 quartets
#8094Ch			5 quartets
#80951h	XLIB touche frappée		11 quartets
#8095Ch	Touche 1	XLIBs	11 quartets
#80967h	Touche 2	d'exécution	11 quartets
#80972h	Touche 3	des touches	11 quartets
#8097Dh	Touche 4	de menu	11 quartets
#80988h	Touche 5		11 quartets
#80993h	Touche 6		11 quartets

Alpha lock

Ce quartet en #80911h est à 1 si on est en mode alpha-lock.

Program entry

Ce quartet en #80912h est à 1 si on est en mode d'édition de programme.

Offsets des menus

Les deux groupes de 5 quartets en #80947h et #8099Eh contiennent les offsets pour l'affichage des menus (c'est-à-dire le n° du premier label à afficher)

XLIBs

Les sept zones de 11 quartets #80951h, #8095Ch, #80967h, #80972h, #8097Dh, #80988h et #80993h servent au stockage d'objets XLIB names correspondant à l'objet à exécuter pour :

- la dernière touche entrée pour le premier d'entre eux. En général cet objet est le XLIB l n, où :
    - l est le numéro de librairie 161 (#A1h) pour une touche non shifté, 162 (#A2h) pour une touche left-shiftée et 163 (#A3h) pour une touche right-shiftée ;
    - n est le numéro de la touche (0 pour [A], 1 pour [B]…).

- Les 6 autres sont utilisés pour stocker, dans certains cas, les actions à effectuer en cas d'appui sur une touche de menu et sont référencés dans le "temporary environment".

#8099Eh	Last menu offset	5 quartets
#809A3h	Nombre de librairies présentes	3 quartets
#809A6h	Numéro · Info première	3 quartets
#809A9h	@ infos · librairie	5 quartets
#809AEh	@ switcher	5 quartets
#809B3h		3 quartets

	Numéro · Info dernière	3 quartets
	@ infos · librairie	5 quartets
	@ switcher	5 quartets
		3 quartets
	Ext. pointer (pour lib. attachées)	15 quartets

	Ext. pointer (pour lib. attachées)	15 quartets

Nombre de librairies présentes

Les 3 quartets en #809A3h contiennent le nombre de librairies présentes dans la machine. Chacune de ces librairies est décrite par son numéro, suivie par l'adresse où sont stockées les informations la concernant.

Si ces informations se trouvent en Rom cachée ou dans une zone masquable (carte en port 2), l'adresse suivante correspond à une routine permettant d'accéder aux informations (comme dans le cas de l'objet Extended Pointer). Les adresses valides pour ces routines (programmes en langage-machine) données dans le tableau page suivante. Ces sous-programmes ont un rôle dépendant de la valeur du registre P. Ce rôle est :

- P=0 : reconfigure les modules pour démasquer l'objet ;

- P=1 : reconfigure les modules de manière standard ;

- P=2 : réalise une copie de mémoire de A champ A quartets selon la valeur de C champ S :
    - Si C champ S est nul les quartets sont copiés de l'adresse contenue dans R0 champ A (addresse en Rom) vers l'adresse contenue dans R1 champ A (addresse en Ram) ;
    - Si C champ S est non nul les quartets sont copiés de l'adresse contenue dans R1 champ A (addresse en Ram) vers l'adresse contenue dans R0 champ A (addresse en Rom).

    Remarque : cette routine s'occupe de la déconfiguration / reconfiguration des modules si nécessaire ;

- P=3 : copie A champ A quartets pointés par R0 champ A dans la ram des objets temporaires et renvoie l'adresse de l'objet temporaire ainsi crée dans R0 champ A.

    Remarque : cette routine s'occupe de la déconfiguration / reconfiguration des modules si nécessaire ;

- P=4 : renvoie le numéro de banc dans C champ A (seulement valable pour la carte en port 2, pour les autres on obtient la valeur #FFFFFh) ;

- P=5 : calcule la taille de l'objet dont l'adresse est dans R0 champ A et la renvoie dans le champ A de A.

    Remarque : cette routine s'occupe de la déconfiguration / reconfiguration des modules si nécessaire ;

Adresse	Zone mémoire de l'objet
#726A1h	Rom #80000h-#8FFFFh
#72386h	Rom #90000h-#BFFFFh
#70B38h	Rom #C0000h-#FFFFFh
#7073Fh	Carte en port 2 / banc 1
#7074Ah	Carte en port 2 / banc 2
#70755h	Carte en port 2 / banc 3
#70760h	Carte en port 2 / banc 4
#7076Bh	Carte en port 2 / banc 5
#70776h	Carte en port 2 / banc 6
#70781h	Carte en port 2 / banc 7
#7078Ch	Carte en port 2 / banc 8
#70797h	Carte en port 2 / banc 9
#707A2h	Carte en port 2 / banc 10
#707ADh	Carte en port 2 / banc 11
#707B8h	Carte en port 2 / banc 12
#707C3h	Carte en port 2 / banc 13
#707CEh	Carte en port 2 / banc 14
#707D9h	Carte en port 2 / banc 15
#707E4h	Carte en port 2 / banc 16
#707EFh	Carte en port 2 / banc 17
#707FAh	Carte en port 2 / banc 18
#70805h	Carte en port 2 / banc 19
#70810h	Carte en port 2 / banc 20
#7081Bh	Carte en port 2 / banc 21
#70826h	Carte en port 2 / banc 22
#70831h	Carte en port 2 / banc 23
#7083Ch	Carte en port 2 / banc 24
#70847h	Carte en port 2 / banc 25
#70852h	Carte en port 2 / banc 26
#7085Dh	Carte en port 2 / banc 27
#70868h	Carte en port 2 / banc 28
#70873h	Carte en port 2 / banc 29
#7087Eh	Carte en port 2 / banc 30
#70889h	Carte en port 2 / banc 31
#70894h	Carte en port 2 / banc 32

Dans tous les cas, on obtient une adresse pointant sur la partie déclarative de la librairie (immédiatement située après le nom, en @+n_c*2+Eh pour reprendre les notations du paragraphe XVII du chapitre 4).

Ce début de librairie contient en effet toutes les informations nécessaires à l'exploitation du contenu de la librairie (messages, commandes...).

Ceci permet en particulier de retrouver facilement les messages d'erreurs, sachant que le numéro d'un tel message se compose de deux parties : le numéro de la librairie contenant la table de messages dans laquelle il est stocké (sur 3 quartets), et son numéro d'ordre dans cette table sur deux quartets, de 1 à 255 (une librairie comporte donc au maximum 256 messages). Le numéro du message est donc : No de librairie * 256 + numéro d'ordre

A partir du numéro d'erreur, on peut donc facilement déterminer le numéro de la librairie correspondante, et la liste des librairies attachées permet alors de trouver l'adresse de début de la table des messages contenant le libellé correspondant au numéro spécifié.

En particulier, il est possible, en modifiant cette table d'informations (et les adresses stockées dans l'en-tête des objets répertoires si nécessaire), de réécrire la totalité des messages de la HP48 (ce qui permet, par exemple, de les franciser).

Extended pointers (pour librairies attachées)

Après les informations sur les librairies, on trouve une série d'objets Extended pointer servant à référencer les hash-tables et messages-tables des librairies attachées.

Ces objets sont référencés par les adresses stockées dans les en-têtes des objets directory concernée (voir le paragraphe XII du chapitre 4).

Conclusion

La zone de Ram réservée s'arrête normalement après ces objets, mais elle peut être étendue si nécessaire. En particulier, certaines cartes d'application, réservent de la mémoire supplémentaire pour cette zone (puisque entre autres choses, elle apporte de nouvelles librairies).

Cette description de la mémoire n'est bien sûr pas complète mais présente la plupart des éléments utiles pour le programmeur désirant réaliser des programmes en langage-machine accédant aux ressources de la HP48.

Après ces chapitres descriptifs de la HP48, nous allons maintenant voir comment réaliser des programmes écrits en assembleur...

Programmer en langage-machine

Dans les chapitres précédents, nous avons étudié les différents aspects internes de la HP48 : instructions du microprocesseur, structure des objets, de la mémoire, accès aux périphériques... Mais tout cela n'était que théorie.

Nous allons à présent utiliser cette connaissance de manière plus pratique pour accéder à toutes les ressources de la machine... et en particulier à la programmation en langage-machine.

La HP48 ne pouvant gérer que des objets, nous utiliserons l'objet 'code' (dont la structure a été étudiée dans le chapitre sur les objets) pour contenir un programme en LM.

Le problème est d'arriver à créer cet objet.

D'une manière plus générale, nous allons voir comment créer n'importe quel type d'objet...

I) Créer un objet quelconque

Nous avons vu que tout objet peut être représenté par une suite de chiffres hexadécimaux qui sont l'image éditable de son stockage en mémoire. Nous allons donc réaliser une fonction transformant une séquence hexadécimale (mise dans une chaîne de caractères, ce qui la rend facile à éditer) en l'objet correspondant.

L'utilisateur entrera une chaîne de caractères contenant ces chiffres qui devront être transformés en la suite de quartets correspondante (transformation nécessaire car dans une chaîne ces chiffres sont stockés par leur code ASCII, par exemple "A", chiffre hexadécimal valant 10 en décimal est stocké par son code ASCII, #41h et non en tant que quartets).

Or il existe un objet simple qui est constitué de chiffres hexadécimaux lorsqu'on l'édite et de quartets lorsqu'il est stocké en mémoire : l'objet "graphic" (le GROB).

La transformation chiffres -> quartets se fera donc grâce à cet objet.

Comme nous l'avons vu dans le chapitre 4, sa structure est la suivante :

@	Prologue (02B1E)	5 quartets
@+5h	Longueur totale hors prologue l_t	5 quartets
@+Ah	Nombre n_l de lignes (en pixels)	5 quartets
@+Fh	Nombre n_c de colonnes (en pixels)	5 quartets
@+14h	Col. 1 à 8 Pixels de la	1 + 1 quartets
	Derniers pixels ligne 1	1 + 1 quartets
	Col. 1 à 8 Pixels de la	1 + 1 quartets
	Derniers pixels ligne n_l	1 + 1 quartets

@+l_t+5h

On voit que la HP48 considère les colonnes 8 par 8. Nous allons donc créer un objet graphique de 8 colonnes sur un nombre de lignes égal au nombre de chiffres à coder divisé par 2 (car 8 pixels correspondent à 2 quartets donc à 2 chiffres hexadécimaux).

Si ce nombre est impair, on arrondira supérieurement.

De cette manière, la taille-mémoire occupée par le GROB sera (sans compter le prologue et les informations de longueur et de taille) au plus égale au nombre de chiffres à coder plus un (en quartets).

Cette transformation de la chaîne de code entrée par l'utilisateur en un objet graphique se fera par une séquence du type :

```
"GROB 8 " OVER SIZE 2 / CEIL + " " + SWAP + OBJ→
```

Ce morceau de programme prépare l'objet graphique dans une chaîne :

- On met le début du grob dans une chaîne (`"GROB 8 "`) ;
- On calcule le nombre de lignes du grob à créer par la séquence `OVER SIZE 2 / CEIL` et on l'ajoute au début du GROB ;
- On ajoute ensuite la liste des codes hexadécimaux à coder (séparés du nombre de lignes par l'ajout de `" "`) par la séquence `" " + SWAP +` ;
- Enfin on transforme la chaîne de caractères contenant le listing de l'objet graphique en l'objet graphique lui-même par la commande `OBJ→`.

On peut simplifier légèrement ce programme en supprimant l'arrondi supérieur (`CEIL`) car il est automatiquement effectué lors de la transformation de la chaîne en objet graphique par `OBJ→`.

On obtient donc le programme :

```
"GROB 8 " OVER SIZE 2 / + " " + SWAP + OBJ→
```

Cette séquence met dans la pile l'objet graphique contenant l'objet que l'on veut obtenir. En mémoire, on trouve alors la structure suivante :

@	Prologue (02B1E)	5 quartets
@+5h	Longueur totale hors prologue l_t	5 quartets
@+Ah	Nombre n_l de lignes (en pixels)	5 quartets
@+Fh	Nombre n_c de colonnes (en pixels)	5 quartets
@+14h	Objet à créer	l_t-15 quartets
@+l_t+5h		

On sait que ce sont les adresses des objets qui sont stockées dans la pile. Pour accéder à l'objet à créer, il convient donc de prendre l'adresse @ qui est dans la pile et de la remplacer par @+14h (pour passer le prologue, la longueur, le nombre de colonnes et le nombre de lignes).

Or il existe un appel par SYSEVAL qui réalise cette fonction. Cet appel en #056B6h prend en entrée l'objet et un "system integer" contenant le nombre de cases de 5 quartets à passer et renvoie le nouvel objet ainsi qu'un "external" qui ne nous est pas utile ici.

Nous devons passer 4 cases de 5 quartets (le prologue du GROB, sa taille, son nombre de lignes et son nombre de colonnes), il nous faut donc un "system integer" égal à 4. Un tel objet est stocké en mémoire morte à l'adresse #04017h.

La transformation du GROB en objet se fera donc par la séquence :

```
#4017h SYSEVAL #56B6h SYSEVAL DROP
```

Le premier SYSEVAL rappelle le "system integer" dans la pile, le second effectue la transformation.

La dernière action à faire est de recréer l'objet de manière à ce que la référence dans la pile soit vraiment une référence à un objet en tant que tel (et non plus à un contenu).

Cette recréation se fait très simplement par la fonction NEWOB qui recrée l'objet au niveau 1 de la pile, en modifiant toutes les références le concernant...

On obtient donc finalement le programme GASS (GASS comme Graphic ASSembleur) :

```
GASS
«
    "GROB 8 " OVER SIZE 2 / + " " + SWAP + OBJ→
    #4017h SYSEVAL #56B6h SYSEVAL DROP NEWOB
»
```

Ce programme est très rapide car la transformation des chiffres hexadécimaux en quartets est réalisée par des programmes en mémoire morte eux-mêmes écrits en langage-machine...

Néanmoins il effectue des vérifications et des calculs qui le ralentissent un peu. Un programme extrêmement rapide écrit entièrement en langage-machine est présenté en annexe (RASS).

Essayons à présent le programme GASS pour créer un petit objet...

Pour faciliter la lecture des codes, ceux-ci sont présentés 5 par 5. Ces espaces ne font pas partie de la suite de codes : il faut les entrer sous forme contiguë (sans espace, sans passage à la ligne).

Voici le listing des codes d'un petit objet :

```
C2A20 B1000 7556C 6C602 46F6E 65602 12
```

Pour coder cet objet, procéder de la manière suivante :

- Taper les codes dans une chaîne de caractères (sans espace, sans passage à la ligne) :

    `"C2A20B10007556C6C60246F6E6560212"`

- Exécuter GASS...

- Quelques secondes plus tard, l'objet est dans la pile...

II) La programmation en langage-machine

Maintenant que nous savons créer n'importe quel objet, nous allons voir comment réaliser des programmes en langage-machine.

Pour écrire de tels programmes, il faut garder à l'esprit quelques points précis :

- Les contenus de certains registres :
    - D0 est le pointeur sur le prochain objet à exécuter (après le programme en langage-machine). Pour passer à l'objet suivant on effectue la séquence A=DAT0 A, D0=D0+5, PC=(A) qui se code 142164808C ;
    - D1 est le pointeur de pile. Si on effectue A=DAT1 A, A champ A contiendra l'adresse de l'objet au niveau 1. Si on incrémente D1 de 5 (D1=D1+5) on passe au niveau 2 (si on

effectue A=DAT1 A, A champ A contiendra alors l'adresse de l'objet au niveau 2) ;

- B contient l'adresse de fin de pile des retours. Ce registre est peu utile au programmeur ;
- D contient la place-mémoire libre en paquets de 5 quartets (c'est-à-dire en étages de pile) ;

Ces quatre registres sont à restaurer avant de terminer le programme par 142164808C, sauf si l'on désire volontairement en modifier la valeur. Pour ce faire, il existe deux sous-programmes utiles :

- SAVE_REG, d'adresse #0679Bh (à appeler par GOSBVL #0679B de code 8FB9760) qui sauve ces registres dans la Ram réservée ;
- LOAD_REG, d'adresse #067D2h (à appeler par GOSBVL #067D2 de code 8F2D760) qui restaure la valeur de ces registres.

• Les structures des objets lorsqu'on cherche à accéder à ceux-ci (pour prendre un argument dans la pile, par exemple) ou lorsque l'on désire encapsuler des objets-codes dans un objet-programme (par exemple pour profiter des fonctions du langage de la HP48) ;

• La structure de la mémoire vive si l'on doit y accéder.

Le meilleur exercice pour appliquer les points exposés dans cette partie est de suivre l'exemple pas à pas qui suit puis de chercher à comprendre le fonctionnement des programmes en langage-machine présentés en annexe ou, plus difficile, de désassembler certaines routines présentes dans la mémoire morte.

L'étape suivante consiste à modifier des programmes existants (par exemple ceux de ce livre) puis à concevoir et réaliser des programmes par soi-même, en commençant, bien sûr, par des idées faciles.

Pour tester la rapidité du langage-machine, vous pouvez par exemple comparer la vitesse d'exécution de deux programmes effectuant des opérations semblables, l'un en langage-machine, l'autre dans le langage de la HP48 (le Reverse Polish Lisp). Ce test peut être par exemple fait pour deux programmes effectuant 1000 boucles (1 1000 START NEXT).

Passons à présent à la pratique... Notre premier exemple va être extrêmement élémentaire : c'est le programme NOTHING, ne faisant rien du tout !

III) Un peu de pratique

a) Un programme ne faisant rien...

Première étape de la réalisation de ce programme : son écriture en assembleur.

Comme indiqué plus haut, tout programme doit se terminer par la séquence :

- A=DAT0 A qui place dans le champ A du registre A l'adresse du prochain objet RPL à évaluer ;
- D0=D0+ 5 qui incrémente le pointeur d'objet de 5 quartets (on passe le prologue de l'objet à exécuter). D0 contient alors l'adresse du contenu de l'objet, adresse qui sera utilisée par le programme de gestion de l'objet. Par exemple, dans le cas de l'objet 'code', le gestionnaire associé à l'objet incrémentera D0 pour qu'il pointe sur le premier objet suivant le code et appellera le programme qu'il contient (adresse qui a été calculée à partir de la valeur de D0 passée au gestionnaire) ;
- PC=(A) pour lancer l'exécution du gestionnaire d'objet adapté. Cette dernière instruction lance en effet l'exécution du programme en langage-machine dont l'adresse est écrite dans les 5 quartets pointés par le registre A. Dans le cas d'un objet RPL, D0 pointe sur l'objet donc A contenait le prologue de l'objet (adresse où est stockée l'adresse du gestionnaire)...

Tout cela paraît bien complexe, mais il n'est pas vraiment nécessaire de le comprendre pour l'utiliser : il suffit de se souvenir que tout programme assembleur doit se terminer par cette séquence de trois commandes :

```
A=DAT0   A
D0=D0+   5
PC=(A)
```

Revenons à notre programme NOTHING : que doit-il faire d'autre ? La réponse est plus que simple : rien...

Attaquons-nous donc maintenant à la seconde phase de la réalisation de notre programme : son codage. A l'aide du chapitre 3 (les instructions du Saturn) ou de l'annexe 7 (avec un peu d'habitude) il est facile de réaliser la traduction :

- A=DAT0 A se code par les trois quartets 142 ;
- D0=D0+ 5 se code 164 ;
- PC=(A) se code 808C.

D'où le listing du programme : 142 164 808C.

Il convient maintenant de placer ces codes dans l'objet adapté : l'objet 'code'. Pour cela on rajoute son prologue (CCD20) et sa longueur hors prologue : 5 (longueur de la longueur) + 10 (3 codes pour A=DAT0 A, 3 pour D0=D0+ 5 et 4 pour PC=(A)). On obtient donc finalement la suite de codes :

```
CCD20 F0000 142 164 808C
```

Pour des raisons de lisibilité, tous les listings de codes seront représentés par groupes de cinq quartets :

```
CCD20 F0000 14216 4808C
```

La dernière étape est de créer l'objet correspondant au listing. Nous allons utiliser le programme GASS que nous venons d'étudier. Il faut :

- Entrer les codes de l'objet sous la forme d'une chaîne de caractères <u>sans espace ni retour chariot</u> ;
- La chaîne étant au niveau 1 de la pile, on exécute alors GASS ;
- Le résultat obtenu (affiché sous la forme de code) est l'objet correspondant aux codes entrés. On peut alors le stocker dans une variable (comme un programme normal) ou l'évaluer directement (par [EVAL]) ce qui aura pour seul effet de le faire disparaître (puisqu'il ne fait rien)…

b) <u>Un autre programme ne faisant rien !</u>

Compliquons à présent notre exemple. Nous avons vu que la HP48 utilisait un certain nombre de registres qu'il convenait de sauver en début de programme et de restaurer en fin (juste avant la séquence A=DAT0 A, D0=D0+ 5, PC=(A)). Pour effectuer cette sauvegarde nous avons deux solutions :

- La faire "à la main" en utilisant les registres R0, R1…
- Utiliser les routines en mémoire morte qui s'occupent de faire cette sauvegarde en des emplacements bien précis de la Ram réservée. Cette seconde solution est assurément la meilleure puisque certaines autres routines

supposent leur utilisation… Deux adresses sont à retenir. Il s'agit de celles des routines de sauvegarde et de récupération qui doivent être appelées par l'instruction assembleur GOSBVL :

- SAVE_REG (#0679Bh) qui effectue la sauvegarde ;
- LOAD_REG (#067D2h) qui récupère les valeurs sauvées par la routine précédente.

Remarque : les valeurs sauvées ne sont pas stockées dans une pile : si l'on appelle deux fois SAVE_REG, le second appel écrase les valeurs sauvées lors du premier appel.

Nous allons donc inclure les appels à ces deux routines dans notre programme ne faisant rien. Cela n'est bien sûr pas nécessaire puisque nous ne modifions pas les valeurs des registres concernés, mais autant prendre de bonnes habitudes tout de suite… Le listing du programme assembleur devient donc :

```
GOSBVL   SAVE_REG
GOSBVL   LOAD_REG
A=DAT0   A
D0=D0+   5
PC=(A)
```

Qui se traduit aisément en la suite de codes :

```
8FB9760 8F2D760 142 164 808C
```

D'où le listing des codes de l'objet (dont la longueur est 29, soit #1Dh) :

```
CCD20 D1000 8FB97 608F2 D7601 42164 808C
```

Pour créer l'objet, on procédera exactement comme dans l'exemple précédent…

Tout cela est bien joli, mais un programme qui ne fait rien, cela ne sert pas à grand chose. Nous allons donc le compliquer un petit peu, histoire de lui donner une petite utilité (qui ne restera cependant que toute relative).

c) Prendre un entier dans la pile

Première modification : nous allons prendre un entier dans la pile. Pour cela il convient de se souvenir du rôle de D1, le pointeur de pile. Pour accéder au contenu de l'entier, nous allons effectuer les commandes suivantes :

- Si nous devons faire la récupération de la valeur au sein d'un programme, il convient de récupérer les valeurs des registres RPL par appel à la routine LOAD_REG (#067D2h). Attention : ceci suppose que les registres ont été sauvés par appel à SAVE_REG (#0679Bh).

  Dans le cas de notre programme ceci n'est pas nécessaire (il est inutile de sauver les registres pour les rappeler juste après et c'est pourquoi nous ne coderons pas la séquence GOSBVL SAVE_REG GOSBVL LOAD_REG) ;

- A=DAT1 A lit 5 quartets pointés par D1 c'est-à-dire l'adresse de l'objet au niveau 1 de la pile (notre entier) ;

- D1=D1+ 5 et D=D+1 A pour retirer l'objet de la pile ;

- Nous avons modifié les valeurs de D1 et D. Il convient donc de les sauver (par appel à SAVE_REG) ;

- Le champ A de A contient l'adresse de l'entier. Il faut donc placer cette valeur dans un registre adapté : D1 ou D0 (voir les chapitres 2 et 3). Nous allons utiliser par exemple D1. L'instruction à utiliser est D1=A ;

- D1 contient l'adresse de l'objet, c'est-à-dire l'adresse où il est stocké. Nous avons vu (chapitre 4) que l'objet Integer possède la structure suivante ;

  - Son prologue sur 5 quartets ;
  - Sa longueur sur 5 quartets. Dans le cas d'un entier entré par l'utilisateur, cette longueur est toujours égale à #15h (5 quartets pour stocker la longueur, 16 pour le contenu de l'entier) ;
  - Son contenu ;

  Les deux premiers champs ne nous intéressent pas (le prologue est connu et nous supposons que sa longueur est #15h). Il convient donc de les "sauter". Pour cela il suffit d'ajouter #Ah à D1 (on saute 5 + 5 quartets). ceci ce fait par l'instruction : D1=D1+ #Ah (que l'on peut aussi écrire D1=D1+ 10) ;

- D1 pointe alors sur la valeur contenue dans l'entier. Nous allons la charger en mémoire. Ceci se fait par l'instruction suivante : A=DAT1 W (champ W car nous chargeons 16 quartets en mémoire).

Ces opérations effectuées, nous avons ôté l'entier de la pile et sa valeur est à présent stockée dans le champ W du registre A.

Notre programme est donc devenu :

```
              CON(5)    PROL_CODE      Prologue du code
début         CON(5)    (fin)-(début)  Sa longueur
              A=DAT1    A              Lecture adresse de l'entier
              D1=D1+    5              ; On enlève l'entier de la
              D=D+1     A              ; pile
              GOSBVL    SAVE_REG       On sauve les registres
              D1=A
              D1=D1+    #Ah            On saute prologue et taille
              A=DAT1    W              On charge la valeur dans A

              GOSBVL    LOAD_REG       Récupération des registres
              A=DAT0    A              Retour au RPL
              D0=D0+    5
              PC=(A)
fin
```

Remarque : nous avons utilisé la pseudo-opération CON (voir le chapitre 3) pour intégrer le prologue et la longueur de notre objet code dans le listing assembleur...

d) Vérifier les arguments

Jusque-là notre programme ne fait rien de plus qu'un DROP. Il ne vérifie pas non plus la présence et le type de l'objet au niveau 1 de la pile ce qui peut poser de graves problèmes si un entier n'est pas présent (le problème ne vient pas tellement d'une erreur de type qui conduirait à utiliser une valeur fausse, mais de l'absence de tout objet qui conduirait à corrompre la structure de pile).

Nous allons donc utiliser un peu de programmation en externals (voir la fin du chapitre 4 et l'annexe 5). Nous devons en effet :

- Mettre à zéro le numéro de commande pour que les messages d'erreurs soient correctement affichés (puisque notre programme ne fait pas partie d'une librairie. Voir l'annexe 5 pour plus de détails). Ceci se fait par appel à l'external #1884Dh ;

- Vérifier le nombre d'arguments sur la pile (ici 1 seul). Ceci se fait par appel à l'external #18AB2h (voir l'annexe 5 pour plus de détails) ;

- Vérifier le type de l'objet. Ceci se fait grâce à l'external #18FB2h avec comme masque de type le System Integer <0000Bh> (voir l'annexe 5). Un tel entier est présent en mémoire morte à l'adresse #0405Dh. On pourrait aussi le coder directement en 11920 B0000 (voir le paragraphe I du chapitre 4).

Nous pouvons alors appeler notre programme sans risque puisque la présence et le type de l'élément sont vérifiés.

Notre programme est alors :

```
              CON(5)    PROL_PRGM      Prologue programme
              CON(5)    #1884Dh        Mise à zéro N° cmde
              CON(5)    #18AB2h        Vérif. du nombre d'
                                       objets (un seul)
              CON(5)    #18FB2h        Vérif type
              CON(5)    #0405Dh        Adresse <0000Bh>
              CON(5)    PROL_CODE      Prologue du code
début         CON(5)    (fin)-(début)  Sa longueur
              A=DAT1    A              Lecture adresse de l'entier
              D1=D1+    5              ; On enlève l'entier de la
              D=D+1     A              ; pile
              GOSBVL    SAVE_REG       On sauve les registres
              D1=A
              D1=D1+    #Ah            On saute prologue et taille
              A=DAT1    W              On charge la valeur dans A

              GOSBVL    LOAD_REG       Récupération des registres
              A=DAT0    A              Retour au RPL
              D0=D0+    5
              PC=(A)
fin
              CON(5)    EPILOGUE       Fin objet prgm
```

e) Poser un objet sur la pile

A présent notre programme est "blindé" mais il ne fait toujours que peu de choses (un DROP si et seulement si l'objet au niveau 1 est un entier). Nous allons rester dans le domaine des choses simples et faire une action simple : remettre l'entier dans la pile, mais sous la forme d'un entier système. Un problème se pose à nous : le domaine de valeurs d'un entier système est de #0h à #FFFFFh alors qu'un entier va de #0h à #FFFFFFFFFFFFFFFFh... Nous allons donc tester la valeur récupérée dans le champ W de A et :

- Si elle est inférieure ou égale à #FFFFFh on l'utilisera telle quelle ;

- Sinon, on utilisera #FFFFFh à sa place.

Pour cela, nous allons comparer la valeur de A champ W à la constante #100000h. Or il n'existe aucune instruction permettant de comparer de manière directe un registre à une valeur non nulle : nous devons charger la valeur #100000h dans un registre. Nous allons charger la constante dans C et utiliser l'instruction ?C>A W pour réaliser la comparaison : la constante #100000h doit donc être chargée dans le champ W de C. Plusieurs solutions sont possibles :

- Charger la valeur à l'aide d'une instruction LCHEX (LCHEX #0000000000100000h) qui est assez longue ;

- Mettre C champ W à zéro (par C=0 W) et charger #100000h (LCHEX #100000h) ;

- Mettre C champ W à zéro (par C=0 W), mettre P à 5 (par P= 5) et charger 1 (LCHEX #1h) ce qui aura pour effet de charger 1 dans le quartet 5 de C, d'où la valeur #000000000100000h dans C champ W, puis remettre P à zéro ;

- Mettre C champ W à zéro (par C=0 W) , mettre 1 dans P et échanger le quartet 5 de C avec P (par CPEX 5) ce qui aura aussi pour effet de remettre P à zéro. C'est cette solution que nous allons utiliser, car elle est très courte ;

- De nombreuses autres solutions existent bien sûr (incrémenter C champ P avec P=5…). Le choix de telle ou telle autre instruction n'est après tout qu'une affaire de style et d'optimisation…

Nous pouvons alors comparer C et A sur les champs W :

- Si C est supérieur à A, tout va bien, nous pouvons utiliser la valeur de A. Puisque le champ W de A vaut moins que #0000000000100000h, la partie "intéressante" de A se trouve dans A champ A ;

- Sinon, nous devons utiliser #FFFFFh. Là encore nous avons plusieurs solutions pour créer cette valeur (décrémenter C champ W…). Nous retiendrons la solution d'un chargement direct (LAHEX), histoire de varier les instructions utilisées.

Notre programme s'écrit alors :

```
              CON(5)   PROL_PRGM     Prologue programme
              CON(5)   #1884Dh       Mise à zéro N° cmde
              CON(5)   #18AB2h       Vérif. nbr objets (1)
              CON(5)   #18FB2h       Vérif type
              CON(5)   #0405Dh       Adresse <0000Bh>
              CON(5)   PROL_CODE     Prologue du code
    début     CON(5)   (fin)-(début) Sa longueur
              A=DAT1   A             Lecture adresse de l'entier
              D1=D1+   5             ; On enlève l'entier de la
              D=D+1    A             ; pile
              GOSBVL   SAVE_REG      On sauve les registres
              D1=A
```

	D1=D1+	#Ah	On saute prologue et taille
	A=DAT1	W	On charge la valeur dans A
	C=0	**W**	**On met #0000000000100000h**
	P=	**1**	**dans le champ W de C**
	CPEX	**5**	
	?C>A	**W**	**On compare…**
	GOYES	**ok**	**A plus petit ==> ok**
	LAHEX	**#FFFFFh**	**Sinon on charge #FFFFFh**
ok			
	GOSBVL	LOAD_REG	Récupération des registres
	A=DAT0	A	Retour au RPL
	D0=D0+	5	
	PC=(A)		
fin			
	CON(5)	EPILOGUE	Fin objet prgm

Dernière tâche à programmer : remettre la valeur de A champ A sur la pile sous la forme d'un System Integer. Pour cela nous allons utiliser la routine PUH_R0 (#06537h) qui place le contenu du champ A du registre R0 sur la pile sous la forme d'un entier système. Cette routine suppose que la valeur des registres est valide (récupérée par GOSBVL LOAD_REG).

Finalement notre programme est donc (une fois codé) :

D9D20		CON(5)	PROL_PRGM	Prologue programme
D4881		CON(5)	#1884Dh	Mise à zéro N° cmde
2BA81		CON(5)	#18AB2h	Vérif. nbr objets (1)
2BF81		CON(5)	#18FB2h	Vérif type
D5040		CON(5)	#0405Dh	Adresse <0000Bh>
CCD20		CON(5)	PROL_CODE	Prologue du code
15000	début	CON(5)	(fin)-(début)	Sa longueur
143		A=DAT1	A	Lecture adresse de l'entier
174		D1=D1+	5	; On enlève l'entier de la
E7		D=D+1	A	; pile
8FB9760		GOSBVL	SAVE_REG	On sauve les registres
131		D1=A		
179		D1=D1+	#Ah	On saute prologue et taille
1537		A=DAT1	W	On charge la valeur dans A
AF2		C=0	W	On met #0000000000100000h
21		P=	1	dans le champ W de C
80F5		CPEX	5	
9F2		?C>A	W	On compare…
C0		GOYES	ok	A plus petit ==> ok
80824FFFFF		LAHEX	#FFFFFh	Sinon on charge #FFFFFh
100	ok	R0=A		Sauvegarde de la valeur
8F2D760		GOSBVL	LOAD_REG	Récupération des registres

8F73560	GOSBVL	PUSH_R0	Pose la valeur sur la pile
142	A=DAT0	A	Retour au RPL
164	D0=D0+	5	
808C	PC=(A)		
fin			
B2130	CON(5)	EPILOGUE	Fin objet prgm

D'où la liste des codes (le programme est nommé INT2SB comme Integer to System Binary) :

INT2SB (#5E7Dh)
```
D9D20 D4881 2BA81 2BF81 D5040 CCD20 15000 14317
4E78F B9760 13117 91537 AF221 80F59 F2C08 0824F
FFFF1 008F2 D7608 F7356 01421 64808 CB213 0
```

Ce programme n'est pas optimal : il pourrait être raccourci considérablement mais perdrait de sa lisibilité ce qui n'est pas le but recherché... De plus il pourrait être remplacé par un simple appel à un external de conversion. De toutes manières, le but recherché n'était pas de produire un programme utile mais de réaliser pas à pas un programme en langage-machine.

Conclusion

Maintenant, c'est à vous de travailler : un bon début peut être l'étude des programmes de la bibliothèque de programmes afin d'en comprendre le fonctionnement.

Le programme POKE est, par exemple, assez facile à comprendre (il lit une chaîne de caractères et convertit les quartets représentés par les codes ASCII en leur valeur qu'il stocke en mémoire à une adresse donnée). Vous pouvez ensuite étudier CLEAN qui est un peu plus complexe. Enfin PEEK est un programme qui montre comment réserver de la mémoire.

Bon courage et bonne programmation en langage-machine !

Programmer en langage-machine

Troisième partie

Bibliothèque de programmes

Avertissement

Chacun des objets (programmes ou données) de cette bibliothèque est présenté sous le format suivant :

```
NOM (somme de contrôle)
listing du programme ou de l'objet
```

Où :

- NOM est le nom de la variable dans laquelle sera stocké l'objet qui suit ;

- Entre parenthèses, juste après le nom, on trouve la somme de contrôle de l'objet. Celle-ci se calcule grâce à la commande BYTES qui, exécutée sur l'objet, renvoie sa somme de contrôle (sous la forme d'un entier binaire) et sa taille en octet ;

- Enfin, on trouve l'objet lui-même. A noter que certains programmes comportent le caractère "↵". Ce symbole représente le retour chariot qui s'obtient en appuyant successivement sur les touches "shift-turquoise" ([→]) et point ([.]).

Pour entrer un programme, il convient donc, sauf dans le cas de programmes en langage-machine (voir ci-dessous), d'effectuer les opérations suivantes :

- Entrer l'objet et le valider par [ENTER]. Il se trouve alors dans la pile ;

- Le dupliquer en appuyant à nouveau sur [ENTER] ;

- Entrer le nom de l'objet entre quotes (['I]) et le valider par [ENTER]. L'objet se trouve alors au niveau 2 et 3 et le nom au niveau 1 de la pile ;

- Stocker l'objet dans la variable par [STO] (il ne reste qu'une copie de l'objet dans la pile) ;

- Calculer la somme de contrôle de l'objet en exécutant la commande BYTES (taper [←] [MEMORY] [BYTES]). La somme de contrôle se trouve au niveau 2 de la pile. Remarque : si la machine ne se trouve pas en mode HEXADECIMAL (ce qui se traduira par le fait que l'entier binaire au niveau 2 ne se termine pas par le caractère 'h'), il convient de s'y placer par la commande HEX ;

- Si la somme de contrôle correspond à celle indiquée, tout va bien, sinon il convient d'éditer l'objet pour trouver la faute de frappe…

Remarques :

- Le programme ALLBYTES présenté plus loin permet de calculer rapidement toutes les sommes de contrôle d'un directory…

- La présence de librairies contenant des commandes de même nom que des programmes utilisés ou la modification de leur nom peut conduire à l'obtention d'un checksum différent sans que le programme entré soit faux.

Mais tout n'est pas toujours si simple car cette bibliothèque comprend de nombreux programmes écrits en langage-machine.

Leur compréhension nécessite une lecture approfondie de la partie de ce livre consacrée à ce langage.

Toutefois, ils peuvent parfaitement être utilisés sans aucune connaissance particulière, si ce n'est celle de la méthode à utiliser pour les entrer en mémoire, que nous rappelons ici…

Entrer un programme LM

Pour des raisons de facilité de lecture les programmes en langage-machine (constitués de chiffres hexadécimaux "0", "1"…"9", "A"…"F") sont présentés par groupes de 5 codes. Par exemple, le programme NOTHING (programme ne faisant rien) est présenté sous la forme :

```
NOTHING (# B6F7h)
CCD20 F0000 14216 4808C
```

Pour le rentrer en mémoire, il suffit de procéder ainsi :

- Entrer la suite de codes **sans espace ni passage à la ligne** (dans l'exemple ci-dessus, cela donnerait : "CCD20F0000142164808C") ;

- Après vérification de la somme de contrôle entre parenthèses grâce à la commande BYTES (vérification optionnelle mais fortement conseillée) exécuter le programme GASS (ou RASS une fois celui-ci entré) sur la chaîne de caractères entrée. GASS (ou RASS) renverra dans la pile l'objet recherché (c'est-à-dire, dans le cas de programmes en langage-machine, le "code" proprement dit [ie : la séquence d'instructions directement compréhensibles par la machine]).

A ce stade, la pile peut contenir un objet inhabituel (contenant souvent les mots Code ou External). **Cet objet ne doit jamais être édité** (sous peine de le détruire).

La dernière chose à faire est alors de stocker le résultat renvoyé par GASS dans la variable correspondant au nom du programme (dans notre exemple, il faut donc faire 'NOTHING' STO).

Pour permettre des vérifications plus faciles, nous avons inclus deux programmes, PAR5 (ainsi que sa version assembleur PAR5LM) et CLEAN qui permettent respectivement de mettre la chaîne des codes sous une forme identique à celle de ce livre (par groupes de 5 codes, 8 groupes par ligne) et de "nettoyer" une chaîne en enlevant tous les caractères autres que les chiffres hexadécimaux. Pour des raisons de rapidité, ce second programme est lui-même écrit en langage-machine.

En résumé, avant de taper tout programme en langage-machine, il vous faudra entrer les deux programmes RPL (le langage classique de la HP48) GASS et PAR5, vous entraîner à entrer un programme assembleur avec NOTHING (qui est très court et donc peu susceptible d'erreur) puis entrer le programme assembleur CLEAN. A ce stade, vous disposerez de tous les outils nécessaires pour accéder à toutes les ressources qui vous sont dévoilées dans ce livre...

Bibliothèque de programmes

GASS

GASS est un programme de création d'objets : Il crée n'importe quel objet à partir de son listing en codes hexadécimaux.

Ce programme est expliqué en détail dans le chapitre 9 de la partie précédente.

Il prend une chaîne de caractères contenant la suite de codes hexadécimaux et renvoie l'objet correspondant.

```
GASS (# 1DB3h)
«
    "GROB 8 " OVER SIZE 2 / + " " + SWAP + OBJ→
    #4017h SYSEVAL #56B6h SYSEVAL DROP NEWOB
»
```

Remarque : la création d'objets est une fonction qu'il faut employer avec précaution. En effet, il ne faut pas transformer n'importe quelle suite de codes mais uniquement des listings correspondant à de vrais objets.

Il est donc conseillé de vérifier soigneusement les chaînes de caractères contenant les codes avant de lancer le programme GASS.

ALLBYTES

Le programme ALLBYTES réalise le calcul des sommes de contrôle de tous les objets du répertoire courant.

Il renvoie comme résultat une chaîne de caractères contenant les noms des objets suivis de leur somme de contrôle (hexadécimale).

```
ALLBYTES (# 52FFh)
«
  VARS
  → V
  «
    HEX "↵" 1 V SIZE
    FOR X
      V X GET SWAP OVER →STR 2 OVER SIZE 1 -
      SUB ":" + "              " OVER SIZE 15
      SUB + + SWAP BYTES DROP "↵" + +
    NEXT
  »
»
```

PAR5

PAR5 est un petit utilitaire qui permet de présenter les chaînes de codes d'un programme en langage-machine sous une forme identique à celle utilisée dans ce livre (8 groupes de 5 codes par ligne).

Il est utile lorsque l'on recherche une erreur détectée dans une chaîne de codes à l'aide de la somme de contrôle.

Par exemple :

`"CCD20F0000142164808C" PAR5`

Renverra :

`"CCD20 F0000 14216 4808C "`

Voici donc le programme PAR5 :

```
PAR5 (# 74BAh)
«
   → S
   «
     "↵" 0 S SIZE 1 -
     FOR X
       1 40
       FOR Y
         S X Y + DUP 4 + SUB + " " + 5
       STEP
       "↵" + 40
     STEP
   »
»
```

PAR5LM

PAR5LM est la version assembleur du programme PAR5 listé précédemment.

Ce programme présente deux intérêts : tout d'abord il est infiniment plus rapide que le précédent, mais il présente en outre une technique astucieuse d'utilisation de la mémoire.

Deux possibilités existent en effet lorsqu'on désire réserver de la mémoire pour écrire le résultat d'un programme (ici : la chaîne de caractères formatée) :

- Calculer l'espace nécessaire et le réserver. Mais cela n'est pas toujours possible, car on ne peut pas toujours prévoir l'espace qui sera nécessaire…

- Réserver tout l'espace disponible, écrire le résultat (en faisant attention de ne pas dépasser l'espace alloué) puis déréserver l'espace inutilisé.

C'est cette seconde technique qui est utilisée ici…

PAR5LM a été écrit par Cyrille de BREBISSON.

En voici les codes :

```
PAR5LM (# 45E5h)
D9D20 D4881 2BA81 2BF81 11920 30000 D9D20 75660
CCD20 31100 8FB97 60DBC 6C6CB 818FA F8FD7 B508F
2D760 14313 11741 43137 135CA 13018 114E0 6AE21
4C174 81AF1 01301 64142 D8818 F9481 9F116 43078
0D080 CF202 F8082 0420C D4541 4B968 55148 16117
1A4C5 6EA4E 451CD 43231 0214C 16164 CFCD4 0131A
014C1 6164A F8F2D 76080 82410 0008D 32050 CD45E
0714C 16114 D8F17 6618F 2D760 174E7 81AF1 0808C
B2130 B2130
```

Le listing de PAR5LM est le suivant :

	D9D20	CON(5)	PROL_PRGM	Début d'objet programme
	D4881	CON(5)	CLRCN	Mise à 0 n° de commande
	2BA81	CON(5)	CHK1	1 argument requis
	2BF81	CON(5)	CHKT	Vérif. type
	11920	CON(5)	PROL_SB	Type chaîne
	30000	CON(5)	#00003	=> SB 00003
	D9D20	CON(5)	PROL_PRGM	Début d'objet programme
	75660	CON(5)	NEWOB	Recrée la chaîne
	CCD20	CON(5)	PROL_CODE	Début d'objet code
début	31100	CON(5)	(fin)(début)	Sa longueur…
	8FB9760	GOSBVL	SAVE_REG	Sauvegarde des registres
	DB	C=D	A	
	C6	C=C+C	A	
	C6	C=C+C	A	
	CB	C=C+D	A	
	818FAF	C=C-16	A	Calcul de la mémoire libre
	8FD7B50	GOSBVL	RES_STR	On réserve tout !
	8F2D760	GOSBVL	LOAD_REG	Récupère les registres
	143	A=DAT1	A	
	131	D1=A		
	174	D1=D1+	5	
	143	A=DAT1	A	A= la taille de la chaîne
	137	CD1EX		C=D1 N'existe pas…
	135	D1=C		
	CA	A=A+C	A	Adresse dernier caractère
	130	D0=A		
	181	D0=D0-	2	
	14E	C=DAT0	B	On sauve ce carac ds RSTK
	06	RSTK=C		
	AE2	C=0	B	Et on met 0 à la place
	14C	DAT0=C	B	(marque de fin de chaîne)
	174	D1=D1+	5	D1=@ premier caractère
	81AF10	A=R0	A	Adresse chaîne résultat
	130	D0=A		
	164	D0=D0+	5	
	142	A=DAT0	A	
	D8	B=A	A	
	818F94	B=B-5	A	
	819F1	BSRB	A	B=nbr carac dispo
	164	D0=D0+5		D0=@1er carac. chaîne rés.
BCLE	307	LCHEX	#7	Une ligne = 8 blocks de 5
	80D0	P=C	0	
	80CF	C=P	15	
	20	P=0		On charge le 3 dans
BCL20	2F	P=	15	C champ S
	808204	LA	4	Puis 4 dans le champ S de A
	20	P=	0	
BCL5	CD	B=B-1	A	1 carac de moins dispo.
	454	GOC	ERR	Si carry => erreur !
	14B	A=DAT1	B	On lit le chr
	968	?A=0	B	Si nul, on est en fin
	55	GOYES	FIN	

	148	DAT0=A	B	On écrit le chr
	161	D0=D0+	2	et on passe au chr suivant
	171	D1=D1+	2	
	A4C	A=A-1	S	On décrémente le compteur
	56E	GONC	BCL5	
	A4E	C=C-1	S	Si 8 fois 5 chr=>nlle ligne
	451	GOC	FBC20	
	CD	B=B-1	A	Assez de mem. pour 1 espace
	432	GOC	ERR	
	3102	LC	#20	Code ascii de espace
	14C	DAT0=C	B	On l'écrit dans la chaîne
	161	D0=D0+	2	
	64CF	GOTO	BCL20	On itère
FBC20	CD	B=B-1	A	Assez de mem. pour 1 CR ?
	401	GOC	ERR	Si carry => erreur
	31A0	LC	#0A	Nouvelle ligne
	14C	DAT0=C	B	
	161	D0=D0+	2	Carac. suivant
	64AF	GOTO	BCLE	On itère…
ERR	8F2D760	GOSBVL	LOAD_REG	
	8082410 000	LA	#00001	Erreur : insuffisant mem.
	8D32050	GOVLNG	ERROR	
FIN	CD	B=B-1	A	A t'on assez de mem
	45E	GOC	ERR	pour mettre le dernier chr
	07	C=RSTK		
	14C	DAT0=C	B	On l'écrit dans la chaîne out
	161	D0=D0+	2	
	14D	DAT1=C	B	Et dans la chaîne initiale
	8F17661	GOSBVL	RERESSTR	on déréserve la mémoire : cette routine libère la mémoire se trouvant après la chaîne dont l'adresse de début est dans R0 et l'adresse de fin est dans D0. Elle écrit aussi la longueur totale hors prologue
	8F2D760	GOSBVL	LOAD_REG	Récupération registres
	174	D1=D1+	5	DROP de la chaîne
	E7	D=D+1	A	initiale
	81AF10	A=R0	A	On exécute la chaîne ce qui
	808C	PC=(A)		la pousse sur la pile
fin	B2130	CON(5)	EPILOGUE	Fin d'objet programme
	B2130	CON(5)	EPILOGUE	Fin de l'objet programme

CLEAN

CLEAN réalise la fonction inverse du programme PAR5 : il ôte tous les caractères autres que les chiffres hexadécimaux ("0", "1"..."9", "A"..."F").

Il permet de reconstruire une chaîne de codes prête à être utilisée par GASS après utilisation de PAR5 pour vérification...

Ce programme est principalement écrit en langage-machine, il doit donc être entré conformément aux indications présentes dans l'avertissement situé en début de cette partie...

Voici tout d'abord un listing désassemblé et commenté de CLEAN ; le récapitulatif des codes à entrer (sous la forme explicitée dans l'avertissement) se trouve à la suite...

	D9D20	CON(5)	PROL_PRGM	Objet programme
	D4881	CON(5)	CLRCN	Clear cmd number
	2BA81	CON(5)	CHK1	1 argument
	2BF81	CON(5)	CHKT	Vérif type
	11920	CON(5)	PROL-SB	System binary 00003
	30000	CON(5)	#00003	(1 chaîne)
	D9D20	CON(5)	PROL-PRGM	
	19136	CON(5)	ADDCR	Ajout retour chariot
	CCD20	CON(5)	PROL_CODE	Objet code
début	18000	CON(5)	(fin)-(début)	Longueur code
	8FB9760	GOSBVL	SAVE_REG	Sauvegardes
	143	A=DAT1	A	
	130	D0=A		D0=D1=adresse
	131	D1=A		objet au niveau 1
	169	D0=D0+	10	D0=adresse contenu
	174	D1=D1+	5	
	143	A=DAT1	A	A=taille
	174	D1=D1+	5	D1=adresse contenu
	818F84	A=A-5	A	
	819F0	ASRB	A	
	D8	B=A	A	B=nbr de carac de la chaîne
l1	8A9	?B=0	A	Terminé?
	83	GOYES	l4	Oui -> fin !
	14B	A=DAT1	B	
	3103	LCHEX	30	Code ASCII de '0'
	9E2	?A<C	B	
	32	GOYES	l3	Mauvais carac...
	3193	LCHEX	39	Code ASCII de '9'

	9EA	?A<=C	B		
	41	GOYES	l2	Bon carac…	
	3114	LCHEX	41	Code ASCII de 'A'	
	9E2	?A<C	B		
	11	GOYES	l3	Mauvais carac…	
	3164	LCHEX	46	Code ASCII de 'F'	
	9E6	?A>C	B		
	80	GOYES	l3	Mauvais carac…	
l2	148	DAT0=A	B	Bon carac -> on le réécrit	
	161	D0=D0+	2	Au suivant…	
l3	171	D1=D1+	2		
	CD	B=B-1	A	Un de moins	
	68CF	GOTO	l1	On itère !	
l4	31A0	LC(2)	#0A	On marque la fin par le	
	14C	DAT0=C	B	carac 0A (retour-chariot)	
	8F2D760	GOSBVL	LOAD_REG	Récupérations	
	142	A=DAT0	A	Retour au RPL	
	164	D0=D0+	5		
	808C	PC=(A)			
fin					
	7A721	CON(5)	STRCUT	; coupe la chaîne au RC	
	32230	CON(5)	SWAP	; on ôte la fin de	
	44230	CON(5)	DROP	; la chaîne	
	B2130	CON(5)	EPILOGUE		
	B2130	CON(5)	EPILOGUE		

CLEAN (# 20DBh)

```
D9D20 D4881 2BA81 2BF81 11920 30000 D9D20 19136
CCD20 18000 8FB97 60143 13013 11691 74143 17481
8F848 19F0D 88A98 314B3 1039E 23231 939EA 41311
49E21 13164 9E680 14816 1171C D68CF 31A01 4C8F2
D7601 42164 808C7 A7213 22304 4230B 2130B 2130
```

PEEK

PEEK permet de connaître le contenu de la mémoire à une adresse donnée. Son utilisation est simple : on lui passe en argument l'adresse à observer et le nombre de quartets à lire et il renvoie un listing des codes hexadécimaux présents à cette adresse sous la forme d'une chaîne de caractères.

Ainsi #0h #5h PEEK renvoie les 5 premiers quartets de la rom de la HP48 : "2369B"...

Cette version de PEEK permet d'accéder en lecture à la mémoire dans son état courant. En particulier cette commande ne permet pas de lire la totalité de la mémoire morte (la zone cachée sous la ram interne ne lui est pas visible).

Voici tout d'abord le listing commenté du programme assembleur PEEK. Le rappel des codes à entrer se trouve ensuite .

	D9D20	CON(5)	PROL_PRGM	Objet programme.
	D4881	CON(5)	CLRCN	Mise a zéro N° cmde
	D8A81	CON(5)	CHK2	Vérification 2 args
	2BF81	CON(5)	CHKT	Vérification type
	11920	CON(5)	PROL-SB	System binary 000BB
	BB000	CON(5)	#000BB	2 entiers
	CCD20	CON(5)	PROL_CODE	Objet code
début	3A000	CON(5)	(fin)-(début)	Longueur objet
	8FB9760	GOSBVL	SAVE_REG	Sauvegardes
	147	C=DAT1	A	
	134	D0=C		
	169	D0=D0+	10	D0=adresse du contenu de l'objet au niveau 1 de la pile (longueur du PEEK)
	142	A=DAT0	A	Lecture du nombre de quartets à lire
	340FFF7	LCHEX	#7FFF0h	Taille max
	8B6	?C<A	A	
	40	GOYES	10	Taille correcte
	D6	C=A	A	La taille est trop grande, on la fixe à la taille max.
10	C6	C=C+C	A	Nombre de quartets à réserver (2 par carac.)
	8FD7B50	GOSBVL	#05B7Dh	Réservation ...

	132	AD0ex		
	147	C=DAT1	A	
	134	D0=C		D0=adresse de l' objet au niveau 1
	169	D0=D0+	10	
	146	C=DAT0	A	Lecture du contenu (taille du peek)
	D5	B=C	A	
	174	D1=D1+	5	
	147	C=DAT1	A	
	134	D0=C		D0=adresse de l' objet au niveau 2
	169	D0=D0+	10	
	146	C=DAT0	A	Lecture du contenu
	135	D1=C		
	130	D0=A		
l1	8A9	?B=0	A	Est ce terminé?
	F2	GOYES	l3	Oui -> fin !
	AE0	A=0	B	
	15B0	A=DAT1	1	On lit un quartet
	3103	LCHEX	#30h	;
	A6A	A=A+C	B	;Transformation
	3193	LCHEX	39	;en code ASCII
	9EA	?C>=A	B	;(0->'0'=48...
	90	GOYES	l2	;15->'F'=70)
	3170	LCHEX	07	;
	A6A	A=A+C	B	;
l2	148	DAT0=A	B	Écriture dans la chaîne...
	161	D0=D0+	2	Carac suivant
	170	D1=D1+	1	Quartet suivant
	CD	B=B-1	A	Un de moins
	61DF	GOTO	l1	On itère...
l3	8F2D760	GOSBVL	LOAD_REG	Récupérations
	174	D1=D1+	5	DROP
	E7	D=D+1	A	
	118	C=R0		
	145	DAT1=C	A	Result -> pile
	142	A=DAT0	A	Retour au RPL
	164	D0=D0+	5	
	808C	PC=(A)		
fin	B2130	CON(5)	EPILOGUE	Fin programme

PEEK (# 3D5Bh)

```
D9D20 D4881 D8A81 2BF81 11920 BB000 CCD20 3A000
8FB97 60147 13416 91423 40FFF 78B64 0D6C6 8FD7B
50132 14713 41691 46D51 74147 13416 91461 35130
8A9F2 AE015 B0310 3A6A3 1939E A9031 70A6A 14816
1170C D61DF 8F2D7 60174 E7118 14514 21648 08CB2
130
```

APEEK

APEEK est une variante du programme précédent (PEEK). Ce programme lit 5 quartets à l'adresse qui lui est fournie en argument et en renvoie la valeur, retournée (puisque les adresses sont écrites "à l'envers" en mémoire), sous la forme d'un entier. Ce programme est donc équivalent au programme :

« #5h PEEK STR→A »

(voir le programme STR→A listé plus loin) mais est entièrement écrit en externals.

Par exemple : #806D0h APEEK renvoie l'adresse du GROB du menu.

Voici son listing :

02D9D	Début de l'objet programme
1884D	Met à zéro le numéro de commande (CLRCN)
18AB2	1 argument requis (CHK1)
18FB2	Vérification type (CKT)
02911	Type : entier (system binary <0000Bh>)
0000B	
02D9D	Début d'objet programme
02A4E	Entier nul de 5 quartets
0000A	
00000	
06657	Récréation de l'objet en ram objets tempo.
03223	SWAP
6595A	PEEK
0312B	Fin d'objet programme
0312B	Fin de l'objet programme

Ce qui donne les codes suivants (ne pas oublier qu'il faut "retourner" les adresses des externals) :

```
APEEK (# 922Eh)
D9D20 D4881 2BA81 2BF81 11920 B0000 D9D20 E4A20
A0000 00000 75660 32230 A5956 B2130 B2130
```

POKE

Le programme POKE réalise la fonction inverse de PEEK : il permet d'écrire une suite de quartets à une adresse donnée.

Il prend comme arguments un entier égal à l'adresse où 'poker' (au niveau 2 de la pile) et la suite des quartets à écrire en mémoire sous la forme d'une chaîne de caractères contenant les valeurs hexadécimales des quartets à écrire (au niveau 1 de la pile).

ATTENTION : l'usage inconsidéré de POKE peut corrompre le contenu de la mémoire vive et perturber le fonctionnement de la calculatrice... il convient donc de l'employer avec précaution ! Bien entendu les programmes présentés ci-après qui font usage de POKE sont sans danger !

Voici le listing désassemblé et commenté du programme POKE :

	D9D20	CON(5)	PROL_PRGM	Objet programme.
	D4881	CON(5)	CLRCN	Mise à zéro N° cmde
	2BA81	CON(5)	CHK1	1 argument requis
	2BF81	CON(5)	CKT	Vérification type
	11920	CON(5)	PROL-SB	Type : entier et chaîne
	3B000	CON(5)	#000B3	System binary <000B3h>
	CCD20	CON(5)	PROL_CODE	Objet code
début	48000	CON(5)	(fin)-(début)	Longueur objet
	8FB9760	GOSBVL	SAVE_REG	Sauvegardes
	143	A=DAT1	A	
	132	AD0ex		D0=adresse de l' objet au niveau 1
	164	D0=D0+	5	
	146	C=DAT0	A	C=Longueur (5+2*le nombre de carac de la chaîne à poker)
	164	D0=D0+	5	
	D5	B=C	A	
	174	D1=D1+	5	
	143	A=DAT1	A	
	131	D1=A		D1=adresse objet 2 (adresse où poker)
	179	D1=D1+	10	
	143	A=DAT1	A	
	131	D1=A		D1=adresse où poker
	3450000	LCHEX	#00005h	
11	E1	B=B-C	A	

	8A9	?B=0	A	terminé?
	13	GOYES	13	oui -> fin !
	14A	A=DAT0	B	Lecture carac
	3103	LCHEX	30	;
	B6A	A=A-C	B	;Conversion ASCII
	3190	LCHEX	09	;en Hexa
	9EA	?C>=A	B	;(48='0' -> 0…
	90	GOYES	12	; 70='F' -> 15)
	3170	LCHEX	07	;
	B6A	A=A-C	B	;
12	1590	DAT1=A	1	Écriture en mémoire
	161	D0=D0+	2	Carac suivant
	170	D1=D1+	1	Quartet suivant
	3420000	LCHEX	#00002h	
	6DCF	GOTO	11	On itère…
13	8F2D760	GOSBVL	LOAD_REG	Récupérations
	179	D1=D1+	10	;
	E7	D=D+1	A	;DROP2
	E7	D=D+1	A	;
	142	A=DAT0	A	Retour au RPL
	164	D0=D0+	5	
	808C	PC=(A)		
fin	B2130	CON(5)	EPILOGUE	Fin programme

POKE (# 8018h)

```
D9D20 D4881 2BA81 2BF81 11920 3B000 CCD20 48000
8FB97 60143 13216 41461 64D51 74143 13117 91431
31345 0000E 18A91 314A3 103B6 A3190 9EA90 3170B
6A159 01611 70342 00006 DCF8F 2D760 179E7 E7142
16480 8CB21 30
```

APOKE

APOKE est une variante du programme précédent (POKE). Ce programme écrit une adresse donnée au niveau 1 à l'adresse donnée au niveau 2 (deux entiers). Les 5 quartets constituant l'adresse à écrire sont "retournés". Ce programme réalise donc la fonction inverse de APEEK et pourrait s'écrire :

« A→STR POKE »

(voir le programme A→STR listé plus loin). Cette version est entièrement écrite en externals :

02D9D	Début de l'objet programme
1884D	Met à zéro le numéro de commande (CLRCN)
18A8D	2 argument requis (CHK2)
18FB2	Vérification type (CKT)
02911	Type : deux entiers (system binary <000BBh>)
0000B	
02D9D	Début d'objet programme
02911	System binary <00001h>
00001	
02911	System binary <00005h>
00005	
05815	Coupe l'entier selon les deux SB (on conserve les 5 quartets de l'adresse seulement)
03223	SWAP
6594E	Écrit l'entier (POKE)
0312B	Fin d'objet programme
0312B	Fin de l'objet programme

Ce qui donne les codes suivants (ne pas oublier qu'il faut "retourner" les adresses des externals) :

```
APOKE (# EE1Ah)
D9D20 D4881 D8A81 2BF81 11920 BB000 D9D20 11920
10000 11920 50000 51850 32230 E4956 B2130 B2130
```

ROMPEEK

Comme nous l'avons vu au chapitre 5 de la deuxième partie, certaines zones de la rom sont cachées car recouvertes par des modules (rom sous la ram I/O, sous la ram interne...). Le programme ROMPEEK permet d'accéder à la totalité de la mémoire morte, en déconfigurant les modules la masquant. Pour effectuer cette opération sans risque, on installe le programme de lecture en ram réservée, dans le buffer de transfert de mémoire (#800F5h). C'est le programme INSTALL qui réalise cette opération : il prend un objet code sur la pile, copie son contenu en #800F5h et l'appelle (remarque : la taille de l'objet code ne doit pas excéder 532 quartets). En résumé, le programme ROMPEEK peut s'écrire ainsi :

02D9D	Début d'objet programme
1884D	Met à zéro le numéro de commande (CLRCN)
18A8D	2 arguments requis (CHK2)
18FB2	Vérification type (CKT)
02911	Type : deux entiers (system binary <000BBh>)
0000B	
02D9D	Début d'objet programme
06E97	Place l'objet qui suit sur la pile sans l'évaluer
02DCC...	Code réalisant la lecture (voir plus loin)
02DCC...	Code de INSTALL (voir plus loin)
0312B	Fin d'objet programme
0312B	Fin d'objet programme

Voici le listing commenté de INSTALL :

	CCD20	CON(5)	PROL_CODE	Objet code
début	24000	CON(5)	(fin)-(début)	Sa taille...
	143	A=DAT1	A	On lit l'adresse de l'objet au niveau 1 (dans A)
	174	D1=D1+	5	On ôte cet objet
	E7	D=D+1	A	
	8FB9760	GOSBVL	SAVE_REG	Sauvegarde des registres
	130	D0=A		D0=adresse objet
	164	D0=D0+	5	
	146	C=DAT0	A	
	818FA4	C=C-5	A	C=taille du contenu
	164	D0=D0+	5	
	1F5F008	D1=	#800F5	Adresse où transférer
	8FC0760	GOSBVL	TRDN	Copie...
	8F2D760	GOSBVL	LOAD_REG	On récupère les registres
	8D5F008	GOVLNG	#800F5	On appelle l'objet code
fin				

Voici le programme qui réalise la lecture en mémoire :

	CCD20	CON(5)	PROL_CODE	Objet code
début	5D100	CON(5)	(fin)-(début)	Sa taille...
	8FB9760	GOSBVL	SAVE_REG	Sauvegarde des registres
	147	C=DAT1	A	
	134	D0=C		
	169	D0=D0+	10	
	142	A=DAT0	A	A=nbr de qu. à lire
	340FFF7	LCHEX	#7FFF0	Taille max.
	8B6	?A>C	A	
	40	GOYES	L1	
	D6	C=A	A	
L1	C6	C=C+C	A	
	8FD7B50	GOSBVL	#05B7D	Réservation...
	132	AD0EX		
	147	C=DAT1	A	
	134	D0=C		D0=@ obj. au niveau 1
	169	D0=D0+	10	
	146	C=DAT0	A	Taille du peek
	D5	B=C	A	
	174	D1=D1+	5	
	147	C=DAT1	A	
	134	D0=C		
	169	D0=D0+	10	
	146	C=DAT0	A	Adresse du peek
	135	D1=C		
	130	D0=A		
L3	8AD	?B#0	A	Est-ce terminé ?
	60	GOYES	L0	non => on continue
	6E51	GOTO	L2	oui => fin
L0	8F51110	GOSBVL	DISINTR	Interdit les interruptions
	133	AD1EX		On copie D1 dans A
	131	D1=A		(adresse du peek)
	136	CD0EX		Sauvegarde de D0
	109	R1=C		
	3404100	LCHEX	#00140	peek après #00140 ?
	8BE	?A>=C	A	
	C1	GOYES	R0	
	3100	LCHEX	#00	peek avant #00100 ?
	8B2	?A<C	A	
	31	GOYES	R0	
	804	UNCNFG		Déconfiguration ram I/O
	AE0	A=0	B	Lecture d'un quartet
	15B0	A=DAT1	1	
	805	CONFIG		Reconfiguration ram I/O
	62F0	GOTO	RF	Suite...
R0	34000E7	LCHEX	#7E000	peek après #7E000 ?
	8BE	?A>=C	A	
	D0	GOYES	R1	
	AE0	A=0	B	Lecture directe…
	15B0	A=DAT1	1	
	6BD0	GOTO	RF	Suite...
R1	3400008	LCHEX	#80000	peek après #80000 ?
	8BE	?A>=C	A	
	56	GOYES	R2	

	34000F7	LCHEX	#7F000	peek après #7F000 ?
	8BE	?A>=C	A	
	92	GOYES	R3	
	33000E	LCHEX	#E000	Déconfiguration du bank-
	804	UNCNFG		switcher en #7E000
	AE0	A=0	B	Lecture d'un quartet
	15B0	A=DAT1	1	
	136	CD0EX		
	34000FF	LCHEX	#FF000	Reconfiguration du bank-
	805	CONFIG		switcher (taille #1000h,
	136	CD0EX		adresse #7E000h)
	805	CONFIG		
	6C90	GOTO	RF	Suite...
R3	804	UNCNFG		Double déconfiguration
	804	UNCNFG		en #7F000h
	AE0	A=0	B	Lecture d'un quartet
	15B0	A=DAT1	1	
	136	CD0EX		Reconfigurations (deux
	34000FF	LCHEX	#FF000	modules vides de taille
	805	CONFIG		#1000h à l'adresse #7F000h)
	136	CD0EX		
	805	CONFIG		
	136	CD0EX		
	805	CONFIG		
	136	CD0EX		
	805	CONFIG		
	6C60	GOTO	RF	Suite...
R2	340000C	LCHEX	#C0000	peek après #C0000h ?
	8BE	?A>=C	A	
	64	GOYES	R4	
	7210	GOSUB	R5	
R20	11A	C=R2		Récupération D1
	135	D1=C		
	AE0	A=0	B	Lecture d'un quartet
	15B0	A=DAT1	1	
	104	R4=A	W	Sauvegarde quartet
	01	RTN		Retour...
R5	137	CD1EX		Sauvegarde D1
	10A	R2=C		
	D9	C=B	A	
	10B	R3=C		Sauvegarde B
	07	C=RSTK		C=adresse de R20
	2C	P=	12	
	80F4	CPEX	4	C=adresse de R20 après
				déplacement de la ram
	20	P=0		
	8FAC620	GOSBVL	EXHR	Déplace la ram interne et
				appelle la routine en C(A)
	11B	C=R3		Récupération B(A)
	D5	B=C	A	
	11A	C=R2		Récupération D1
	135	D1=C		
	114	A=R4	W	Récupération quartet lu
	6C10	GOTO	RF	Suite...
R4	20	P=	0	Décache rom #C0000-#FFFFF

	8F83B07	GOSBVL	#70B38	
	AE0	A=0	B	Lecture quartet…
	15B0	A=DAT1	1	
	21	P=	1	Recache rom #C0000-#F0000
	8F83B07	GOSBVL	#70B38	
RF	8F5E010	GOSBVL	ALLINTR	Autorise les interruptions
	119	C=R1		Récupération D0
	134	D0=C		
	3103	LCHEX	#30	; conversion quartet en
	A6A	A=A+C	B	; code ASCII
	3193	LCHEX	#39	; 0 -> '0' == #30h
	9EA	?C>=A	B	; …
	90	GOYES	L4	; F -> 'F' == #46h
	3170	LCHEX	#07	;
	A6A	A=A+C	B	;
L4	148	DAT0=A	B	Écriture dans la chaîne
	161	D0=D0+	2	Carac. suivant
	170	D1=D1+	1	Quartet suivant
	CD	B=B-1	A	
	6F9E	GOTO	L3	on itère…
L2	8F2D760	GOSBVL	LOAD_REG	Récupération des registres
	174	D1=D1+	5	DROP des arguments
	E7	D=D+1	A	et PUSH de la chaîne créée
	118	C=R0	W	dans la pile
	145	DAT1=C	A	
	142	A=DAT0	A	Retour au RPL
	164	D0=D0+	5	
	808C	PC=(A)		
fin				

D'où les codes constituant ROMPEEK :

ROMPEEK (# 1F79h)
```
D9D20 D4881 2BA81 2BF81 11920 BB000 D9D20 79E60
CCD20 5D100 8FB97 60147 13416 91423 40FFF 78B64
0D6C6 8FD7B 50132 14713 41691 46D51 74147 13416
91461 35130 8AD60 6E518 F5111 01331 31136 10934
04100 8BEC1 31008 B2318 04AE0 15B08 0562F 03400
0E78B ED0AE 015B0 6BD03 40000 88BE5 63400 0F78B
E9233 000E8 04AE0 15B01 36340 00FF8 05136 8056C
90804 804AE 015B0 13634 000FF 80513 68051 36805
13680 56C60 34000 0C8BE 64721 011A1 35AE0 15B01
04011 3710A D910B 072C8 0F420 8FAC6 2011B D511A
13511 46C10 208F8 3B07A E015B 0218F 83B07 8F5E0
10119 13431 03A6A 31939 EA903 170A6 A1481 61170
CD6F9 E8F2D 76017 4E711 81451 42164 808CC CD202
40001 43174 E78FB 97601 30164 14681 8FA41 641F5
F0088 FC076 08F2D 7608D 5F008 B2130 B2130
```

BPEEK

De même que la totalité de la rom n'est pas accessible directement, il faut un programme spécial pour lire les différents bancs de la carte en port 2.

Ce programme prend en entrée deux entiers :

- au niveau 2 une adresse étendue égale à l'adresse où l'on veut lire plus #100000h fois le numéro de banc (par exemple #0C0000h pour les premiers quartets du premier banc, banc 0, #1FC0000h pour les premiers quartets du dernier banc d'une carte 4 Mo, banc 31) ;
- le nombre de quartets à lire.

Comme pour ROMPEEK, on installe le programme de lecture à proprement parler en ram réservée grâce au programme INSTALL (voir ROMPEEK).

BPEEK s'écrit donc :

02D9D	Début d'objet programme
1884D	Met à zéro le numéro de commande (CLRCN)
18A8D	2 arguments requis (CHK2)
18FB2	Vérification type (CKT)
02911	Type : deux entiers (system binary <000BBh>)
0000B	
02D9D	Début d'objet programme
06E97	Place l'objet qui suit sur la pile sans l'évaluer
02DCC...	Code réalisant la lecture (voir plus loin)
02DCC...	Code de INSTALL
0312B	Fin d'objet programme
0312B	Fin d'objet programme

Remarques :

- aucune vérification n'est faite quant à la présence d'une carte en port 2 ;
- on ne vérifie pas si le banc demandé existe (c'est-à-dire si le numéro de banc requis est strictement inférieur au nombre de bancs de la carte).

L'objet effectuant la lecture est le suivant :

	CCD20	CON(5)	PROL_CODE	Objet code
début	AF000	CON(5)	(fin)-(début)	Longueur du code...
	8FB9760	GOSBVL	SAVE_REG	Sauvegarde registres
	147	C=DAT1	A	
	134	D0=C		
	169	D0=D0+	10	
	142	A=DAT0	A	A=nbr de qu. à lire
	340FFF7	LC	7FFF0	taille max.
	8B6	?A>C	A	
	40	GOYES	L1	
	D6	C=A	A	
L1	C6	C=C+C	A	
	8FD7B50	GOSBVL	#05B7D	Réservation...
	132	AD0EX		
	147	C=DAT1	A	
	134	D0=C		D0=@ obj. au niveau 1
	169	D0=D0+	10	
	146	C=DAT0	A	Taille du peek
	D5	B=C	A	
	174	D1=D1+	5	
	147	C=DAT1	A	
	134	D0=C		
	169	D0=D0+	10	
	AF2	C=0	W	
	15E6	C=DAT0	7	Adresse et banc du peek
	135	D1=C		
	130	D0=A		
	8F706D0	GOSBVL	CSRW5	
	8082404	LAHEX	#7F040	Adresse de base du bank-
	0F7			switcher du port 2
	C6	C=C+C	A	
	C2	C=C+A	A	
	D7	D=C	A	Adresse bank switcher banc
L3	8A9	?B=0	A	Est-ce terminé ?
	B6	GOYES	L2	oui => fin
	8F51110	GOSBVL	DISINTR	Interdit les interruptions
	20	P=0		
	136	CD0EX		
	109	R1=C	W	
	DB	C=D	A	
	134	D0=C		D0=adresse bank-switcher
	8F2C807	GOSBVL	#708C2	On décache le banc
	AE0	A=0	B	
	15B0	A=DAT1	1	Lecture un quartet
	DB	C=D	A	
	134	D0=C		
	21	P=1		
	8F2C807	GOSBVL	#708C2	On recache le banc
	119	C=R1		
	134	D0=C		
	8F5E010	GOSBVL	ALLINTR	Autorise les interruptions
	119	C=R1		

	134	D0=C		Récupération D0
	3103	LC	#30	; conversion quartet en
	A6A	A=A+C	B	; code ASCII :
	3193	LC	39	; 0 -> '0' == #30h
	9EA	?C>=A	B	; ...
	90	GOYES	L4	; F -> 'F' == #46h
	3170	LC	07	;
	A6A	A=A+C	B	;
L4	148	DAT0=A	B	Écriture dans la chaîne
	161	D0=D0+	2	Carac. suivant
	170	D1=D1+	1	Quartet suivant
	CD	B=B-1	A	
	659F	GOTO	L3	On itère
L2	8F2D760	GOSBVL	LOAD_REG	Récupération des registres
	174	D1=D1+	5	DROP des arguments
	E7	D=D+1	A	et PUSH de la chaîne créée
	118	C=R0	W	dans la pile
	145	DAT1=C	A	
	142	A=DAT0	A	retour au RPL
	164	D0=D0+	5	
	808C	PC=(A)		

fin

D'où les codes constituant BPEEK :

BPEEK (# 4855h)
```
D9D20 D4881 2BA81 2BF81 11920 BB000 D9D20 79E60
CCD20 AF000 8FB97 60147 13416 91423 40FFF 78B64
0D6C6 8FD7B 50132 14713 41691 46D51 74147 13416
9AF21 5E613 51308 F706D 08082 4040F 7C6C2 D78A9
B68F5 11102 01361 09DB1 348F2 C807A E015B 0DB13
4218F 2C807 11913 48F5E 01011 91343 103A6 A3193
9EA90 3170A 6A148 16117 0CD65 9F8F2 D7601 74E71
18145 14216 4808C CCD20 24000 14317 4E78F B9760
13016 41468 18FA4 1641F 5F008 8FC07 608F2 D7608
D5F00 8B213 0B213 0
```

BPOKE

Fonction inverse de la précédente, BPOKE permet d'écrire dans un banc donné d'une carte en port 2.

Ce programme prend en entrée deux arguments, un entier et une chaîne :

- au niveau 2 une adresse étendue égale à l'adresse où l'on veut lire plus #100000h fois le numéro de banc (par exemple #0C0000h pour les premiers quartets du premier banc, banc 0, #1FC0000h pour les premiers quartets du dernier banc d'une carte 4 Mo, banc 31) ;

- une chaîne de caractère contenant les quartets à écrire (par exemple "123456789ABCDEF0").

Comme pour ROMPEEK et BPEEK, on installe le programme de lecture à proprement parler en ram réservée grâce au programme INSTALL (voir ROMPEEK).

BPEEK s'écrit donc :

02D9D	Début d'objet programme
1884D	Met à zéro le numéro de commande (CLRCN)
18A8D	2 arguments requis (CHK2)
18FB2	Vérification type (CKT)
02911	Type : une chaîne, un entier
000B3	(system binary <000B3h>)
02D9D	Début d'objet programme
06E97	Place l'objet qui suit sur la pile sans l'évaluer
02DCC...	Code réalisant l'écriture (voir plus loin)
02DCC...	Code de INSTALL
0312B	Fin d'objet programme
0312B	Fin d'objet programme

Remarques :

- aucune vérification n'est faite quant à la présence d'une carte en port 2 ;

- on ne vérifie pas si le banc demandé existe (c'est-à-dire si le numéro de banc requis est strictement inférieur au nombre de bancs de la carte).

L'objet effectuant l'écriture est le suivant :

	CCD20	CON(5)	PROL_CODE	Objet code
début	BC000	CON(5)	(fin)-(début)	Longueur du code
	8FB9760	GOSBVL	SAVE_REG	Sauvegarde registres
	143	A=DAT1	A	
	132	AD0EX		D0=adresse objet 1
	164	D0=D0+	5	
	146	C=DAT0	A	C=taille chaîne
	164	D0=D0+	5	
	D5	B=C	A	
	174	D1=D1+	5	
	143	A=DAT1	A	
	131	D1=A		
	179	D1=D1+	10	
	AF0	A=0	W	
	15B6	A=DAT1	7	Adresse et N° de banc
	131	D1=A		
	8F5E5D0	GOSBVL	ASLW5	
	34040F7	LCHEX	#7F040	Adresse de base du bank-switcher port 2
	C4	A=A+A	A	
	C2	C=C+A	A	
	D7	D=C	A	D=adresse du bank-switcher du banc requis
	3450000	LC	#00005	
L3	E1	B=B-C	A	
	8A9	?B=0	A	Est-ce terminé ?
	06	GOYES	L1	oui => fin
	14A	A=DAT0	B	Lecture code ascii quartet à écrire
	3103	LC	#30	; conversion ASCII -> HEXA
	B6A	A=A-C	B	;
	3190	LC	#09	;
	9EA	?C>=A	B	;
	90	GOYES	L2	;
	3170	LC	#07	;
	B6A	A=A-C	B	;
L2	8F51110	GOSBVL	DISINTR	Interdit les interruptions
	136	CD0EX		
	108	R0=C		Sauvegarde D0
	DB	C=D	A	
	134	D0=C		D0=adresse bank-switcher
	20	P=0		
	8F2C807	GOSBVL	#708C2	Décache le banc requis
	1590	DAT1=A	1	Écriture quartet
	DB	C=D	A	
	134	D0=C		D0=adresse du bank-switcher
	21	P=1		
	8F2C807	GOSBVL	#708C2	Recache le banc
	118	C=R0		Récupération D0
	134	D0=C		
	161	D0=D0+	2	Caractère suivant
	170	D1=D1+	1	Quartet suivant

```
              3420000     LC          #00002
              6E9F        GOTO        L3
L1            8F2D760     GOSBVL      LOAD_REG    Récupération registres
              179         D1=D1+      10          DROP2
              E7          D=D+1       A
              E7          D=D+1       A
              142         A=DAT0      A           Retour au RPL
              164         D0=D0+      5
              808C        PC=(A)
fin
```

D'où les codes constituant BPOKE :

BPOKE (# 4946h)
```
D9D20 D4881 2BA81 2BF81 11920 3B000 D9D20 79E60
CCD20 BC000 8FB97 60143 13216 41461 64D51 74143
13117 9AF01 5B613 18F5E 5D034 040F7 C4C2D 73450
000E1 8A906 14A31 03B6A 31909 EA903 170B6 A8F51
11013 6108D B1342 08F2C 80715 90DB1 34218 F2C80
71181 34161 17034 20000 6E9F8 F2D76 0179E 7E714
21648 08CCC D2024 00014 3174E 78FB9 76013 01641
46818 FA416 41F5F 0088F C0760 8F2D7 608D5 F008B
2130B 2130
```

?ADR

Ce programme permet de connaître l'adresse de l'objet situé au premier niveau de la pile.

Voici le listing désassemblé et commenté de ?ADR :

	D9D20	CON(5)	PROL_PRGM	Objet programme.
	D4881	CON(5)	CLRCN	Mise à zéro N° cmde
	2BA81	CON(5)	CHK1	1 argument requis
	CCD20	CON(5)	PROL_CODE	Objet code
début	82000	CON(5)	(fin)-(début)	Longueur objet
	147	C=DAT1	A	C=@ objet
	174	D1=D1+	5	On enlève l'
	E7	D=D+1	A	objet de la pile
	108	R0=C		
	8FB9760	GOSBVL	SAVE_REG	
	8F73560	GOSBVL	PUSH_R0	
	142	A=DAT0	A	Retour au RPL
	164	D0=D0+	5	
	808C	PC=(A)		
fin	CC950	CON(5)	SB2I	Sys. Binary -> entier
	B2130	CON(5)	EPILOGUE	Fin programme

?ADR (# 2014h)

```
D9D20 D4881 2BA81 CCD20 82000 14717 4E710 88FB9
7608F 73560 14216 4808C CC950 B2130
```

SSAG

Ce programme permet de connaître le listing des codes de l'objet situé au premier niveau de la pile. Il réalise donc la fonction inverse de GASS, d'où son nom…

Il utilise les programmes PEEK et ?ADR précédemment listés.

Pour déterminer la taille de l'objet, SSAG utilise l'appel syseval #1A1FCh qui réalise la même fonction que BYTES, mais quel que soit le type de l'objet donné en argument (la fonction BYTES exécutée avec un nom global comme argument, renvoie la somme de contrôle et la longueur du contenu de ce nom).

L'objet à étudier est d'abord stocké dans la variable globale 'OBJ.TMP' de manière à lui conférer une adresse fixe.

Par exemple "123" SSAG renverra "C2A20B0000132333" qui est bien le listing de l'objet-chaîne contenant les trois caractères "1", "2" et "3" (codes ASCII #31h, #32h et #33h).

SSAG a été écrit par Dominique MOISESCU.

SSAG (# B7AFh)
```
«
    'OBJ.TMP' STO 'OBJ.TMP' RCL DUP ?ADR SWAP
    # 1A1FCh SYSEVAL SWAP DROP 2 * R→B PEEK 'OBJ.TMP'
    PURGE
»
```

RASS

RASS réalise la même fonction que GASS mais est écrit en assembleur... Voici tout d'abord le listing commenté du programme, suivi de la liste des codes à entrer :

	D9D20	CON(5)	PROL_PRGM	Prologue programme
	D4881	CON(5)	CLRCN	Mise à zéro N° cmde
	2BA81	CON(5)	CHK1	1 argument requis
	2BF81	CON(5)	CKT	Vérification type :
	11920	CON(5)	PROL-SB	Une chaîne (3)
	30000	CON(5à	#00003	<00003h>
	CCD20	CON(5)	PROL_CODE	Prologue code
	BA000	CON(5)	(fin)-(début)	Longueur code
début	8FB9760	GOSBVL	SAVE_REG	Sauvegardes
	147	C=DAT1	A	
	137	CD1ex		D1=adresse chaîne
	109	R1=C		
	174	D1=D1+	5	
	143	A=DAT1	A	chaîne
	3450000	LCHEX	#00005h	
	8A2	?C=A	A	Chaîne vide?
	57	GOYES	15	Oui -> fin
	EA	A=A-C	A	
	81C	ASRB		Nombre de codes
	103	R3=A		
	174	D1=D1+	5	
	137	CD1ex		
	10A	R2=C		
	D6	C=A	A	
	84A	ST=0	10	
11	8F8DA60	GOSBVL	#06AD8h	Réservation mem.
	501	GONC	12	Ok !
	8FD3361	GOSBVL	#1633Dh	Garbage collector
	11B	C=R3		
	6BEF	GOTO	11	
12	119	C=R1		
	135	D1=C		
	132	AD0ex		
	141	DAT1=A	A	Objet réservé dans la pile
	130	D0=A		
	113	A=R3		
	D8	B=A	A	
	CD	B=B-1	A	
	11A	C=R2		
	135	D1=C		
13	14B	A=DAT1	B	On lit un code
	3103	LCHEX	#30h	;

	B6A	A=A-C	B	;
	3190	LCHEX	#09h	;Code ASCII
	9EA	?C>=A	B	;-> hexadécimal
	90	GOYES	l4	;
	3170	LCHEX	#07h	;
	B6A	A=A-C	B	;
l4	1580	DAT0=A	1	Écriture
	160	D0=D0+	1	
	171	D1=D1+	2	
	CD	B=B-1	A	1 de moins
	59D	GONC	l3	On continue si nécessaire
l5	8F2D760	GOSBVL	LOAD_REG	Récupérations
	142	A=DAT0	A	Retour au RPL
	164	D0=D0+	5	
	808C	PC=(A)		
fin	B2130	CON(5)	EPILOGUE	Fin prgm

RASS (# 4D6Fh)

```
D9D20 D4881 2BA81 2BF81 11920 30000 CCD20 BA000
8FB97 60147 13710 91741 43345 00008 A257E A81C1
03174 13710 AD684 A8F8D A6050 18FD3 36111 B6BEF
11913 51321 41130 113D8 CD11A 13514 B3103 B6A31
909EA 90317 0B6A1 58016 0171C D59D8 F2D76 01421
64808 CB213 0
```

CHK

Ce programme sert à la vérification du nombre et du type des objets dans la pile. En lui-même, il ne présente aucun intérêt mais sera fort utile au programmeur désirant contrôler le nombre et le type des objets passés en paramètres à ses programmes. Il peut aussi être remplacé par un programme en externals dans la plupart des cas (si le nombre d'argument est faible). Pour plus de détails sur les externals, voir l'annexe 5…

CHK prend deux arguments dans la pile : deux entiers qui décrivent le nombre et les types d'arguments requis.

Le premier de ces deux entiers est le nombre d'arguments. Il doit être compris entre 0 (aucun argument) et 8. Il se situera au niveau 2 de la pile.

Le second est la description des types. Chaque type est représenté par un nombre hexadécimal à deux chiffres selon la codification présentée dans le tableau page suivante.

Si la codification est mauvaise (nombre d'arguments supérieur à 8 ou type non valide) on obtiendra le message d'erreur "Bad Argument Value".

Si le nombre et les types des arguments aux niveaux 3 et suivants de la pile sont corrects (ils correspondent à la description), il ne se passe rien et les deux entiers de description sont détruits. Dans le cas contraire on obtiendra le message "Too Few Arguments" ou "Bad Argument Value".

Voici quelques exemples :

- Vérifier que la pile contient une chaîne de caractères et un objet quelconque : #2h #0900h CHK

- Vérifier que la pile contient deux entiers : #2h #0A0Ah CHK

- Vérifier que la pile contient 8 objets quelconques : #8h #0h CHK

Code	Type	Prologue
00	Objet quelconque	
01	System Binary	02911
02	Real	02933
03	Long Real	02955
04	Complex	02977
05	Long Complex	0299D
06	Character	029BF
07	Array	029E8
08	Linked Array	02A0A
09	String	02A2C
0A	Binary Integer	02A4E
0B	List	02A74
0C	Directory	02A96
0D	Algebraic	02AB8
0E	Unit	02ADA
0F	Tagged	02AFC
10	Graphic	02B1E
11	Library	02B40
12	Backup	02B62
13	Library Data	02B88
14	Extended pointer	02BAA
15	Reserved 1	02BCC
16	Reserved 2	02BEE
17	Reserved 3	02C10
18	Program	02D9D
19	Code	02DCC
1A	Global Name	02E48
1B	Local Name	02E6D
1C	XLIB name	02E92

Codage des types d'objets

Voici tout d'abord le listing commenté de CHK, suivi du rappel des codes à entrer.

D9D20		CON(5)	PROL_PRGM	Début d'objet programme
D4881		CON(5)	CLRCN	Mise à zéro N° de cmde
CCD20		CON(5)	PROL_CODE	Objet code
99100	début	CON(5)	(fin)-(début)	Longueur code
8FB9760		GOSBVL	SAVE_REG	Sauvegardes
AF0		A=0	W	;Première vérif :
808202		LAHEX	#2h	;les arguments de
AF2		C=0	W	;CHK : deux
33A0A0		LCHEX	#0A0Ah	;entiers…
7270		GOSUB	chk	;
8F2D760		GOSBVL	LOAD_REG	Récupération
179		D1=D1+	10	;DROP des deux
E7		D=D+1	A	;entiers
E7		D=D+1	A	
8FB9760		GOSBVL	SAVE_REG	Sauvegardes
1C9		D1=D1-	10	
3480000		LCHEX	#00008h	Max. args
D5		B=C	A	
147		C=DAT1	A	
134		D0=C		
169		D0=D0+	10	
1567		C=DAT0	W	C(W)=types
174		D1=D1+	5	
143		A=DAT1	A	
130		D0=A		
169		D0=D0+	10	
1527		A=DAT0	W	
174		D1=D1+	5	
8B0		?A>B	A	Plus de 8 args?
71		GOYES	err1	Oui -> erreur
7820		GOSUB	chk	Vérification
8F2D760		GOSBVL	LOAD_REG	Récupérations
142		A=DAT0	A	Retour au RPL
164		D0=D0+	5	
808C		PC=(A)		
3430200	err1	LCHEX	#00203h	Erreur : Bad Arg. Value
DA	err	A=C	A	
8F2D760		GOSBVL	LOAD_REG	Récupérations
8D32050		GOVLNG	#05023h	Erreur
7190	chk	GOSUB	chk2	Ce gosub sert à déterminer l'adresse de début de la liste de prologues qui
		suit…		
00000		CON(5)	#00000h	Objet qcq.
11920		CON(5)	#02911h	System Binary
33920		CON(5)	#02933h	Real
55920		CON(5)	#02955h	Long Real

77920		CON(5)	#02977h	Complex
D9920		CON(5)	#0299Dh	Long Complex
FB920		CON(5)	#029BFh	Character
8E920		CON(5)	#029E8h	Array
A0A20		CON(5)	#02A0Ah	Linked Array
C2A20		CON(5)	#02A2Ch	String
E4A20		CON(5)	#02A4Eh	Binary Integer
47A20		CON(5)	#02A74h	List
69A20		CON(5)	#02A96h	Directory
8BA20		CON(5)	#02AB8h	Algebraic
ADA20		CON(5)	#02ADAh	Unit
CFA20		CON(5)	#02AFCh	Tagged
E1B20		CON(5)	#02B1Eh	Graphic
04B20		CON(5)	#02B40h	Library
26B20		CON(5)	#02B62h	Backup
88B20		CON(5)	#02B88h	Library Data
AAB20		CON(5)	#02BAAh	Extended pointer
CCB20		CON(5)	#02BCCh	Reserved 1
EEB20		CON(5)	#02BEEh	Reserved 2
01C20		CON(5)	#02C10h	Reserved 3
D9D20		CON(5)	#02D9Dh	Program
CCD20		CON(5)	#02DCCh	Code
84E20		CON(5)	#02E48h	Global Name
D6E20		CON(5)	#02E6Dh	Local Name
29E20		CON(5)	#02E92h	XLIB name
D8	chk2	B=A	A	Nombre obj.
AF7		D=C	W	Types
07	l1	C=RSTK		C=adresse de début de la liste
8A9		?B=0	A	fini?
00		RTNYES		Oui !
134		D0=C		
06		RSTK=C		Sauvegarde
31D1		LCHEX	#1Dh	
9E7		?D<C	B	Type ok?
60		GOYES	l2	
693F		GOTO	err1	Non -> erreur
96B	l2	?D=0	B	;
C0		GOYES	l3	;Recherche du
A6F		D=D-1	B	;prologue
164		D0=D0+	5	;
64FF		GOTO	l2	;
147	l3	C=DAT1	A	
8AE		?C#0	A	
D0		GOYES	l4	
3410200		LCHEX	#00201h	Fond de pile atteint -> erreur (Too Few Arguments)
6E1F		GOTO	err	
137	l4	CD1EX		
143		A=DAT1	A	A=prologue obj.
135		D1=C		
146		C=DAT0	A	
8AA		?C=0	A	Objet qcq?

21		GOYES	l5	Oui -> ok
8A2		?A=C	A	Prologue ok?
D0		GOYES	l5	oui -> l5
3420200		LCHEX	#00202h	Le prologue de l'objet ne correspond pas au prologue requis -> "Bad Argument Type"…
6DFE		GOTO	err	
CD	l5	B=B-1	A	Un de moins
BF7		DSR	W	Type suivant
BF7		DSR	W	
174		D1=D1+	5	Obj. suivant
689F		GOTO	l1	On itère…
	fin	CON(5)	Épilogue	Fin de programme

CHK (# 827Ch)

```
D9D20 D4881 CCD20 99100 8FB97 60AF0 80820 2AF23
3A0A0 72708 F2D76 0179E 7E78F B9760 1C934 80000
D5147 13416 91567 17414 31301 69152 71748 B0717
8208F 2D760 14216 4808C 34302 00DA8 F2D76 08D32
05071 90000 00119 20339 20559 20779 20D99 20FB9
208E9 20A0A 20C2A 20E4A 2047A 2069A 208BA 20ADA
20CFA 20E1B 2004B 2026B 2088B 20AAB 20CCB 20EEB
2001C 20D9D 20CCD 2084E 20D6E 2029E 20D8A F7078
A9001 34063 1D19E 76069 3F96B C0A6F 16464 FF147
8AED0 34102 006E1 F1371 43135 1468A A218A 2D034
20200 6DFEC DBF7B F7174 689FB 2130
```

REVERSE

REVERSE renverse les chaînes de caractères. Par exemple "123" REVERSE renverra la chaîne "321".

Ce programme sert principalement à retourner les informations lues avec PEEK.

En effet le microprocesseur SATURN possède la particularité d'écrire les données 'à l'envers'. Il faut donc les renverser pour en obtenir la vraie signification...

Voici tout d'abord le listing désassemblé et commenté de REVERSE. Il est suivi par le rappel des codes à entrer.

	D9D20	CON(5)	PROL_PRGM	Objet programme
	D4881	CON(5)	CLRCN	Mise à zéro N° cmde
	2BA81	CON(5)	CHK1	1 argument requis
	2BF81	CON(5)	CKT	Vérification type
	11920	CON(5)	PROL-SB	Chaîne (type 3)
	30000	CON(5)	#00003	<00003h>
	D9D20	CON(5)	PROL-PRGM	
	75660	CON(5)	NEWOB	recréation chaîne
	CCD20	CON(5)	PROL_CODE	Objet code
début	86000	CON(5)	(fin)-(début)	Longueur code
	8FB9760	GOSBVL	SAVE_REG	Sauvegardes
	143	A=DAT1	A	
	131	D1=A		D1=adresse chaîne
	174	D1=D1+	5	
	137	CD1ex		
	135	D1=C		
	143	A=DAT1	A	A=longueur chaîne
	C2	C=C+A	A	
	134	D0=C		
	174	D1=D1+	5	D1=adresse premier caractère
	181	D0=D0-	2	D0=adresse dernier caractère
	818F84	A=A-5	A	
	8A8	?A=0	A	Chaîne vide?
	52	GOYES	l2	Oui -> fin
l1	14B	A=DAT1	B	;
	14E	C=DAT0	B	;Échange de deux
	14D	DAT1=C	B	;caractères
	148	DAT0=A	B	;
	171	D1=D1+	2	

	181	D0=D0-	2	
	133	AD1ex		
	131	D1=A		
	136	CD0ex		
	134	D0=C		
	8BA	?C>=A	A	Encore ?
	FD	GOYES	l1	
l2	8F2D760	GOSBVL	LOAD_REG	Récupérations
	142	A=DAT0	A	Retour au RPL
	164	D0=D0+	5	
	808C	PC=(A)		
fin	B2130	CON(5)	EPILOGUE	Fin programme
	B2130	CON(5)	EPILOGUE	Fin programme

REVERSE (# 7B40h)

```
D9D20 D4881 2BA81 2BF81 11920 30000 D9D20 75660
CCD20 86000 8FB97 60143 13117 41371 35143 C2134
17418 1818F 848A8 5214B 14E14 D1481 71181 13313
11361 348BA FD8F2 D7601 42164 808CB 2130B 2130
```

CRNAME

CRNAME est un programme permettant la création de noms globaux quelconques (y compris des noms "étranges" ne pouvant pas être entrés au clavier, ou des noms de fonctions déjà existantes). L'intérêt d'un tel programme est double :

- créer des variables de noms interdits qui sont de ce fait difficiles à détruire, à visiter et à modifier (d'où une certaine sécurité) ;
- créer des variables ayant le même nom que des fonctions internes de la HP48 dans le but de les remplacer (les programmes utilisateur ayant priorité sur les programmes internes lorsque les noms sont tapés en toutes lettres).

Ce programme est écrit en externals et utilise l'external de conversion d'une chaîne en nom sans aucun test auxquels on a adjoint des externals de vérification de l'argument :

02D9D	Début objet programme
1884D	Mise à zéro du N° de commande (CLRCN)
18AB2	Vérification de la présence d'un argument (CK1)
18FB2	Vérification du type (CKT)
02911	On prend une chaîne, type 3 :
00003	entier système <00003h>
05B15	Conversion chaîne en nom (STR2GN)
0312B	Fin de l'objet programme

D'où le listing à entrer :

```
CRNAME (# 7BCCh)
D9D20 D4881 2BA81 2BF81 11920 30000 51B50 B2130
```

SYSEVAL

L'instruction SYSEVAL permet l'évaluation d'objets situés dans la mémoire de la HP48.

Son utilisation hasardeuse peut conduire à une perte des données utilisateur... On peut donc la considérer comme dangereuse !

Il est donc intéressant de pouvoir en empêcher l'utilisation...

Cela est très facile : il suffit de créer un programme effectuant une fonction quelconque ayant comme nom SYSEVAL.

Cependant on ne peut entrer directement un tel nom.

Le programme CRNAME (listé précédemment) permet une telle création.

Pour inhiber SYSEVAL, il faut donc procéder ainsi :

- Taper le programme suivant (par exemple) :

    « "No SYSEVAL Available !" DOERR »

- Taper ensuite :

    "SYSEVAL" CRNAME STO

Il est conseillé d'installer ce faux SYSEVAL dans le répertoire 'HOME' de manière à ce qu'il soit partout exécutable...

Pour remettre la machine dans un état standard, il faut détruire le programme SYSEVAL en tapant 'SYSEVAL' PURGE (on peut alors taper directement le nom du programme).

CONTRAST

CONTRAST est un programme utilisant PEEK et POKE qui permet de régler le contraste de l'écran de manière logicielle (ce réglage se fait normalement par les combinaisons de touches [ON] [+] et [ON] [-]).

Il prend en argument un entier compris entre #0h et #1Fh correspondant au contraste désiré (#0h pour un contraste minimal, écran quasiment éteint à #1Fh pour un contraste maximal, écran complètement noir).

Ce programme permet d'atteindre plus de valeurs de contraste que les combinaisons [ON] [+] et [ON] [-] puisque celles-ci se limitent à la plage de valeurs #3h à #13h...

CONTRAST (# 7BF1h)
```
«
   HEX # 101h OVER # Fh AND →STR 3 3 SUB "#" # 102h
   # 1h PEEK + STR→ # Eh AND 4 ROLL 16 ⁄ # 1h AND OR
   →STR 3 3 SUB + POKE
»
```

DISPOFF DISPON

DISPOFF et DISPON sont deux programmes utilisant PEEK et POKE qui permettent respectivement d'éteindre et d'allumer l'écran de la HP48.

Il faut noter que DISPOFF inhibe le clavier, en conséquence de quoi DISPOFF et DISPON doivent-ils toujours être utilisés conjointement au sein d'un programme...

Si par mégarde DISPOFF était lancé seul, il deviendrait impossible de rallumer l'écran par un autre moyen que l'arrêt système [ON] [C]...

Remarque : l'utilisation intensive de ces deux programmes peut être la cause de problèmes d'écran. En particulier, il semble déraisonnable d'exécuter des boucles allumant et éteignant l'écran sans temps d'attente entre ces deux opérations...

DISPOFF (# A5D7h)

```
«
    # 100h "#" OVER # 1h PEEK + STR→ # 7h AND →STR 3 3
    SUB POKE
»
```

DISPON (# 3B96h)

```
«
    # 100h "#" OVER # 1h PEEK + STR→ # 8h OR →STR 3 3
    SUB POKE
»
```

FAST

FAST est un programme permettant d'augmenter la vitesse de calcul de la HP48 de plus de 12%...

Il prend en entrée un programme, le nom d'un programme ou une liste de commandes à effectuer rapidement. Cet argument doit être précédé des arguments nécessaires aux différentes commandes à réaliser.

Ce programme fonctionne en éteignant l'écran (grâce aux programmes DISPOFF et DISPON). Cette extinction "soulage" le bus de la HP48 ce qui a pour effet d'accélérer son fonctionnement.

Exemple : calculer rapidement la dérivée seconde de 'COS(COS(X))' :

```
« 'COS(COS(X))' 'X' ∂ 'X' ∂ » FAST
```

FAST (# 14A3h)
```
«
  DISPOFF
  IFERR
    EVAL
  THEN
    DISPON ERRN DOERR
  END
  DISPON
»
```

DESASS

Ce programme passionnant ne nécessite pas de commentaire. C'est un programme monstrueux par sa taille mais fort utile puisqu'il est capable de désassembler tout programme en langage-machine.

Il prend deux arguments en entrée :

- au niveau 2 de la pile, une chaîne de caractères contenant la liste des codes hexadécimaux les uns à la suite des autres de la façon habituelle ;

- au niveau 1, l'adresse de départ du code. Dans le cas de programmes relogeables (c'est-à-dire indépendants de leur adresse de stockage comme tous les programmes de ce livre) on donnera la valeur #0h à cet argument. Celui-ci n'est utile que dans le cas de désassemblage de programmes pris dans la mémoire morte de la HP48 grâce au programme PEEK. Ainsi pour désassembler la routine située à l'adresse #067B9h, il suffira de faire :

$$\text{\#067B9h DUP \#100h PEEK SWAP DESASS}$$

DESASS est le programme principal, toutes les autres routines ne sont que des sous-programmes utilisés par DESSAS.

L'exécution de DESASS peut se terminer par une erreur lorsqu'il manque des données ou s'il rencontre un code invalide (10E par exemple). De plus le désassemblage réalisé est sauvegardé dans la variable 'SOL'.

Il faut noter que DESASS ne désassemble que du langage-machine, et ne prend donc pas en compte les prologues d'objets...

Remarques :

- les programmes SPC1 et SPC2 sont semblables. Ils ont été dissociés pour permettre un paramétrage de l'aspect des listings obtenus ;

- le programme REVERSE peut être avantageusement remplacé par sa version assembleur précédemment listée.

DESASS (# 489h)

```
«
  HEX 64 STWS 'ADR' STO 'Z' STO "        - DEBUT -"
  10 CHR + 'SOL' STO 1 'P' STO Z SIZE → S
  «
    DO
      P 'I' STO L READ 1 + GET EVAL + STOS
    UNTIL
      P S >
    END
    "          - FIN - " STOS
  »
»
```

TAKE (# 7AFDh)

```
«
  Z P DUP SUB
»
```

READ (# 3949h)

```
«
  "#" Z P DUP SUB + STR→ B→R
»
```

INC (# C417h)

```
«
  1 'P' STO+
»
```

STOS (# 3095h)

```
«
  10 CHR + DUP 1 DISP SOL SWAP + 'SOL' STO INC
»
```

L (# EB37h)

```
{ A0 A1 A2 A3 A4 A5 A6 A7 A1 A9 AA AB AC AC AC AC }
```

```
A0 (# A89Bh)
«
   INC READ DUP
   IF
     14 ≠
   THEN
     { "RTNSXM" "RTN" "RTNSC" "RTNCC" "SETHEX"
     "SETDEC" "RSTK=C" "C=RSTK" "CLRST" "C=ST"
     "ST=C" "CSTex" "P=P+1" "P=P-1" 14 "RTI" } SWAP
     1 + GET CODE SWAP
   ELSE
     DROP INC READ INC READ
     → x y
     «
        y 8 < 38 CHR 33 CHR IFTE
        → z
        «
           y 8 MOD 2 * 1 + "ABBCCADCBACBACCD"
           → t u
           «
              u t DUP SUB u t 1 + DUP SUB
              → a b
              «
                 CODE a "=" a z b + + + + SPC2 +
                 IF
                    x 15 ==
                 THEN
                    "A"
                 ELSE
                    x CH
                 END
              »
           »
        »
     »
   END
»
```

A1 (# 484Eh)

```
«
  { N M } "18" READ →STR POS GET INC READ 1 + GET
  EVAL
»
```

N (# 956Ch)

```
{ C0 C0 C0 C0 C4 C4 C6 C6 C6 C9 C9 C9 C6 C9 C9 C9 }
```

C0 (# 6508h)

```
«
  TAKE INC CODE "P" 3 ROLL + STR→ READ 1 + GET
»
```

C6 (# F0DAh)

```
«
  { "D0=D0+" "D1=D1+" "D0=D0-" "D1=D1-" } READ 5 -
  DUP 4 > 3 * - GET INC CODE SWAP SPC2 READ 1 +
  →STR +
»
```

C9 (# 95A9h)

```
«
  READ 8 - DUP
  IF
    3 >
  THEN
    4 - "D1=("
  ELSE
    "D0=("
  END
  { 2 4 5 } ROT GET SWAP OVER + ")" + SPC2 SWAP 1 -
  → x
  «
    INC Z P DUP x + SUB REVERSE + P x + 'P' STO
    CODE SWAP
  »
»
```

C4 (# D7A3h)
```
«
   READ INC READ
   → x y
   «
     { "DAT0=A" "DAT1=A" "A=DAT0" "A=DAT1" "DAT0=C"
     "DAT1=C" "C=DAT0" "C=DAT1" } y 8 MOD 1 + GET
     SPC2
     IF
       x 4 ==
     THEN
       IF
         y 8 <
       THEN
         "A"
       ELSE
         "B"
       END
     ELSE
       INC READ
       → z
       «
         IF
           y 8 <
         THEN
           z CH
         ELSE
           READ 1 + →STR
         END
       »
     END
     +
   »
   CODE SWAP
»
```

P0 (# E419h)
```
{ "R0=A" "R1=A" "R2=A" "R3=A" "R4=A" 5 6 7 "R0=C"
  "R1=C" "R2=C" "R3=C" "R4=C" }
```

P1 (# 9F7h)
{ "A=R0" "A=R1" "A=R2" "A=R3" "A=R4" 5 6 7 "C=R0"
  "C=R1" "C=R2" "C=R3" "C=R4" }

P2 (# D1C7h)
{ "AR0ex" "AR1ex" "AR2ex" "AR3ex" "AR4ex" 5 6 7
  "CR0ex" "CR1ex" "CR2ex" "CR3ex" "CR4ex" }

P3 (# 7E1Bh)
{ "D0=A" "D1=A" "AD0ex" "AD1ex" "D0=C" "D1=C"
  "CD0ex" "CD1ex" "D0=AS" "D1=AS" "AD0XS" "AD1XS"
  "D0=CS" "D1=CS" "CD0XS" "CD1XS" }

A2 (# 856Ah)
«
  INC CODE "P=" SPC2 READ →STR +
»

A31 (# 6DCAh)
«
  INC READ
  → x
  «
    SPC2 Z INC P DUP x + DUP 'P' STO SUB REVERSE +
  »
»

A7 (# 1C34h)
«
  "GOSUB" "" 1 3
  START
    INC TAKE +
  NEXT
  # 1000h 4 SAUTREL CODE SWAP
»

```
A3 (# DB24h)
«
   "LCHEX " A31 CODE SWAP
»

A4 (# A72Dh)
«
   INC TAKE INC TAKE + DUP
   IF
     "00" ==
   THEN
     DROP "RTNC"
   ELSE
     DUP
     IF
       "20" ==
     THEN
       DROP "NOP3"
     ELSE
       "GOC" SWAP # 100h 1 SAUTREL
     END
   END
   CODE SWAP
»

A5 (# 4081h)
«
   INC TAKE INC TAKE + DUP
   IF
     "00" ==
   THEN
     DROP "RTNNC"
   ELSE
     "GONC" SWAP # 100h 1 SAUTREL
   END
   CODE SWAP
»
```

```
A6 (# A19Ch)
«
  Z INC P DUP 3 + SUB DUP
  IF
    1 3 SUB "300" ==
  THEN
    DROP "NOP4"
  ELSE
    DUP
    IF
      "4000" ==
    THEN
      DROP "NOP5" INC
    ELSE
      1 3 SUB "GOTO" SWAP # 1000h 1 SAUTREL
    END
  END
  INC INC CODE SWAP
»


M (# CC5Ch)
{ B0 B1 B1 B3 B4 B4 B6 B6 B6 B6 BA BA BC BC BC BC }


B1 (# 9732h)
«
  "U" TAKE + STR→ INC READ 1 + GET EVAL CODE SWAP
»


B3 (# FA87h)
«
  B1 GOYES
»


B4 (# 5589h)
«
  { "ST=0" "ST=1" } READ 3 - GET INC SPC2 READ →STR
  + CODE SWAP
»
```

B0 (# E5CDh)
```
«
  0 U0 INC READ
  → x
  «
    x 1 + GET
    IF
      x 8 ==
    THEN
      DROP2 INC { 6 7 10 11 } READ POS V0 READ 1 +
      GET EVAL
    ELSE
      IF
        { 15 13 12 } x POS
      THEN
        SPC2 INC TAKE +
      END
    END
    CODE SWAP
    IF
      ROT
    THEN
      GOYES
    END
  »
»
```

B6 (# 390Bh)
```
«
  { "?ST=0" "?ST≠0" "?P≠" "?P=" } READ 5 - GET
  INC SPC2 READ →STR + CODE SWAP GOYES
»
```

U0 (# 560Fh)
```
{ "OUT=CS" "OUT=C" "A=IN" "C=IN" "UNCNFG" "CONFIG"
  "C=ID" "SHUTDN" 8 "C+P+1" "RESET" "BUSCC" "C=P"
  "P=C" "SREQ?" "CPex" }
```

BA (# 2958h)
```
«
  READ INC READ
  → x y
  «
    CODE
    IF
      x 10 ==
    THEN
      A
    ELSE
      B
    END
      y 1 + GET SPC2 + "A" GOYES
  »
»
```

BC (# 2CCCh)
```
«
  { "GOLONG" 4 "GOVLNG" 5 "GOSUBL" 4 "GOSBVL" 5 }
  READ 2 * 23 - DUP 1 + SUB LIST→ DROP
  → a b
  «
    a Z P 1 + DUP b + 1 - SUB
    IF
      b 5 ==
    THEN
      SWAP SPC2 SWAP REVERSE +
    ELSE
      # 10000h 2 READ 14 == 4 * + SAUTREL
    END
    P b + 'P' STO CODE SWAP
  »
»
```

V0 (# E524h)
```
{ "INTON" V01 V02 "BUSCB" V04 V04 V04 V04 V04 V04
  V04 V04 "PC=(A)" "BUSCD" "PC=(C)" "INTOFF" }
```

```
U18 (# 8795h)
«
  READ 8 == INC READ INC READ 1 +
  → t f r
  «
    RA r GET
    IF
      t
    THEN
      DUP "=" SWAP + +
      IF
        r 8 <
      THEN
        "+"
      ELSE
        "-"
      END
      + INC READ 1 + +
    ELSE
      "SRB" +
    END
    f CHA
  »
»


V00 (# 33A5h)
{ "ABIT=0" "ABIT=1" "?ABIT=0" "?ABIT=1" "CBIT=0"
  "CBIT=1" "?CBIT=0" "?CBIT=1" }


V01 (# 22D6h)
«
  INC "RSI"
»


V02 (# 2584h)
«
  "LAHEX " A31
»
```

V04 (# C703h)
```
«
   V00 READ 3 - GET SPC2 INC TAKE +
»
```

U1 (# CFB0h)
```
{ "ASLC" "BSLC" "CSLC" "DSLC" "ASRC" "BSRC" "CSRC"
   "DSRC" U18 U18 U1A U1B "ASRB" "BSRB" "CSRB" "DSRB"
}
```

U1A (# BF19h)
```
«
   INC READ INC READ INC READ 1 +
   → f x r
   «
      RN r GET
      IF
        r 8 <
      THEN
        "A"
      ELSE
        "C"
      END
      IF
        x 2 ==
      THEN
        SWAP "ex" + +
      ELSE
        IF
          x 1 ==
        THEN
          SWAP
        END
          "=" SWAP + +
      END
      f CHA
   »
»
```

V1B (# BA48h)
{ 0 1 "PC=A" "PC=C" "A=PC" "C=PC" "APCex" "CPCex" }

U1B (# CC94h)
«
   V1B INC READ 1 + GET SPC2 "A" +
»

RN (# FC36h)
{ "R0" "R1" "R2" "R3" "R4" 5 6 7 "R0" "R1" "R2"
   "R3" "R4" 13 14 15 }

RA (# 8ACEh)
{ "A" "B" "C" "D" 4 5 6 7 "A" "B" "C" "D" 12 13 14
   15 }

U2 (# 5EDBh)
{ 0 "XM=0" "SB=0" 3 "SR=0" 5 6 7 "MP=0" 9 10 11 12
   13 14 "CLRHST" }

U3 (# EA2Ch)
{ 0 "?XM=0" "?SB=0" 3 "?SR=0" 5 6 7 "?MP=0" }

A9 (# 48ADh)
«
   A B NORMAL GOYES
»

AA (# 2CB0h)
«
   C D NORMAL
»

AB (# B467h)
«
   E F NORMAL
»

AC (# BF15h)
«
   { C D E F } READ 11 - GET EVAL INC CODE SWAP READ
   1 + GET SPC2 "A" +
»

A (# DD35h)
{ "?A=B" "?B=C" "?C=A" "?D=C" "?A≠B" "?B≠C" "?C≠A"
  "?D≠C" "?A=0" "?B=0" "?C=0" "?D=0" "?A≠0" "?B≠0"
  "?C≠0" "?D≠0" }

B (# 32E9h)
{ "?A>B" "?B>C" "?C>A" "?D>C" "?A<B" "?B<C"
  "?C<A" "?D<C" "?A≥B" "?B≥C" "?C≥A" "?D≥C"
  "?A≤B" "?B≤C" "?C≤A" "?D≤C" }

C (# 50AAh)
{ "A=A+B" "B=B+C" "C=C+A" "D=D+C" "A=A+A" "B=B+B"
  "C=C+C" "D=D+D" "B=B+A" "C=C+B" "A=A+C" "C=C+D"
  "A=A-1" "B=B-1" "C=C-1" "D=D-1" }

D (# 9930h)
{ "A=0" "B=0" "C=0" "D=0" "A=B" "B=C" "C=A" "D=C"
  "B=A" "C=B" "A=C" "C=D" "ABex" "CBex" "CAex"
  "CDex" }

E (# C345h)
{ "A=A-B" "B=B-C" "C=C-A" "D=D-C" "A=A+1" "B=B+1"
  "C=C+1" "D=D+1" "B=B-A" "C=C-B" "A=A-C" "C=C-D"
  "A=B-A" "B=C-B" "C=A-C" "D=C-D" }

F (# 7B66h)
{ "ASL" "BSL" "CSL" "DSL" "ASR" "BSR" "CSR" "DSR"
  "A=-A" "B=-B" "C=-C" "D=-D" "A=-A-1" "B=-B-1"
  "C=-C-1" "D=-D-1" }

SPC (# EA19h)
"   " (7 espaces)

SPC1 (# DF86h)
```
«
  SPC 1 7 4 PICK SIZE - SUB + " " +
»
```

SPC2 (# DF86h)
```
«
  SPC 1 7 4 PICK SIZE - SUB + " " +
»
```

ADRSTR (# 1EF0h)
```
«
  # 100000h + →STR 4 8 SUB
»
```

SAUTREL (# D63Eh)
```
«
  → a b c
  «
    SPC2 ADR I + 1 - c + "#" a REVERSE + OBJ→ DUP
    IF
      b 2 / <
    THEN
      +
    ELSE
      b SWAP - -
    END
    ADRSTR +
  »
»
```

CODE (# A7D6h)
```
«
  ADR I 1 - + ADRSTR " " + Z I P SUB SPC1 +
»
```

GOYES (# E103h)
```
«
  + INC P 'I' STO TAKE INC TAKE +
  → a
  «
    10 CHR CODE
    IF
      a "00" ==
    THEN
      "RTNYES"
    ELSE
      "GOYES" a # 100h 0 SAUTREL
    END
    + +
  »
»
```

NORMAL (# B551h)
```
«
  → a b
  «
    INC READ INC READ
    → x y
    «
      CODE
      IF
        x 8 <
      THEN
        a
      ELSE
        b
      END
      y 1 + GET SPC2 x CH +
    »
  »
»
```

REVERSE (# B227h)

```
«
   → c
   «
    "" c SIZE 1
     FOR x
       c x DUP SUB + -1
     STEP
   »
»
```

CH (# 989Eh)

```
«
   → a
   «
     { "P" "WP" "XS" "X" "S" "M" "B" "W" } a 8 MOD 1
     + GET
   »
»
```

CHA (# FDECh)

```
«
   → f
   «
     SPC2
     IF
       f 15 ==
     THEN
       "A"
     ELSE
       f CH
     END +
   »
»
```

Manipulation d'entiers système

Ces programmes réalisent des conversions entre entiers système (SB pour System Binary) et différents types de données utilisées par la machine : entiers binaires (B pour Binary Integer), réels (R pour Real) et caractères (C pour Character).

Ces programmes sont écrits en externals et comportent des vérifications du type des arguments. Les externals utilisés sont CLRCN (mise à zéro du numéro de commande), CHK1 (vérification de la présence d'au moins un élément sur la pile), CKT (vérification du type) et les externals de conversion.

Sur le même modèle on peut facilement construire de nombreux autres programmes de conversion…

B→SB (# 6896h)
D9D20 D4881 2BA81 2BF81 11920 B0000 30A50 B2130

SB→B (# 8C55h)
D9D20 D4881 2BA81 2BF81 11920 F1000 CC950 B2130

R→SB (# E68h)
D9D20 D4881 2BA81 2BF81 11920 10000 AEC81 B2130

SB→R (# 45D3h)
D9D20 D4881 2BA81 2BF81 11920 F1000 FBD81 B2130

C→SB (# 6414h)
D9D20 D4881 2BA81 2BF81 11920 F6000 15A50 B2130

SB→C (# 3FF5h)
D9D20 D4881 2BA81 2BF81 11920 F1000 57A50 B2130

Manipulation de drapeaux

Dans la série des conversions de types, voici deux utilitaires permettant de convertir les drapeaux internes utilisés par la HP48 (TRUE : #03A81h et FALSE : #03AC0h) qui apparaissent sous la dénomination générique d'"external" lorsqu'ils sont dans la pile, en leur équivalent en réels (0 pour FALSE et 1 pour TRUE) et vice et versa.

Ces programmes sont écrit en externals.

Outre les externals de conversion (#5380Eh pour convertir un drapeau en réel et #2A7CFh qui teste la non-nullité d'un réel, donc qui convertit celui-ci en le drapeau équivalent), les classiques externals de vérification des arguments sont utilisés (dans le cas de FL→R on ne vérifie cependant que le nombre d'argument, car l'external CHKT ne peut vérifier le type "drapeau").

FL→R (# 214Ah)
D9D20 D4881 2BA81 E0835 B2130

R→FL (# AC2Dh)
D9D20 D4881 2BA81 2BF81 11920 10000 FC7A2 B2130

MKXLIB

Les objets XLIB Names peuvent être visualisés mais ne peuvent pas être tapés. Il est bien sûr possible d'en créer en tapant le listing de leurs codes et en utilisant le programme GASS mais voici un programme permettant de le faire plus simplement.

Écrit entièrement en externals, il prend deux entiers sur la pile (N° de librairie et N° de commande) et renvoie le XLIB Name correspondant.

Remarque : si l'objet XLIB correspondant au XLIB Name n'existe pas ou n'a pas de nom, le XLIB Name créé apparaîtra sous la forme XLIB l c, où l est le numéro de librairie et c le numéro de commande. Dans le cas contraire, c'est le nom de l'objet qui sera affiché.

Voici le listing commenté de MKXLIB :

02D9D	Début d'objet programme
1884D	Mise à zéro du numéro de commande (CLRCN)
18A8D	Vérification de la présence de deux args (CHK2)
18FB2	Vérification du type (CKT)
02911	Entier système <000BBh> (deux entiers)
000BB	
02D9D	Début d'objet programme
05A03	Conversion entier -> entier système (BI2SB)
03223	SWAP
05A03	Conversion entier -> entier système (BI2SB)
03223	SWAP
07E50	Création XLIB Name (SBSB2XLIB)
0312B	Fin d'objet programme
0312B	Fin d'objet programme

D'où son listing de codes :

```
MKXLIB (# 80C6h)
D9D20 D4881 D8A81 2BF81 11920 BB000 D9D20 30A50
32230 30A50 32230 05E70 B2130 B2130
```

RCLXLIB

Ce programme est le complément du précédent : il permet de recopier en mémoire vive l'objet dont est constituée une commande d'une librairie, à partir du nom XLIB correspondant. On peut alors exécuter SSAG sur l'objet ainsi récupéré pour déterminer comment était programmée la commande…

Voici le listing commenté de RCLXLIB :

```
02D9D           Début d'objet programme
  1884D             Mise à zéro du numéro de commande (CLRCN)
  18AB2             Vérification de la présence d'un arg. (CHK1)
  18FB2             Vérification du type (CKT)
  02911             Entier système <0000Fh> (XLIB Name)
  0000F
  02D9D             Début d'objet programme
    07E99               Rappelle le contenu du XLIB et TRUE
                        ou FALSE si la commande est inexistante
    61AD8               IFE
    06657               Si TRUE : recrée objet (NEWOB)
    05016               Si FALSE : erreur Undefined XLIB Name
  0312B             Fin d'objet programme
0312B           Fin d'objet programme
```

D'où son listing de codes :

```
RCLXLIB (# 8823h)
D9D20 D4881 2BA81 2BF81 11920 F0000 D9D20 99E70
8DA16 75660 61050 B2130 B2130
```

XLIBADDR

Dans le cas des instructions situées dans la première partie de la mémoire morte (#00000h à #7DFFFh), l'instruction peut être remplacée par son adresse (par exemple DUP est codé #1FB87h et non pas XLIB 2 269).

Le programme XLIBADDR prend comme argument deux entiers représentant le numéro de librairie et le numéro de commande et renvoie l'adresse de l'instruction correspondante (si celle-ci est visible de manière directe).

Il utilise les programmes MKXLIB, FL→R, APEEK et ?ADR, ainsi que l'external #07E99h qui permet de rappeler une commande à partir du XLIB Name correspondant (il renvoie la commande et TRUE si elle existe, ou FALSE si le XLIB Name est non-défini)..

Voici son listing :

```
XLIBADDR (# EA63h)
«
  MKXLIB # 7E99h SYSEVAL
  IF
    FL→R
  THEN
    ?ADR
    IF
      DUP # 80000h > OVER # 80716h APEEK < AND
    THEN
      DROP "Lib Obj copied in Tmp!" DOERR
    END
  ELSE
    # 4h DOERR
  END
»
```

A->STR et STR->A

A→STR réalise la transformation d'une adresse sous forme d'entier en la chaîne de caractères la représentant (écrite à l'envers).

STR→A, quant à lui, réalise la fonction réciproque.

Ils sont particulièrement utiles lorsque l'on se sert de PEEK et POKE pour lire ou écrire des adresses en mémoire.

Ils utilisent tous deux le programme REVERSE.

Exemples :

#80000h A→STR renvoie "00008".

"0000F" STR→A renvoie #F0000h (en mode hexadécimal).

A→STR (# E4F3h)
«
   HEX # 100000h + # 1FFFFFh AND →STR REVERSE 2 6
   SUB
»

STR→A (# 9287h)
«
   "00000" + 1 5 SUB "h" SWAP + "#" + REVERSE STR→
»

BFREE

BFREE détermine l'espace libre sur une carte BACKUP. Il prend en entrée le numéro port (entre 1 et 33) et renvoie l'espace disponible en octets. Il utilise PEEK, APEEK et STR→A.

```
BFREE (# 4B19h)
«
   → P
   «
     IF
       P 1 ==
     THEN
       # 8053Bh # 8052Fh
     ELSE
       IF
         P 2 < P # 1h - # 80533h # 2h PEEK STR→A > OR
       THEN
         # Ah DOERR
       ELSE
         # 80536h P 5 * + # 80531h
       END
     END
     # 2h PEEK STR→A
     IF
       DUP # Ah AND # 8h ≠
     THEN
       DROP2 # Ah DOERR
     ELSE
       IF
         # 30h AND # 20h ==
       THEN
         # 100000h
       ELSE
         # D0000h
       END
     END
     SWAP APEEK - B→R 2 /
   »
»
```

SEARCH

Voici 3 programmes de recherche en mémoire : ROMSEARCH, RAMSEARCH et MODUSEARCH. Ils permettent de rechercher la ou les adresse(s) correspondant à une chaîne de codes donnée en entrée, respectivement dans :

- La mémoire morte (y compris la Rom cachée) pour ROMSEARCH. Les adresses supérieures à #80000h (objets en Rom cachée) seront à utiliser avec le programme ROMPEEK ;

- La mémoire vive (y compris les modules "mergés") pour RAMSEARCH ;

- Dans les modules (uniquement sur HP48 GX) pour MODUSEARCH. Ce dernier prend un argument de plus que les deux autres : en plus de la chaîne à rechercher, il faut lui donner un réel indiquant le numéro du module concerné (1 ou 2). Après vérification de la validité d'un tel port (module présent et non "mergé") la recherche sera effectuée.

Remarque : ces trois programmes utilisent le programme SEARCH listé ci-dessous, ainsi que PEEK (pour RAMSEARCH), ROOMPEEK (pour ROMSEARCH), BPEEK (pour MODUSEARCH), APEEK et STR→A.

Exemples : chercher tous les objets "chaîne de caractère" dans la Rom :

"C2A20" ROMSEARCH

Même recherche dans le module en port 1 (si un tel module est présent) :

"C2A20" 1 MODUSEARCH

Même recherche dans tous les bancs du module en port 2 (si un tel module est présent) :

"C2A20" 2 MODUSEARCH

SEARCH (# EC79h)

```
«
  → MOTIF AD FIN PRGM
  «
    # 100h DUP MOTIF SIZE + → LEN LENP
    «
      { }
      DO
        AD DUP 1 DISP LENP PRGM EVAL
        IF
          MOTIF POS AD OVER
        THEN
          + DUP 'AD' STO 1 - DUP
          IF
            FIN ≥
          THEN
            DROP
          ELSE
            DUP 2 DISP 1000 .07 BEEP +
          END
        ELSE
        + LEN + 'AD' STO
        END
      UNTIL
        AD FIN ≥
      END
    »
  »
»
```

ROMSEARCH (# 67A9h)

```
«
  # 0h # 100000h 'ROMPEEK' SEARCH
»
```

RAMSEARCH (# 3D9Ah)

```
«
  # 80000h # 807E8h APEEK 'PEEK' SEARCH
»
```

MODUSEARCH (# 3693h)

```
«
   → MOTIF P
   «
     IF
       P 1 ==
     THEN
       'PEEK' 0 # 8052Fh
     ELSE
       IF
         P 2 ==
       THEN
         'BPEEK' # 80533h # 2h PEEK STR→A B→R 1 -
         # 80531h
       ELSE
         # Ah DOERR
       END
     END
     # 2h PEEK STR→A
     IF
       DUP # Ah AND # 8h ≠
     THEN
       3 DROPN # Ah DOERR
     ELSE
       IF
         # 30h AND # 20h ==
       THEN
         # 40000h
       ELSE
         # 10000h
       END
       → PRGM BKS SZ
       «
         { } 0 BKS
         FOR B
           MOTIF # C0000h B # 100000h * + DUP SZ +
           PRGM SEARCH +
         NEXT
       »
     END
   »
»
```

CRC

Ce programme réalise le calcul des codes de redondance cyclique (CRC) utilisés par la HP48 pour garantir l'intégrité du contenu de certains de ces objets. Ce programme prend en entrée une chaîne de codes (comme celle prise en argument par GASS) et renvoie le checksum correspondant. Par exemple :

"123456789ABCDEF0" CRC renverra #A8ECh dans la pile.

```
CRC (# 9D00h)
«
  # 0h
  → S CRC.V
  «
    1 S SIZE
    FOR X
      S X X SUB NUM 48 - DUP 9 > 7 * - # 0h + CRC.V
      16 / SWAP CRC.V XOR # Fh AND # 1081h * XOR
      'CRC.V' STO
    NEXT
  CRC.V
  »
»
```

CRCLM

Voici une version plus rapide du programme précédent, écrite en assembleur :

CRCLM (# 388h)

```
D9D20 D4881 2BA81 2BF81 11920 30000 D9D20 E4A20
A0000 00000 CB2A1 CCD20 CC000 8FB97 60147 13416
91741 43131 17414 7D517 43450 000E1 8A907 D014B
3103B 6A319 09EA9 03170 B6A14 67C50 34F00 000EF
3DB80 82160 C7A6C 5AFCB 80821 40C7A 6C5AF CB142
F4742 0DB14 41713 42000 06E8F 8F2D7 60142 16480
8CD7F E0EF2 DFFC0 EF20E FB013 22304 4230B 2130B
2130
```

Voici le listing commenté de CRCLM :

	D9D20	CON(5)	PROL_PRGM	Début d'objet programme
	D4881	CON(5)	CLRCN	Mise à zéro N° de cmde
	2BA81	CON(5)	CHK1	1 argument requis
	2BF81	CON(5)	CHKT	Vérif. type
	11920	CON(5)	PROL_SB	Type chaîne :
	30000	CON(5)	#00003	System Binary <00003h>
	D9D20	CON(5)	PROL_PRGM	Début d'objet programme
	E4A20	CON(5)	PROL_INT	Objet entier
	A0000	CON(5)	#0000A	Longueur : 10
	00000	CON(5)	#00000	Mantisse nulle
	CB2A1	CON(5)	NEWOB	Recréation entier
	CCD20	CON(5)	PROL_CODE	Début d'objet code
début	CC000	CON(5)	(fin)-(début)	Taille du code
	8FB9760	GOSBVL	SAVE-REG	Sauvegarde des registres
	147	C=DAT1	A	
	134	D0=C		
	169	D0=D0+	10	Adresse contenu de l'entier
	174	D1=D1+	5	
	143	A=DAT1	A	
	131	D1=A		
	174	D1=D1+	5	
	147	C=DAT1	A	C=longueur chaîne
	D5	B=C	A	
	174	D1=D1+	5	
	3450000	LCHEX	#00005	
L0	E1	B=B-C	A	
	8A9	?B=0	A	Est-ce terminé ?
	07	GOYES	L4	

	D0	A=0	A	
	14B	A=DAT1	B	Lecture caractère
	3103	LCHEX	#30	; conversion ASCII-> Hexa
	B6A	A=A-C	B	;
	3190	LCHEX	#09	;
	9EA	?C>=A	B	;
	90	GOYES	L1	;
	3170	LCHEX	#07	;
	B6A	A=A-C	B	;
L1	146	C=DAT0	A	Lecture entier
	7C50	GOSUB	L5	Calcul de A xor C
	34F0000	LCHEX	#0000F	
	0EF3	D=D&C	A	
	DB	C=D	A	
	8082160	LAHEX	#06	; Multiplication par #1081h
L2	C7	D=D+D	A	;
	A6C	A=A-1	B	;
	5AF	GONC	L2	;
	CB	C=C+D	A	;
	8082140	LAHEX	#04	;
L3	C7	D=D+D	A	;
	A6C	A=A-1	B	;
	5AF	GONC	L3	;
	CB	C=C+D	A	;
	142	A=DAT0	A	
	F4	ASR	A	
	7420	GOSUB	L5	Calcul A xor C
	DB	C=D	A	
	144	DAT0=C	A	Écriture entier
	171	D1=D1+	2	Caractère suivant
	3420000	LCHEX	#00002	
	6E8F	GOTO	L0	On itère
L4	8F2D760	GOSBVL	LOAD_REG	Récupération des registres
	142	A=DAT0	A	retour au RPL
	164	D0=D0+	5	
	808C	PC=(A)		
L5	D7	D=C	A	Calcul A xor C par la
	FE	C=-C-1	A	formule :
	0EF2	C=C&A	A	A xor C =
	DF	CDex	A	(non(C) et A) ou
	FC	A=-A-1	A	(non(A) et C)
	0EF2	C=C&A	A	
	0EFB	D=D!C	A	
	01	RTN		
fin	32230	CON(5)	SWAP	On ôte la chaîne
	44230	CON(5)	DROP	
	B2130	CON(5)	EPILOGUE	Fin d'objet programme
	B2130	CON(5)	EPILOGUE	Fin d'objet programme

BIC

BIC (Big Integers Calculator) est un ensemble de programmes permettant le calcul sur les grands entiers. Nous vous conseillons de stocker tous les programmes le constituant dans un sous-répertoire (nommé, par exemple, 'BIC').

La HP48 peut effectuer des calculs sur les entiers, mais dans le domaine de valeurs 0 à 18446744073709551615.

L'ensemble de programmes présenté ici permet quant à lui des calculs sur des nombres arbitrairement grands, la seule limitation étant liée à la mémoire disponible.

A titre d'exemple, ils ont permis le calcul de factorielle 2000 (plus de 5000 chiffres !) ou de la racine carrée de 2 à 500 décimales (car un calcul quelconque peut toujours se ramener à la manipulation d'entiers naturels par multiplication par une puissance de 10 adaptée)...

Les fonctions proposées travaillent sur des entiers positifs représentés sous forme de chaînes de caractères (par exemple : "1234567890" est l'entier 1234567890).

Il aurait été bien sûr possible d'utiliser les entiers de la machine en déclarant une taille supérieure à 16 quartets (voir le chapitre 4 de la deuxième partie sur les objets de la HP48) mais l'édition de tels objets aurait posé quelques problèmes.

Les fonctions proposées sont les suivantes :

- SUM additionne deux entiers ;

- SUBS soustrait deux entiers et renvoie la valeur absolue de la différence ;

- MULT multiplie deux entiers ;

- BFACT calcule la factorielle de l'entier donné en argument. Il procède par multiplications successives et affiche à l'écran le nombre courant et le nombre à atteindre de manière à ce que l'utilisateur ait une idée du travail effectué ;

- POW calcule l'entier au niveau 2 à la puissance de l'entier au niveau 1 (comme ^). Comme pour BFACT une mesure du chemin parcouru est affichée (0 s'affiche lorsque tout est terminé) ;

- E multiplie l'entier au niveau 2 par la puissance de 10 donnée au niveau 1 (fonction qui est fort utile pour réaliser des calculs de nombre non-entiers comme PI...) ;

- DIV divise l'entier au niveau 2 par l'entier au niveau 1. La division réalisée est une division euclidienne ;

- MODU renvoie la valeur du modulo de l'entier au niveau 2 par l'entier au niveau 1 (reste de la division euclidienne) ;

- SQRT calcule une valeur approchée de la racine carrée de l'entier donné. Cette valeur est toujours inférieure à la valeur réelle.

Cet ensemble de programmes utilise des sous-routines dont certaines sont écrites en assembleur. Le listing commenté de ces routines en langage-machine est tout d'abord donné.

On trouve plus loin le rappel des codes à entrer sous la forme habituelle (voir la manière de rentrer un programme en langage-machine au début de la bibliothèque de programmes).

Listing de DECODE.LM

Ce programme réalise la conversion d'un entier sous la forme spécifique utilisée par ADD.LM, SUB.LM et MULT.LM en un entier sous forme de chaîne de caractères.

	CCD20	CON(5)	PROL_CODE	Objet code
début	B6000	CON(5)	(fin)-(début)	
	8FB9760	GOSBVL	SAVE_REG	Sauvegarde des registres
	143	A=DAT1	A	
	132	AD0ex		D0=adresse de l'objet au niveau 1 de la pile
	164	D0=D0+	5	
	3450000	LCHEX	#00005h	
	142	A=DAT0	A	longueur de cet objet
	EA	A=A-C	A	
	D8	B=A	A	
	164	D0=D0+	5	
	174	D1=D1+	5	
	143	A=DAT1	A	
	133	AD1ex		D1=adresse de l'objet au niveau 2 de la pile
	174	D1=D1+	5	
	147	C=DAT1	A	
	133	AD1ex		
	C2	C=C+A	A	
	137	CD1ex		
	3103	LCHEX	#30h	
l1	8A9	?B=0	A	Terminé?
	61	GOYES	l2	oui -> fin !
	1C1	D1=D1-	2	
	15E0	C=DAT0	1	On lit un chiffre
	15D1	DAT1=C	2	
	160	D0=D0+	1	
	CD	B=B-1	A	Un chiffre de moins
	6AEF	GOTO	l1	
l2	8F2D760	GOSBVL	LOAD_REG	récupération des registres
	142	A=DAT0	A	retour au RPL
	164	D0=D0+	5	
	808C	PC=(A)		
fin				

Listing d'ENCODE.LM

Ce programme réalise la fonction inverse de DECODE.LM et convertit l'entier sous forme de chaîne en un entier sous la forme utilisée par les trois programmes d'addition, de soustraction et de multiplication.

	CCD20	CON(5)	PROL_CODE	Objet code
début	76000	CON(5)	(fin)-(début)	Longueur objet
	8FB9760	GOSBVL	SAVE_REG	Sauvegardes…
	143	A=DAT1	A	
	132	AD0ex		D0=adresse de l'objet au niveau 1 de la plie
	164	D0=D0+	5	
	3450000	LCHEX	#00005h	
	142	A=DAT0	A	Longueur objet
	EA	A=A-C	A	
	D8	B=A	A	
	164	D0=D0+	5	
	174	D1=D1+	5	
	143	A=DAT1	A	D1=adresse de l'objet au niveau 2 de la pile
	133	AD1ex		
	174	D1=D1+	5	
	147	C=DAT1	A	
	133	AD1ex		
	C2	C=C+A	A	
	137	CD1ex		
l1	8A9	?B=0	A	Est ce terminé?
	61	GOYES	l2	oui -> fin !
	1C1	D1=D1-	2	
	15B0	A=DAT1	1	Lecture un chiffre
	1500	DAT0=A	P	
	160	D0=D0+	1	
	CD	B=B-1	A	Un chiffre de moins
	6AEF	GOTO	l1	On itère…
l2	8F2D760	GOSBVL	LOAD_REG	Récupération des registres
	142	A=DAT0	A	Retour au RPL…
	164	D0=D0+	5	
	808C	PC=(A)		
fin				

Listing de FORMAT.LM

Ce programme permet de donner à l'entier une forme classique en déterminant le nombre de zéros inutiles en début de chaîne (de manière à convertir "00123" en "123", par exemple).

	CCD20	CON(5)	PROL_CODE	Objet code
début	E5000	CON(5)	(fin)-(début)	Longueur objet
	8FB9760	GOSBVL	SAVE_REG	Sauvegardes
	143	A=DAT1	A	
	130	D0=A		D0=adresse de l'objet au niveau 1 de la pile
	169	D0=D0+	10	
	174	D1=D1+	5	
	143	A=DAT1	A	
	131	D1=A		D1=adresse de l'objet au niveau 2 de la pile
	174	D1=D1+	5	
	143	A=DAT1	A	longueur objet
	818F84	A=A-5	A	
	172	D1=D1+	3	
	D3	D=0	A	Nombre de zéros à ôter
l1	171	D1=D1+	2	
	E7	D=D+1	A	
	818F81	A=A-2	A	
	8A8	?A=0	A	terminé?
	B0	GOYES	l2	oui -> fin !
	1570	C=DAT1	P	
	90A	?C=0	P	Est un zéro?
	9E	GOYES	l1	oui -> on itère
l2	DB	C=D	A	
	144	DAT0=C	A	On écrit le nombre de zéros à ôter
	8F2D760	GOSBVL	LOAD_REG	Récupérations
	142	A=DAT0	A	Retour au RPL
	164	D0=D0+	5	
	808C	PC=(A)		
fin				

Listing de ZERO.LM

Ce programme met à zéro l'entier (sous la forme utilisée par
ADD.LM, SUB.LM et MULT.LM) donné en argument.

	CCD20	CON(5)	PROL_CODE	Objet code
début	54000	CON(5)	(fin)-(début)	Longueur objet
	8FB9760	GOSBVL	SAVE_REG	Sauvegardes…
	143	A=DAT1	A	
	131	D1=A		D1=adresse de l'objet au niveau 1 de la pile
	174	D1=D1+	5	
	143	A=DAT1	A	
	174	D1=D1+	5	
	C4	A=A+A	A	
	F4	ASR	A	A=nombre de blocs de huit chiffres de cet objet
	AF2	C=0	W	
l1	8A8	?A=0	A	terminé?
	F0	GOYES	l2	oui -> fin !
	15D7	DAT1=C	8	mise à zéro
	177	D1=D1+	8	
	CC	A=A-1	A	
	61FF	GOTO	l1	on itère
l2	8F2D760	GOSBVL	LOAD_REG	récupérations
	142	A=DAT0	A	retour au RPL.
	164	D0=D0+	5	
	808C	PC=(A)		
fin				

Listing de ADD.LM

Ce programme réalise l'addition de deux entiers donnés en arguments. Il travaille par blocs de 8 chiffres.

	CCD20	CON(5)	PROL_CODE	Objet code
début	57000	CON(5)	(fin)-(début)	Longueur code
	8FB9760	GOSBVL	SAVE_REG	Sauvegardes
	143	A=DAT1	A	
	130	D0=A		
	169	D0=D0+	10	D0=adresse du contenu de l'objet au niveau 1
	174	D1=D1+	5	
	143	A=DAT1	A	
	131	D1=A		D1=adresse de l'objet au niveau 2
	174	D1=D1+	5	
	147	C=DAT1	A	
	C6	C=C+C	A	
	F6	CSR	A	
	D7	D=C	A	D=nombre de blocs de cet objet
	174	D1=D1+	5	
	AF0	A=0	W	
	20	p=	0	retenue à zéro
l1	8AB	?D=0	A	Est ce terminé?
	F2	GOYES	l2	oui -> fin !
	AF2	C=0	W	
	80F0	CPex	0	retenue
	05	SETDEC		Passage en mode décimal
	15A7	A=DAT0	8	lecture premier bloc
	A72	C=C+A	W	ajout à la retenue
	15B7	A=DAT1	8	lecture second bloc
	A72	C=C+A	W	ajout
	04	SETHEX		On repasse en hexadécimal
	15D7	DAT1=C	8	Écriture du résult.
	167	D0=D0+	8	Blocs suivants
	177	D1=D1+	8	
	CF	D=D-1	A	Un bloc de moins
	80D8	P=C	8	Retenue -> P
	61DF	GOTO	l1	On itère
l2	8F2D760	GOSBVL	LOAD_REG	Récupérations
	142	A=DAT0	A	Retour au RPL…
	164	D0=D0+	5	
	808C	PC=(A)		
fin				

Listing de SUB.LM

Ce programme réalise la soustraction de deux entiers donnés en arguments. Il travaille par blocs de 8 chiffres.

	CCD20	CON(5)	PROL_CODE	Objet code
début	67000	CON(5)	(fin)-(début)	Longueur objet
	8FB9760	GOSBVL	SAVE_REG	Sauvegardes
	143	A=DAT1	A	
	130	D0=A		D0=adresse de l'objet au niveau 1 de la pile
	169	D0=D0+	10	
	174	D1=D1+	5	
	143	A=DAT1	A	
	131	D1=A		D1=adresse de l'objet au niveau 2 de la pile
	174	D1=D1+	5	
	147	C=DAT1	A	
	C6	C=C+C	A	
	F6	CSR	A	
	D7	D=C	A	D=nombre de blocs de 8 chiffres
	174	D1=D1+	5	
	AF0	A=0	W	Pas de retenue…
l1	8AB	?D=0	A	terminé?
	23	GOYES	l2	oui -> fin !
	AF2	C=0	W	
	15E7	C=DAT0	8	On lit 1 bloc
	05	SETDEC		Passage en mode décimal
	A7A	A=A+C	W	Ajout à la retenue
	15F7	C=DAT1	8	Bloc à soustraire
	B72	C=C-A	W	Soustraction
	04	SETHEX		Retour en hexa
	15D7	DAT1=C	8	Écriture résultat
	177	D1=D1+	8	
	167	D0=D0+	8	
	CF	D=D-1	A	1 bloc de moins…
	AF0	A=0	W	
	94A	?C=0	S	Retenue?
	4D	GOYES	l1	Non -> on itère
	B64	A=A+1	B	On enregistre la retenue
	6ECF	GOTO	l1	On itère…
l2	8F2D760	GOSBVL	LOAD_REG	Récupérations
	142	A=DAT0	A	Retour au RPL
	164	D0=D0+	5	
	808C	PC=(A)		
fin				

Listing de MULT.LM

Ce programme réalise la multiplication de deux entiers. Il réalise cette opération comme on le fait "à la main" en travaillant successivement sur chaque chiffre de l'entier au niveau 1 de la pile...

	CCD20	CON(5)	PROL_CODE	Objet code
début	C1100	CON(5)	(fin)-(début)	Longueur code
	8FB9760	GOSBVL	SAVE_REG	Sauvegardes
	143	A=DAT1	A	
	818F09	A=A+10	A	
	101	R1=A		R1=adresse du contenu de l'objet au niveau 1 de la pile (résultat)
	174	D1=D1+	5	
	143	A=DAT1	A	
	133	AD1ex		D1=adresse de l'objet au niveau 2 de la pile
	174	D1=D1+	5	
	AF2	C=0	W	
	147	C=DAT1	A	
	818FA4	C=C-5	A	
	BF2	CSL	W	
	BF2	CSL	W	
	BF2	CSL	W	
	AD7	D=C	M	Nombre de blocs de l'entier au niveau 2
	174	D1=D1+	5	
	133	AD1ex		
	103	R3=A		R3=adresse du contenu de l'objet au niveau 2
	174	D1=D1+	5	
	143	A=DAT1	A	
	131	D1=A		D1=adresse objet 3
	174	D1=D1+	5	
	AF2	C=0	W	
	147	C=DAT1	A	
	818FA4	C=C-5	A	
	BF2	CSL	W	
	BF2	CSL	W	
	BF2	CSL	W	
	174	D1=D1+	5	
	133	AD1ex		
	102	R2=A		R2=adresse du contenu de l'objet au niveau 3
l1	95F	?D#0	M	Encore du travail?
	60	GOYES	l2	Oui -> on continue
	6690	GOTO	l7	Non -> on arrête
l2	113	A=R3		
	131	D1=A		
	AE2	C=0	B	

	15F0	C=DAT1	1	On lit un chiffre
	AE7	D=C	B	
	170	D1=D1+	1	
	133	AD1ex		
	103	R3=A		
	A5F	D=D-1	M	un chiffre de moins
	112	A=R2		
	131	D1=A		
	ADD	CBex	M	
	AD9	C=B	M	
	111	A=R1		
	130	D0=A		
	E4	A=A+1	A	
	101	R1=A		
	96B	?D=0	B	Mult. par zéro?
	1C	GOYES	11	Oui -> fini !
	AE2	C=0	B	
13	95D	?B#0	M	Encore?
	A0	GOYES	14	Oui…
	15C0	DAT0=C	1	Non : on écrit la retenue finale
	62BF	GOTO	11	Et on itère…
14	06	RSTK=C		Sauvegarde C
	15B0	A=DAT1	1	On lit un chiffre
	AEB	C=D	B	
	05	SETDEC		Passage en décimal
	AE1	B=0	B	
15	822	SB=0		;
	81900	ASRB	P	;
	832	?SB=0		;
	50	GOYES	16	; Multiplication
	A61	B=B+C	B	;
16	A66	C=C+C	B	;
	90C	?A#0	P	;
	AE	GOYES	15	;
	07	C=RSTK		
	A69	C=C+B	B	Ajout retenue
	AE0	A=0	B	
	15A0	A=DAT0	1	
	A62	C=C+A	B	Ajout à l'existant
	15C0	DAT0=C	1	Écriture résultat
	04	SETHEX		Retour en hexadécimal
	160	D0=D0+	1	
	170	D1=D1+	1	
	A5D	B=B-1	M	
	BE6	CSR	B	Mise a jour ret.
	6BAF	GOTO	13	On itère
17	8F2D760	GOSBVL	LOAD_REG	Récupérations
	142	A=DAT0	A	Retour au RPL
	164	D0=D0+	5	
	808C	PC=(A)		
fin				

Listing de DIV.LM

Ce programme réalise la division de deux entiers. Il renvoie le reste et le quotient de la division euclidienne.

	CCD20	CON(5)	PROL_CODE	Objet code
début	76100	CON(5)	(fin)-(début)	Longueur code
	8FB9760	GOSBVL	SAVE_REG	Sauvegardes
	143	A=DAT1	A	
	130	D0=A		D0=adresse de l'objet au niveau 1 de la pile
	164	D0=D0+	5	
	142	A=DAT0	A	
	818F84	A=A-5	A	
	819F0	ASRB	A	
	103	R3=A		R3=nbr de chiffres
	164	D0=D0+	5	
	132	AD0ex		
	102	R2=A		R2=adresse du contenu de l'objet au niveau 1
	174	D1=D1+	5	Objet suivant
	143	A=DAT1	A	A=adresse de l'objet au niveau 2 de la pile
	818F07	A=A+8	A	
	D8	B=A	A	
	174	D1=D1+	5	Objet suivant
	143	A=DAT1	A	A=adresse de l'objet au niveau 3 de la pile
	130	D0=A		
	167	D0=D0+	8	
	174	D1=D1+	5	Objet suivant
	143	A=DAT1	A	A=adresse de l'objet au niveau 4 de la pile
	818F04	A=A+5	A	
	131	D1=A		
	147	C=DAT1	A	Longueur obj 4
	CA	A=A+C	A	
	818F81	A=A-2	A	
	100	R0=A		
	818FA4	C=C-5	A	
	819F2	CSRB	A	Nbr de chiffres de l'objet 4
	109	R1=C		
	AC3	D=0	S	
11	113	A=R3		
	8AC	?A#0	A	Encore?
	60	GOYES	12	
	61B0	GOTO	19	Non -> fin !
12	CC	A=A-1	A	Un chiffre de moins
	103	R3=A		

	AC2	C=0	S	
l3	111	A=R1		;
	DE	CAex	A	;
	D7	D=C	A	;
	DE	CAex	A	;
	136	CD0ex		;
	C2	C=C+A	A	;
	C2	C=C+A	A	;
	C8	B=B+A	A	;Initialisations
	C8	B=B+A	A	;
	DD	CBex	A	;
	136	CD0ex		;
	B47	D=D+1	S	;
	110	A=R0		;
	131	D1=A		;
	AE2	C=0	B	Pas de retenue
l4	8AF	?D#0	A	Encore?
	60	GOYES	l5	
	6740	GOTO	l7	Non -> suite
l5	CF	D=D-1	A	
	05	SETDEC		Passage en décimal
	AE0	A=0	B	
	15B0	A=DAT1	1	Lecture 1 chiffre
	A62	C=C+A	B	Ajout retenue
	15A0	A=DAT0	1	
	EE	C=A-C	A	soustraction
	04	SETHEX		
	DC	ABex	A	
	132	AD0ex		
	15C0	DAT0=C	1	Réécriture
	181	D0=D0-	2	
	132	AD0ex		
	DC	ABex	A	
	181	D0=D0-	2	Un chiffre de moins
	1C1	D1=D1-	2	
	A82	C=0	P	
	96A	?C=0	B	Retenue?
	A0	GOYES	16	
	3110	LCHEX	01	Oui -> retenue !
	6DBF	GOTO	14	
16	AE2	C=0	B	Pas de retenue !
	66BF	GOTO	14	
17	96E	?C#0	B	Retenue en fin?
	90	GOYES	18	Oui -> arrêt
	B46	C=C+1	S	Incrément quotient
	658F	GOTO	l3	On itère
18	161	D0=D0+	2	
	136	CD0ex		
	DD	CBex	A	
	136	CD0ex		
	161	D0=D0+	2	
	B47	D=D+1	S	
	112	A=R2		
	131	D1=A		
	1554	DAT1=C	S	Écriture quotient

	171	D1=D1+	2	
	133	AD1ex		
	102	R2=A		
	694F	GOTO	11	On itère…
19	8F2D760	GOSBVL	LOAD_REG	Récupérations
	822	SB=0		
	81943	DSRB	S	
	832	?SB=0		Faut il modifier
				l'ordre des objets
				dans la pile?
	A1	GOYES	110	Non -> fin
	174	D1=D1+	5	;
	143	A=DAT1	A	;
	174	D1=D1+	5	;
	147	C=DAT1	A	;Échange objets
	141	DAT1=A	A	;aux niveaux 2 et
	1C4	D1=D1-	5	;3 de la pile
	145	DAT1=C	A	;
	1C4	D1=D1-	5	;
110	142	A=DAT0	A	Retour au RPL
	164	D0=D0+	5	
	808C	PC=(A)		
fin				

Récapitulatif de tous les programmes à entrer

DECODE.LM (# D620h)
```
CCD20 B6000 8FB97 60143 13216 43450 00014 2EAD8
16417 41431 33174 14713 3C213 73103 8A961 1C115
E015D 1160C D6AEF 8F2D7 60142 16480 8C
```

ENCODE.LM (# B0A9h)
```
CCD20 76000 8FB97 60143 13216 43450 00014 2EAD8
16417 41431 33174 14713 3C213 78A96 11C11 5B015
00160 CD6AE F8F2D 76014 21648 08C
```

FORMAT.LM (# 3371h)
```
CCD20 E5000 8FB97 60143 13016 91741 43131 17414
3818F 84172 D3171 E7818 F818A 8B015 7090A 9EDB1
448F2 D7601 42164 808C
```

ZERO.LM (# 69AAh)
```
CCD20 54000 8FB97 60143 13117 41431 74C4F 4AF28
A8F01 5D717 7CC61 FF8F2 D7601 42164 808C
```

ADD.LM (# E74Ch)
```
CCD20 57000 8FB97 60143 13016 91741 43131 17414
7C6F6 D7174 AF020 8ABF2 AF280 F0051 5A7A7 215B7
A7204 15D71 67177 CF80D 861DF 8F2D7 60142 16480
8C
```

SUB.LM (# C14h)
```
CCD20 67000 8FB97 60143 13016 91741 43131 17414
7C6F6 D7174 AF08A B23AF 215E7 05A7A 15F7B 72041
5D717 7167C FAF09 4A4DB 646EC F8F2D 76014 21648
08C
```

MULT.LM (# ACDBh)

```
CCD20 C1100 8FB97 60143 818F0 91011 74143 13317
4AF21 47818 FA4BF 2BF2B F2AD7 17413 31031 74143
13117 4AF21 47818 FA4BF 2BF2B F2174 13310 295F6
06690 11313 1AE21 5F0AE 71701 33103 A5F11 2131A
DDAD9 11113 0E410 196B1 CAE29 5DA01 5C062 BF061
5B0AE B05AE 18228 19008 3250A 61A66 90CAE 07A69
AE015 A0A62 15C00 41601 70A5D BE66B AF8F2 D7601
42164 808C
```

DIV.LM (# AD61h)

```
CCD20 76100 8FB97 60143 13016 41428 18F84 819F0
10316 41321 02174 14381 8F07D 81741 43130 16717
41438 18F04 13114 7CA81 8F811 00818 FA481 9F210
9AC31 138AC 6061B 0CC10 3AC21 11DED 7DE13 6C2C2
C8C8D D136B 47110 131AE 28AF6 06740 CF05A E015B
0A621 5A0EE 04DC1 3215C 01811 32DC1 811C1 A8296
AA031 106DB FAE26 6BF96 E90B4 6658F 16113 6DD13
6161B 47112 13115 54171 13310 2694F 8F2D7 60822
81943 832A1 17414 31741 47141 1C414 51C41 42164
808C
```

DIV.C (# B5C2h)

```
«
  FORMAT "0" SWAP + SWAP FORMAT "0" SWAP +
  IF
    OVER "00" ==
  THEN
    DROP2 # 305h DOERR
  ELSE
    DUP NEWOB DUP 1 OVER SIZE 6 PICK SIZE - 1 +
    SUB DIV.LM SWAP ROT DROP DUP SIZE DUP 5 ROLL
    SIZE - 1 + SWAP SUB
  END
»
```

MULT.C (# 7E7Ch)

```
«
  DUP2 + ZERO.LM MULT.LM 3 ROLLD DROP2
»
```

PREPARE (# 18D6h)

```
«
  FORMAT SWAP FORMAT → N1 N2
  «
    IF
      N1 SIZE N2 SIZE DUP2 >
    THEN
      DROP2 N2 N1
    ELSE
      IF
        <
      THEN
        N1 N2
      ELSE
        N1 N2
        IF
          DUP2 >
        THEN
          SWAP
        END
      END
    END
    ENCODE SWAP ENCODE DUP2 SIZE SWAP SIZE SWAP
    - 0 CHR
    WHILE
      DUP2 SIZE >
    REPEAT
      DUP +
    END
    1 ROT SUB +
  »
»
```

DECODE (# A04Dh)

```
«
  DUP DUP + SWAP DECODE.LM DROP FORMAT
»
```

ENCODE (# 19ADh)

```
«
  "0000000" SWAP + DUP SIZE 8 MOD 1 + OVER SIZE SUB
  DUP 1 OVER SIZE 2 ∕ SUB ENCODE.LM SWAP DROP
»
```

FORMAT (# E1B2h)

```
«
  "0" SWAP + # FFFFFh NEWOB FORMAT.LM B→R OVER SIZE
  SUB
»
```

MODU (# FB90h)

```
«
  IF
    FORMAT DUP "0" ==
  THEN
    DROP
  ELSE
    DIV.C SWAP DROP FORMAT
  END
»
```

DIV (# 600Ah)

```
«
  DIV.C DROP FORMAT
»
```

E (# 5A9Eh)
```
«
   →STR STR→ DUP
   → N
   «
      "0"
      WHILE
         N DUP 2 / IP 'N' STO
      REPEAT
         DUP +
      END
      1 ROT SUB +
   »
»
```

POW (# D4DBh)
```
«
   →STR STR→
   → N
   «
   ENCODE 1 ENCODE
   WHILE
      N DUP 1 DISP 0 ≠
   REPEAT
      IF
         N 2 / DUP IP 'N' STO FP
      THEN
         OVER MULT.C
      END
      SWAP DUP MULT.C SWAP
   END
   SWAP DROP DECODE
   »
»
```

SQRT (# EFE4h)

```
«
  "00" + FORMAT DUP 1 OVER SIZE 2 / SUB
  → A X
  «
    DO
      X A OVER DIV SUM 2 DIV
    UNTIL
      X OVER 'X' STO ==
    END
    X 1 OVER SIZE 1 - SUB
  »
»
```

BFACT (# 23E5h)

```
«
  →STR STR→ DUP 2 DISP 1 ENCODE 1 ROT
  FOR X
    X DUP 1 DISP ENCODE MULT.C
  NEXT
  DECODE
»
```

MULT (# EC5Fh)

```
«
  ENCODE SWAP ENCODE MULT.C DECODE
»
```

SUBS (# 204Fh)

```
«
  PREPARE SUB.LM DROP DECODE
»
```

SUM (# 701Ch)

```
«
  PREPARE 0 CHR DUP + DUP + ROT OVER + 3 ROLLD +
  ADD.LM DROP DECODE
»
```

Factorielle 2000

Le résultat suivant a été obtenu grâce à l'ensemble de programmes 'BIC' précédemment listé.

```
3316275092450633241175393380576324038281117208105780394571935437060380779056008224002732308597325922554
0235294122583410925800481741529379613130663352634368890563405855616394060511725257187064785639354404540
5243957467037674108722970434684158343752431580087753364512748799543685924740803240894656150723325065279
7655757179671536718689359056112815871601717232657156110004214012420433842573712700175883547796899921283
52899666585340557985490365736635013338655040117201215263548803826815215224692099520603156441856548067594
6497051552288205234899995726450814065536678969532101467622671332026831552205194494461618239275204026529
7226315025747520482960647509273941658562835317795744828763145964503739912733417726360885249009350662161
01444597094127078213137325638315723020199499149583164709427744738703279855496742986088393763268241524788
343874695958292577405745398375015858154681362942179499723998135994810165566387603422731291225038470987290
9626622461971076605931550201895135583165357871492290916779049702247094611937607785165110684432255905648736
26653037738465039078804952460071254940261456607225413630275491367150340609783107494528221749078134770969
324155611339828051358600690594619965257310741177081519922564516778571458056602185654760952377463016679422
4884444857983498015480326208298909658573817518861937669282379888453584639896594213952984465291092009103710
04614944991582858805076186792494638518087987451289140801934007462592005709872957859964365065589561241023101
8690556060308783629110505601245908998383410799367902052076858669183477906558544700148692656924631933337612
4280974200671728463619392496986284687199934503938893672704871271727345617003548674775091029555239535479411
0742191330135681956410919414627664175421615876252625800887321224438902486771820549594157519917012717675718749
58616196659318788551141835782092601482071777331735396034304969080207058995870138190081303559016076290838857
456128821769813618248357639218303118414719133986892842344000779246691209766731651433494437473235636572048844
47833185494169303012453167632274536787932284747382448509228313995250973250597912703104768360148119110222925337
2697693823670057565612400290576043852529029376064795334581796661238396052625491071866638693547661084550461981
02084050635827676526589492393249519685954171672419329530683673495544004586359838161043059449826627530605423580
7558941082788804278259510898806354105679179509740177806887828698102190109001483520616888837202503106659220680
6014836498305327820082635365580684360568678128416921713304714117631217589577712263758475312351723099054982921
0134687304205890014418063875382664169897704377594062808772537022654265305008623793014226758211871435029186376
3634030017325181826207603974736959520264263236414544685111342720215045838385101013694131303485622191663162389
2632765815355011276307825059969158824533457435437863683173730672329658935519969445892367000879074988999234355
5566240628034763784685183844974364887395247510322422211056120129582965719136810869382547576411888687934672519
124619215114473883626959164367249007165342822815266124780046392254494517036372362794075778454209104830546165
6190622174286981602973324046520201992813854882681951007282869701070737500927666487502174775372742351508748246
7202741700315811228058961781221607474379475109506200938556674581252518376682157712007861499255876132352950422
3463878789548508857644661362903941276659780442020922813379871159008962648789424132104549250035666706329094415
79372986743421470507213588932019580723064781498429522595589012754823971773325722910325760929790733299545056388
362640474650245080080946911607263208749414397300070411141859553027882735765481918200244969776111134631019528276
1590964189790958117338627206088910432945244978535147014411244214305548608963957837834732532359576329143892528039
3986256273242862775563140463830389168421633113445563630957196597846633855149231619633567535513840342580416291983
7822266909521770153175338730284610841886554138329171951332117895728541662084823682817932512931237521541926970269
7032994776348238364830088715330734056643838639064887730721762268849020487661194260180272613802108005078215741006
0548482013478595781027707077806555127725405016743323960662532164150048087724030476119290322101543853531386855384
86425570790795341176519571188683739808683895792743749683498142923292196309777090143936843655333359307820181312993
455024260445633405786069624719615056033948995233218004343599672566239271964354028720554750120798543319706747973131
2681352365374400856622632063066768837585132782896252333284341812977624697079543436003492343159239674763638912112
58540665778364621391124744705125522634270123952701812704549164804593224810885867460095230679317596775558101167994
000524980630376314134441226903703498735579991600925924807505248554156826628176081544630830546677412630124441864204
1008373119093130001154470506277737242437806718889977085105672722767812471988328576958442175888951604678682048100
107178164623582208385324801342708340798684866321627202088233087278190853788454691315560217288731219073939652092602
2910147752708093086536497985585401057745027928981460368843182150863724621696787228216934737059928627711244769092
0902988320166830170273420259765671709863311216349502171264426827119650264054228231759630087447530184719409552426
341149846950007339000000000000000000000000000000000000000000000000000000000000000000000000000000000000000000
000000000000000000000000000000000000000000000000000000000000000000000000000000000000000000000000000000000000
000000000000000000000000000000000000000000000000000000000000000000000000000000000000000000000000000000000000
000000000000000000000000000000000000000000000000000000000000000000000000000000000000000000000000000000000000
0000000000000000
```

PI

Le calcul des décimales de π est un problème qui a toujours passionné les mathématiciens. Aujourd'hui, avec les progrès croissants de l'informatique, il est possible de calculer des millions de décimales de ce chiffre mythique…

Grâce à l'ensemble de programmes BIC, nous allons pouvoir nous lancer, nous aussi, dans un tel calcul. Cependant, du fait de la place-mémoire limitée et des capacités de calculs de la machine, nous ne pourrons dépasser quelques milliers de décimales…

Le principe de calcul est simple. Il existe une formule bien connue :

$$\frac{\pi}{4} = \text{Atan}\left(\frac{1}{2}\right) + \text{Atan}\left(\frac{1}{5}\right) + \text{Atan}\left(\frac{1}{8}\right)$$

De plus, nous savons que Atan peut se calculer par :

$$\text{Atan}(x) = \sum_{n=0}^{\infty} (-1)^n \cdot \frac{x^{2n+1}}{2n+1}$$

qui converge d'autant plus vite que x est petit.

Nous aurons donc :

$$\pi = 4 \cdot \left(\sum_{n=0}^{\infty} (-1)^n \cdot \frac{\left(\frac{1}{2}\right)^{2n+1} + \left(\frac{1}{5}\right)^{2n+1} + \left(\frac{1}{8}\right)^{2n+1}}{2n+1} \right)$$

Comme le calculateur BIC ne gère que des nombres entiers positifs, il nous faudra tout multiplier par une puissance de 10 (de manière à rendre les nombres entiers) et à gérer le signe du terme général de la série "à la main".

Le programme PI réalise ce calcul. Il prend en entrée un réel représentant le nombre de chiffres significatifs désiré.

Il affiche en permanence le numéro de l'étape courante (2n+1) et le nombre de décimales restant à calculer.

Il faut compter environ une dizaine de secondes par décimale (mais cette mesure dépend de nombreux facteurs : mémoire libre disponible, nombre de décimales demandé...). Voici quelques décimales calculées à l'aide de 'PI' :

```
3.14159265358979323846264338327950288419716939937510582097494459230781640628620899862803482534211706798
2148086513282306647093844609550582231725359408128481117450284102701938521105559644622948954930381964428
8109756659334461284756482337867831652712019091456485669234603486104543266482133936072602491412737245870
0660631558817488152092096282925409171536436789259036001133053054882046652138414695194151160943305727036
5759591953092186117381932611793105118548074462379962749567351885752724891227938183011949129833673362440
6566430860213949463952247371907021798609437027705392171762931767523846748184676694051320005681271452635
6080027785771342757789609173637178721468440901224953430146549585371050792279689258923542019956112129021
9608640344181598136297747713099605187072113499999983729780499510597317328160963185950244594553469083026
4252230825334468503526193118817101000313783875288658753320838142061717766914730359825349042875546873115
95628638823
```

```
PI (# C958h)
«
  → P
  « 1 P 1 + E DUP 2 DIV OVER 5 DIV ROT 8 DIV 1 0 0
    → A B C N T S
    «
     A B SUM C SUM
     DO
       T SWAP
       IF
         S
       THEN
         SUBS
       ELSE
         SUM
       END
       'T' STO 1 S - 'S' STO A 4 DIV DUP 'A' STO B
       25 DIV DUP 'B' STO C 64 DIV DUP 'C' STO SUM
       SUM N 2 SUM DUP 'N' STO DUP 1 DISP DIV DUP
       SIZE 2 DISP
     UNTIL
       DUP "0" ==
     END
     DROP T 4 MULT 2 P SUB "3." SWAP +
    »
  »
»
```

Polynômes

POLYNOMES est un ensemble de programmes permettant le calcul sur les polynômes. Nous vous conseillons de stocker tous les programmes le constituant dans un sous-répertoire (nommé, par exemple, 'POLYNOMES').

Tous les programmes de calculs polynômiaux présentés ici utilisent des polynômes stockés sous forme de liste des coefficients des puissances décroissantes de la variable principale. Par exemple :

$$'a*X^2+3*X+1'$$

Se notera :

$$\{ \ a \ 3 \ 1 \ \}$$

Voici les différents programmes composant cette bibliothèque de calculs polynômiaux :

- X→L réalise la transformation d'un polynôme stocké sous forme algébrique en un polynôme sous forme de liste. Le nom de la variable principale (en général 'X' doit être stocké dans la variable 'VX') ;

- L→X réalise la transformation d'un polynôme stocké sous forme algébrique en un polynôme sous forme de liste. Ce programme utilise lui aussi le nom contenu dans 'VX' ;

- L→V transforme un polynôme stocké sous forme de liste en un polynôme vecteur (forme utilisée par la fonction PROOT) ;

- V→L effectue la transformation inverse ;

- PDEG renvoie le degré du polynôme liste qui lui est donné en argument. Les coefficients nuls en début de liste sont ignorés ;

- SUM additionne deux polynômes stockés sous forme de listes ;

- SOUS soustrait deux polynômes stockés sous forme de listes ;

- MULT multiplie deux polynômes stockés sous forme de listes ;

- DIV divise deux polynômes stockés sous forme de listes. Ce programme renvoie deux polynômes : le quotient au niveau 2 de la pile et le reste de la division au niveau 1 ;

- DER dérive un polynôme-liste;

- VAL permet de calculer la valeur d'un polynôme liste : on passe en argument le polynôme (niveau 2) et la valeur pour laquelle on veut évaluer le polynôme. Cette valeur peut être un nom de variable, dans ce cas on obtient le polynôme sous forme algébrique (VAL est alors une alternative à L→X) ;

- VALP effectue la même opération mais présente le polynôme sans utilisation de la fonction ^, mais par multiplications successives (ex : '((X+2)*X+3' au lieu de 'X^2+2*X+3') ;

- DEV simplifie l'expression d'un polynôme liste. Cette opération est souvent assez longue, c'est pourquoi elle n'est pas intégrée aux programmes de calculs ;

- DEV2 réalise l'opération précédente sur les deux premiers niveaux de la pile (ce qui est en particulier utile après une utilisation du programme de division de deux polynômes DIV) ;

- TRIM élimine les coefficients inutiles d'un polynôme (coefficients nuls en début de liste);

Les autres programmes listés ci-dessous sont des sous-programmes des fonctions que nous venons de voir. Ils n'ont pas une grande utilité en eux-mêmes mais sont nécessaires au fonctionnement de cette bibliothèque de calculs polynômiaux...

```
X→L (# 3B4Ah)
«
  { } SWAP 0 -3 CF
  DO
    0 'VX' RCL STO OVER EVAL OVER ! / 4 ROLL + ROT
    'VX' RCL DUP PURGE ∂ ROT 1 +
  UNTIL
    OVER 0 SAME
  END
  DROP2
»
```

L→X (# 476Ch)
```
«
   'VX' RCL VAL
»
```

V→L (# D0FFh)
```
«
   ARRY→ EVAL →LIST
»
```

L→V (# 426Ch)
```
«
   LIST→ 1 →LIST →ARRY
»
```

PDEG (# 4B6Eh)
```
«
   DUP SIZE
   → A S
   «
      S 1
      WHILE
         A OVER GET 0 SAME OVER S < AND
      REPEAT
         1 +
      END
      -
   »
»
```

SUM (# F97h)
```
«
   «
      +
   »
   ASOP
»
```

SOUS (# 30AFh)
```
«
   «
      -
   »
   ASOP
»
```

ASOP (# AE01h)

```
«
  → A B OP
  «
    IF
      B TYPE 5 ≠
    THEN
      A B OP LOP1
    ELSE
      IF
        A TYPE 5 ==
      THEN
        { } A SIZE B SIZE MAX A OVER 1 - LRDM OVER B
        SWAP 1 - LRDM
        → S A B
        «
          0 S 1 -
          FOR X
            A S X - GET B S X - GET OP ASOP 0 ROT +
            SWAP 1 SWAP PUT
          NEXT
          TRIM
        »
      ELSE
        B A OP ASOP
      END
    END
  »
»
```

LOP1 (# 4B50h)

```
«
  → A Z OP
  «
    IF
      A TYPE 5 ≠
    THEN
      A Z OP EVAL
    ELSE
      A DUP SIZE DUP2 GET Z OP LOP1 PUT
    END
  »
»
```

```
MULT (# B906h)
«
   SWAP TRIM SWAP TRIM OVER SIZE OVER SIZE
   «
      *
   »
   → A B N P OP
   «
     IF
       B TYPE 5 ≠
     THEN
       A B OP LOPA
     ELSE
       IF
         P 1 ==
       THEN
         A B 1 GET LOPA
       ELSE
         IF
           A TYPE 5 ≠
         THEN
           B A MULT
         ELSE
           IF
             N 1 ==
           THEN
             B A 1 GET MULT
           ELSE
             IF
               N P <
             THEN
               B A P N
             ELSE
               A B N P
             END
             1 - SWAP 1 - SWAP
             → A B N P
             «
                { } 0 N P +
                FOR K
```

```
                    0 K N - 0 MAX P K MIN
                    FOR I
                      A K I - 1 + GET B I 1 + GET MULT
                      ADD
                    NEXT
                    TRIM SWAP 0 + DUP SIZE ROT PUT
                  NEXT
              »
          END
        END
      END
    END
  »
»

DIV (# 7CEBh)
«
  SWAP TRIM SWAP TRIM OVER SIZE OVER SIZE
  «
    ∕
  »
  → A B N P OP
  «
    IF
      B TYPE 5 ≠
    THEN
      A B OP LOPA
    ELSE
      IF
        P 1 ==
      THEN
        A B 1 GET OP LOPA
      ELSE
        IF
          A TYPE 5 ≠ N P < OR
        THEN
          { 0 } A
        ELSE
          B 2 P SUB B 1 GET
          → B C
          «
```

```
         ⟨ ⟩ A N P
        FOR X
          IF
            DUP SIZE X ≠
          THEN
            0 SWAP
          ELSE
            DUP 1 GET C / SWAP 2 N SUB B 3 PICK
            MULT X 2 - RRDM SOUS
          END
          3 ROLLD + SWAP -1
        STEP
      »
    END
  END
END
 »
»


LOPA (# D459h)
«
  → A Z OP
  «
  IF
    A TYPE 5 ≠
  THEN
    A Z OP EVAL
  ELSE A SIZE
    → S
    «
      A OBJ→ DROP 1 S
      START
        Z OP LOPA S ROLLD
      NEXT
      S →LIST
    »
  END
  »
»
```

DER (# 698Dh)
```
«
  OBJ→ 1 - → A
  «
    DROP
    IF A 0 ==
    THEN
      { 0 }
    ELSE
      1 A
      FOR X
        X MULT A ROLLD
      NEXT
      A →LIST
    END
  »
»
```

VAL (# 7AFDh)
```
«
  OVER SIZE
  → V X A
  «
    0 1 A
    FOR Y
      V Y GET X A Y - ^ * +
    NEXT
  »
»
```

VALP (# 138Ah)
```
«
  OVER SIZE
  → V X S
  «
    0 1 S
    FOR I
      X * V I GET +
    NEXT
  »
»
```

```
DEV (# B21Ah)
«
  IF
    DUP TYPE 5 ==
  THEN
    1 OVER SIZE
    FOR X
      X DUP2 GET DEV PUT
    NEXT
  ELSE
    COLCT
    DO
      DUP EXPAN DUP ROT
    UNTIL
      SAME
    END
    DO
      DUP COLCT DUP ROT
    UNTIL
      SAME
    END
  END
»


DEV2 (# DB05h)
«
  DEV SWAP DEV SWAP
»


TRIM (# BD06h)
«
  IF
    DUP TYPE 5 ==
  THEN
    DUP SIZE OVER PDEG OVER SWAP - SWAP SUB
  END
»
```

RRDM (# F62h)

```
«
  1 + OVER SIZE
  → A S2 S1
  «
    IF
      S2 S1 ≤
    THEN
      A 1 S2 SUB
    ELSE
      A 1 S2 S1 -
      START
        0 +
      NEXT
    END
  »
»
```

LRDM (# EC48h)

```
«
  1 + OVER SIZE
  → A S2 S1
  «
    IF
      S2 S1 ≤
    THEN
      A S1 DUP S2 - 1 + SWAP SUB
    ELSE
      A 1 S2 S1 -
      START
        0 SWAP +
      NEXT
    END
  »
»
```

PMAT

Ce programme calcule l'image d'une matrice carrée quelconque par un polynôme.

Il prend en arguments la matrice et le polynôme (sous forme de liste, format utilisé par la bibliothèque polynômiale ou sous forme de vecteur).

Exemple : pour calculer l'image de la matrice identité d'ordre 3 par le polynôme $3X^2+2X+1$, il suffit de taper :

```
3 IDN { 3 2 1 } PMAT
```

ou :

```
3 IDN [ 3 2 1 ] PMAT
```

PMAT (# 6563h)
```
«
  SWAP OVER SIZE
  → V X L
  «
    X 0 CON X IDN L 1
    FOR Y
      DUP V Y {} + GET * ROT + SWAP X * -1
    STEP
    DROP
  »
»
```

PCAR & V.PRO

PCAR permet de calculer le polynôme caractéristique d'une matrice carrée quelconque. Le résultat renvoyé est un vecteur contenant les différents coefficients du polynôme.

V.PRO détermine les valeurs propres d'une matrice à l'aide de PCAR.

Exemple : 3 IDN PCAR renvoie [1 -3 3 -1] (x^3-3x^2+3x-1) (aux erreurs d'arrondis près)

PCAR (# 1560h)
```
«
  DUP IDN DUP SIZE OBJ→ DROP2
  → M I N
  «
    0 N
    FOR X
      M I X * - DET
    NEXT
    N 1 + { } + →ARRY N 1 + IDN 0 N
    FOR X
      0 N
      FOR Y
        X 1 + N Y - 1 + 2 →LIST X Y ^ PUT
      NEXT
    NEXT
    /
  »
»
```

V.PRO (# C4ABh)
```
«
  PCAR PROOT
»
```

µ**SOLVER**

µSOLVER permet la résolution d'un système de plusieurs équations non linéaires à plusieurs inconnues… Pour résoudre un tel système, il utilise l'algorithme de Newton-Raphson.

Mode d'emploi du programme : après avoir entré les deux objets ci-dessous, µSOLVER s'utilise comme suit :

- Placer la liste les différentes équations à résoudre dans une liste, la stocker dans 'MEQ'. Exemple :

    { 'SQ(X)+SQ(Y)=1' 'SQ(X-1)+SQ(Y)=1' }

    (intersection de deux cercles).

- Placer les noms des inconnues dans une liste et la stocker dans 'MVAR'. Pour l'exemple ci-dessus :

    { X Y }

- Stocker des valeurs approchées dans les variables. Cette étape est optionnelle mais permet d'accélérer la recherche. Par exemple 1 dans 'X' et dans 'Y' ;

- Placer la précision recherchée dans la pile (qui correspond à un majorant de la norme euclidienne des erreurs). Par exemple 0.00001 ;

- Lancer µSOLVER.

Durant toute la recherche, il affichera l'erreur de calcul courante.

En cas d'erreur (division par zéro…), la reprise sera automatique.

En fin de recherche, il place les différentes valeurs approchées dans la pile, "tagguées" par le nom de la variable correspondante.

Dans le cas de notre exemple, nous obtiendrions :

```
┌─────────────────────────────────┐
│ 4 :                             │
│ 3 :                             │
│ 2 :                    X : .5   │
│ 1 :       Y : .866025403782     │
└─────────────────────────────────┘
```

De plus, μSOLVER possède deux particularités :

- Il permet la recherche de racines complexes. Pour effectuer une telle recherche, il convient de prendre des nombres complexes comme valeurs approchées de départ ;

- Il comporte de nombreux IFERR... END. De ce fait, il peut être difficile d'interrompre le programme en appuyant sur [ON]. Pour l'arrêter, il convient d'appuyer deux fois très rapidement sur cette touche (ce qui peut conduire à des affichages incohérents).

Il est composé de deux programmes : μSOLVER, programme principal, et JACOB qui calcule le jacobien du système.

μSOLVER a été écrit par Christophe DUPONT DE DINECHIN.

```
JACOB (# B41h)
«
   { } 1 4 PICK SIZE
   FOR e
     1 3 PICK SIZE
     FOR v
       3 PICK e GET 3 PICK v GET ∂ +
     NEXT
   NEXT
   ROT ROT DROP2
»
```

µSOLVER (# 6DB1h)

```
«
  MEQ MVAR DUP LIST→ DUP 1 + 1 ROT
  START
    DUP ROLL EVAL DUP TYPE 1 > 0 ROT IFTE SWAP
  NEXT
  1 - →ARRY 3 ROLLD DUP2 DUP PURGE JACOB SWAP
  4 ROLL
  DO
    OVER LIST→ DUP 2 + ROLL SWAP 1
    FOR i
      DUP i GET ROT STO -1
    STEP
    4 PICK LIST→ DUP 1 + 1 ROT
    START
      DUP ROLL
      IFERR
        →NUM
      THEN
        "Erreur fonction :⏎" ERRM + 1 DISP 0
      END
      SWAP
    NEXT
    1 - →ARRY SWAP DUP2 SIZE OVER SIZE SWAP + 6
    PICK LIST→ 2 + DUP ROLL SWAP 3 OVER
    START
      ROT
      IFERR
        →NUM
      THEN
        "Erreur Jacobien :⏎" ERRM + 1 DISP 0
      END
      OVER ROLLD
    NEXT
    DROP →ARRY
    IFERR
      /
    THEN
      "Systeme singulier :⏎" ERRM + 1 DISP DROP
      RAND *
```

```
    END
    - SWAP ABS "Erreur actuelle:↵" OVER + 1 DISP
  UNTIL
    6 PICK ≤
  END
  5 ROLLD 5 ROLLD DROP DROP2 1 3 PICK SIZE
  FOR x
    DUP2 x GET SWAP x GET DUP2 STO →TAG 3 ROLLD
  NEXT
  DROP2
»
```

X<->Y

Ce programme échange les variables 'X' et 'Y' dans une expression algébrique. Appliqué par exemple à :

$$\text{'X*A+2*(X-Y)/Y'}$$

On obtiendra :

$$\text{'Y*A+2*(Y-X)/X'}$$

Ce programme utilise le programme RND.NAME (listé dans les programmes divers).

Remarques :

- Le caractère '←' s'obtient par la séquence de touches [α] [→] [←] (flèche de déplacement) ;
- Si l'objet algébrique ne contient qu'une des deux variables (X ou Y), le programme réalise une transformation de nom (X devient Y par exemple).

```
X←→Y (# BA77h)
«
  'X' 'Y' → V1 V2
  «
    0
    DO
      DROP RND.NAME DUP2 1 2 →LIST ↑MATCH SWAP DROP
    UNTIL
      NOT
    END
    SWAP OVER V1 SWAP 2 →LIST ↑MATCH DROP V2 V1 2
    →LIST ↑MATCH DROP SWAP V2 2 →LIST ↑MATCH DROP
  »
»
```

PPCM et PGCD

Ces deux programmes calculent respectivement le PPCM (plus petit commun multiple) et le PGCD (plus grand commun diviseur) de deux nombres.

Exemples :

832 299 PPCM donne 19136

832 299 PGCD donne 13

```
PPCM (# E0F1h)
«
   DUP2 * 3 ROLLD PGCD /
»


PGCD  (# 400Bh)
«
   DUP2
   IF
     <
   THEN
     SWAP
   END
   DO
     SWAP OVER MOD DUP
   UNTIL
     0 ==
   END
   DROP
»
```

PFACT

Ce programme détermine la décomposition en facteurs premiers d'un nombre (sous la forme d'une liste). Les facteurs multiples sont répétés un nombre de fois égal à leur multiplicité.

Exemple :

153 PFACT donne { 3 3 17 }

PFACT (# 1C1Fh)
```
«
  1
  → P
  «
    { } SWAP
    WHILE
      DUP √ P > P 1 + 'P' STO
    REPEAT
      WHILE
        DUP P / DUP 1 ≠ SWAP FP 0 == AND
      REPEAT
        P / SWAP P + SWAP
      END
    END +
  »
»
```

DIVIS

Ce programme détermine la liste des diviseurs d'un nombre.

Exemple :

```
153 DIVIS donne { 153 1 51 3 17 9 }
```

```
DIVIS (# 5CBEh)
«
  → A
  «
    { } 1 A √
    FOR I
      A I / DUP
      IF
        FP 0 ==
      THEN
        + I +
      ELSE
        DROP
      END
    NEXT
  »
»
```

O->Q et O->Qπ

Ces deux programmes transforment un objet quelconque (réel, complexe, vecteur, matrice, liste, expression algébrique...) en son équivalent décomposé en fractions (de π pour O->Qπ).

Remarques :

- Les vecteurs et matrices sont transformés en listes contenant les fractions sous forme d'expressions algébriques ;
- Les "tags" sont conservés.

Les deux programmes sont bâtis autour d'un même sous-programme Q.OBJ...

Exemple :

        PL:{ 14.5 { 'A^12.56' 4.78 } } O->Q

renvoie :

        PL:{ '29/2' { 'A^(314/25)' '239/50' } }

O→Q (# EDBCh)
```
«
  «
    →Q
  »
  Q.OBJ
»
```

O→Qπ (# 69F7h)
```
«
  «
    →Qπ
  »
  Q.OBJ
»
```

Q.OBJ (# F2EFh)

```
«
  OVER TYPE
  → X Q T
  «
    CASE
      { 0 1 6 7 9 } T POS
      THEN
        X Q EVAL
      END
        T 12 ==
      THEN
        X OBJ→ SWAP Q Q.OBJ SWAP →TAG
      END
        { 3 4 5 } T POS
      THEN
        X OBJ→
        IF
          DUP TYPE 0 ==
        THEN
          1 SWAP
        ELSE
          OBJ→
          IF
            1 ==
          THEN
            1 SWAP
          END
        END
        DUP2 * OVER 1 + → L C S D
        « 1 S
          START
            Q Q.OBJ S ROLLD
          NEXT
          IF
            L 1 ==
          THEN
            S →LIST
          ELSE
            S 1 + 1 L
```

```
            START
              D ROLLD C →LIST SWAP C - 1 + SWAP
              OVER ROLLD
            NEXT
            DROP L →LIST
          END
        »
      END
      X
    END
  »
»
```

R->QV

Ce programme transforme un réel en une fraction rationnelle ou racine d'une fraction rationnelle… Voici deux exemples :

```
        10.5 R→QV donne '21/2'
    3.49284983931 R→QV donne 'J(61/5)'
```

```
R→QV (# 5650h)
«
  DUP SIGN OVER ABS →Q RO DUP SQ →Q
  → S QX X QXX
  «
    CASE
      QX TYPE 9 ≠
      THEN
        QX
      END
      QXX TYPE 9 ≠
      THEN
        "'J" QXX + OBJ→
      END
      QX OBJ→ DROP2 SWAP DROP QXX OBJ→ DROP2 SWAP
      DROP J ≤
      THEN
        QX
      END
      QXX J
    END
    IF
      S -1 ==
    THEN
      NEG
    END
  »
»
```

WMEAN, GSDEV et FGSDEV

La HP48 ne possède pas de fonctions statistiques permettant de calculer simplement une moyenne pondérée ou l'écart-type de données groupées.

Les trois programmes suivants permettent de pallier à cet inconvénient. Ils prennent tous trois en argument deux listes. La première contient l'ensemble des valeurs, la seconde l'ensemble des poids. Ces deux listes doivent être de même taille.

WMEAN calcule la moyenne pondérée des valeurs par la formule classique :

$$m = \frac{1}{\sum\limits_{i=1}^{n} p_i} \sum_{i=1}^{n} p_i\, x_i$$

Le deuxième programme calcule l'écart type d'une série de données groupées (c'est-à-dire affectée d'un coefficient entier qui représente sa fréquence d'apparition) selon la formule américaine de calcul de l'écart-type :

$$\sigma = \sqrt{\frac{1}{\left(\sum\limits_{i=1}^{n} p_i\right) - 1} \sum_{i=1}^{n} p_i\, (x_i - m)^2}$$

Formule qui diffère légèrement de celle utilisée en France, où on divise la somme par la somme des coefficients (ce qui introduit un biais dans l'observation). Le programme FGSDEV calcule la valeur de l'écart-type de données groupées selon cette seconde formule.

Avant de donner le listing de ces trois programmes, voici un exemple de leur utilisation. Les résultats d'un examen noté entre 0 et 10 montrent la répartition suivante : 2 candidats ont obtenu la note 0, 3 ont eu 2, 5 ont eu 3, 10 ont eu 5, 7 ont eu 6, 4 ont eu 7, 1 a eu 9 et 1 a eu 10. Pour calculer la moyenne des notes obtenues par les candidats, il suffit d'entrer la liste des notes ({0 2 3 5 6 7 9

10}) et la liste de leur fréquence d'apparition ({2 3 5 10 7 4 1 1}) et d'exécuter WMEAN pour obtenir la note moyenne :

    {0 2 3 5 6 7 9 10} {2 3 5 10 7 4 1 1} WMEAN

D'où le résultat : 4.8484... L'écart-type (américain) se calcule par :

    {0 2 3 5 6 7 9 10} {2 3 5 10 7 4 1 1} GSDEV

Qui donne : 2.2377... (par la formule française on obtiendrait 2.2035...)

Remarques :

- Lorsqu'on désire calculer la moyenne et l'écart-type, il est judicieux de sauver les deux listes pour éviter de les retaper (soit en les stockant dans des variables, soit en les dupliquant dans la pile par DUP2) ;
- Pour obtenir la somme des coefficients (nombre total d'observations dans le cas de données groupées), il suffit d'exécuter la commande ΣLIST (somme des éléments de la liste donnée en argument) sur la liste correspondante ;
- GSDEV et FGSDEV utilisent WMEAN.

WMEAN (# D6A3h)
```
«
  SWAP OVER * ΣLIST SWAP ΣLIST /
»
```

GSDEV (# DD17h)
```
«
  DUP2 WMEAN ROT - SQ OVER * ΣLIST √ SWAP ΣLIST 1 -
  √ /
»
```

FGSDEV (# 60C3h)
```
«
  DUP2 WMEAN ROT - SQ OVER * ΣLIST √ SWAP ΣLIST √ /
»
```

ARKA

ARKA est un petit jeu de casse-briques en assembleur. Les commandes sont les suivantes :

- [4] pour déplacer la raquette vers la gauche ;
- [6] pour la déplacer vers la droite ;
- [←] pour quitter.

En sortie du jeu on obtient le score sous forme d'un réel au niveau 1 de la pile.

Ce jeu est assez sommaire dans la mesure où le trajet de la balle ne se fait que selon deux diagonales et avec une trajectoire initiale qui est toujours la même, mais peut servir de base à la programmation d'un jeu plus complet.

Un tel jeu, nommé ARKANOIID, existe d'ailleurs sur HP48, écrit par le même auteur que ARKA. Ce jeu, ainsi que de nombreux autres (PACMAN, BOULDERHP, XENNON, HPTRIS, SKWIK, DIAMONDS, LEMMINGS...) est distribué gratuitement sous forme de librairie.

On peut en particulier se le procurer (ainsi que de nombreux utilitaires : assembleur, désassembleur, éditeur rapide, générateur de librairies...) auprès des vendeurs du magasin Maubert Electronic (Paris).

ARKA a été écrit par Cyrille de BREBISSON.

En voici le listing commenté (le rappel des codes se trouve à la suite du listing) :

	D9D20	CON(5)	PROL_PRGM	Début de programme
	CCD20	CON(5)	PROL_CODE	Début d'objet code
début	B5200	CON(5)	(fin)-(début)	Sa longueur
	8FB9760	GOSBVL	SAVE_REG	Sauvegarde des registres
	808F	INTOFF		Pas d'interruption clavier
	1B29008	D0=	#80092	Le score sera stocké en ram
	D0	A=0	A	réservée (dans une zone que
	140	DAT0=A	A	seul l'auto-test utilise).
				Ici : on le met à zéro...
	1FD8608	D1=	#8068D	
	143	A=DAT1	A	

	100	R0=A		R0 : @ bitmap écran courant
	130	D0=A		D0 : @ début bitmap écran
	D1	B=0	A	On va écrire $18*2 lignes
	3F777777	LC	#7777777777777777	Dessin briques :
	77777777			Dessin : XXX.XXX.XXX.XXX…
	77			Codage : 111011101110111…
	AF0	A=0	W	Vide entre les briques
ECR	1507	DAT0=A	W	
	16F	D0=D0+	16	une ligne de vide
	1507	DAT0=A	W	
	16F	D0=D0+	16	
	148	DAT0=A	B	
	161	D0=D0+	2	
	1547	DAT0=C	W	
	16F	D0=D0+	16	32 briques
	1547	DAT0=C	W	
	16F	D0=D0+	16	
	148	DAT0=A	B	
	161	D0=D0+	2	Les 2 derniers qu. de vide
	B05	B=B+1	P	
	54D	GONC	ECR	On fait le test de boucle
	3123	LC	#32	On boucle 16 * pour effacer l'écran
FEFF	1507	DAT0=A	W	16 quartets à 0
	16F	D0=D0+	16	
	A6E	C=C-1	B	
	55F	GONC	FEFF	
	D2	C=0	A	
	3404000	LC	#00040	
	D7	D=C	A	La raquette est en $40
	D0	A=0	A	
	E4	A=A+1	A	Paramètre balle :
	101	R1=A		Vecteur directeur en X : 1
	F8	A=-A	A	
	102	R2=A		Vecteur directeur en X : -1
	10B	R3=C		Coordonnée X : #40
	3103	LC	#30	
	10C	R4=C		Coordonnée Y : #30
	7E51	GOSUB	PIX	On affiche la balle
BCLE	3400020	LC	#02000	On fait une pause…
PAUSE	CE	C=C-1	A	
	5DF	GONC	PAUSE	
	3140	LC	#04	Test touches…
	800	OUT=CS		
	8FA5110	GOSBVL	AIN	A=IN
	80861	?ABIT=0	1	
	F0	GOYES	NDRTE	Si [6] relâchée => rien
	3187	LC	78	
	963	?D=C	B	Si la raquette est en bout
	60	GOYES	NDRTE	d'écran on ne fait rien
	E7	D=D+1	A	Sinon on la déplace la
	E7	D=D+1	A	vers la droite
NDRTE	80863	?ABIT=0	3	
	11	GOYES	NGCHE	Si [4] relâchée => rien
	818FB1	D=D-2	A	Sinon on la décale à gauche

	580	GONC	NGCHE	Si pas carry => ok
	818F31	D=D+2	A	Sinon on la remet
NGCHE	80860	?ABIT=0	0	
	72	GOYES	NDRP	Si [<=] relâchée => rien
	1B29008	D0=	#80092	Lecture score
	142	A=DAT0	A	
	100	R0=A		Sauvegarde score dans R0
	8F2D760	GOSBVL	LOAD_REG	Récupération registres
	8F73560	GOSBVL	PUSHR0	Pose R0 sur pile dans un SB
	142	A=DAT0	A	Et retour au RPL…
	164	D0=D0+5		
	808C	PC=(A)		sinon on retourne au RPL
NDRP	110	A=R0		
	34B2700	LC	#0072B	
	CA	A=A+C	A	A : adresse ligne raquette
	DB	C=D	A	
	819F2	CSRB	A	
	819F2	CSRB	A	C=nombre de quartets entre le début de la ligne de la raquette et le début du graphique de la raquette
	CA	A=A+C	A	
	131	D1=A		D1 pointe sur ce quartet
	D2	C=0	A	
	303	LC	3	
	0EF7	C=C&D	A	C=numéro du bit ou commence le graphique de la raquette dans ce quartet
	808248F7 00	LA	007F8	On charge le graphique de la raquette dans A
RAB	C4	A=A+A	A	On multiplie A par 2^nb_bit En binaire ceci correspond
	A0E	C=C-1	P	à un décalage de nb_bit bit
	5AF	GONC	RAB	donc à un décalage de nb_bit du graphique dans le registre
	141	DAT1=A	A	On écrit le graphique ce qui efface la raquette précédente
	7FA0	GOSUB	PIX	On efface la balle
	D2	C=0	A	
	31F7	LC	#7F	
	D5	B=C	A	B=XMAX de la balle
	11B	C=R3		C=X balle
	111	A=R1		A=Vecteur directeur en X
	C2	C=C+A	A	=> Nouveau X balle
	8AE	?C#0	A	
	40	GOYES	NREB1	Si la balle à gauche on
	F8	A=-A	A	inverse le vect. dir. en X
NREB1	8A5	?C#B	A	
	40	GOYES	NREB2	Si elle est à droite on
	F8	A=-A	A	l'inverse aussi
NREB2	101	R1=A		On re-stocke les valeurs
	10B	R3=C		
	11C	C=R4		

	112	A=R2		On recommence pour le haut
	C2	C=C+A	A	de l'écran
	8AE	?C#0	A	
	40	GOYES	NREB3	
	F8	A=-A	A	
NREB3	102	R2=A		
	10C	R4=C		
	80824730	LA	#00037	Si elle est à la dernière
	00			ligne, c'est que la balle
	8A6	?A#C	A	a passé la raquette…
	72	GOYES	NLOST	
	1B29008	D0=	#80092	On met le score dans la
	142	A=DAT0	A	pile et on retourne au
	100	R0=A		RPL…
	8F2D760	GOSBVL	LOAD_REG	
	8F73560	GOSBVL	PUSHR0	
	142	A=DAT0	A	
	164	D0=D0+5		
	808C	PC=(A)		
NLOST	7E30	GOSUB	PIX	On affiche la raquette
	481	GOC	BCLE2	Si le pixel ou elle est
				était éteint => pas besoin
				de tester ni la raquette ni
				les briques
	D5	B=C	A	
	3163	LC	#36	
	114	A=R4		Si balle sur la ligne de la
	966	?A#C	B	raquette, on la renvoie
	E0	GOYES	NRAQ	
	112	A=R2		
	F8	A=-A	A	(on inverse le VD en Y)
	102	R2=A		
BCLE2	66CE	GOTO	BCLE	Et on reboucle
NRAQ	D9	C=B	A	
	15D0	DAT1=C	1	Sinon on poke le pixel seul
				ce qui revient à effacer la
				brique en laissant la balle
	1B29008	D0=	#80092	Et on incrémente le score…
	142	A=DAT0	A	
	E4	A=A+1	A	
	140	DAT0=A	A	
	112	A=R2		Puis on inverse le VD en Y
	F8	A=-A	A	
	102	R2=A		
	65AE	GOTO	BCLE	Et on recommence
PIX	114	A=R4		A : X*34 , on multiplie la
	C4	A=A+A	A	coordonnée X par 34 pour
	D6	C=A	A	trouver l'offset de la
	F0	ASL	A	ligne ou l'on veut mettre
	CA	A=A+C	A	la balle (cf objet grob)
	11B	C=R3		On calcule le nombre de
	D5	B=C	A	quartets entre le début de
	819F2	CSRB	A	la ligne et le quartets
	819F2	CSRB	A	où on doit allumer le pixel
	CA	A=A+C	A	On l'additionne a l'offset

118	C=R0		ligne pour obtenir l'offset
C2	C=C+A	A	du quartet du pixel
135	D1=C		On y additionne l'adresse
303	LC	#3	de début d'écran => adr. qu
0E05	C=C&B	P	C champ P: numéro du bit
B8A	C=-C	P	En chargeant l'inverse dans
80D0	P=C	0	P en en faisant un LC on
331248	LC	8421	place dans C le masque
20	P=0		nécessaire (8, 4 2 ou 1)
14B	A=DAT1	B	On lit l'écran
A88	B=A	P	On le sauve
0E0E	A=A!C	P	On inverse pixel
0E01	B=B&C	P	
B00	A=A-B	P	
1510	DAT1=A	P	
909	?B=0	P	Si pixel était éteint
00	RTNYES		=> on met la carry
01	RTN		Sinon on l'enlève
fin FBD81	CON(5)	SB2R	Conversion SB en réel
B2130	CON(5)	Épilogue	Fin de programme

D'où les codes à entrer :

ARKA (# 942Ah)

```
D9D20 CCD20 B5200 8FB97 60808 F1B29 008D0 1401F
D8608 14310 0130D 13F77 77777 77777 7777A F0150
716F1 50716 F1481 61154 716F1 54716 F1481 61B05
54D31 23150 716FA 6E55F D2340 4000D 7D0E4 101F8
10210 B3103 10C7E 51340 0020C E5DF3 14080 08FA5
11080 861F0 31879 6360E 7E780 86311 818FB 15808
18F31 80860 721B2 90081 42100 8F2D7 608F7 35601
42164 808C1 1034B 2700C ADB81 9F281 9F2CA 131D2
3030E F7808 248F7 00C4A 0E5AF 1417F A0D23 1F7D5
11B11 1C28A E40F8 8A540 F8101 10B11 C112C 28AE4
0F810 210C8 08247 30008 A6721 B2900 81421 008F2
D7608 F7356 01421 64808 C7E30 481D5 31631 14966
E0112 F8102 66CED 915D0 1B290 08142 E4140 112F8
10265 AE114 C4D6F 0CA11 BD581 9F281 9F2CA 118C2
13530 30E05 B8A80 D0331 24820 14BA8 80E0E 0E01B
00151 09090 001FB D81B2 130
```

LABY

Dans le jeu LABY, vous êtes perdu au milieu d'un labyrinthe... et vous devez en sortir le plus rapidement possible.

Pour jouer, il faut bien évidement commencer par entrer tous les programmes qui suivent. Ensuite placez-vous dans le menu CST (appuyer sur la touche portant ce nom, située à gauche de la touche VAR).

Les 6 touches du menu sont alors actives. Elles ont les rôles suivants :

- INIT permet de lancer le jeu. Cette touche déclenche un choix d'un labyrinthe, y place le joueur et affiche la vue correspondante ; Le "x" représente votre position ;

- VUE permet de réafficher la vue courante ;

- Les quatre flèches permettent de se déplacer dans le labyrinthe...

Dans le listing qui suit, un seul labyrinthe est présent. Il est possible d'en ajouter autant que désiré.

En effet, les différents labyrinthes sont contenus dans la liste 'LABS'. Cette liste contient elle-même des listes (une par labyrinthe) constituées comme suit :

- Un complexe représentant les coordonnées de la sortie ;

- Une liste de quatre entiers représentant le plan du labyrinthe.

Le codage d'un plan se fait de la manière suivante : chaque labyrinthe est construit sur un damier de 16 cases sur 16 cases. Chacune de ces cases peut être soit un passage (0) soit un mur (1).

Ce plan est ensuite converti en 4 entiers (4 fois 64 bits) représentant chacun un quart du labyrinthe.

Un exemple d'un tel codage est donné page suivante...

	0	1	2	3	4	5	6	7	8	9	10	11	12	13	14	15	
15	0	0	0	0	0	0	0	0	0	0	1	0	1	1	0	0	15
14	0	1	0	1	1	1	1	1	1	1	1	0	0	0	0	1	14
13	0	1	0	1	0	0	0	0	0	0	0	0	1	1	0	0	13
12	0	1	0	1	0	1	0	1	1	1	1	0	1	0	1	0	12
11	0	1	0	1	0	1	1	0	1	0	0	1	1	0	1	0	11
10	1	0	0	1	0	0	0	0	0	1	1	0	1	0	1	0	10
9	0	1	0	0	1	1	1	1	0	0	1	0	1	0	1	0	9
8	0	1	0	1	0	0	0	1	0	1	0	0	0	0	0	1	8
7	0	1	0	0	0	1	0	1	0	0	1	0	1	1	1	0	7
6	0	0	0	1	1	0	0	1	0	0	0	0	0	1	1	0	6
5	0	1	0	1	0	1	0	1	0	1	1	1	1	0	0	0	5
4	0	1	0	1	0	1	0	0	0	1	0	0	0	1	0	1	4
3	0	1	0	1	0	1	1	1	0	1	1	1	0	1	1	0	3
2	0	1	0	0	0	0	0	0	0	0	0	0	0	0	0	0	2
1	0	1	1	1	0	1	0	1	1	1	1	0	1	1	1	0	1
0	0	0	0	0	1	0	0	0	0	0	0	1	0	0	0	0	0
	0	1	2	3	4	5	6	7	8	9	10	11	12	13	14	15	

Le schéma en haut de la page précédente représente le plan du labyrinthe, une case blanche représentant un passage, noire, un mur.

Les cases grisées représentent les "murs implicites", c'est-à-dire correspondant à des cases "hors-labyrinthe".

Seule une de ces cases reste blanche, c'est la sortie, située aux coordonnées 11 16.

Le tableau du bas représente le codage logique du plan, les murs étant codés en "1" et les passages en "0".

Ce tableau se transforme en quatre entiers binaires dans l'ordre suivant :

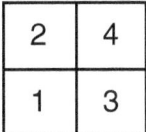

Ce qui donne :

```
# 1010001010011000101010100010101011101010000000101010111000010000b
# 0000000011111010000010101010101001101010000010011111001010001010b
# 0111010000000110011110000100010101110110000000000111011100001000b
# 0011010010000111001100000101011101010001010101100101010010000010b
```

qui, traduits en hexadécimal, donnent la liste suivante :

{ # A298AA2AEA02AE10h # FA0AAA6A09F28Ah
  # 7406784576007708h # 3487305751565482h }

D'où le codage du premier élément de la variable 'LABS' (voir plus bas).

Voici le listing des différents objets à entrer :

```
AL (# 5B7Ah)
«
   0 RDZ 16 RAND * IP
»


BL1 (# 4998h)
"▓" (127 CHR)
```

BL2 (# E3EAh)
```
" " (32 CHR)
```

TS (# 3E54h)
```
«
  R→C S0 ≠
»
```

TV (# 5A0Dh)
```
«
  TVP SWAP TVP +
»
```

TVP (# 115Fh)
```
«
  DUP 0 < SWAP 15 > +
»
```

ETAT (# 85Ah)
```
«
  DUP2
  IF
    TV
  THEN
    TS
  ELSE
    DUP2 8 / IP SWAP 8 / IP 2 * + 1 + LAB SWAP GET 3
    ROLLD 8 MOD SWAP 8 MOD SWAP 16 SWAP ^ DUP # 1h *
    * SWAP 2 SWAP ^ * AND # 0h >
  END
»
```

I4 (# AC1h)
```
«
  X 1 - Y
»
```

I3 (# 8E47h)
```
«
  X 1 + Y
»
```

I2 (# D48h)
```
«
  X Y 1 -
»
```

I1 (# E9E3h)
```
«
  X Y 1 +
»
```

TEST (# 29CDh)
```
«
  1 'COUP' STO+ DUP2
  IF
    TS
  THEN
    DUP2
    IF
      ETAT
    THEN
      "MUR" 1 DISP DROP2
    ELSE
      'Y' STO 'X' STO VUE
    END
  ELSE
    "BRAVO" 1 DISP DROP2 1400 .1 BEEP
  END
  3 FREEZE
»
```

CH (# C52Dh)
```
«
  ETAT 95 * 32 + CHR
»
```

LABS (# 38FBh)
```
{
  {
    (11,16)
    { # A298AA2AEA02AE10h # FA0AAA6A09F28Ah
      # 7406784576007708h # 3487305751565482h }
  }
}
```

CST (# 9F27h)
```
{
 INIT VUE
 { "←" GA } { "↑" AV } { "↓" AR } { "→" DR }
}
```

AR (# D13Dh)
```
«
  I2 TEST
»
```

AV (# A255h)
```
«
  I1 TEST
»
```

DR (# 7EAh)
```
«
  I3 TEST
»
```

GA (# 37EDh)
```
«
  I4 TEST
»
```

VUE (# EF45h)

```
«
   "             " → S
   «
     CLLCD BL1 I1 CH BL1 + + I4 CH BL2 I3 CH + + BL1
     I2 CH BL1 + + S SWAP + 5 DISP S SWAP + 4 DISP S
     SWAP + 3 DISP "COUP No " COUP + 1 DISP 3 FREEZE
   »
»
```

INIT (# 4961h)

```
«
   LABS DUP SIZE RAND * 1 + IP GET LIST→ DROP 'LAB'
   STO 'SO' STO 1 'COUP' STO 0 0
   DO
     DROP2 AL AL DUP2 ETAT NOT
   UNTIL
   END
   'Y' STO 'X' STO VUE
»
```

MASTER

MASTER vous permettra de jouer au jeu bien connu du Master-Mind.

Il permet de jouer à chercher des combinaisons des chiffres "0" à "9". La longueur du code à trouver est quelconque. Pour la régler (ce qu'il est nécessaire de faire la première fois), il suffit de taper le nombre désiré et de lancer le programme 'STOL' (qui initialisera le jeu).

Pour les parties suivantes, il suffira d'initialiser le jeu en exécutant le programme 'INIT'.

Pour jouer, il faut alors proposer une combinaison sous forme de chaîne de caractères contenant les chiffres proposés et de lancer le programme 'MASTER'.

Le programme affichera alors le nombre de chiffres exacts (placés et trouvés).

Par exemple, si la longueur du code est 4, que la solution est 8548 alors taper :

            "8834" MASTER

provoquera l'affichage de :

```
Coup No x

8834

Placés=     1
Trouvés=    2
```

Puisque le premier "8" est à sa place, que le second et le "4" font partie du code mais ne sont pas à leur place...

A vous de jouer… après avoir entré les programmes qui suivent !

STOL (# CF28h)
```
«
  DUP
  IF
    TYPE 0 ==
  THEN
    'L' STO INIT
  ELSE
    514 DOERR
  END
»
```

INIT (# 49F5h)
```
«
  0 'CO' STO 1 L
  START
    RAND 10 * IP
  NEXT
  L →LIST 'SOL' STO
»
```

MASTER (# 28D7h)
```
«
  DUP
  IF
    TYPE 2 == DUP
  THEN
    DROP DUP SIZE L ==
  END
  IF
  THEN
    CLLCD DUP 3 DISP STL PROG 7 FREEZE
  ELSE
    514 DOERR
  END
»
```

PROG (# DD75h)

```
«
  0 0
  → PR CP CT
  «
    1 'CO' STO+ "Coup No " CO + 1 DISP SOL PR 1 L
    FOR X
      DUP X GET 3 PICK X GET
      IF
        ==
      THEN
        X -2 PUT SWAP X -1 PUT SWAP 1 CP + 'CP' STO
      END
    NEXT
    'PR' STO "Placés=    " CP + 5 DISP 1 L
    FOR X
      DUP X GET DUP
      IF
        -1 >
      THEN
        1 L
        FOR Y
          PR Y DUP2 GET 4 PICK
          IF
            ==
          THEN
            -2 PUT 'PR' STO 1 CT + 'CT' STO 4 'Y'
            STO
          ELSE
            DROP2
          END
        NEXT
      END
      DROP
    NEXT
    DROP "Trouvés=    " CT + 6 DISP
  »
»
```

```
STL (# 4DBCh)
«
   → S
   «
      { } 1 S SIZE
      FOR X
        S X X SUB STR→ +
      NEXT
   »
»
```

ANAG

Ce programme prend une chaîne de caractères en argument, et affiche toutes les anagrammes possibles...

Par exemple :

"ABC" ANAG

provoquera l'affichage successif des chaînes de caractères :

"ABC" "ACB" "BAC" "BCA" "CAB" "CBA"

Voici les différents programmes à entrer :

```
PRANAG (# A68Dh)
«
   IF
     B 0 >
   THEN
     -1 'B' STO+ PRDEPTH DUP B -
     FOR X
       X ROLL PRANAG X ROLLD -1
     STEP
     1 'B' STO+
   ELSE
     PRDEPTH DUPN PRDEPTH 2 / 1 - 1
     START
       + -1
     STEP
     4 DISP
   END
»
```

PRDEPTH (# EAFFh)

```
«
  DEPTH C -
»
```

ANAG (# 1F82h)

```
«
  → A
  «
    CLLCD A SIZE 'B' STO DEPTH 'C' STO 1 B
    FOR X
      A X DUP SUB
    NEXT
    PRANAG PRDEPTH DROPN { B C } PURGE
  »
»
```

CARRE

Le but de ce jeu est de reconstituer le "carré magique", c'est-à-dire la figure suivante :

Pour réussir cette tâche, le joueur peut appuyer sur les différentes cases (par l'intermédiaire des chiffres "1" à "9"). En effet, l'appui sur une des cases inverse sa couleur... ainsi que celle de certaines des cases voisines !

Pour jouer, il suffit de rentrer les différents programmes et de lancer 'CARREM'...

KEYS (# 2CE6h)
{ 82 83 84 72 73 74 62 63 64 }

MESS (# A73Ch)
"CALCUL EN COURS..."

T (# 6459h)
{
   { 1 2 4 5 }   { 1 2 3 } { 2 3 5 6 } { 1 4 7 }
   { 2 4 5 6 8 } { 3 6 9 } { 4 5 7 8 } { 7 8 9 }
   { 5 6 8 9 }
}

M (# D16Dh)
{ "   123   →" "   456   →" "   789   →" }

```
CALC (# E30Ah)
«
  "Press a key..." 1 DISP T 1
  DO
    DROP KEYS
    DO
    UNTIL
      KEY
    END
  UNTIL
    POS DUP
  END
    1000 .05 BEEP MESS 1 DISP GET DUP 1 DUP ROT SIZE
  START
    GETI 1 - DUP 3 MOD 1 +
    WHILE
      DUP 3 >
    REPEAT
      3 -
    END
    SWAP 3 / IP 1 + SWAP 2 →LIST CAR SWAP DUP2 GET
    NOT PUT 'CAR' STO
  NEXT
  DROP2
»
```

```
SOL (# C888h)
[[ 1 1 1 ]
 [ 1 0 1 ]
 [ 1 1 1 ]]
```

```
CAR (# C888h)
[[ 1 1 1 ]
 [ 1 0 1 ]
 [ 1 1 1 ]]
```

VISU (# E530h)

```
«
   DO
     CAR { 1 1 } 1 3
     FOR X
       "" 1 3
       START
         3 ROLLD GETI 95 * 32 + CHR 4 ROLL SWAP +
       NEXT
       M X GET SWAP + 142 CHR + 3 ROLLD
     NEXT
     DROP2 2 4
     FOR X
       X 1 + DISP
     NEXT
     CALC
   UNTIL
     CAR SOL ==
   END
   "        Bravo..." 1 DISP 1 3
   START
     1000 .2 BEEP
   NEXT
»
```

CARREM (# 2DC2h)

```
«
   CLLCD MESS 1 DISP 0 RDZ CAR
   DO
     { 1 1 } 1 9
     START
       RAND .5 > PUTI
     NEXT
     DROP DUP
   UNTIL
     SOL ≠
   END
   'CAR' STO VISU
»
```

PR40

Ce programme permet d'imprimer des chaînes de caractères sur l'imprimante HP82240 (A ou B) en 40 caractères par ligne au lieu de 24.

La chaîne donnée en entrée peut comporter des retours-chariot (↵), les lignes de plus de 40 caractères sont scindées (comme le fait la fonction PR1). Le principe du programme est simple : il prend la chaîne donnée et la découpe :

- Par tranches délimitées par des retours-chariot ;
- Puis en morceaux d'au plus 40 caractères.

Chacun des morceaux obtenus est transformé en objet graphique du texte écrit dans la petite police (par 1 →GROB) et imprimé grâce à la fonction PR1. De ce fait les lettres minuscules sont transformées en majuscules.

Ce programme est particulièrement utile pour imprimer les listings obtenus avec le désassembleur.

```
PR40 (# 7B55h)
« "↵" + → S
  «
    WHILE S SIZE
    REPEAT S DUP "↵" POS DUP2 1 + OVER SIZE SUB 'S'
      STO 1 SWAP 1 - SUB → T
      «
        WHILE T SIZE
        REPEAT T 1 40 SUB 1 →GROB PR1 DROP T 41
          OVER SIZE SUB 'T' STO
        END
      »
    END
  »
»
```

DSP

Ces deux programmes permettent d'utiliser l'écran de la HP48 en mode 33 colonnes.

De plus, l'affichage défile, ligne par ligne, afin de permettre une vision globale d'un texte en train de s'afficher.

Les deux programmes réalisent les fonctions suivantes :

- INITSCR efface l'écran et initialise la mémoire d'écran utilisée pour réaliser le défilement ;

- DSP qui affiche le message ligne par ligne en décalant vers le haut les textes déjà affichés.

Pour obtenir un texte en petits caractères, on utilise la fonction →GROB en petite police.

On crée un objet graphique pour chacune des lignes à afficher et on les conserve dans la variable SCREEN sous forme de liste.

On les ajoute (par OR sur un GROB blanc) puis on affiche le résultat grâce à →LCD.

Il peut être utilisé avec le programme DESASS (programme de désassemblage automatique) pour la visualisation du listing des programmes assembleurs décodés (au lieu de la classique fonction DISP).

Pour ce faire, il suffit de remplacer "1 DISP" dans la fonction STOS de DESASS par DSP et de rajouter INITSCR au début du programme DESASS.

INITSCR (# 424h)

```
«
  { } 'SCREEN' STO CLLCD
»
```

DSP (# 70A4h)

```
«
  IF
    "↵" OVER DUP SIZE DUP SUB OVER ≠
  THEN
    +
  ELSE
    DROP
  END
  → TXT
  «
    WHILE
      TXT 1 OVER "↵" POS DUP
    REPEAT
      3 DUPN SWAP + OVER SIZE SUB 'TXT' STO 1 -
      SUB 1 →GROB SCREEN + 1 9 SUB 'SCREEN' STO
      # 83h # 40h BLANK 1 SCREEN SIZE DUP # 6h *
      → O
      «
        FOR X
          # 0h 0 # 6h X * - 2 →LIST SCREEN X GET GOR
        NEXT
      »
      →LCD
    END
    3 DROPN
  »
»
```

MUSICLM

MUSICLM permet de jouer un air de musique sans interruption entre les notes.

Il s'agit d'un programme en langage-machine devant être paramétré. Ce paramétrage étant quelque peu délicat, il a été automatisé par le programme RPL MUSICLM listé ci-dessous.

Ce programme prend en entrée la liste des notes (sous la forme de la suite fréquence durée...) et crée le programme machine correspondant.

Il utilise pour cela les deux programmes GASS et A->STR déjà vus.

Exemple : { 1400 .1 2800 .1 1400 .1 } MUSICLM EVAL

Remarque : l'objet 'Code' (dans la pile avant le EVAL) peut être stocké dans une variable pour être réutilisé ensuite...

Voici tout d'abord MUSICLM (le listing désassemblé de la routine en langage-machine se trouve page suivante).

```
MUSICLM (# EC8h)
«
  → L
  «
    "CCD20" # 4Fh L SIZE 2 + 5 * + A→STR +
    "8FB97608E" + L SIZE 2 + 5 * A→STR 1 4 SUB + 1 L
    SIZE
    FOR X
      L X GET A→STR + L X 1 + GET 1000 * A→STR + 2
    STEP
    "00000000000071351470717414317413706D68AAD08F6A7"
    "1069DF078F2D760142164808C" + + GASS
  »
»
```

Le programme assembleur jouant l'air de musique est le suivant (les étoiles correspondent aux valeurs calculées par le programme RPL précédent (longueur du code, des sauts...) :

	CCD20	CON(5)	PROL_CODE	Objet code
début	*****	CON(5)	(fin)-(début)	Longueur code
	8FB9760	GOSBVL	SAVE_REG	Sauvegardes
	8E****	GOSUBL	l1	

LISTE DES NOTES Fréquence / Durée (en millisecondes)

		CON(5)	#00000h	Fin des notes
		CON(5)	#00000h	
l1	07	C=RSTK		
	135	D1=C		
	147	C=DAT1	A	Lecture fréquence
	D7	D=C	A	
	174	D1=D1+	5	
	143	A=DAT1	A	Lecture durée
	174	D1=D1+	5	
	137	CD1ex		
	06	RSTK=C		
	D6	C=A	A	
	8AA	?C=0	A	Terminé?
	D0	GOYES	l2	
	8F6A710	GOSBVL	BEEP_LM	On beepe...
	69DF	GOTO	l1	On itère
l2	07	C=RSTK		
	8F2D760	GOSBVL	LOAD_REG	Récupérations
	142	A=DAT0	A	Retour au RPL
	164	D0=D0+	5	
	808C	PC=(A)		
fin				

MODUL

Ce programme en langage-machine permet l'émission de sons modulés entre deux fréquences. On le règle en fixant une fréquence de départ (DEPART), une fréquence de fin (FIN), un incrément de fréquence (INCREMENT) et une durée de palier (PALIER).

Ces réglages sont automatisés par le programme RPL MODUL (listé plus loin) qui crée automatiquement le programme-assembleur en fonction des 4 paramètres déjà cités.

Ce programme utilise GASS et A->STR (listés précédemment).

Exemple d'utilisation : `1400 2800 50 .01 MODUL EVAL`

Remarque : l'objet `'Code'` (dans la pile avant le `EVAL`) peut être stocké dans une variable pour être réutilisé ensuite...

Voici tout d'abord le listing commenté de la routine-assembleur crée par MODUL. Les étoiles (*) représentent les codes dépendant des 4 paramètres.

```
        CCD20     CON(5)    PROL_CODE        Objet code
début   15000     CON(5)    (fin)-(début)    Longueur code
        8FB9760   GOSBVL    SAVE_REG         Sauvegardes
        34*****   LCHEX     DEPART           Frequ de départ
        D7        D=C       A
ll      DB        C=D       A
        06        RSTK=C
        34*****   LCHEX     PALIER           (en millisecondes)
        8F6A710   GOSBVL    BEEP_LM          On beepe !
        07        C=RSTK
        D7        D=C       A
        34*****   LCHEX     INCREMENT        On incrémente
        C3        D=D+C     A
        34*****   LCHEX     FIN              Fréquence de fin
        ***       ?D<=C     A                ou ?D>=C A
        7D        GOYES     ll               Si encore...
        8F2D760   GOSBVL    LOAD_REG         Récupérations
        142       A=DAT0    A                Retour au RPL
        164       D0=D0+    5
        808C      PC=(A)
fin
```

```
MODUL (# E9CEh)
«
  → D F I P
  «
    IF
      P 1000 * DUP 'P' STO # 0h + # 0h ==
    THEN
      "PALIER NUL..." DOERR
    END
    IF
      I # 0h + # 0h ==
    THEN
      "INCREMENT NUL..." DOERR
    END
    "CCD20150008FB976034" D A→STR + "D7DB0634" + P
    A→STR + "8F6A71007D734" + I A→STR +
    IF
      D F <
    THEN
      "C3"
    ELSE
      "E3"
    END
    + "34" + F A→STR +
    IF
      D F <
    THEN
      "8BF"
    ELSE
      "8BB"
    END
    + "7D8F2D760142164808C" + GASS
  »
»
```

RABIP

Ce petit programme génère des sons aléatoires, à des fréquences comprises entre 0 et 4400 Hz, pour des durées de 0 à 0,1 seconde.

Il s'arrête par appui sur une touche quelconque.

Il peut servir à signaler, d'une manière originale, la fin de l'exécution d'un programme long...

```
RABIP (# A75Bh)
«
    DO
      4400 RAND * .1 RAND * BEEP
    UNTIL
      KEY
    END
    DROP
»
```

JINGLE

Ce programme joue le petit air de musique, en utilisant la capacité pour l'instruction BEEP de jouer une séquence de notes données sous la forme de deux listes (liste des fréquences et liste des durées).

```
JINGLE (# B3F0h)
«
   {
     390 465 390 390 515 390 350 390 565 390 390 590
     565 465 390 565 690 390 350 350 275 440 390
   }
   {
     .3 .3 .15 .075 .075 .15 .15 .3 .3 .15 .075 .075
     .15 .15 .15 .15 .15 .075 .15 .075 .15 .15 .75
   }
   BEEP
»
```

RENAME

Ce programme permet de renommer un objet. Il prend en arguments l'ancien nom de l'objet et son nouveau nom.

Remarque : l'objet est renommé sans modification de sa position dans le répertoire...

RENAME (# 1A24h)
```
«
   OVER RCL SWAP STO VARS DUP2 SWAP POS 2 SWAP SUB
   ORDER PURGE
»
```

AUTOST

AUTOST est un exemple de programme en démarrage automatique. Il peut être enrichi au gré de l'utilisateur.

Il sera assigné à la touche [OFF]. Le programme suivant réalise automatiquement l'installation (assignation de la touche [OFF] et passage en mode USER).

AUTOST (# BCE5h)
```
«
  «
    CLLCD OFF 1400 .07 BEEP "HP48: READY" 1 DISP
    1000 .01 BEEP .5 WAIT
  »
  91.3 ASN -62 SF
»
```

CAL

CAL permet d'afficher un calendrier sur un mois. Il prend en entrée une liste de deux réels spécifiant le mois en question : cette liste doit contenir le numéro du mois désiré (entre 1 et 12) ainsi que l'année (entre 1583 et 9999).

Cependant, pour simplifier l'utilisation de ce programme, il est prévu que :

- Si la liste ne contient qu'un élément, celui-ci est considéré comme un numéro de mois, et l'année utilisée est l'année courante ;

- Si la liste est vide, on affiche le calendrier du mois courant.

Voici le listing de CAL :

```
CAL (# 282h)
«
   CLLCD # 4E2CFh SYSEVAL RCLF
   → F
   «
      -42 SF { } + DATE FP 100 * SWAP OVER IP + SWAP
      FP 10000 * + DUP DUP SIZE 2 MOD 2 + GET SWAP 1
      GET
      → Y M
      «
         1.0119 1 M 100 / + Y 1000000 / + DDAYS 7 MOD
         → S
         «
            { "JANVIER" "FEVRIER" "MARS" "AVRIL" "MAI"
            "JUIN" "JUILLET" "AOUT" "SEPTEMBRE"
            "OCTOBRE" "NOVEMBRE" "DECEMBRE" } M GET
            " " + Y + "                " 1 22 4 PICK SIZE -
            2 / SUB SWAP + 1 DISP
            " LU MA ME JE VE SA DI" 2 DISP { 31 28 31 30
            31 30 31 31 30 31 30 31 } M GET M 2 == Y 4
```

```
    MOD 0 == Y 100 MOD 0 == - Y 1000 MOD 0 == +
    AND +
    → N
  «
    0 5
    FOR L
      "" 1 7
      FOR C
        L 7 * C + S - "   " SWAP
        IF
          DUP 0 > OVER N ≤ AND
        THEN
          +
        ELSE
          DROP
        END
        DUP SIZE DUP 2 - SWAP SUB +
      NEXT
      L 16 * # 1247Bh + SYSEVAL
    NEXT
    7 FREEZE
  »
  »
  »
  »
»
```

CIRCLE

CIRCLE réalise un tracé rapide de cercles à l'écran. Il utilise pour ce faire l'algorithme de BRESENHAM. Il prend deux arguments en entrée :

- Un réel représentant le diamètre du cercle à tracer. Si ce diamètre est négatif, c'est un cercle blanc de diamètre égal à la valeur absolue de ce paramètre, qui sera tracé ;
- Un complexe donnant les coordonnées de son centre.

Remarques : Ce programme s'automodifiant, il ne faut pas l'utiliser sous forme backup (sauvegarde dans un port).

Trois programmes de démonstration (TEST1, TEST2 et TEST3) vous permettront d'admirer la vitesse de tracé...

Le listing désassemblé de CIRCLE étant fort long, il ne sera pas donné ici.

CIRCLE a été écrit par Christophe NGUYEN.

```
INIT (# 50F1h)
«
  ERASE 1 20
  START
    (100,100)
  NEXT
  { # 0h # 0h } PVIEW
»


TEST1 (# 15E6h)
«
  ERASE { # 0h # 0h } PVIEW 1 1000
  START
    RAND 20 * RAND 131 * 65 - RAND 64 * 32 - R→C
    CIRCLE
  NEXT
»
```

TEST2 (# B20Ch)

```
«
  ERASE { # 0h # 0h } PVIEW 10 (0,0) 1 20
  START
    DUP2 CIRCLE DUP2 RAND 10 * 5 - RAND 10 * 5 - R→C
    + DUP2 CIRCLE
  NEXT
  1 1000
  START
    DUP2 RAND 10 * 5 - RAND 10 * 5 - R→C + DUP2
    CIRCLE DEPTH ROLL -1 * DEPTH ROLL CIRCLE
  NEXT
»
```

TEST3 (# 6C67h)

```
«
  INIT DEG
  DO
    -180 180
    FOR T
      5 T * COS 60 * 7 T * SIN 30 * R→C 3 OVER
      CIRCLE DEPTH ROLL -3 SWAP CIRCLE 2
    STEP
  UNTIL
    0
  END
»
```

CIRCLE (# 23D4h)

```
D9D20 D4881 D8A81 2BF81 11920 21000 D9D20 CCD20
99300 8FB97 60201 37135 06147 13517 41371 35067
42110 B0713 517F7 51110 C0706 13517 41471 35174
13713 575F0 10807 13517 41471 35174 17E20 15719
1A511 10F81 00808 21716 A0080 82190 70000 7D534
4D200 C9137 1491B 4E608 14213 216EA F0142 8A867
70000 7D534 A6200 C9137 14181 C1CD1 41AF0 142CC
81C81 CE4E4 81C1C F1C01 CF141 184AF 01428 A8721
CD141 81C1C D1411 6917F 17F17 41321 417BB 0208F
2D760 14216 4808C 13713 51341 6ED21 53332 0059B
E0332 4009B 2A032 003AB AAB61 7D133 EA131 80D0D
21571 6900D 22001 23D1D 71F81 C0013 37F20 1FC90
00133 71201 F6000 01337 310DB E9152 19184 0FA20
01A8B 90AB0 C8A0E 65FF0 D01D0 10111 0102C 43430
000E2 10811 111AE A2430 F9026 06160 7B601 10243
0F906 D1119 C6C6C A2034 60000 CA100 69201 1AD51
19E9C 6C6CA 2034A 0000C A1001 1ACE1 0A119 E6109
6F8F1 1111A 8A600 72000 18407 54011 9D511 A109D
910A7 130F9 D910A 76201 19FA1 0AF9D 91097 310F9
D9109 87000 8506A BF201 1A808 24020 00EA1 1CEA3
40400 08BE0 0C434 11000 D7340 3217C F480C 268FF
13711 13414 000CA 11BCA 34380 008BE 00D6A F0DAA
E781C 81C13 7C213 5A64A 64AEB B62AE A301A 6C490
A1666 FF153 10E1E 15110 11531 B9C0E 1EB9C 15110
18523 0B213 0B213 0
```

BANNER

Le programme BANNER permet de faire défiler un texte à l'écran en caractères géants.

Remarques :

- les caractères acceptés sont ceux dont le code ASCII est compris entre 31 et 90 (en particulier les chiffres, la ponctuation et les lettres <u>majuscules</u>) ;

- BANNER utilise une table pour dessiner les caractères. Cette table est générée automatiquement par le programme MKT listé plus loin. De ce fait, la méthode d'entrée des codes varie quelque peu... Pour entrer BANNER il faut procéder de la manière suivante :

    - Entrer les codes BANNER1, sous forme d'une chaîne de caractères, en une seule ligne, sans espace ; placer la chaîne dans la pile ;
    - Entrer et exécuter le programme MKT (qui produira une chaîne de 2100 caractères) ;
    - Entrer les codes de BANNER2, sous forme d'une chaîne de caractères, en une seule ligne, sans espace ; placer la chaîne dans la pile ;
    - Concaténer les trois chaînes (en appuyant deux fois sur [+]) ;
    - Exécuter GASS (ou RASS) et stocker le résultat (0 CHR + CLLCD Code DROP) dans 'BANNER'.

Pour utiliser BANNER, il suffit de lui donner une chaîne de caractères en argument et d'admirer le résultat...

Exemple : "VOYAGE AU CENTRE DE LA HP48..." BANNER

Vous trouverez tout d'abord le listing désassemblé et commenté de BANNER, suivi du rappel des codes à entrer (BANNER1 et BANNER2) ainsi que le programme MKT.

BANNER a été écrit par Christophe NGUYEN.

	D9D20	CON(5)	PROL_PRGM	
	4B2A2	CON(5)	#2A2B4h	Réel nul
	66BC1	CON(5)	#1CB66h	CHR
	76BA1	CON(5)	#1AB67h	Addition
	858A1	CON(5)	#1A858h	CLLCD
	CCD20	CON(5)	PROL_CODE	
début	23A00	CON(5)	(fin)-(début)	
	8FB9760	GOSBVL	SAVE_REG	
	1BD8608	D0=(5)	#8068Dh	
	142	A=DAT0	A	A=@ bitmap écran
	3412000	LCHEX	#00021h	
	C2	C=C+A	A	
	134	D0=C		
	10A	R2=C		Position courante
	137	CD1ex		
	135	D1=C		
	06	RSTK=C		
	AE0	A=0	B	
	8082180	LAHEX	#08h	Hauteur gros pixel
	100	R0=A		
	AE0	A=0	B	
	8082120	LAHEX	#02h	Largeur gros pixel
	101	R1=A		(2 fois 4 qu.)
	07	C=RSTK		
	135	D1=C		
	143	A=DAT1	A	A=@ chaîne
	131	D1=A		
	179	D1=D1+	10	D1=@premier carac.
	137	CD1ex		
	135	D1=C		
	06	RSTK=C		
Bcle	1BD8608	D0=(5)	#8068Dh	
	142	A=DAT0	A	
	130	D0=A		D0=@ bitmap écran
	16F	D0=D0+	16	
	16F	D0=D0+	16	
	160	D0=D0+	1	Position ds écran
	07	C=RSTK		
	135	D1=C		D1=@ carac
	D0	A=0	A	
	14B	A=DAT1	B	Lecture 1 carac.
	96C	?A#0	B	CHR(0)?
	80	GOYES	Cont	On continue... !
	8CD990	GOLONG	Bye	Terminé...
Cont	34F1000	LCHEX	#0001Fh	;
	EE	C=A-C	A	;Calcul de l'
	DA	A=C	A	;offset pour
	C6	C=C+C	A	;retrouver la
	C6	C=C+C	A	;représentation du
	C6	C=C+C	A	;caractère.
	C6	C=C+C	A	;1 carac= 35 data
	C6	C=C+C	A	;Carac entre 31 et
	C2	C=C+A	A	;90 donc :
	C2	C=C+A	A	;offset=(c-31)*35

C2	C=C+A	A	;
DA	A=C	A	;
8E4380	GOSUBL	GetC	Gosub après les data (pour en déterminer l'adresse)

* Fin de BANNER1 et début du codage des caractères…
*
* Ce codage s'effectue 1 quartet par pixel (0 ou F) pour des
* raisons de rapidité d'exécution… Il se fait colonne par
* colonne. Exemple, pour la lettre A :
*
*
*
*
*
*
*
*
*
*
*
*
*
*
*
*
*
*

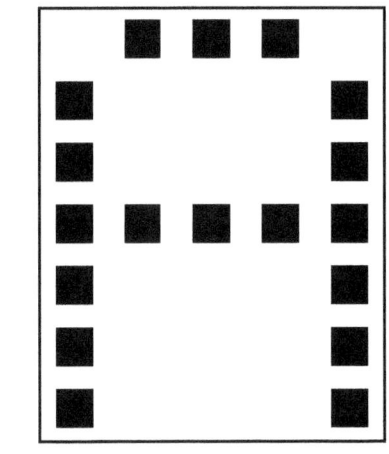 →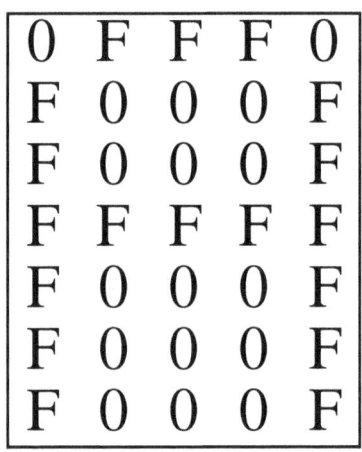

*
* D'où le codage de "A" :
* 0FFFFFFF00F000F00F000F00F0000FFFFFF…
*
* Fin du codage des caractères et début de BANNER2

GetC	07	C=RSTK		C=@ des data
	CA	A=A+C	A	Ajout offset
	171	D1=D1+	2	@carac. suivant
	137	CD1ex		
	06	RSTK=C		Sauvegarde
	131	D1=A		
	305	LCHEX	#5h	5 colonnes…
	A97	D=C	WP	
Svt	A1F	D=D-1	WP	
	560	GONC	DébCo	si pas terminé…
	6F70	GOTO	Blanc	sinon -> blanc
DébCo	3170	LCHEX	#07h	7 lignes…
	AE5	B=C	B	
EcrCo	A6D	B=B-1	B	
	472	GOC	FCol	terminé…
	1531	A=DAT1	WP	lecture pixel
	118	C=R0		Hauteur gros pixel
RepH	A1E	C=C-1	WP	
	431	GOC	FRepH	Terminé…
	1501	DAT0=A	WP	écriture

	16F	D0=D0+	16	; Passage à la
	16F	D0=D0+	16	; ligne suivante
	161	D0=D0+	2	;
	6CEF	GOTO	RepH	
FRépH	170	D1=D1+	1	Gros pixel suivant
	68DF	GOTO	EcrCo	
FCol	119	C=R1		On a écrit à
	AE5	B=C	B	droite de l'écran :
	1BD8608	D0=(5)	#8068Dh	il faut à présent
	146	C=DAT0	A	décaler vers la
	134	D0=C		gauche…
	118	C=R0		Recalcul du nombre
	AEA	A=C	B	de lignes à
	A64	A=A+A	B	décaler…
	A64	A=A+A	B	
	A64	A=A+A	B	
	B6E	C=A-C	B	
RépL	A6D	B=B-1	B	Agrandissement en
	471	GOC	CoSvt	largeur…
	1BD80608	D0=(5)	#8068Dh	
	142	A=DAT0	A	
	130	D0=A		
	7D50	GOSUB	Gauc	Décalage…
	68EF	GOTO	RépL	
CoSvt	11A	C=R2		
	134	D0=C		
	6D7F	GOTO	Svt	
Blanc	11A	C=R2		Affichage du blanc
	134	D0=C		entre deux
	118	C=R0		caractères…
	AEA	A=C	B	
	A64	A=A+A	B	
	A64	A=A+A	B	
	A64	A=A+A	B	
	B6E	C=A-C	B	
	AE5	B=C	B	
	A90	A=0	WP	
Parti	A6E	C=C-1	B	Écriture d'une
	431	GOC	BlGa	colonne blanche
	1501	DAT0=A	WP	
	16F	D0=D0+	16	
	16F	D0=D0+	16	
	161	D0=D0+	2	
	6CEF	GOTO	Parti	
BlGa	AE9	C=B	B	Décalage
	1BD8608	D0=(5)	#8068Dh	
	142	A=DAT0	A	
	130	D0=A		
	7600	GOSUB	Gauc	
	8C896F	GOLONG	Bcle	
Gauc	06	RSTK=C		Décalage de la
	AE4	A=B	B	partie visible
	AE5	B=C	B	de l'affichage…

	AE6	C=A	B	C=nbr lignes
	06	RSTK=C		D0=@ bitmap écran
BcleG	A6D	B=B-1	B	
	571	GONC	StGa	
	07	C=RSTK		
	AE5	B=C	B	
	34BB000	LCHEX	#000BB	Temporisation pour
Wait	CE	C=C-1	A	ralentir le
	5DF	GONC	Wait	décalage…
	07	C=RSTK		
	01	RTN		Ok, terminé !
StGa	2F	p=	15	Décalage d'une
	1521	A=DAT0	WP	seule ligne
	B94	ASR	WP	
	1501	DAT0=A	WP	
	16E	D0=D0+	15	
	1521	A=DAT0	WP	
	B94	ASR	WP	
	1501	DAT0=A	WP	
	16E	D0=D0+	15	
	142	A=DAT0	A	
	F4	ASR	A	
	1503	DAT0=A	X	
	20	p=	0	
	163	D0=D0+	4	Ligne suivante
	68BF	GOTO	BcleG	On continue
Bye	8F2D760	GOSBVL	LOAD_REG	Récupérations
	142	A=DAT0	A	Retour au RPL
	164	D0=D0+	5	
	808C	PC=(A)		
fin	8DBF1	CON(5)	DROP	
	B2130	CON(5)	EPILOGUE	

Voici le récapitulatif des codes à entrer (attention, la méthode d'entrée est légèrement différente de la méthode standard : lire à ce sujet l'avertissement énoncé plus haut).

BANNER1 (# 38C0h)

```
D9D20 4B2A2 66BC1 76BA1 858A1 CCD20 23A00 8FB97
601BD 86081 42341 2000C 21341 0A137 13506 AE080
82180 100AE 08082 12010 10713 51431 31179 13713
5061B D8608 14213 016F1 6F160 07135 D014B 96C80
8CD99 034F1 000EE DAC6C 6C6C6 C6C2C 2C2DA 8E438
0
```

MKT (# DF20h)
```
«
   "" { # 0h # 0h } PVIEW 31 90
   FOR A
     PICT { # 0h # 0h } A CHR 2 →GROB REPL 0 4
     FOR X
       0 6
       FOR Y
         IF
           X R→B Y R→B 2 →LIST PIX?
         THEN
           "F"
         ELSE
           "0"
         END
         +
       NEXT
     NEXT
   NEXT
»
```

BANNER2 (# 33A2h)
```
07CA1 71137 06131 305A9 7A1F5 606F7 03170 AE5A6
D4721 53111 8A1E4 31150 116F1 6F161 6CEF1 7068D
F119A E51BD 86081 46134 118AE AA64A 64A64 B6EA6
D4711 BD860 81421 307D5 068EF 11A13 46D7F 11A13
4118A EAA64 A64A6 4B6EA E5A90 A6E43 11501 16F16
F1616 CEFAE 91BD8 60814 21307 6008C 896F0 6AE4A
E5AE6 06A6D 57107 AE534 BB000 CE5DF 07012 F1521
B9415 0116E 1521B 94150 116E1 42F41 50320 16368
BF8F2 D7601 42164 808C8 DBF1B 2130
```

RND.NAME

Ce programme crée un nom de variable inexistante. Ceci peut servir à stocker des valeurs temporaires sans risque de détruire une variable existante...

```
RND.NAME (# BA9Eh)
«
  0
  DO
    DROP 0 RDZ "'" 1 10
    START
      RAND 25 * 65 + CHR +
    NEXT
    "'" + OBJ→
  UNTIL
    DUP VTYPE -1 ==
  END
»
```

OOPS

La HP48 gère un grand nombre de types d'objets. Comme si cela n'était pas suffisant, nous vous présentons ici un ensemble de programmes permettant de créer et de gérer vos propres types...

Il est ainsi possible de créer, par exemple, un type "entier long" et de gérer l'addition, la soustraction (...) d'un objet de ce type avec les autres objets standards de la HP48 de manière totalement transparente.

La technique utilisée ici est de marquer l'objet par un TAG qui spécifie son type (défini par l'utilisateur). Cette technique est très proche de celle employée par la HP48 avec les prologues (voir le chapitre 4 de la deuxième partie : "Les objets de la HP48"). Cette technique s'apparente elle-même à ce que l'on nomme la programmation orientée objet (chaque objet contient les informations nécessaires à sa manipulation) d'où le nom de cet ensemble de programmes : Oriented Objects ProcedureS.

Plusieurs programmes sont mis à votre disposition :

- CROBJ est à utiliser pour créer un nouveau type d'objet. Il prend en entrée un nom global (par exemple 'PL') et fabrique le programme de conversion correspondant ('→PL') qui permet de marquer un objet avec le tag approprié ;

- CRFC crée une fonction s'appliquant à toute séquence d'objets. Cette fonction prend en argument le nom générique de la fonction et le nombre d'arguments qu'elle utilise. Si on désire créer la multiplication générique, on effectuera la séquence 'MULTI' 2 CRFC qui créera une fonction MULTI capable de gérer les différents cas de figures. Il conviendra ensuite de créer les fonctions particulières adaptées à chaque cas particulier dont les noms seront de la forme nom_générique.type1.type2... Un point d'interrogation indique un type quelconque. Par exemple, si les deux objets dans la pile sont de types 'A' (niveau 2) et 'B' (niveau 1) et que l'on appelle MULTI :
  - Si la fonction 'MULTI.A.B' existe, c'est cette fonction qui sera appelée ;

- Sinon une erreur aura lieu.

Les arguments non-taggués seront considérés de type '?'.

Les fonctions particulières (MULTI.A.B, MULTI.?.?...) devront être crées par l'utilisateur. La fonction générale de multiplication (MULTI) passera les arguments détaggués à la fonction adaptée, qui devra retagguer son (ses) résultat(s) (par la fonction ->type créée par CROBJ) ;

- TAG renvoie le nom de l'objet sous forme de chaîne de caractères (il renverra "?" si l'objet est non taggué) ;

- TTYPE renvoie le type d'un objet taggué (il ôte le tag et détermine le type de l'objet détaggué) ;

- TSTO (mêmes arguments que STO) stocke un objet (comme STO enlève le Tag des objets stockés, il convient d'appeler cette fonction particulière qui range le tag dans la liste 'TAGPAR') ;

- TRCL (même argument que RCL) renvoie le contenu d'une variable après en avoir reconstitué le Tag ;

- TPURGE détruit une variable créée par TSTO ;

- CHKTPAR met à jour la liste de tag (au cas où une variable aurait été détruite par PURGE au lieu de TPURGE) ;

Voici un exemple d'utilisation de cette bibliothèque. Nous avons vu un certain nombre de fonctions de manipulation des polynômes mis sous forme de listes. Créons le type POL (comme polynôme) :

```
'POL' CROBJ
```

Ceci crée la fonction '→POL' permettant de tagguer une liste de coefficients par le type 'POL'.

Créons à présent la fonction générique de multiplication :

```
'MULTI' 2 CRFC
```

Le programme général de multiplication est l'appel à *. On stockera donc dans MULTI.?.? le programme :

```
«
    *
»
```

Puis dans 'MULTI.POL.POL' on stockera le programme de multiplication de polynômes MULT (voir la bibliothèque de programmes mathématiques). On créera aussi 'MULTI.?.POL' et 'MULTI.POL.?' qui géreront la multiplication d'un polynôme par un autre objet (dans ce cas particulier, il s'agira d'appeler MULT qui sait gérer la multiplication d'un polynôme liste par un autre objet).

Désormais, pour créer un polynôme il conviendra de faire :

$$\{ 1\ 2\ 3 \} \rightarrow POL$$

Qui créera l'objet polynôme liste taggué par son type :

$$POL\colon \{ 1\ 2\ 3 \}$$

Et pour multiplier deux objets (réel et réel, matrice et réel, polynôme liste et réel...) on appellera toujours 'MULTI'...

De plus on utilisera TSTO, TRCL et TPURGE pour gérer les variables. Par exemple :

$$POL\colon \{ 1\ 2\ 3 \}\ 'TOTO'\ TSO$$

stockera { 1 2 3 } dans la variable 'TOTO' et le type de la variable TOTO (POL) dans la liste 'TAGPAR'. Pour rappeler le contenu de TOTO on utilisera TRCL :

$$'TOTO'\ TRCL\ donne\ POL\colon \{ 1\ 2\ 3 \}$$

Et pour détruire 'TOTO' :

$$'TOTO'\ TPURGE$$

Voici donc l'ensemble des programmes décrits :

CROBJ (# 6AD3h)
```
«
    →STR "« " OVER + " →TAG »" + OBJ→ SWAP 2 OVER SIZE
    SUB "'→" SWAP + OBJ→ STO
»
```

Remarque : le programme CRCFC qui suit contient des chaînes de caractères qui sont des morceaux de programme. Ces chaînes sont à taper sans retour-chariot (faute de quoi, la somme de contrôle obtenue serait différente de celle indiquée). Pour des questions de présentation, elles ont été scindées en sous-chaîne plus petites : il est donc possible de simplifier quelque peu le programme ci-dessous...

CRFC (# 7DB5h)

```
«
  SWAP →STR 2 OVER SIZE 1 - SUB 34 CHR
  → N F Q
  «
    "« IF DEPTH " N + " < THEN #201h DOERR ELSE " +
    Q + "'" + F + Q + N + " 1 FOR X " + Q + "." + Q
    + " X 2 + ROLL DUP TAG SWAP DTAG X 3 + ROLLD + "
    + "+ -1 STEP " + Q + "'" + Q + " + OBJ→ DUP IF "
    + "VTYPE -1 == THEN #202h DOERR ELSE EVAL END "
    + "END »" + OBJ→ "'" F + "'" + OBJ→ STO
  »
»
```

TSTO (# 69EFh)

```
«
  OVER TAG OVER SWAP
  IF
    'TAGPAR' VTYPE -1 ==
  THEN
    { }
  ELSE
    'TAGPAR' RCL
  END
  IF
    DUP 4 PICK POS DUP
  THEN
    1 + ROT PUT SWAP DROP
  ELSE
    DROP + +
  END
  'TAGPAR' STO STO
»
```

TPURGE (# 6C39h)

```
«
  DUP PURGE TAGPAR DUP ROT POS DUP2 1 - 1 SWAP SUB 3
  ROLLD 2 + OVER SIZE SUB + 'TAGPAR' STO
»
```

TRCL (# 48CAh)

```
«
  DUP RCL SWAP TAGPAR DUP ROT
  IF POS DUP
  THEN
    1 + GET
    IF
      DUP "?" ==
    THEN
      DROP
    ELSE
      →TAG
    END
  END
»
```

CHKTPAR (# 3841h)

```
«
  TAGPAR DUP SIZE → L S
  «
    { } 1 S
    FOR X
      L X GET DUP
      IF
        VTYPE -1 ≠
      THEN
        + L X 1 + GET +
      ELSE
        DROP
      END
      2
    STEP
    'TAGPAR' STO
  »
»
```

```
TTYPE (# CBB4h)
«
   DTAG TYPE
»


TAG (# 30D8h)
«
   IF
     DUP TYPE 12 ≠
   THEN
     DROP "?"
   ELSE
     OBJ→ SWAP DROP
   END
»
```

REVSCR

Ce programme, très court, "retourne" l'écran de la HP48 en assignant une valeur négative à la marge à droite (voir le chapitre 6 de la deuxième partie).

Pour revenir à l'état normal, il suffit d'éteindre et de rallumer la HP48 ou d'effectuer un arrêt-système.

Remarque : ce programme ne fonctionne que lorsque l'écran de la HP48 est dans son état standard (affichage de la pile avec touches de menus).

REVSCR a été écrit par Etienne de FORAS.

Voici tout d'abord le listing commenté de REVSCR :

```
         CCD20     CON(5)    PROL_CODE      Début d'objet code
début    43000     CON(5)    (fin)-(début)  Sa longueur…
         8FB9760   GOSBVL    SAVE_REG       Sauvegarde des registres
         1BD8608   D0(5)=    #8068D         Lecture @ bitmap écran
         142       A=DAT0    A
         37E4700C  LCHEX     #FBC0074E      Marge et offset
         BF
         C2        C=C+A     A              Nouvelle adresse bitmap
         1B02100   D0(5)=    #00120         Écriture adresse et marge
         15C7      DAT0=C    8
         8D9B831   GOVLNG    138B9          Retour au RPL
fin
```

Et voici le rappel des codes :

```
REVSCR (# 87F3h)
CCD20 43000 8FB97 601BD 86081 4237E 4700C BFC21
B0210 015C7 8D9B8 31
```

GREY

Il est possible d'afficher des niveaux de gris sur la HP48. Il suffit pour cela de modifier les pointeurs graphiques de la ram I/O pour afficher successivement et de manière très rapide plusieurs images : un point souvent affiché paraîtra sombre, peu souvent affiché paraîtra clair. C'est ce qui vous est proposé ici.

GREY prend un argument dans la pile : un objet graphique de dimensions 131 x 128. Les 64 premières lignes constituent un premier écran, les 64 suivantes une deuxième. Ce sont ces deux écrans qui seront alternativement affichés. Si un point est :

- noir sur les deux, il apparaîtra noir ;

- noir sur l'un et blanc sur l'autre, il apparaîtra gris ;

- blanc sur les deux, il apparaîtra blanc.

On pourrait bien entendu améliorer le programme en affichant plus de graphiques. Avec 3 graphiques, on obtiendrait 4 couleurs (blanc, gris clair, gris foncé et noir) et ainsi de suite…

A titre d'exemple, voici un programme générant un objet graphique visualisable avec GREY (il utilise le programme CIRCLE listé précédemment) :

```
GENGREY (# BFD2h)
«
   # 83h # 80h BLANK # 83h # 40h PDIM ERASE
   { # 0h # 0h } PVIEW 20 30
   FOR X
     X (0,0) CIRCLE
   NEXT
   { # 0h # 0h } PICT RCL GOR 10 30
   FOR X
     X (0,0) CIRCLE
   NEXT
   { # 0h # 40h } PICT RCL GOR
»
```

Le programme GREY s'arrête par pression sur la touche [ON]. Voici son listing :

	D9D20	CON(5)	PROL_PRGM	Début d'objet programme
	D4881	CON(5)	CLRCN	Mise à 0 N° de cmde…
	2BA81	CON(5)	CHK1	1 argument requis
	2BF81	CON(5)	CHKT	Vérification du type :
	11920	CON(5)	PROL_SB	Un graphique
	C0000	CON(5)	#0000C	=> Syst. Bin. #0000Ch
	D9D20	CON(5)	PROL_PRGM	Début d'objet programme
	FC2E4	CON(5)	MENUOFF	Pas de menus…
	CCD20	CON(5)	PROL_CODE	Objet code
DÉBUT	9B000	CON(5)	(FIN)-(DÉBUT)	Sa longueur
	8FB9760	GOSBVL	SAVE_REG	Sauvegarde des registres
1110	GOSBVL	DISINTR		Pas d'interruptions
	147	C=DAT1	A	Adresse du GROB
	135	D1=C		
	179	D1=D1+	10	
	179	D1=D1+	10	D1=@ du contenu du GROB
	133	AD1ex		
	D8	B=A	A	
	3408800	LCHEX	#00880	On saute #00880 quartets
	CA	A=A+C	A	=> seconde partie du GROB
	1F00100	D1=(5)	#00100	Sauvegarde marge gauche
	15F0	C=DAT1	1	
	108	R0=C		
	80860	?ABIT=0	0	Si GROB en adresse paire
	61	GOYES	L1	=> rien à faire
	30C	LCHEX	#C	Sinon : marge gauche de 4
	15D0	DAT1=C	1	
	1D52	D1=(2)	#25	Marge droite -1
	32FFF	LCHEX	#FFF	
	1553	DAT1=C	X	
L1	1B02100	D0=(5)	#00120	Adresse pointeur bitmap
	1F92100	D1=(5)	#00129	Poids fort Vsync
L2	DC	ABex	A	Changement de bitmap
	140	DAT0=A	A	Écriture
L3	15F0	C=DAT1	1	On attend que le bit 1
	808B1	?CBIT=1	1	de Vsync passe à 0
	7F	GOYES	L3	
L4	15F0	C=DAT1	1	On attend qu'il repasse à 1
	808A1	?CBIT=0	1	(=> un balayage écran
	7F	GOYES	L4	complet)
	8FCEE10	GOSBVL	COUTIN	
	808AF	?CBIT=0	15	Test de [ON]
	9D	GOYES	L2	Non appuyé => on itère…
	1D00	D1=(2)	#00	Restauration marge gauche
	118	C=R0		
	15D0	DAT1=C	1	
	1BD8608	D0=(5)	#8068D	Restauration @ bitmap
	15E7	C=DAT0	8	
	1D02	D1=(2)	#20	
	15D7	DAT1=C	8	
	8F5E010	GOSBVL	ALLINTR	Ré-autorisation interrupt.

	8D9B831	GOVLNG #138B9	Retour au RPL
fin	44230	CON(5) DROP	DROP du GROB
	B2130	CON(5) EPILOGUE	Fin d'objet programme
	B2130	CON(5) EPILOGUE	Fin d'objet programme

D'où les codes composant GREY :

GREY (# 21DEh)
```
D9D20 D4881 2BA81 2BF81 11920 C0000 D9D20 FC2E4
CCD20 9B000 8FB97 608F5 11101 47135 17917 9133D
83408 800CA 1F001 0015F 01088 08606 130C1 5D01D
5232F FF155 31B02 1001F 92100 DC140 15F08 08B17
F15F0 808A1 7F8FC EE108 08AF9 D1D00 11815 D01BD
86081 5E71D 0215D 78F5E 0108D 9B831 44230 B2130
B2130
```

ASCLOAD

Lorsque avec Kermit on récupère par mégarde un fichier Binaire en mode ASCII, on obtient une chaîne de caractères commençant par "HPHP48... qui ne ressemble apparemment en rien à l'objet original (code, programme ou autre).

En fait, l'objet existe bien mais est contenu dans la chaîne.

Le programme ASCLOAD présenté ci-dessous permet de récupérer l'objet contenu dans la chaîne. Pour se faire il l'explore jusqu'à trouver un objet qu'il place dans la pile.

Ce programme est d'autant plus intéressant qu'il présente des techniques de vérification des arguments dans la pile et de détection d'un objet originales et courtes.

Il a été écrit par Stéphane DOAT. En voici le listing commenté :

	D9D20	CON(5)	PROL_PRGM	Début d'objet programme
	D4881	CON(5)	CLRCN	Mise à zéro n° de cmde
	CCD20	CON(5)	PROL_CODE	Objet code
DÉBUT	E9000	CON(5)	(FIN)-(DÉBUT)	Sa longueur
	8FB9760	GOSBVL	SAVE_REG	Sauvegarde des registres
	147	C=DAT1	A	Lecture adresse objet
	D5	B=C	A	au niveau 1 (sauvée dans B)
	8AE	?C#0	A	Si cette adresse est 0, on
	A1	GOYES	OK1	est en fin de pile (pile
				vide). Si l'adresse est non
				nulle, c'est OK !
	D0	A=0	A	
	80822102	LA(3)	#201	Erreur #201 : Too Few Arg...
ERR	8F2D760	GOSBVL	LOAD_REG	
	8D32050	GOVLNG	ERROR	
OK1	134	D0=C		D0=adresse objet
	142	A=DAT0	A	
	34C2A20	LCHEX	#02A2C	
	8A2	?A=C	A	Est ce une chaîne ?
	01	GOYES	OK2	Oui => ok !
	D0	A=0	A	
	80822202	LAHEX	#202	Non => Erreur #202
	65DF	GOTO	ERR	Bad Arg. Type...
OK2	164	D0=D0+	5	On saute le prologue
	146	C=DAT0	A	C=longueur chaîne

	818FA4	C=C-5	A	On ôte la longueur du prol.
	164	D0=D0+	5	On passe au contenu
	CE	C=C-1	A	
	482	GOC	STMPT	=> chaîne vide !
	D7	D=C	A	D=nbr quartets chaîne
	34CF820	LCHEX	#028FC	Marqueur d'objet. Comme nous l'avons vu, le prologue d'un objet est une adresse. A cette adresse on trouve toujours la séquence de quartets 028FC qui valide le prologue…
FIND	142	A=DAT0	A	Lecture prologue supposé
	131	D1=A		
	143	A=DAT1	A	
	8A6	?A#C	A	Est-ce un prologue ?
	90	GOYES	NOOBJ	Non => on itère…
	132	AD0EX		A=adresse objet trouvé
	6D00	GOTO	FIN	=> c'est fini !
NOOBJ	160	D0=D0+	1	Quartet suivant
	CF	D=D-1	A	on itère si nécessaire
	55E	GONC	FIND	
STMPT	D4	A=B	A	Objet non trouvé : A contiendra l'adresse de la chaîne originale.
FIN	8F2D760	GOSBVL	LOAD_REG	Récupération des registres
	141	DAT1=A	A	On place l'objet dans la pile (objet trouvé ou chaîne originale)
	142	A=DAT0	A	Retour au RPL
	164	D0=D0+	5	
	808C	PC=(A)		
FIN	75660	CON(5)	NEWOB	Recréation de l'objet
	B2130	CON(5)	EPILOGUE	Fin du programme…

D'où le listing des codes le composant :

```
ASCLOAD (# 845Bh)
D9D20 D4881 CCD20 E9000 8FB97 60147 D58AE A1D08
08221 028F2 D7608 D3205 01341 4234C 2A208 A201D
08082 22026 4DF16 41468 18FA4 164CE 482D7 34CF8
20142 13114 38A69 01326 D0016 0CF55 ED48F 2D760
14114 21648 08C75 660B2 130
```

CHOOSER

CHOOSER permet la sélection interactive d'un choix parmi 7 : grâce à ce programme il est possible de déplacer une barre en inverse vidéo entre 7 positions (grâce aux flèches vers le haut et vers le bas) et de valider son choix par [ENTER].

CHOOSER renvoie le numéro de l'item sélectionné, qui peut être récupéré en vue d'une exploitation ultérieure.

Le programme DEMO présente une application de CHOOSER.

Remarque : comme le démontre le programme DEMO, CHOOSER peut être utilisé de manière très simple en conjonction avec une liste des actions à exécuter (liste de programmes).

CHOOSER a été écrit par Stéphane DOAT.

```
DEMO (# 174Fh)
«
   DO
     CLLCD "1→ MEMOIRE" 1 DISP "2→ PATH" 2 DISP
     "3→ VARS" 3 DISP "4→ FIN" 4 DISP
     {
       « MEM 2 DISP 1 WAIT  »
       « PATH 2 DISP 1 WAIT »
       « VARS 2 DISP 1 WAIT »
       « KILL »
       « »
       « »
       « »
     }
     CHOOSER CLLCD GET EVAL
   UNTIL
     0
   END
»
```

Les codes de CHOOSER sont les suivants :

CHOOSER (# 1B6Ah)

```
D9D20 CCD20 C5100 8FB97 608F5 1110D 11BD8 60814
281AF 0078C 03208 08FCE E1080 8B115 32040 8FCEE
10808 B1F63 20108 FCEE1 0808B 46066 CF34F F1008
FCEE1 08AEF E8F5E 010D4 E48FC 75309 6DA07 F8064
9FA6D 72508 1AF10 D2320 11EA8 1AF00 79306 07F31
609E5 A07A5 06F5F B657D 1081A F10D2 32011 CA81A
F0074 006B3 F3101 AE781 AF101 30152 7BFC1 50716
FA6F5 EE340 0510C E5DF0 181AF 1806D 981AF 0C340
5100D 73442 0008F CA710 81AF1 CD507 81AF0 801FB
D81B2 130
```

Voici le listing commenté de CHOOSER :

	D9D20	CON(5)	PROL_PRGM	Début d'objet programme
	CCD20	CON(5)	PROL_CODE	Objet code…
début	C5100	CON(5)	(fin)-(début)	Sa longueur
	8FB9760	GOSBVL	SAVE_REG	Sauvegarde des registres
	8F51110	GOSBVL	DISINTR	On interdit les inter.
	D1	B=0	A	
	1BD8608	D0=	#8068D	
	142	A=DAT0	A	
	81AF00	R0=A	A	R0=adresse écran courant
	78C0	GOSUB	BARRE	Affiche la barre
KERN	32080	LC	#080	Masque OUT
	8FCEE10	GOSBVL	COUTIN	OUT=C / C=IN
	808B1	?CBIT=1	1	Est-ce UP ?
	15	GOYES	UP	
	32040	LC	040	
	8FCEE10	GOSBVL	COUTIN	
	808B1	?CBIT=1	1	Est-ce DOWN ?
	F6	GOYES	DOWN	
	32010	LC	#010	
	8FCEE10	GOSBVL	COUTIN	
	808B4	?CBIT=1	4	Est-ce ENTER ?
	60	GOYES	FIN	
	66CF	GOTO	KERN	On itère…
FIN	34FF100	LC	#001FF	On attend que ENTER soit
	8FCEE10	GOSBVL	COUTIN	relâché…
	8AE	?C#0	A	
	FE	GOYES	FIN	
	8F5E010	GOSBVL	ALLINTR	Ré-autorisation inter.
	D4	A=B	A	
	E4	A=A+1	A	
	8FC7530	GOSBVL	#0357C	Pose A et retour au RPL
UP	96D	?B#0	B	
	A0	GOYES	OK_UP	On n'est pas en haut
	7F80	GOSUB	BEEP	On est en haut -> beep

	649F	GOTO	KERN	On itère…
OK_UP	A6D	B=B-1	B	On monte…
	7250	GOSUB	BARRE	Efface la barre
	81AF10	A=R0	A	Calcul nouvelle position
	D2	C=0	A	de la barre
	32011	LC	110	
	EA	A=A-C	A	
	81AF00	R0=A	A	
	7930	GOSUB	BARRE	Affiche barre
	607F	GOTO	KERN	On itère…
DOWN	3160	LC	06	
	9E5	?B<C	B	On n'est pas en bas…
	A0	GOYES	OKDN	
	7A50	GOSUB	BEEP	En bas -> beep
	6F5F	GOTO	KERN	On itère…
OKDN	B65	B=B+1	B	On descend
	7D10	GOSUB	BARRE	Efface la barre
	81AF10	A=R0	A	Calcul nouvelle position
	D2	C=0	A	de la barre
	32011	LC	#110	
	CA	A=A+C	A	
	81AF00	R0=A	A	
	7400	GOSUB	BARRE	Affiche barre
NODN	6B3F	GOTO	KERN	On itère…
BARRE	3101	LC	#10	16*16 qu. à inverser
	AE7	D=C	B	
	81AF10	A=R0	A	Adresse de début barre
	130	D0=A		
INVB	1527	A=DAT0	W	Lecure des quartets
	BFC	A=-A-1	W	Inversion
	1507	DAT0=A	W	Ecriture
	16F	D0=D0+	16	Groupe suivant
	A6F	D=D-1	B	Un groupe de moins
	5EE	GONC	INVB	
	3400510	LC	#01500	On attend avant de retester
PAUSE	CE	C=C-1	A	le clavier…
	5DF	GONC	PAUSE	
	01	RTN		
BEEP	81AF18	C=R0	A	Sauve R0
	06	RSTK=C		
	D9	C=B	A	
	81AF0C	R4=C	A	Sauve B
	3405100	LC	#00150	Fréquence
	D7	D=C	A	
	3442000	LC	#00024	Durée
	8FCA710	GOSBVL	BEEP	
	81AF1C	C=R4	A	Récupère B
	D5	B=C	A	
	07	C=RSTK		Récupère R0
	81AF08	R0=C	A	
	01	RTN		
fin	FBD81	CON(5)	SB2RE	Conversion en réel
	B2130	CON(5)	Épilogue	Fin d'objet programme

GVIEW

Le programme GVIEW permet la visualisation d'un objet graphique de taille supérieure à l'écran. Il est possible de faire défiler l'affichage en utilisant les quatre flèches de déplacement et on sort de la visualisation en appuyant sur la touche BACKSPACE ([◀]).

Remarques :

- L'affichage peut paraître incohérent lorsqu'on tente de visualiser un objet graphique de largeur inférieure à 131 colonnes ou de hauteur inférieure à 64 lignes. De tels graphiques doivent donc être redimensionnés avant d'être affichés ;

- Les "scrolls" (déplacement de l'image) se font de manière purement hardware en utilisant le pointeur de bitmap écran et les marges accessibles via la ram I/O (voir le chapitre 6 de la deuxième partie) ;

- Pour ménager un temps d'attente entre deux décalages, on se synchronise sur le balayage vertical (Vsync) qui s'effectue en un $64^{\text{ème}}$ de seconde.

GVIEW a été écrit par Cyrille de BREBISSON.

	D9D20	CON(5)	PROL_PRGM	Début de programme
	D4881	CON(5)	CLRCN	Mise à 0 cmde number
	2BA81	CON(5)	CHK1	1 argument requis
	2BF81	CON(5)	CHKT	Vérif. type
	11920	CON(5)	PROL_SB	Grob =>
	C0000	CON(5)	#0000C	System Binary #0000C
	D9D20	CON(5)	PROL_PRGM	Début de programme
	CCD20	CON(5)	PROL_CODE	Objet code
début	8E100	CON(5)	(fin)-(début)	Longueur code
	8FB9760	GOSBVL	SAVE_REG	Sauvegarde des registres
	808F	INTOFF		Arrêt interruptions clavier
	840	ST=0 0		
	143	A=DAT1	A	A=adresse du GROB
	818F09	A=A+10	A	
	131	D1=A		D1=adresse de hauteur
	818F09	A=A+10 A		
	80860	?ABIT=0	0	Adresse GROB paire ?
	70	GOYES	L1	
	850	ST=1	0	GROB en adresse impaire
	CC	A=A-1	A	=> on recule d'un qu.

L1	81AF00	R0=A	A	R0=adresse des pixels
	143	A=DAT1	A	A=hauteur GROB
	3404000	LC(5)	#40	C=hauteur écran
	EA	A=A-C	A	Calcul YMAX
	540	GONC	PM64	
	D0	A=0	A	YMAX à 0
PM64	104	R4=A		R4=YMAX
	174	D1=D1+5		
	143	A=DAT1 A		A=nbr de colonnes
	3438000	LC(5)	#83	Largeur écran (131)
	D8	B=A A		
	EA	A=A-C A		Calcul XMAX
	540	GONC	PM131	
	D0	A=0 A		XMAX à 0
PM131	103	R3=A		R3=XMAX
	D0	A=0	A	X et Y initiaux
	102	R2=A		sont nuls…
	101	R1=A		
	D9	C=B	A	Largeur en Qu. d'une ligne
	822	SB=0	SB	
	819F2	CSRB	A	Division par 8
	819F2	CSRB	A	Avec arrondi supérieur
	819F2	CSRB	A	
	832	?SB=0		
	40	GOYES	NOC	
	E6	C=C+1 A		
NOC	C6	C=C+C A		
	D7	D=C A		
	1F82100	D1=	#00128	Plus de menus…
	30F	LC	#F	
	15D0	DAT1=C	1	
BCLE	114	A=R4		
	D8	B=A	A	B=YMAX
	112	A=R2		A=Y courant
	32080	LC	#080	
	8FCEE10	GOSBVL	COUTIN	OUT=C / C=IN
	808A1	?CBIT=0 1		Flèche haute non appuyée
	90	GOYES	NHT	
	CC	A=A-1 A		Ou si on est en haut…
	540	GONC	NHT	-> rien !
	E4	A=A+1	A	On remonte
NHT	32040	LC	#040	
	8FCEE10	GOSBVL	COUTIN	OUT=C / C=IN
	808A1	?CBIT=0 1		
	90	GOYES	NBAS	Flèche bas non appuyée
	8A0	?A=B A		Ou si on est en bas…
	40	GOYES	NBAS	-> rien !
	E4	A=A+1 A		On descend !
NBAS	102	R2=A		Sauvegarde Y courant
	113	A=R3		
	D8	B=A	A	B=XMAX
	111	A=R1		A=X courant
	808A0	?CBIT=0	0	On recommence pour la
	90	GOYES	NDRTE	droite…
	8A0	?A=B	A	

	40	GOYES	NDRTE	
	E4	A=A+1	A	
NDRTE	808A2	?CBIT=0	2	Et pour la gauche…
	90	GOYES	NGCH	
	CC	A=A-1	A	
	540	GONC	NGCH	
	E4	A=A+1	A	
NGCH	101	R1=A		Sauvegarde X courant
	32010	LC	#010	On teste [<=]
	8FCEE10	GOSBVL	COUTIN	
	808A0	?CBIT=0	0	
	D4	GOYES	NDROP	Non appuyée…
	1F00100	D1=	#00100	Restaurations des
	308	LC	#8	pointeurs écran…
	15D0	DAT1=C	1	Marge gauche
	1D02	D1=	#20	
	1BD8608	D0=	#8068D	Adresse bitmap
	142	A=DAT0	A	
	141	DAT1=A	A	
	1D52	D1=	#25	Marge droite
	1929	D0=	#92	
	1523	A=DAT0	X	
	1513	DAT1=A	X	
	1D82	D1=	#28	Hauteur menus
	307	LC	#7	
	15D0	DAT1=C	1	
	8F2D760	GOSBVL	LOAD_REG	Récupération registres
	142	A=DAT0	A	Et retour au RPL
	164	D0=D0+	5	
	808C	PC=(A)		
NDROP	1F82100	D1=	#00128	On se synchro sur Vsync
VSYNC	14B	A=DAT1	B	
	A64	A=A+A	B	
	A64	A=A+A	B	
	96C	?A#0	B	
	4F	GOYES	VSYNC	
	112	A=R2		On multiplie Y par la
	D1	B=0	A	largeur de bitmap
	DB	C=D	A	pour calculer l'offset
MUL	808A0	?CBIT=0	0	de début d'affichage
	40	GOYES	NP	
	C8	B=B+A	A	
NP	C4	A=A+A	A	
	819F2	CSRB	A	
	8AE	?C#0	A	
	DE	GOYES	MUL	
	110	A=R0		
	C0	A=A+B	A	A: @bitmap + offset lignes
	119	C=R1		
	860	?ST=0	0	Si bitmap impaire => 4 de +
	80	GOYES	L2	
	818F23	C=C+4	A	
L2	D5	B=C	A	
	819F2	CSRB	A	
	819F2	CSRB	A	

	CA	A=A+C	A	On rajoute l'offset en X
	1D02	D1=	#20	
	141	DAT1=A	A	Adresse début bitmap
	3422000	LC(5)	#34	Largeur affichée
	80860	?ABIT=0	0	#34 ou #35 qu. selon
	40	GOYES	PAIRE	la parité de départ
	E6	C=C+1	A	
PAIRE	E3	D=D-C	A	
	DF	CDEX	A	
	C3	D=D+C	A	
	1D52	D1=	#25	Marge droite
	1553	DAT1=C	X	
	A89	C=B	P	Calcul marge gauche
	80893	CBIT=1	3	(LCD toujours ON !)
	1D00	D1=0	#0	
	1550	DAT1=C	#P	Écriture marge gauche
	64BE	GOTO	BCLE	On itère…
fin	44230	CON(5)	DROP	On vire le GROB
	B2130	CON(5)	EPILOGUE	Fin d'objet programme
	B2130	CON(5)	EPILOGUE	Fin d'objet programme

D'où le récapitulatif des codes à entrer :

GVIEW (# 2657h)

```
D9D20  D4881  2BA81  2BF81  11920  C0000  D9D20  CCD20
8E100  8FB97  60808  F8401  43818  F0913  1818F  09808
60708  50CC8  1AF00  14334  04000  EA540  D0104  17414
33438  000D8  EA540  D0103  D0102  101D9  82281  9F281
9F281  9F283  240E6  C6D71  F8210  030F1  5D011  4D811
23208  08FCE  E1080  8A190  CC540  E4320  408FC  EE108
08A19  08A04  0E410  2113D  81118  08A09  08A04  0E480
8A290  CC540  E4101  32010  8FCEE  10808  A0D41  F0010
03081  5D01D  021BD  86081  42141  1D521  92915  23151
31D82  30715  D08F2  D7601  42164  808C1  F8210  014BA
64A64  96C4F  112D1  DB808  A040C  8C481  9F28A  EDE11
0C011  98608  0818F  23D58  19F28  19F2C  A1D02  14134
22000  80860  40E6E  3DFC3  1D521  553A8  98089  31D00
15506  4BE44  230B2  130B2  130
```

SCROLLER

SCROLLER est une version de GVIEW écrite en externals. Comme pour cet autre programme, il ne faut pas l'utiliser sur des objets graphiques de moins de 131 colonnes ou de moins de 64 lignes (et surtout pas sur un objet graphique de taille 0 x 0).

Les flèches de déplacement (haut, bas, droite et gauche) servent à se déplacer et [ENTER] permet de quitter le programme.

SCROLLER a été écrit par Stéphane DOAT.

Voici le listing des codes à entrer :

SCROLLER (# A13Eh)
```
D9D20 D4881 2BA81 2BF81 76040 D9D20 FC2E4 A0F21
53131 2A170 CCD20 B9000 8FB97 6084F 32080 8FCEE
10808 B1E43 20408 FCEE1 0808B 0C580 8B1D3 808B2
24320 108FC EE108 08B41 132FF 18018 076DA FD08D
C7530 D0B64 63FFD 08186 0167E FD081 86036 BDFD0
81860 26FCF 88130 9FF30 91D30 CB916 8C131 88130
30040 91D30 CB916 02231 88130 D0040 91D30 CB916
F7531 88130 71040 91D30 CB916 4E431 6AC30 8DA16
18A30 0CA30 8C170 17D00 B2130 B2130
```

Ce programme est écrit en externals. En voici le listing commenté :

02D9D	Début d'objet programme
1884D	Mise à zéro du n° de cmde (CLRCN)
18AB2	Un argument requis (CHK1)
18FB2	Vérification du type (CHKT)
02911	System Binary <0000Ch> (GROB = type #Ch)
0000C	
02D9D	Début d'objet programme
4E2CF	Efface les menus (MENUOFF)
12F0A	Place le GROB dans 'PICT'
13135	Visualise PICT (GRAPH)

071A2h	Début de structure DO... UNTIL (DO)
02DCC...	Objet code attendant une touche et renvoyant un SB selon la touche pressée (voir plus loin).
03188	Duplique le SB (DUP)
02911	<00001h> (SB pour la touche UP)
00001	
03D19	Compare les SB (SB=)
619BC	IF
131C8	Décale le GROB en haut (UP)
03188	Duplique le SB (DUP)
02911	<00002h> (SB pour la touche DOWN)
00002	
03D19	Compare les SB (SB=)
619BC	IF
13220	Décale le GROB en bas (DOWN)
03188	Duplique le SB (DUP)
02911	<00003h> (SB pour la touche RIGHT)
00003	
03D19	Compare les SB (SB=)
619BC	IF
1357F	Décale le GROB à droite (RIGHT)
03188	Duplique le SB (DUP)
02911	<00004h> (SB pour la touche LEFT)
00004	
03D19	Compare les SB (SB=)
619BC	IF
134E4	Décale le GROB à gauche (LEFT)
03CA6	Le SB est il nul ?
61AD8	IFE
03A81	TRUE
03AC0	FALSE
71C8h	Fin de boucle DO... UNTIL (UNTIL)
00D71	Vide le buffer clavier (EMPTBUFF)
0312B	Fin d'objet programme
0312B	Fin d'objet programme

Voici le listing du programme attendant l'appui sur une des 5 touches valides :

	CCD20	CON(5)	PROL_CODE	Début d'objet code
début	B9000	CON(5)	(fin)-(début)	Sa longueur…
	8FB9760	GOSBVL	SAVE_REG	Sauvegarde des registres
	84F	ST=0	15	Plus d'interruptions…
BL	32080	LC	#080	Test de [UP]
	8FCEE10	GOSBVL	COUTIN	OUT=C / C=IN
	808B1	?CBIT=1	1	
	E4	GOYES	GUP	
	32040	LC	#040	Test de [RIGHT]
	8FCEE10	GOSBVL	COUTIN	OUT=C / C=IN
	808B0	?CBIT=1	0	
	C5	GOYES	GRGHT	
	808B1	?CBIT=1	1	Test de [DOWN]
	D3	GOYES	GDWN	
	808B2	?CBIT=1	2	Test de [LEFT]
	24	GOYES	GLEFT	
	32010	LC	#010	Test de [ENTER]
	8FCEE10	GOSBVL	COUTIN	OUT=C / C=IN
	808B4	?CBIT=1	4	
	11	GOYES	FIN	
	32FF1	LC	#1FF	Toutes touches attendues
	801	OUT=C		
	807	SHUTDN		Passage en attente d'un événement (appui sur une touche) en mode basse consommation…
	6DAF	GOTO	BL	On recommence…
FIN	D0	A=0	A	ENTER => <0h>
PUSH	8DC7530	GOVLNG	PUSHA	Pose A champ A sur la pile et retour au RPL
GUP	D0	A=0	A	UP => <1h>
	B64	A=A+1	B	
	63FF	GOTO	PUSH	
GDWN	D0	A=0	A	DOWN => <2h>
	818601	A=A+2	B	
	67EF	GOTO	PUSH	
GLEFT	D0	A=0	A	LEFT => <4h>
	818603	A=A+4	B	
	6BDF	GOTO	PUSH	
GRGHT	D0	A=0	A	RIGHT => <3h>
	818602	A=A+3	B	
	6FCF	GOTO	PUSH	
fin				

SPRITE

SPRITE est un programme peu utile en lui-même qui montre comment afficher et déplacer un petit dessin sur l'écran courant. On dispose des commandes suivantes :

- Les flèches de directions pour déplacer le graphique (remarque : on peut appuyer simultanément sur deux flèches pour réaliser des déplacements diagonaux) ;

- La touche BACKSPACE ([←]) pour quitter le programme.

Le programme SPRITE intègre une bitmap représentant le "sprite" à déplacer dont les dimensions sont fixes (20 lignes et 16 colonnes). Au prix de quelques modifications mineures, il est possible de la paramétrer différemment :

- Le nombre de lignes moins un est stocké dans D champ B juste après le label AGRB. (LCHEX #13 D=C B). En modifiant la valeur chargée dans C par LCHEX on peut donc régler le nombre de lignes du GROB ;

- La largeur du GROB est une conséquence du champ utilisé pour le contenir une de ses lignes. Ici on a utilisé les quatre premiers quartets du GROB(au label BCLA, on charge 4 quartets soient 16 colonnes de points).

  En jouant sur ce champ on peut donc étendre le sprite en largeur jusqu'à 61 colonnes (du fait de la nécessite d'effectuer des décalages, 1 quartet doit être réservé). En particulier, en travaillant sur un champ X on aura un sprite de 9 colonnes (champ X = 3 quartets soient 12 quartets, 9 pour le sprite, 3 pour les décalages), sur le champ W on aurait un sprite de 61 colonnes.

  Le plus simple serait encore de travailler sur le champ WP en donnant une valeur adéquate au registre P.

  Il ne faudra pas non plus oublier de régler la valeur de l'incrément du pointeur dans le sprite (le registre D1), Incrémentation qui est effectuée entre les labels FDEC et fin.

Pour les personnes désirant réaliser des programmes utilisant des animations graphiques (et en particulier des jeux), voici quelques conseils :

- Si l'animation se réalise sur un fond blanc (pas d'image de fond), la technique la plus simple consiste à itérer les actions suivantes :
    - Calculer les coordonnées de l'objet
    - Effacer la totalité de l'écran ;
    - Afficher l'image de l'objet en mouvement ;
    - Effectuer une pause (éventuellement) ;

    Cependant un tel mode d'affichage donne une désagréable impression de clignotement du fait de l'effacement de l'écran. On peut se passer de cette étape en utilisant un objet graphique entouré d'un cadre blanc et en étant certain que son déplacement se fait pixel par pixel : en se déplaçant il effacera son ancienne image...

    Mais ce n'est pas la solution idéale puisque, dans le cas de l'animation de plusieurs objets, les résultats obtenus lors de la rencontre de deux d'entre eux sera assez décevante...

    Il est aussi possible d'utiliser une fonction d'affichage de type "ou exclusif" (XOR). Dans ce cas les routines d'affichage et d'effacement de l'objet sont les mêmes, mais un tel affichage est peu clair lorsque le "sprite" se déplace sur une image de fond (voir le programme SPRITE qui utilise cette technique) ;

- Lorsqu'on a une image de fond, la meilleure solution est d'itérer les actions suivantes :
    - Sauver le graphique qui sera "écrasé" par l'objet ;
    - Afficher l'objet ;
    - Effectuer éventuellement une pause ;
    - Effacer l'objet en utilisant la sauvegarde ;
    - Calculer ses nouvelles coordonnées.

    Mais ce n'est pas tout ! Pour optimiser encore le résultat, il est très intéressant de travailler sur 2 images distinctes : pendant que l'une d'entre elles est affichée, on travaille sur l'autre, puis, lorsque cette dernière est prête, on l'affiche en mettant à jour les pointeurs graphiques de la ram I/O, ce qui est quasiment instantané. On travaille alors sur la première image qui est à présent invisible. De ce fait, toute impression de clignotement (liée au fait que la construction de l'image est visible par l'utilisateur) est éradiquée...

Cette technique n'est cependant pas évidente à mettre en place et est à réserver à des programmes nécessitant une très bonne qualité d'affichage (jeux d'arcade par exemple). Pour les autres, les premières techniques, plus simples, peuvent suffirent.

Mais dans tous les cas, une règle d'or est à respecter : il faut maximiser le temps d'affichage de l'objet pour le rendre le plus visible possible. En particulier, les pauses, les calculs longs, les attentes de touches (etc...) doivent se faire lorsqu'il est visible (et non pas entre son effacement et son réaffichage).

Après ce long discours théorique, voici un peu de pratique avec le programme SPRITE qui utilise la technique d'affichage/effacement par "ou exclusif".

SPRITE a été écrit par Cyrille de BREBISSON.

En voici le listing commenté :

	CCD20	CON(5)	PROL_CODE	Début de l'objet code
début	0B100	CON(5)	(fin)-(début)	Sa longueur...
	8FB9760	GOSBVL	SAVE_REG	Sauvegarde des registres
	808F	INTOFF		Plus d'interruption clavier
	1FD8608	D1=	#8068D	Initialisations registres :
	143	A=DAT1	A	Adresse bitmap écran
	100	R0=A		
	D0	A=0	A	Position du sprite (0,0)
	101	R1=A		
	102	R2=A		
	77A0	GOSUB	AFF	On affiche le sprite
BCLE	3400010	LC	#01000	Une petite pause...
PAUSE	CE	C=C-1	A	
	5DF	GONC	PAUSE	
	7790	GOSUB	AFF	On efface le sprite
	112	A=R2		
	32080	LC	#080	Masque clavier
	8FCEE10	GOSBVL	COUTIN	OUT=C / C=IN
	808A1	?CBIT=0	1	Flèche haut non appuyée ?
	90	GOYES	NHT	
	CC	A=A-1	A	On remonte
	540	GONC	NHT	Si carry => dépassement
	E4	A=A+1	A	=> on remet à zéro
NHT	32040	LC	#040	
	8FCEE10	GOSBVL	CIN	
	808A1	?CBIT=0	1	Flèche bas non appuyée ?
	D0	GOYES	NBAS	
	3142	LC	#24	Est-on tout en bas ?

	962	?A=C	B	
	40	GOYES	NBAS	
	E4	A=A+1	A	On descend…
NBAS	102	R2=A		Sauvegarde pos. vert.
	111	A=R1		
	8F06110	GOSBVL	CIN	
	808A2	?CBIT=0	2	Flèche gauche non appuyée ?
	90	GOYES	NGCHE	
	CC	A=A-1	A	Un peu à gauche…
	540	GONC	NGCHE	Si carry -> dépassement
	E4	A=A+1	A	On remet à zéro
NGCHE	808A0	?CBIT=0	0	Flèche droite non appuyée ?
	D0	GOYES	NDRTE	
	3137	LC	#73	Est-on tout à droite ?
	962	?A=C	B	
	40	GOYES	NDRTE	
	E4	A=A+1	A	Un peu à droite…
NDRTE	101	R1=A		
	32010	LC	#010	
	8FCEE10	GOSBVL	CIN	
	808A0	?CBIT=0	0	[<=] non appuyé ?
	31	GOYES	NDROP	
	8F2D760	GOSBVL	LOAD_REG	Récupération des registres
	142	A=DAT0	A	Et retour au RPL
	164	D0=D0+	5	
	808C	PC=(A)		
NDROP	7400	GOSUB	AFF	Affichage sprite
	6C5F	GOTO	BCLE	Et on itère…

* Voici la routine d'affichage du sprite. Cela consiste en
* la recopie de l'objet graphique stocké en mémoire dans la
* bitmap écran. La principale difficulté provient de la
* différence de taille entre la bitmap écran et la bitmap du
* sprite à afficher. Il faut donc recopier ligne à ligne
* le petit graphique. Mais attention : un quartet contient 4
* pixel et la position du sprite est au pixel près. Il faut
* donc le décaler de 0, 1, 2 ou 3 bits avant de le recopier…

AFF	11A	C=R2		Multiplication par 22h
	C6	C=C+C	A	=> adresse Yième ligne
	D5	B=C	A	de l'écran…
	F2	CSL	A	
	C9	C=C+B	A	
	111	A=R1		Mise en mémoire des 2
	A88	B=A	P	derniers bits de X
	819F0	ASRB	A	Division par 4
	819F0	ASRB	A	
	CA	A=A+C	A	A=Y*22+X/4=distance en qu.
				entre le début de l'écran
				et le quartet contenant le
				premier pixel où afficher.
	81AF18	C=R0	A	
	CA	A=A+C	A	
	130	D0=A		D0=@ qu. où afficher
	303	LC	#3	On ne garde que les 2

0E05	C=C&B	P	derniers bits de X,
80D0	P=C	0	=>décalage à effectuer en
80CF	C=P	15	pixels dans C champ S
20	P=0		
7050	GOSUB	AGRB	on saute les data du sprite

* Ici il convient de placer les données du sprite à afficher
* (bitmap). Le programme SPRITE suppose que la taille de ce
* graphique est 20 lignes sur 16 colonnes. On a donc
* 16*20/4=80 quartets (1 quartet = 4 pixels).
* le graphique inclus dans le listing des codes est
* le suivant :

```
*
*
*
*
*
*                              ■
*        ■ ■ ■   ■ ■ ■   ■ ■ ■   ■ ■
*        ■             ■             ■
*        ■             ■             ■
*        ■   ■ ■ ■   ■ ■ ■         ■
*        ■     ■     ■     ■       ■
*        ■     ■     ■     ■       ■
*      ■ ■ ■ ■   ■ ■ ■   ■ ■ ■ ■ ■ ■
*        ■     ■     ■     ■       ■
*        ■     ■     ■     ■       ■
*        ■   ■ ■ ■   ■ ■ ■         ■
*        ■             ■             ■
*        ■             ■             ■
*        ■ ■ ■   ■ ■ ■   ■ ■ ■   ■ ■
*                      ■
*
*
*
*
```

AGRB	07	C=RSTK		C=adresse des data
	135	D1=C		
	3131	LC	#13	On doit boucler 20 fois puisque le sprite comporte 20 lignes. On met donc #13h dans D (soit 19) car on bouclera tant que D ne passera pas en dessous de 0

Cette valeur sera à régler si on désire modifier la hauteur du "sprite" (voir plus haut).

	AE7	D=C	B	D contient ce compteur
BCLA	D0	A=0	A	
	15B3	A=DAT1	4	On lit une ligne du grob

Le nombre de quartets lus ainsi que le champ sur lequel A est mis à zéro seront à modifier pour si l'on désire changer la largeur du sprite" (voir plus haut).

	AC5	B=C	S	
	A4D	B=B-1	S	Nombre de décalages…
	441	GOC	FDEC	
	C4	A=A+A	A	Décalage d'un pixel

Là encore, le champ devra être modifié…

	A4D	B=B-1	S	
	4C0	GOC	FDEC	
	C4	A=A+A	A	**Ici aussi…**
	A4D	B=B-1	S	
	440	GOC	FDEC	
	C4	A=A+A	A	Au max on décale de 3 pix.

Pour cette instruction ainsi que pour les 6 qui suivent, le champ est à régler.

FDEC	146	C=DAT0	A	On lit le graphique écran
	D5	B=C	A	
	0EFA	C=C!A	A	On fait un XOR logique
	0EF4	B=B&A	A	
	E9	C=C-B	A	
	144	DAT0=C	A	On affiche le résultat
	173	D1=D1+	4	Ligne suivante sprite

L'incrément (ici 4) dépend du nombre de colonnes…

16F	D0=D0+	16	Ligne suivante écran
16F	D0=D0+	16	
161	D0=D0+	2	
A6F	D=D-1	B	Décr. nbr lignes
5DB	GONC	BCLA	On itère si nécessaire
01	RTN		Fin routine d'affichage

fin

Voici le récapitulatif des codes à entrer :

SPRITE (# 9D29h)
```
CCD20 0B100 8FB97 60808 F1FD8 60814 3100D 01011
0277A 03400 010CE 5DF77 90112 32080 8FCEE 10808
A190C C540E 43204 08FCE E1080 8A1D0 31429 6240E
41021 118F0 61108 08A29 0CC54 0E480 8A0D0 31379
6240E 41013 20108 FCEE1 0808A 0318F 2D760 14216
4808C 74006 C5F11 AC6D5 F2C91 11A88 819F0 819F0
CA81A F18CA 13030 30E05 80D08 0CF20 70500 00000
00080 0EFF3 28022 8022F 72294 22942 F7F72 94229
422F7 22802 2802E FF308 00000 00000 00000 71353
131AE 7D015 B3AC5 A4D44 1C4A4 D4C0C 4A4D4 40C41
46D50 EFA0E F4E91 44173 16F16 F161A 6F5DB 01
```

Annexes

Réponses aux exercices

I) Première partie : la HP48

1) Chapitre 1

A-1-1 : [←] [0]

A-1-2 : [→] [STO]

2) Chapitre 2

A-2-1 : Une séquence possible est :

[5] [ENTER] [3] [ENTER] [1] [+] [9] [ENTER] [5] [-] [*] [/]

(certaines fonctions, comme [+], [-], [*]... effectuent un [ENTER] automatique avant de s'exécuter...).

A-2-2 : Par exemple [SWAP] [ROT]

A-2-3 : COS(((3*5)-11)/4-1) ce qui donne 1 (COS(0)).

3) Chapitre 3

A-3-1 : Taper [→] ['] ['] [α] [α] [E] [X] [O] [ENTER] [←] [VAR] [CRDIR] [VAR] [EXO] [1] ['] [α] [A] [STO] [2] ['] [α] [B] [STO] [3] ['] [α] [C] [STO]

A-3-2 : 10 (VECTR, MATR, LIST, HYP, REAL, BASE, PROB, FFT, CMPL et CONS).

4) Chapitre 4

A-4-1 : « → A B « A B + » » peut additionner deux chaînes de caractères.

A-4-2 : Il calcule la fraction (A+B)/(A*B) où A et B sont deux réels (ou deux entiers, ou deux complexes, ou un réel et un complexe…) pris dans la pile.

A-4-3 : Par exemple :

```
FIBO (# 5B7Eh)
«
   → N
   «
     IF
       N 1 ≤
     THEN
       1
     ELSE
       N 1 - FIBO N 2 - FIBO +
     END
   »
»
```

II) Deuxième partie : le langage-machine

1) Chapitre 1

B-1-1 : 1h, Ah, 19h, FFFFh, BEBEh.

B-1-2 : 291, 16, 256, 2898, 3.

2) Chapitre 2

B-2-1 : B73, AFB.

B-2-2 : Pour **P** : B03 et A8B ; Pour **WP** : B13 et A9B.

B-2-3 : A13 D=D+C WP, A73 D=D+C W, D=0 P, D=0 WP.

B-2-4 : 411.

B-2-5 : 41.

B-2-6 : C411.

B-2-7 : #80080h :0, #80081h :1, #80082h :2.

B-2-8 : C champ X contient 210, C champ B contient 10 et C champ XS contient 2.

B-2-9 : 1 seul pour le champ P (quartet 2), 3 pour le champ WP (les quartets 0, 1 et 2).

3) Chapitre 3

B-3-1 : Le programme se code de la manière suivante :

```
CCD20            CON(5)    #02DCCh
45000    début   CON(5)    (fin)-(début)
6310             GOTO      11
CC       sub1    A=A-1     A
3454321          LCHEX     #12345h
CE       12      C=C-1     A
5DF              GONC      12
03               RTNCC
3450000  11      LCHEX     #00005h
DA               A=C       A
7CEF     13      GOSUB     12
8AC              ?A#0      A
9F               GOYES     13
3410000          LCHEX     #00001h
DA               A=C       A
7110             GOSUB     14
8A8              ?A=0      A
40               GOYES     15
CC               A=A-1     A
142      15      A=DAT0    A
164              D0=D0+    5
808C             PC=(A)
8AA      14      ?C=0      A
00               RTNYES
D2               C=0       A
E4               A=A+1     A
01               RTN
         fin
```

D'où le listing des codes :

```
CCD20 45000 6310C C3454 321CE 5DF03 34500 00DA7
CEF8A C9F34 10000 DA711 08A84 0CC14 21648 08C8A
A00D2 E401
```

B-3-2 : Le listing se décode en :

143	A=DAT1	A
133	AD1EX	
179	D1=D1+	10
1577	C=DAT1	W
B76	C=C+1	W
1557	DAT1=C	W
131	D1=A	
142	A=DAT0	A
164	D0=D0+	5
808C	PC=(A)	

4) Chapitre 4

B-4-1 : Le System Binary <54321h>.

B-4-2 : 11920 EDCBA.

B-4-3 : 11920 B7000.

B-4-4 : 33920 100 000000000021 0.

B-4-5 : -77345.

B-4-6 : Elle perd de la précision et le coderait :

55920 51000 543210987654321 0.

B-4-7 : -1E-2 (-0,01).

B-4-8 : 77920 000 000000000001 0 000 0000000002 0

B-4-9 : (-33,33).

B-4-10 : D9920 00000 000000000000000 0 00000…

…000000000000000 0

B-4-11 : Le complexe étendu :

(-1.23456789012345,-543210987654321)

B-4-12 : FB920 34

B-4-13 : Le caractère 'D' (code ASCII 44h).

B-4-14 : 8E920 67200 11920 30000 30000 50000 80000…

B-4-15 : Elle contient des chaînes de caractères.

B-4-16 : C2A20 B1000 84 56 C6 C6 F6 02 75 F6 27 C6 46

B-4-17 : "Bravo !"

B-4-18 : E4A20 51000 1BF7935000000000

B-4-19 : # 54321h

B-4-20 : 47A20B2130

B-4-21 : { OK }

B-4-22 : 69A20 FF7 12000 00000 10 44 10 C2A207000033 21000 10 14 10 C2A207000043

B-4-23 : 69A20 100 321 03EF7 00000 12000 00000 10 44 10 C2A207000033 21000 10 14 10 C2A207000043

B-4-24 : 8BA20 84E201014 84E201024 76BA1 B2130

B-4-25 : 'A*(B-C)'

B-4-26 : ADA20 339200000000000000210 C2A2070000D6 68B01 B2130

B-4-27 : 5.1 m^3

B-4-28 : CFA20 20 55E4 84E2030451474

B-4-29 : OK :CORRAL

B-4-30 : GROB 4 1 F0

B-4-31 : #6FFh

B-4-22 : 'VIDE'

B-4-33 : non.

B-4-34 : 'BCKP'

B-4-35 : #62D6h

B-4-36 : Par #2361Eh et #23639h.

B-4-37 : Par #1AB67h.

B-4-38 : CCD20 50000

B-4-39 : CCD20 F0000 142 164 808C. Il s'agit du programme :

```
142            A=DAT0   A
164            D0=D0+    5
808C           PC=(A)
```

C'est-à-dire un programme ne faisant que passer à l'objet suivant...

B-4-40 : 84E20 50 84 56 C6 C6 F6.

B-4-41 : Un nom vide.

B-4-42 : 4.

B-4-43 : 'Name'.

B-4-44 : 29E20 654 321

B-4-45 : Librairie #001h, commande #002h.

Informations diverses

Voici quelques informations utiles...

- Déterminer le **numéro de version** de sa machine : il suffit d'utiliser la commande VERSION qui renvoie deux chaînes de caractères :

```
4 :
3 :
2 :        "Version HP48-?"
1 :     "Copyright HP 1993"
```

Où ' ?' est le numéro de version, qui est en fait une lettre : K, L, M, N... ;

- **Qui a programmé** la HP48 ? C'est la commande RULES qui répond à cette angoissante question.

Elle affiche l'écran :

```
              M G
        P   DIANA
      CHARLIE X B        D
   BILL U   N  TED       A
   O  A L   N     ALCUIN
   B  I    JIM   V
   RON      S   E
```

où l'on peut reconnaître les prénoms des différents développeurs de la machine (Charlie, Paul, Bill, Bob, Clain, Dennis...) ;

- Tester le **niveau des piles** : il suffit de lancer l'auto-test manuel par [ON]-[D] (appuyer sur [ON], puis, sans le relâcher, appuyer sur [D], relâcher [D] puis [ON]). Appuyer ensuite sur la touche [MTH]. La HP48 affiche alors le texte "ESD 210V 210V" en émettant de petits beeps...

Rassurez-vous : elle ne fonctionne pas en 210 volts ! Chacun des 4 caractères "2", "1", "0" et "V" correspond à un test de pile : 2 pour la pile de la carte en port 2, 1 pour celle en port 1, 0 pour l'alimentation interne et V pour le test "Very Low Batteries" (piles très faibles). Lorsqu'une barre noire est affichée sous un de ces caractères, cela signifie que la pile correspondante doit être changée.

Remarques :

- Lorsqu'un port est vide, la pile correspondante est déclarée mauvaise ;

- Une carte ROM est toujours considérée comme ayant une pile en bon état ;

- Lorsqu'une pile est mauvaise, le test s'interrompt avec affichage d'un code d'erreur hexadécimal ;

- Lorsque la pile d'une carte RAM est épuisée, il convient de la remplacer sans ôter la carte de la HP48 (sous peine de perdre ses données) ;

- Pour revenir à l'état standard, il convient d'effectuer un arrêt-système par [ON]-[C] (appuyer sur [ON], puis, sans le relâcher, appuyer sur [C], relâcher [C] puis [ON]).

- En cas de **plantage** de la machine : dans le cas où la HP48 ne réagit plus à vos sollicitations, essayez, dans cet ordre, les différentes réinitialisations possibles :

- [ON] qui interrompt la plupart des programmes en cours, sans danger pour le contenu de la mémoire ;

- [ON] [C] qui est beaucoup plus fort et qui respecte aussi l'intégrité de la mémoire (sauf le contenu de la pile, du grob PICT courant, les différents UNDOS, last commands, last menu...) ;

- [ON] [A] [F] qui nettoie complètement la mémoire.

  Deux solutions sont possibles : répondre oui (yes) ou non (no) à la proposition de tentative de restauration de celle-ci.

  Il faut noter que cette tentative de restauration peut échouer dans le cas de graves problèmes...

  Le temps de restauration peut alors tendre vers l'infini, et il faut alors utiliser le point suivant :

- Sous la HP48 on trouve 4 patins en caoutchouc qui ne sont pas collés : on peut les ôter facilement. Sous celui situé en haut (côté trappe d'accès aux cartes) à droite, se trouve un petit trou, à côté duquel est écrit la lettre 'R' (comme Reset).

  En enfonçant doucement un objet fin (trombone par exemple) dans ce logement, on provoque une remise à zéro de la machine.

  Si le temps d'appui est court, les données stockées par l'utilisateur seront préservées.

  En appuyant plus longtemps (une à deux secondes), la réinitialisation sera totale ; ATTENTION : ce bouton est fragile, il convient de ne l'utiliser qu'en cas de nécessité extrême...

- En désespoir de cause on peut enlever les piles de la HP48. Celle-ci possédant une sauvegarde de puissance par condensateur, il est donc nécessaire de les décharger.

  Deux solutions sont possibles : attendre quelques heures (!) ou placer les piles à l'envers (+ à la place de moins) pendant quelques secondes (sans danger, la HP48 étant protégée par des diodes). Replacer ensuite les piles dans le sens normal ;

- Si aucune de ces méthodes n'a eu de succès, la meilleure solution est d'aller demander conseil à un revendeur Hewlett-Packard agréé...

• **Quand et où** votre HP48 a-t-elle été fabriquée ?

La réponse est simple : il suffit de décoder le numéro de série gravé au dos de votre calculatrice (juste au-dessus du compartiment des piles).

Celui-ci se décompose de la manière suivante :

- Les deux premiers chiffres indiquent le nombre d'années écoulées depuis 1960 ;

- On trouve ensuite deux chiffres représentant le numéro de la semaine concernée ;

- Puis une lettre indiquant le pays où la machine a été fabriquée (A pour Amérique, B pour Brésil, S pour Singapour...) ;

- Enfin les 5 derniers chiffres indiquent le numéro d'ordre de la machine dans la semaine.

Par exemple, la calculatrice dont le numéro de série est 3322S00332 est donc la 332ème machine fabriquée la 22ème semaine de 1993 (1960+33) en Amérique…

- Mais où sont donc les **polices de caractères** de la HP48 ? Lorsqu'on fait un DISP ou tout autre commande d'affichage d'un texte, un programme génère la bitmap correspondant au texte passé en argument à partir de trois tables de description des polices de caractères (une table par taille). Ces tables sont les suivantes :
  - **Grande police** (5 colonnes, 10 lignes). Elle débute en #7A2B3h par le caractère "…" (code ASCII 31) et se poursuit jusqu'en #7B446h inclus (fin du caractère 255). Chaque caractère est codé sur 20 quartets (10 fois 2 quartets, chaque paire de quartet correspondant à une ligne de points). Par exemple : "E1B2032000A000050000" #7AB37h #14h PEEK + GASS renverra le grob du caractère "α" (caractère 140, donc situé en #7A2B3h + (140-31) * 20 =#7AB37h) ;
  - **Police moyenne** (5 colonnes, 8 lignes). Les caractères 31 à 255 sont codés sur 16 quartets chacun de #7B447h à #7C256h ;
  - Enfin la **petite police** (celle utilisée pour les menus) est stockée de #7C257h à #7C794h de manière légèrement différente. Seul un jeu de caractères restreint est codé (caractères 31 à 96, 123 à 159, 161 à 165, 168, 171, 176, 177, 180, 181, 183, 187, 191, 215, 222, 223, 247 et 248). Chacun d'entre eux est codé sur 11 quartets : le premier contient la largeur du caractère en pixels (cette police est proportionnelle), les 10 autres contiennent la bitmap du caractère (5 lignes de 8 pixels, les pixels inutilisés étant mis à zéro).

Ces tables peuvent être utilisées par des programmes utilisant leurs propres routines d'affichage. En particulier, le programme BANNER pourrait être modifié pour utiliser ces tables…

Binaire, hexadécimal
et autres barbaries...

Voici quelques notions qu'il est nécessaire de connaître parfaitement lorsque l'on désire accéder aux ressources cachées de la HP48 et de toute autre machine en général.

Notion de "base"

En mathématiques, une base est le nombre de symboles que l'on a à sa disposition pour compter.

Usuellement, nous comptons tous en base 10 : les symboles à notre disposition sont les chiffres classiques "0" à "9".

Si nous désirons compter en base 4, nous devrons avoir 4 symboles à notre disposition (par exemple "0", "1", "2", et "3").

Lorsque nous comptons en base 10 (notre base habituelle), nous procédons ainsi :

- Nous partons de zéro (0) ;

- Pour passer au suivant nous remplaçons le chiffre le plus à droite par le symbole suivant ("0" devient "1", "1" devient "2"...) ;

- Lorsque le symbole le plus à droite est le dernier ("9"), nous le remplaçons par le premier ("0") et nous passons au symbole suivant pour le chiffre situé à gauche (si celui-ci était absent, on considère qu'il valait "0").

En fait, le principe est le même dans toutes les bases, la seule différence étant le jeu de symboles utilisé... Par exemple, pour compter en base 4, nous aurons successivement :

0, 1, 2, 3, 10, 11, 12, 13, 20, 21, 22, 23, 30, 31, 32, 33, 100, 101...

Ce qui, en base 10 correspond à la séquence :

0 1 2 3 4 5 6 7 8 9 10 11 12 13 14 15 16 17

Remarque : le nombre 102 se lit "un-zéro-deux" et non "cent-deux", diction réservée à la base dix.

Deux bases sont couramment employées en informatique, la base 2 que l'on nomme le BINAIRE et la base 16 que l'on nomme l'HEXADECIMAL.

Le binaire

Un ordinateur a une mémoire constituée par une série de circuits électroniques qui ne peuvent être que dans deux états possibles, que l'on symbolise par 1 ou 0 (il y a du courant ou non).

Pour examiner le contenu de sa mémoire à un endroit précis l'ordinateur regarde s'il y a du courant ou non à cet endroit.

Comme seuls deux états sont possibles, toute la science des ordinateurs repose sur des calculs en base 2. On appelle ce type de calcul, du calcul binaire ou booléen (du nom du mathématicien Georges Boole qui développa cette logique à deux états en 1846).

Dans cette base, on compte donc de la manière suivante :

0, 1, 10, 11, 100, 101, 110, 111, 1000...

Cette notion conduit à une autre : celle de bit...

Le bit

On appelle BIT une unité binaire qui peut valoir 0 ou 1, ce qui correspond donc à l'unité d'information élémentaire de l'ordinateur...

Souvent, ces bits sont groupés ensembles : quelquefois par quatre (pour former des quartets), le plus souvent par huit (pour former des octets).

Attention : dans ces groupes, l'ordre des bits compte...

Les quartets

La HP48 groupe les bits par paquets de 4. Un tel paquet s'appelle un QUARTET (la traduction anglaise de ce terme est "nibble").

Il y a 16 quartets possibles : 0000, 0001, 0010, 0011, 0100, 0101, 0110 0111 1000 1001 1010 1011 1100 1101 1110 1111.

Les octets

D'autres ordinateurs travaillent sur des paquets de 8 BITS, c'est-à-dire sur des octets. Il y a 256 octets possibles :

00000000, 00000001, 00000010... 11111110, 11111111

Comme vous pouvez le constater, la base binaire n'est pas très commode à manier, puisqu'elle conduit à manipuler des nombres très longs...

Il faut donc utiliser une base comportant plus de symboles. Comme l'unité élémentaire (le bit) conduit à utiliser la base 2, il est intéressant d'utiliser une base puissance de ce nombre...

En l'occurrence, c'est la base 16, ou hexadécimal, qui a été choisie...

L'hexadécimal

L'hexadécimal est le nom de la base 16, nous avons donc besoin de 16 symboles pour compter dans cette base... Il n'y a donc pas assez des dix symboles couramment employés : Il faut donc en rajouter 6 qui sont habituellement "A", "B", "C", "D", "E" et "F".

Bien sûr, les symboles importent peu et vous pouvez construire toutes les mathématiques sur un ensemble de symboles quelconques. Par exemple, l'ensemble { 6 é $ } où "6", "é" et "$" sont les trois symboles de votre base, peut parfaitement faire l'affaire. Vous comptez alors en base trois et fondez de nouvelles mathématiques ainsi :

6, é, $, é6, éé, é$, $6, $é, $$, é66, é6é, é6$, éé6, ééé, éé$...

Cela sera peut-être clair pour vous, mais pour les autres... C'est pourquoi il vaut mieux accepter les conventions existantes et utiliser les 6 symboles supplémentaires "A", "B", "C", "D", "E" et "F" comme tout le monde ! Avec ces symboles nous comptons donc ainsi :

0, 1, 2, 3, 4, 5, 6, 7, 8, 9, A, B, C, D, E, F, 10, 11...19, 1A, 1B, 1C...

Un quartet peut alors prendre les valeurs :

0, 1, 2, 3, 4, 5, 6, 7, 8, 9, A, B, C, D, E et F

Un octet :

00, 01, 02, 03, 04... 0A, 0B, 0C, 0D, 0E, 0F, 10... FE et FF

Ce qui est plus facile à manipuler que des nombres composés uniquement de "0" et de "1" !

Correspondance entre les bases

Le programme ci-dessous génère une table de conversion entre les bases binaire, décimale et hexadécimale. Cette table comprend les états 0 à 255, les plus utiles au programmeur... Chaque ligne comprend, dans cet ordre, les représentations binaire, décimale et hexadécimale d'un même nombre...

```
CONV (# A709h)
«
   "↵" 0 255
   FOR X
      X 1 DISP X R→B SWAP BIN OVER →STR 3 OVER SIZE 1
      - SUB "        " SWAP + DUP SIZE 7 - 999 SUB +
      DEC OVER →STR 3 OVER SIZE 1 - SUB "    " SWAP +
      DUP SIZE 3 - 999 SUB + HEX SWAP →STR 3 OVER SIZE
      1 - SUB "   " SWAP + DUP SIZE 2 - 999 SUB + "↵"
      +
   NEXT
»
```

Routines utiles

Voici quelques routines en langage-machine situées en mémoire morte qui réalisent des fonctions utiles, et permettent d'alléger les programmes assembleur. Elles sont en général à appeler par GOSBVL.

1) Sauver et restaurer les registres

Deux routines sont à la disposition du programmeur :

- SAVE_REG (#0679Bh) réalise la sauvegarde des registres D0, D1, B champ A et D champ A dans une zone particulière de la mémoire vive (voir le chapitre 7 de la deuxième partie). Registres modifiés : C champ A et D0 ;
- LOAD_REG (#067D2h) récupère les valeurs des registres sauvées par SAVE_REG. Registres modifiés : les registres récupérés, ainsi que C champ A .

Remarque : les valeurs ne sont pas empilées mais stockées en Ram réservée à une adresse fixe : un appel à SAVE_REG écrase les valeurs précédemment stockées, plusieurs appels successifs à LOAD_REG renvoient toujours les mêmes valeurs…

On dispose aussi de :

- D0TOS (#6384Eh) charge dans D0 l'adresse stockée en #806F8h, c'est-à-dire l'adresse du niveau 1 de la pile (si SAVE_REG a été appelé pour effectuer la sauvegarde). Registres modifiés : D0 et A champ A ;
- D1TOS (#6385Dh) charge dans D0 l'adresse stockée en #806F8h, c'est-à-dire l'adresse du niveau 1 de la pile (si SAVE_REG a été appelé pour effectuer la sauvegarde). Registres modifiés : D1 et C champ A ;

Les routines suivantes doivent être appelées par GOVLNG :

- LOAD_REG_EXIT (#05143h) récupère les registres RPL et appelle la routine EXIT (voir plus loin) ;

- LOAD_REG_TRUE_EXIT (#25CE1h) récupère les registres RPL, place TRUE sur la pile et appelle la routine EXIT (voir plus loin) ;
- LOAD_REG_FALSE_EXIT (#26FAEh) récupère les registres RPL, place FALSE sur la pile et appelle la routine EXIT (voir plus loin) ;

2) Prendre des éléments sur la pile

Les fonctions les plus faciles à utiliser permettent de prendre des System Binaries sur la pile. Des "externals" de conversion en ce type sont présentés dans l'annexe suivante. On dispose de :

- POP_A (#06641h) lit la valeur d'un system binary dans la pile. La valeur est stockée dans le champ A de A et l'entier est ôté de la pile. ATTENTION : les valeurs des registres D1 et D doivent être celles du système (pointeur de pile et mémoire libre). Si tel n'est pas le cas, il convient de les restaurer (par appel à LOAD_REG si la sauvegarde a été faite par SAVE_REG). De plus leur valeur est modifiée par cette routine (l'objet au niveau 1 est enlevé). Registres modifiés : C champ A, A champ A, D1 et D champ A ;
- POP_C_A (#03F5Dh) prend les valeurs de deux System Binaries dans la pile. Comme pour la routine précédente, les deux entiers sont ôtés et les valeurs de D1 et D sont modifiées. Le champ A de C contiendra la valeur de l'entier au niveau 1, le champ A de A, celle de l'entier au niveau 2. Registres modifiés : A champ A, C champ A, D1, D champ A. De plus cette routine utilise 1 niveau de la pile RSTK (en plus de celui utilisé par l'appel à cette routine) .

Ces routines modifiant les valeurs des registres système du RPL, il est nécessaire d'en (re)faire la sauvegarde après les avoir appelées (par SAVE_REG).

On dispose de plus de la routine à appeler par GOVLNG :

- DROPEXIT (#03249h) qui ôte l'élément au niveau 1 de la pile et retourne au RPL (voir EXIT dans les routines diverses) ;

3) Mettre des éléments sur la pile

Ces routines permettent de déposer une valeur sur la pile. Les valeurs des registres RPL doivent avoir été restaurées et sont modifiées :

- PUSH_R0 (#06537h) place dans la pile la valeur du champ A de R0 sous forme d'un entier-système. Registres modifiés : D0, D1, A champ W, B champ A, C champ A et D champ A ;
- PUSH_R0_R1 (#06529h) place dans la pile les valeurs des champs A de R0 et R1 sous forme de deux entiers-système. R0 sera placé au niveau 2, R1 au niveau 1. Registres modifiés : D0, D1, A champ W, B champ A, C champ A, D champ A et R0 champ W ;

On dispose de plus des routines suivantes à appeler par GOVLNG :

- PUSH_A_EXIT (#0357Ch) place dans la pile la valeur du champ A de A sous forme d'un entier-système et appelle la routine de retour au RPL (voir EXIT dans les routines diverses) ;
- PUSH_R0_EXIT (#0357Fh) place dans la pile la valeur du champ A de R0 sous forme d'un entier-système et appelle la routine de retour au RPL (voir EXIT dans les routines diverses) ;
- PUSH_R0_R1_EXIT (#03F14h) place dans la pile la valeur des champs A de R0 et R1 sous forme d'un entier-système et appelle la routine de retour au RPL (voir EXIT dans les routines diverses) ;
- PUSH_R0_TRUE_EXIT (#036F7h) place dans la pile la valeur du champ A de R0 sous forme d'un entier-système (au niveau 2), l'external TRUE au niveau 1 (voir l'annexe suivante) et appelle la routine de retour au RPL (voir EXIT dans les routines diverses) ;
- PUSH_R0_FALSE_EXIT (#02E31Fh) place dans la pile la valeur du champ A de R0 sous forme d'un entier-système (au niveau 2), l'external FALSE au niveau 1 (voir l'annexe suivante) et appelle la routine de retour au RPL (voir EXIT dans les routines diverses) ;
- PUSHA_EXIT (#03A86h) place dans la pile l'objet dont l'adresse est dans le champ A de A et appelle la routine EXIT ;

- PUSH_TRUE_EXIT (#620C3h) place TRUE sur la pile et exécute EXIT ;
- PUSH_FALSE_EXIT (#620DCh) place FALSE sur la pile et exécute EXIT ;
- PUSH_TRUE/FALSE_EXIT (#620D9h) place TRUE (si CARRY=1) ou FALSE (si CARRY=0) et exécute EXIT ;

4) Routines de calcul

- MULTA (#03991h) réalise la multiplication des champs A de A et C et place le résultat dans B champ A. Registres modifiés : A champ A, B champ A et C champ A ;
- MULT (#53EE4h) réalise la multiplication des champs W de A et C. Le résultat est placé dans les champs W de ces deux registres. Registres modifiés : A champ W, C champ W et D champ W ;
- DIV (#65807h) calcule le quotient de A champ W par C champ W. Le résultat est placé dans les champs W de A et C, le reste dans le champ W de B. Registres modifiés : P, A champ W, B champ W et C champ W ;
- DIV5 (#06A8Eh) divise le contenu de C champ A par 5. Il s'agit en fait d'une multiplication de C par 3355444 suivie d'une division par 16777216, ce qui correspond, de manière approchée, à une division par 5. Registres modifiés : P, les 11 premiers quartets (quartets 0 à 10) de A, C et D ;
- ASLW5 (#0D5F6h) réalise 5 fois la fonction ASL sur le champ W, ceci permet de gérer trois champs de 5 quartets dans un registre. Registre modifié : A champ W ;
- ASRW5 (#0D5E5h) réalise 5 fois la fonction ASR champ W. Registre modifié : A champ W ;
- CSLW5 (#0D618h) réalise 5 fois la fonction CSL sur le champ W. Registre modifié : C champ W ;
- CSRW5 (#0D607h) réalise 5 fois la fonction CSR champ W. Registre modifié : C champ W ;

5) Gestion du clavier

On dispose de :
- AIN (#0115Ah) exécute l'instruction A=IN (qui, bugguée, doit toujours être utilisée en adresses paires). Registre modifié : les 4 premiers quartets de A (quartets 0 à 3) ;
- CIN (#01160h) exécute C=IN. registre modifié : les 4 premiers quartets de C (quartets 0 à 3) ;
- COUTIN (#01EECh) exécute OUT=C puis C=IN. Registre modifié : les quatre premiers quartets de C (quartets 0 à 3) ;
- KSTATE (#008E6h) renvoie la valeur instantanée de KeyState dans A. Registres modifiés : D0, P, A champ W, B champ W et C champ W ;
- KSTATESTB (#009A5h) renvoie la valeur stabilisée de KeyState dans A (plusieurs appels successifs à KSTATE renvoyant la même valeur). Registres modifiés : D0, P, A champ W, B champ W et C champ W ;
- KEYINBUFF (#04999h) teste la présence de touches dans le buffer clavier. Au retour la CARRY est à 0 si le buffer est vide. Registres modifiés : D1, A champ S, C champs A et S ;
- READKEY (#04840h) prend une touche dans le buffer clavier et renvoie son code dans C(B) et en #8068Bh. La CARRY est mise 1 si le buffer était vide, à 0 sinon. Registres modifiés : D1, P, A champ S, C champ A et S ;
- EMPTKBUF (#00D57h) vide le buffer clavier . Registres modifiés : D1 et C champ A ;
- ONKEY (#00C74h) met la CARRY à 1 si ON est enfoncé, à 0 sinon. Registre modifié : les 4 premiers quartets de C (quartets 0 à 3) ;
- ONKEYSTB (#00C80h), met la CARRY à 1 si la touche ON est enfoncée de manière stable, à 0 sinon. Registres modifiés : D0, P, A champ W (qui contient le keystate au retour), B champ W et C champ W ;
- EMPTATTN (#00D8Eh) met à zéro le compteur d'appuis sur la touche ON (les 5 quartets en #807F7h). Registres modifiés : D1 et C champ A ;

6) Gestion de l'affichage

On dispose de :
- DISPOFF (#01BBDh) éteint l'afficheur. Registres modifiés : D0 et le quartet 0 de C ;
- DISPON (#01B8Fh) rallume l'afficheur. Registres modifiés : D0 et le quartet 0 de C ;
- AOFF (#01BD7h) éteint les indicateurs. Registres modifiés : D0 et C champ B ;
- AON (#01BA9h) rallume les indicateurs. Registres modifiés : D0 et C champ B ;
- ADISPOFF (#01BD3h) éteint l'afficheur et les indicateurs. Registres modifiés : D0 et C champ B ;
- ADISPON (#01BA5h) rallume l'afficheur et les indicateurs. Registres modifiés : D0 et C champ B ;
- BUSYON (#01BEBh) active l'indicateur "BUSY". Registres modifiés : D0 et C champ B ;
- BUSYOFF (#42359h) désactive l'indicateur "BUSY". Registres modifiés : D0 et C champ B ;
- D0PIXGROB (#01C31h) met dans D0 l'adresse du premier pixel du l'objet graphique courant. Registres modifiés : D0, A champ A et C champ A ;
- D0PIXMENU (#01C58h) idem pour le GROB de menu. Registres modifiés : D0, A champ A et C champ A ;
- DISPINGROB (#11D8Fh) permet d'écrire du texte dans un objet graphique en police 5x7. Il prend en entrée l'adresse de début du texte (dans D1), l'adresse où doit débuter l'écriture dans le GROB (D0), le nombre de caractères à afficher (C champ A), la marge à gauche (en caractères dans le champ A de B) et la largeur de l'objet graphique en quartet (dans le champ A de D). Attention : cette largeur correspond à la taille mémoire du GROB et se calcule donc par IP[(largeur en pixels+7)/4]. Registres modifiés : XM, P, D0, D1, A champ A, B champ A, et C champ W ;
- CONFGRAPH (#01C7Fh) recalcule les pointeurs graphiques après un déplacement de la Ram interne. P doit être nul. Registres modifiés : D0, D1, A champ A et C champ A ;

7) Gestion de la mémoire

Voici quelques routines destinées à la gestion de la mémoire :

- **TRDN** (#0670Ch) copie C champ A quartets pointés par D0 à l'adresse contenue dans D1 (adresses de débuts des deux zones). Cette routine est à utiliser si D1 < D0 (transfert vers le bas). Registres modifiés : P, D0, D1, A champ W et C champ A ;

- **TRUP** (#066B9h) copie C champ A quartets pointés par D0 à l'adresse contenue dans D1 (adresses de fin des deux zones). Cette routine est à utiliser si D1 > D0 (transfert vers le haut). Registres modifiés : P, D0, D1, A champ W et C champ A ;

- **ZEROM** (#0675Ch) met à zéro C champ A quartets pointés par D1. Registres modifiés : P, D1, A champ W et C champ A ;

- **RES_ROOM** (#039BEh) réserve C champ A quartets. L'adresse de la zone ainsi réservée sera stockée dans D0. Si la mémoire libre est trop faible pour réaliser la réservation, il y aura nettoyage de la mémoire (garbage collector). Si ce nettoyage n'est pas suffisant, il y aura arrêt du programme et émission d'un message d'erreur. Registres modifiés : bits 0, 1 et 10 de ST, D0, D1, P, A champ W, B champ W, C champ W et D champs W : ;

- **GARB_COLL** (#0613Eh) nettoie la mémoire de la HP48 en détruisant tous les objets inutiles (objets de la Ram des objets temporaires non référencés). Registres modifiés : bits 0, 1 et 10 de ST, D0, D1, P, A champ W, B champ W, C champ W et D champs W ;

- **RES_STR** (#05B7Dh) réserve une chaîne de caractères dont la longueur (en quartets) est dans C champ A. Cette routine renvoie l'adresse de la chaîne dans R0 champ A et l'adresse de son contenu dans D0. Si la mémoire libre est trop faible pour réaliser la réservation, il y aura nettoyage de la mémoire (garbage collector). Si ce nettoyage n'est pas suffisant, il y aura arrêt du programme et émission d'un message d'erreur. Registres modifiés : bits 0, 1 et 10 de ST, D0, D1, P, A champ W, B champ W, C champ W et D champs W et R0 champ W ;

- **RERESSTR** (#16671h) redimensionne une chaîne (ou tout autre objet de la forme <prologue> <taille hors prologue>) à partir des valeurs contenues dans R0 champ A (adresse de l'objet) et D0 (adresse de fin de l'objet). L'objet doit être situe dans la ram des objets temporaires (il peut donc en particulier avoir été crée par la routine RES_STR). RERES_STR recalcule sa taille hors prologue (D0-R0-5) et la récrit dans l'objet, puis elle modifie l'allocation mémoire de la ram des objets temporaires (en recalculant en particulier la valeur de #807EDh, mémoire libre en blocs de 5 quartets). Cette routine de déréservation mémoire est particulièrement utile lorsqu'on réserve la totalité de la mémoire libre pour effectuer un calcul, puis que l'on désire en déréserver une partie pour ne laisser que le résultat final (voir par exemple le programme PAR5LM de la bibliothèque de programmes). Remarque : il est possible d'utiliser cette routine sur des objets autres que des objets de la forme <prologue> <longueur hors prologue> à condition de prendre la précaution de sauver les 5 premier quartets après le prologue et de les réécrire après appel à RERES_STR. Registres modifiés : D0, D1, P, A champ W, B champ A, C champ W et R1 champ W ;

- FREEMEM (#069F7h) recalcule la valeur de #807EDh (mémoire libre en groupe de 5 quartets) à partir des adresses inscrites en #806F8h et #806F3h. Cette routine ne doit donc être appelée que si l'on a auparavant fait appel à SAVE_REG (classiquement en début de programme). Registres modifiés : D0, quartets 0 à 10 de A et C ;

- FREEMEMEQ (#06806h) calcule le nombre de quartets libres et place le résultat dans C champ A. De même que pour FREEMEM, la routine SAVE_REG doit avoir été appelée avant (classiquement en début de programme). Registres modifiés : D0, A champ A et C champ A ;

- SKIP (#03019h), appelé avec dans D0 l'adresse d'un objet, renvoie l'adresse du premier quartet après cet objet . Registres modifiés : D0, bit 1 de ST, A champ A et C champ A ;

- D0MAPC (#0C1A7h) stocke dans le quartet n° 4 de D0 l'adresse de base de la mémoire vive interne. Registres modifiés : D0 et C champ A ;

- D1MAPC (#0C198h) stocke dans le quartet n° 4 de D1 l'adresse de base de la mémoire vive interne. Registres modifiés : D1 et C champ A ;

- D0MAPA (#0C1C5h) stocke dans le quartet n° 4 de D0 l'adresse de base de la mémoire vive interne. Registres modifiés : D0 et A champ A ;

- D1MAPA (#0C1B6h) stocke dans le quartet n° 4 de D1 l'adresse de base de la mémoire vive interne. Registres modifiés : D1 et A champ A ;

- D1MAP (#0C169h) stocke dans le quartet n° 4 de D1 l'adresse de base de la mémoire vive interne. Cette routine est plus lente que la précédente mais ne modifie rien d'autre que ce quartet (tous les autres restent inchangés). Registre modifié : quartet de poids fort de D1 (quartet n° 4) ;

8) Divers

Il existe bien d'autres routines utiles au programmeur. En voici quelques unes :

- CRCC (#0597Eh) calcule le CRC de A quartets pointés par C champ A. Le résultat est renvoyé dans A champ A. Registres modifiés : P, D0, D1, A champ A et C champ A ;
- CRCD0 (#05981h) calcule le CRC de A quartets pointés par D0. Le résultat est renvoyé dans A champ A. Registres modifiés : P, D0, D1, A champ A et C champ A ;
- CONFTABCRC (#09B73h) calcule la somme de contrôle de la table de configuration en #8052Fh. Le résultat est placé dans le champ A de C. Registres modifiés :D0, D1, les sept premiers quartets de C (quartets 0 à 6) ;
- BEEP (#017A6h) émet un son dont la fréquence se trouve dans D champ A et la durée, en millisecondes, dans C champ A. Cette routine prend en compte le drapeau -56. Registres modifiés : D0, D1, P, A champ W, B champ W, C champ W, D champ W, R1 champ W, R2 champ W et R3 champ W, ;
- CHECK_BAT (#006EDh) vérifie le niveau des piles internes ou de carte selon la valeur du quartet 0 de C : 1 pour tester le cas de piles internes très faibles, 2 pour l'alimentation interne, 4 pour la pile de la carte en port 1, 8 pour la pile de la carte en port 2. Au retour, la CARRY est à 1 si le niveau des piles est faible . Registres modifiés : D0, A champ A, B champ A et C champ X ;
- CHECK_BATI (#325AAh) vérifie le niveau des piles d'alimentation principale de la HP48. Si les piles sont faibles, la CARRY vaut 1 et le n° d'erreur correspondant est dans le champ A de C . Registres modifiés : D0, A champ A, B champ A et C champ A ;
- DISINTR (#01115h) inhibe les interruptions. Registres modifiés : bit 15 de ST et C champ A ;

- ALLINTR (#010E5h) ré-autorise les interruptions. Registre modifié : bit 15 de ST ;
- EXHR (#026CAh) exécute la routine située en Rom cachée dont l'adresse est dans le champ A de C. Registres modifiés : P, D0, D1, A champ A, C champ A et D champ A ;
- SETFLAG (#53B31h) met à 1 le drapeau (System ou Utilisateur) défini par C champ X. C champ B doit contenir les deux quartets de poids faible de l'adresse du drapeau et C champ XS le masque correspondant (voir le chapitre 7 de la deuxième partie). Par exemple pour mettre à 1 le drapeau utilisateur 18, on stockera #253h dans C champ X (2 est le masque, #0010b en binaire, et l'adresse complète du drapeau est #80853h). Registres modifiés : P, D0, A champ A et C champ A ;
- CLEARFLAG (#53B0Ah) met à 1 le drapeau (System ou Utilisateur) défini par C champ X (voir ci-dessus). Registres modifiés : P, D0, A champ A et C champ A ;

Les routines suivantes sont à appeler par GOVLNG :
- EXIT (#2D564h) exécute la séquence de retour au RPL (A=DAT0 A, D0=D0+ 5, PC=(A)) ;
- ERROR (#05023h) affiche le message d'erreur dont le numéro est dans A champ A. ATTENTION : cette routine doit être appelée après appel à LOAD_REG. Elle provoque l'arrêt du programme en cours d'exécution ;
- STOP (#10FDBh) arrête le programme en cours d'exécution. Il s'agit en fait de l'erreur #123h qui n'est pas récupérable par IFERR et qui provoque un retour au mode interactif. Cette sortie doit être précédée d'un appel à LOAD_REG ;

Conclusion

Cette liste n'est bien sûr par exhaustive mais regroupe les adresses les plus utiles.

Il est possible de chercher de nouvelles adresses en désassemblant les programmes en langage-machine contenu dans la mémoire morte de la HP48. Ce travail nécessite une grande patience mais est très enrichissant puisqu'il permet de comprendre les mécanismes les plus intimes du fonctionnement de cette machine…

"Externals" utiles

Comme nous l'avons vu à la fin du chapitre 4 de la deuxième partie (les objets), il est possible de construire des objets-programme (prologue #02D9Dh, épilogue #0312Bh) contenant des adresses appelées aussi "externals" (qui tirent leur nom de l'affichage qu'en fait la HP48).

Nous avons regroupé ici quelques adresses intéressantes qui sont classées en diverses catégories :

- Vérification des arguments sur la pile (en nombre et en type). Ces externals sont à utiliser en début de programme pour vérifier les arguments passés. Il est très important de le faire car la plupart des externals présentés ici n'effectuent pas cette vérification (ce qui peut conduire à des Memory Clear...). Ceci les rend bien sûr beaucoup plus rapides mais nécessite aussi beaucoup plus de soin dans leur utilisation ;

- Gestion de la pile : les équivalents des opérations classiques du RPL en plus rapide (car sans vérification d'arguments...) ;

- Opérations élémentaires (calculs, conversions et tests) ;

- Gestion des variables (globales, locales et anonymes) ;

- Les structures de type IF... END ;

- Les boucles ;

- Gestion de l'affichage (texte et graphiques) ;

- Gestion du clavier ;

- La génération d'erreurs ;

- La boucle de contrôle paramétrable;

- Commandes diverses (son, mémoire...).

Enfin on trouvera une liste de tous les externals présentés classés par ordre d'adresse (pour comprendre la Rom...) et par ordre alphabétique.

La liste qui suit est cependant loin d'être exhaustive ! Il existe des milliers d'adresses utilisables dans des programmes en externals... Nous n'en avons regroupé ici que quelques-unes, qui simplifieront le travail du programmeur en langage-machine (par exemple en ce qui concerne la vérification des arguments dans la pile ou la conversion de réels en System Binary facilement manipulables)...

Pour trouver d'autres adresses la méthode est simple : il suffit de décoder les instructions RPL standards. Ainsi en explorant la fonction EXP, on pourra trouver des adresses calculant l'exponentielle d'un réel, d'un complexe, mais aussi d'un réel étendu en poussant l'exploration jusqu'à son maximum...

Comment procéder ? C'est très simple... En fait il existe plusieurs méthodes :

- Regarder le code de l'instruction à l'aide de la fonction PEEK ;

- Mettre la fonction dans la pile (ex : { SIN } 1 GET), forcer sa recréation en Ram par # 6657h SYSEVAL. On obtient alors dans la pile un programme en externals que l'on décompile grâce au programme SSAG. On obtient alors le listing des codes constituant l'instruction ;

   Remarque : dans le cas des instructions de la librairie #0ABh ou d'une librairie sur carte ou en ram, la séquence { instruction } 1 GET renverra dans la pile un objet XLIB Name dont il faudra rappeler le contenu (grâce au programme RCLXLIB de la bibliothèque de programmes) avant d'exécuter SSAG...

- Enfin, certains programmes (Voyager sur PC, la librairie DEV [1796] sur HP48) permettent de telles explorations de manière très simple.

Avec un peu de patience on peut découvrir des centaines d'adresses utilisables...

Remarque : toutes les adresses sont présentées dans des tableaux de la forme suivante :

Nom	Adresse	Description

Où :

- Nom est le nom donné à l'external ;

- Adresse est l'adresse de l'external (en hexadécimal) ;

- Description explicite le rôle de l'adresse. Lorsque cette action est proche de celle effectuée par une ou plusieurs commandes du langage RPL standard, c'est cette séquence qui sera donnée, mais il n'y a pas équivalence totale dans la mesure ou les externals ne réalisent pas de vérification des arguments...

Remarque : dans le cas d'un external réalisant une conversion (par exemple System Binary en Integer), une convention a été adoptée pour le nom : celui ci est constitué par un acronyme des deux types séparés par le chiffre 2 (prononcer "tou" comme 2 en anglais). Ainsi SB2I se lit "System Binary to Integer" et correspond à l'external de conversion d'un entier système en entier.

Toutes les adresses données ci-dessous sont des adresses d'objets exécutables. Cependant des programmes en externals peuvent inclure des constantes : celles-ci sont alors représentées par leurs adresses ou par les constantes elles-mêmes.

De même, toutes les instructions RPL standards peuvent être utilisées au sein d'un programme en externals. Il suffit de les remplacer par leurs adresses (voir l'annexe 8, liste de toutes les instructions de la HP48).

Enfin il faut savoir qu'il existe deux objets spéciaux qui sont les booléens FALSE et TRUE représentés par leurs adresses respectives #03AC0h et #03A81h qui sont les résultats des externals de comparaisons et qui sont utilisés comme arguments des structures de tests et de boucles, ainsi que comme drapeau pour certaines fonctions. Ces deux objets ne sont pas évaluables (si on tente de les évaluer, rien ne se passe et ils restent sur la pile).

I) Vérification des arguments

Avant toute chose, si le programme ne fait pas partie d'une librairie, il convient de mettre à zéro le numéro de commande pour que l'affichage des messages d'erreur se fasse correctement. Ceci peut être fait grâce à l'external :

Nom	Adresse	Description
CLRCN	#1884Dh	Met à zéro le numéro de commande

Si le programme ne fait pas partie d'une librairie, on peut alors vérifier le nombre d'arguments présents sur la pile grâce aux externals suivants (la vérification effectue en outre une sauvegarde de la pile, c'est pourquoi un external de vérification d'un nombre nul d'argument existe) :

Nom	Adresse	Description
CHK0	#18A15h	Aucun argument
CHK1	#18AB2h	Un argument
CHK2	#18A8Dh	Deux arguments
CHK3	#18A68h	Trois arguments
CHK4	#18B9Fh	Quatre arguments
CHK5	#18B7Ah	Cinq arguments
CHKN	#18C4Ah	n arguments (n est un réel pris dans la pile). Elle renvoie le nombre d'arguments sous forme d'un system integer.

Si le programme est un élément d'une librairie, on dispose de :

Nom	Adresse	Description
LCHK0	#18A1Eh	Aucun argument
LCHK1	#18AA5h	Un argument
LCHK2	#18A80h	Deux arguments
LCHK3	#18A5Bh	Trois arguments
LCHK4	#18B92h	Quatre arguments
LCHK5	#18B6Dh	Cinq arguments
LCHKN	#18C34h	n arguments (n est un réel pris dans la pile). Elle renvoie le nombre d'arguments sous forme d'un system integer.

On peut ensuite vérifier le type des arguments à l'aide de :

Nom	Adresse	Description
CHKT	#18FB2h	Vérifie le type des arguments

Attention : cette adresse ne peut pas être appelée par SYSEVAL, car elle fait partie d'une structure particulière de la forme suivante :

D9D20	Début de l'objet programme
?????	Vérif. du nombre d'objets (tableau ci-dessus)
CHKT	Vérificateur de type
\<type1\>	Masque spécifiant le type (system integer ou adresse d'un system integer - voir la table de codage ci-dessous)
\<\<action1\>\>	Objet à exécuter pour ce type (en général c'est un objet programme)
...	
\<type n\>	Masque spécifiant le type
\<\<action n\>\>	Description à effectuer sur ce type
B2130	Fin de l'objet programme

Cette vérification est en fait une sorte de structure SWITCH...CASE où l'on spécifie une série d'actions à effectuer selon le type des arguments. Chaque cas est représenté sous la forme d'un system-binary dont chacun des 5 chiffres représente un type donné (le quartet de poids le plus faible représentant l'objet au niveau 1). Ceci ne permettant qu'une sélection sur 16 types (un quartet contient une valeur de 0 à 15), on étend le spécificateur à deux quartets lorsque le type est Fh.

La grille de codage est donnée page suivante.

Voici quelques exemples :

- Un réel :   \<00001h\>
- Deux réels :   \<00011h\>
- Un réel (niveau 1) et un complexe   \<00021h\>
- Deux objets Backup   \<09F9Fh\>
- Un nom global (niveau 1) et un programme   \<00086h\>

Remarque : les types codés sur deux quartets sont les moins utiles. La plupart du temps on pourra donc tester le type de cinq objets au maximum...

Type	Objet	Type	Objet
0	Objet quelconque	0F	XLIB Name
1	Real	1F	System Binary
2	Complex	2F	Directory
3	String	3F	Extended Real
4	Array	4F	Extended Complex
5	List	5F	Linked Array
6	Global Name	6F	Character
7	Local Name	7F	Code
8	Program	8F	Library
9	Algebraic	9F	Backup
A	Algebraic or Name	AF	Library Data
B	Binary Integer	BF	Extended pointer
C	Graphic	CF	Reserved 1
D	Tagged	DF	Reserved 2
E	Unit	EF	Reserved 3

Codage des types d'objets

Par exemple le programme suivant vérifie la présence d'un élément dans la pile et renvoie "String" si c'est une chaîne et "Not a String" sinon :

```
D9D20           Début de programme
   CHK1            Y a-t-il bien un argument
   CHKT            Vérification de type
   D0040           <00003h> Masque de type chaîne
C2A201100035472796E676
                Chaîne "String"
   FEF30           <00000h> Masque objet quelconque
C2A20D1000E4F64702160235472796E676
                Chaîne "Not a String"
B2130           Fin de programme
```

D'où le listing du programme :

```
ISTRING (# 282Fh)
D9D20 2BA81 2BF81 D0040 C2A20 11000 35472 796E6
76FEF 30C2A 20D10 00E4F 64702 16023 54727 96E67
6B213 0
```

II) Gestion de la pile

On dispose, entre autres, des instructions suivantes :

Nom	Adresse	Description
DROP	#03244h	DROP
DROP2	#03258h	DROP2
DROP3	#60F4Bh	3 DROPN
DROP4	#60F7Eh	4 DROPN
DROP5	#60F72h	5 DROPN
DROP6	#60F66h	6 DROPN
DROP7	#60F54h	7 DROPN
DROPN	#0326Eh	DROPN prenant un system binary dans la pile
DROPF	#6210Ch	DROP FALSE
DROP2F	#62B0Bh	DROP2 FALSE
DUP	#03188h	DUP
DUP2	#031ACh	DUP2
DUPN	#031D9h	DUPN prenant un system binary comme argument
NDUP	#5E370h	Prend un objet (niveau2) et un System Binary n (niveau 1) dans la pile et renvoie n copies de l'objet.
SWAP	#03223h	SWAP
SWAPN	#5DE7Dh	Prend un system binary (n) au niveau 1, inverse l'ordre des n éléments suivants (le dernier devient le premier, le deuxième l'avant dernier...) et remet n dans la pile.
OVER	#032C2h	OVER
PICK3	#611FEh	3 PICK
PICK4	#6121Ch	4 PICK
PICK5	#6123Ah	5 PICK
PICK6	#6125Eh	6 PICK
PICK7	#61282h	7 PICK
PICK8	#612A9h	8 PICK
ROT	#03295h	ROT
ROLL4	#60FBBh	4 ROLL
ROLL5	#60FD8h	5 ROLL

Nom	Adresse	Description
ROLL6	#61002h	6 ROLL
ROLL7	#6106Bh	7 ROLL
ROLL8	#6103Ch	8 ROLL
ROLLD3	#60FACh	3 ROLLD
ROLLD4	#6109Eh	4 ROLLD
ROLLD5	#610C4h	5 ROLLD
DEPTHSB	#0314Ch	Renvoie le nombre d'objets dans la pile sous forme d'un system-binary

III) Opérations élémentaires

Voici quelques opérations utilisables sur divers types d'objets...

1) System Binary

Nom	Adresse	Description
SB+	#03DBCh	+ (System Binaries)
SB-	#03DE0h	- (System Binaries)
SB*	#03EC2h	* (System Binaries)
SB/	#03EF7h	Divise deux System Binaries et renvoie le reste (niveau 2) et le quotient (niveau 1)
SB++	#03DEFh	Incrémente un System Binary
SB--	#03E0Eh	Décrémente un System Binary
SBMAX	#624C6h	MAX (System Binaries)
SBMIN	#624BAh	MIN (System Binaries)
SBAND	#03EB1h	AND (System Binaries)
R2SB	#18CEAh	Convertit un réel en System Binary (donne <0h> pour un réel négatif, <FFFFFh> pour un réel supérieur à #FFFFFh)
SB2R	#18DBFh	Convertit un System binary en réel
SB2RE	#63B96h	Convertit un System binary en réel étendu
CHR2SB	#05A51h	Transforme un caractère en System Binary
SB2STR	#167E4h	Conversion en chaîne
SBSB2XLIB	#07E50h	Convertit deux System Binary en XLIB Name
SB2CHR	#05A75h	Transforme un System Binary en caractère
BI2SB	#05A03h	Convertit un Binary Integer en System Binary
ISSB?	#6212Fh	Renvoie TRUE si l'objet est un System Binary
SB=	#03D19h	= (comparaison de System Binaries)
SB≠	#03D4Eh	≠ (comparaison de System Binaries)
SB<	#03CE4h	< (comparaison de System Binaries)
SB>	#03D83h	> (comparaison de System Binaries)

2) Real

Nom	Adresse	Description
R+	#2A974h	+ (Réels)
R-	#2A981h	- (Réels)
R*	#2A9BCh	* (Réels)
R/	#2A9FEh	/ (Réels)
R++	#50262h	Incrémente le réel au niveau 1
R--	#50276h	Décrémente le réel au niveau 1
RSQRT	#2AB09h	Racine carrée (Réel)
RINV	#2AAAFh	INV (Réel)
R^	#2AA70h	^ (Réels)
RMOD	#2ABDCh	MOD (Réels)
RABS	#2A900h	ABS (Réel)
RCEIL	#2AF73h	CEIL (Réel)
RFLOOR	#2AF86h	FLOOR (Réel)
RFP	#2AF4Dh	FP (Réel)
RIP	#2AF60h	IP (Réel)
RSGN	#2A8D7h	SGN (Réel)
RXPON	#2AE39h	XPON (Réel)
RMANT	#2A930h	MANT (Réel)
RMIN	#2A70Eh	MIN (Réels)
RMAX	#2A6F5h	MAX (Réel)
RORD	#62D81h	Ordonne deux réels : le plus grand au niveau 2, le plus petit au niveau 1
RAND	#2AFC2h	RAND (Réel)
RDZ	#2B044h	RDZ (Réel)
R2SB	#18CEAh	Convertit un réel en System Binary (donne <0h> pour un réel négatif, <FFFFFh> pour un réel supérieur à #FFFFFh)
R2RE	#2A5C1h	Convertit un réel en réel étendu
C2RR	#05D2Ch	Convertit un complexe en sa partie réelle et sa partie imaginaire
RE2R	#2A5B0h	Convertit un réel étendu en réel
RR2C	#05C27h	Convertit deux réels (partie réelle, partie imaginaire) en un complexe
R2SB	#5435Dh	Convertit un Binary Integer en réel
SB2R	#18DBFh	Convertit un System binary en réel
FLAG2R	#05380Eh	Convertit un drapeau en réel (1 pour TRUE)
ISR?	#6216Eh	Renvoie TRUE si l'objet est un réel
R=	#2A8C1h	= (comparaison de réels)
R≠	#2A8CCh	≠ (comparaison de réels)
R<	#2A871h	<(comparaison de réels)
R≤	#2A8B6h	≤ (comparaison de réels)
R>	#2A88Ah	> (comparaison de réels)
R≥	#2A8A0h	≥ (comparaison de réels)

3) Long Real

Nom	Adresse	Description
RE+	#2A943h	+ (réels étendus)
RE-	#2A94Fh	- (réels étendus)
RE*	#2A99Ah	* (réels étendus)
RE/	#2A9E8h	/ (réels étendus)
REABS	#2A8F0h	ABS (réel étendu)
RESIN	#2AC27h	SIN (en radians) (réel étendu)
RECOS	#2AC78h	COS (en radians) (réel étendu)
REASIN	#2ACD8h	ASIN (en radians) (réel étendu)
REACOS	#2AD08h	ACOS (en radians) (réel étendu)
RESINH	#2AD95h	SINH (réel étendu)
RECOSH	#2ADC7h	COSH (réel étendu)
REEXP	#2AB1Ch	EXP (réel étendu)
RESQRT	#2AAEAh	Racine carrée (réel étendu)
RE^	#2AA5Fh	^ (réels étendus)
RELN	#2AB5Bh	LN (réel étendu)
REINV	#2AA92h	INV (réel étendu)
RECHS	#2A910h	CHS (réel étendu)
REMAX	#2A6DCh	MAX (réels étendus)
REFLOOR	#2AF99h	FLOOR (réel étendu)
SB2RE	#63B96h	Convertit un System binary en réel étendu
CE2RERE	#05DBCh	Transforme un complexe étendu en deux réels étendus (sa partie réelle et sa parie imaginaire)
R2RE	#2A5C1h	Convertit un réel en réel étendu
RE2R	#2A5B0h	Convertit un réel étendu en réel
RERE2C	#51A07h	Convertit deux réels étendus en complexe
C2RERE	#519CBh	Convertit un complexe en deux réels étendus
RE<	#2A81Fh	<(comparaison de réels étendus)
RE≤	#2A8ABh	≤ (comparaison de réels étendus)
RE>	#2A87Fh	> (comparaison de réels étendus)
RE≥	#2A895h	≥ (comparaison de réels étendus)

4) Complex

Nom	Adresse	Description
C^	#52374h	^ (complexes)
CINV	#51EFAh	INV (complexe)
CABS	#52062h	ABS (complexe)
CCHS	#51B70h	CHS (complexe)
CCONJ	#51BB2h	CONJ (complexe)
CIM	#519B7h	IM (complexe)

Nom	Adresse	Description
CRE	#519A3h	RE (complexe)
C2RR	#05D2Ch	Convertit un complexe en sa partie réelle et sa partie imaginaire
RR2C	#05C27h	Convertit deux réels (partie réelle, partie imaginaire) en un complexe
CE2C	#519F8h	Convertit un complexe étendu en complexe
RERE2C	#51A07h	Convertit deux réels étendus en complexe
C2RERE	#519CBh	Convertit un complexe en deux réels étendus
ISC?	#62183h	Renvoie TRUE si l'objet est un complexe

5) Long Complex

Nom	Adresse	Description
CE2C	#519F8h	Convertit un complexe étendu en complexe
CE2RERE	#05DBCh	Transforme un complexe étendu en deux réels étendus (sa partie réelle au niveau 2 et sa partie imaginaire au niveau 1)

6) Character

Nom	Adresse	Description
CHR2SB	#05A51h	Transforme un caractère en System Binary
CHR2STR	#6475Ch	Convertit un caractère en chaîne
SB2CHR	#05A75h	Transforme un System Binary en caractère
ISCHR?	#62025h	Renvoie TRUE si l'objet est un caractère

7) Array

Nom	Adresse	Description
ASIZE	#03562h	Nombre d'éléments (System Binary)
ACON	#35CAEh	Prend une matrice (réelle ou complexe) et une valeur de même type et fixe tous les éléments de la matrice à cette valeur
ARGET	#355B8h	Prend une matrice réelle et un System Binary n et renvoie la matrice et son n-ième élément
ACGET	#355C8h	Prend une matrice complexe et un System Binary n et renvoie la matrice et son n-ième élément

Nom	Adresse	Description
ARPUT	#3566Fh	Prend une matrice réelle, une valeur réelle et un System Binary (n) et remplace le n-ième élément de la matrice par la valeur
ACPUT	#356F3h	Prend une matrice complexe, une valeur complexe et un System Binary (n) et remplace le n-ième élément de la matrice par la valeur
MKA	#03442h	Crée une matrice constituée de l'élément au niveau 1 de dimension la liste de deux System Binaries prise au niveau 2
AGET	#0371Dh	Prend un System Binary n (au niveau 2) et une matrice (au niveau 1) et renvoie l'élément n et TRUE ou FALSE (si n est trop grand)
ARDM	#37E0Fh	Redimensionne la matrice au niveau 2 en fonction des dimensions (liste de deux System Binaries) au niveau 1
ATRN	#3811Fh	TRN
ISRA?	#6223Bh	Renvoie TRUE si l'objet est une matrice réelle
ISCA?	#62256h	Renvoie TRUE si l'objet est une matrice complexe

8) String

Nom	Adresse	Description
STR+	#05193h	Concatène deux chaînes
STRAPND	#052EEh	Ajoute le caractère au niveau 1 en fin de chaîne
CHR+STR	#0525Bh	Ajoute le caractère au niveau 1 en début de chaîne
MKSTR	#45676h	Prend un System Binary dans la pile et renvoie une chaîne constituée du nombre d'espaces correspondants
STRGETFIRST	#050EDh	Renvoie le premier caractère d'une chaîne (si la chaîne est vide, renvoie la chaîne)
STRDELFIRST	#0516Ch	Ote le premier caractère de la chaîne
STR22	#12770h	Tronque la chaîne à 21 caractères. Si elle en fait plus de 22 et ajoute "..."
LASTSUB	#6326Dh	Prend un System Binary (n au niveau 1) et une chaîne (au niveau 2) dans la pile et renvoie les n-1 derniers caractères de la chaîne
STRLEN	#05636h	Prend une chaîne et renvoie sa longueur (sous la forme d'un System Binary)
ADDCR	#63191h	Ajoute un retour-charriot en fin de chaîne
STRCUT	#127A7h	Coupe une chaîne en deux au premier retour-charriot
STRSUB	#05733h	Équivalent de SUB. Les arguments sont une chaîne et deux System Binaries

Nom	Adresse	Description
STRPOS	#645B1h	Prend une chaîne (niveau 3), une chaîne à chercher (au niveau 2) et un System Binary (niveau 1) spécifiant le caractère à partir duquel effectuer la recherche et renvoie la position de la chaîne à chercher dans la chaîne principale sous la forme d'un System Binary
STRREVPOS	#645BDh	Idem mais en partant de la fin de la chaîne principale
CHR2STR	#6475Ch	Convertit un caractère en chaîne
STR2GN	#05B15h	Convertit une chaîne en Global Name (voir le programme CRNAME de la bibliothèque de programmes)
GN2STR	#05BE9h	Convertit un nom global en chaîne
RE2STR	#162B8h	Convertit un réel en chaîne
SB2MSG	#04D87h	Prend un System Binary et renvoie le message d'erreur correspondant
STR2	#238A4h	Prend une chaîne et renvoie l'objet correspondant et TRUE si la conversion s'est bien passée. Sinon renvoie la chaîne initiale (niveau 4), la position de l'erreur (System Binary au niveau 3), le reste de la chaîne à traiter (niveau 2) et FALSE
2STR	#15B13h	Convertit un objet en sa représentation affichable (sous forme de chaîne)
BI2STR	#54061h	Convertit un Binary Integer en chaîne
U2STR	#0F218h	Convertit un objet Unit en chaîne
SB2STR	#167E4h	Convertit un System Binary en chaîne
STR2GROB1	#11CF3h	Convertit une chaîne en GROB (police 5x9)
STR2GROB2	#11D00h	Convertit une chaîne en GROB (police 5x7)
STR2GROB3	#11F80h	Convertit une chaîne en GROB (police 3x7)
ISSTR?	#62159h	Renvoie TRUE si l'objet est une chaîne
STREMPTY?	#0556Fh	Prend une chaîne et renvoie TRUE ou FALSE selon qu'elle est vide ou non

9) Binary Integer

Nom	Adresse	Description
BI+	#53EA0h	+ (Binary Integers)
BI-	#53EB0h	- (Binary Integers)
BI*	#53ED3h	* (Binary Integers)
BI/	#53F05h	/ (Binary Integers)
BIAND	#53D04h	AND (Binary Integers)
BIOR	#53D15h	OR (Binary Integers)
BINOT	#53D4Eh	NOT (Binary Integer)

Nom	Adresse	Description
BIXOR	#53D26h	XOR (Binary Integers)
BI2STR	#54061h	Convertit un Binary Integer en chaîne
BI2R	#5435Dh	Convertit un Binary Integer en réel
BI2SB	#05A03h	Convertit un Binary Integer en System Binary
ISBI?	#62144h	Renvoie TRUE si l'objet est un Binary Integer

10) <u>List Program et Algebraic</u>

Les adresses suivantes sont valables pour tous les objets composites (ces objets sont une collection d'objets ou d'adresses d'objets, débutant par un prologue spécifique et se terminant par l'épilogue #0312Bh)

Ce sont les objets Program, List et Algebraic.

Nom	Adresse	Description
COMPGET1	#05089h	Retourne le premier objet constituant un objet composite
COMPDEL1	#05153h	Ote le premier objet constituant un objet composite
COMPEXPLO	#054AFh	Renvoie les objets constituant un objet composite et leur nombre (System Binary au niveau 1)
COMPLEN	#0567Bh	Donne la taille (en objet) d'un objet composite (System Binary au niveau 1)
COMPGETP	#6480Bh	Prend un objet composite (niveau 2) et un offset (System Binary en quartets au niveau 1) et renvoie l'objet composite (niveau 4), le nouvel offset (niveau 3), le sous-objet correspondant à l'offset (niveau 2) et TRUE ou l'objet et FALSE si l'offset est trop grand. La valeur la plus faible de l'offset est <5h> (premier objet après le prologue)
COMPGETN	#056B6h	Prend un objet composite (au niveau 2) et un numéro n de sous-objet (System Binary au niveau 1) et renvoie le sous-objet n et TRUE ou FALSE (si n est trop grand)
COMP+	#052FAh	Rajoute l'objet au niveau 1 à la fin de l'objet composite au niveau 2
ISLIST?	#62216h	Renvoie TRUE si l'objet est une liste
ISPRGM?	#621ECh	Renvoie TRUE si l'objet est un programme
ISALG?	#621D7h	Renvoie TRUE si l'objet est un algebraic

11) <u>Unit</u>

Nom	Adresse	Description
U+	#0F6A2h	+ (unités)
U-	#0F774h	- (unités)
U*	#0F792h	* (unités)
U/	#0F823h	/ (unités)
USQ	#0F913h	SQ (unité)
USQRT	#0F92Ch	Racine carrée (unité)
UFLOOR	#0FD22h	FLOOR (unité)
UCEIL	#0FD36h	CEIL (unité)
UFP	#0FD0Eh	FP (unité)
UIP	#0FCFAh	IP (unité)
UABS	#0F5FCh	ABS (unité)
UCHS	#0F615h	CHS (unités)
USIGN	#0FCE6h	SIGN (unité)
UMAX	#0FB6Fh	MAX (unités)
UMIN	#0FB8Dh	MIN (unités)
UCONVERT	#0F371h	Prend deux objets-unité et convertit celui au niveau 2 en fonction de celui au niveau 1
U2SI	#0F945h	Convertit en unités du système international
UDECOMP	#0F34Eh	Décomposition en réel et unité
U2STR	#0F218h	Transformation en String
ISU?	#6204Fh	Renvoie TRUE si l'objet est un objet unité

12) <u>Tagged</u>

Nom	Adresse	Description
DTAG	#64775h	Enlève tous les tags d'un objet
TAG	#647BBh	Prend un objet et une chaîne et taggue l'objet avec la chaîne. On peut aussi mettre n objets (aux niveaux n+1 à 2) et une liste contenant n chaînes (au niveau 1) : les n objets seront taggués par la chaîne correspondante.
ISTAG?	#6222Bh	Renvoie TRUE si l'objet est taggué

13) <u>Graphic</u>

Nom	Adresse	Description
GSIZE	#50578h	Renvoie les dimensions d'un GROB
GROBCREAT	#1158Fh	Prend deux System Binaries (dimensions) et renvoie le GROB correspondant

Nom	Adresse	Description
GREXTRACT	#1192Fh	Prend un GROB et 4 System Binaries (2 coordonnées) et renvoie le sous-GROB
GROBREPL	#11679h	Prend deux GROB et deux System Binaries (coordonnées) et place le second GROB dans le premier aux coordonnées spécifiées
REVGROB	#122FFh	Inverse les pixels d'un objet graphique
LCD2GROB	#503D4h	Convertit l'afficheur en un objet graphique
PICTSTO	#12F94h	Stocke le GROB comme page graphique
MENUSTO	#3A297h	Stocke le GROB comme menu
TEXTRCL	#12655h	Rappelle le GROB texte
PICTRCL	#12665h	Rappelle le GROB graphique
MENURCL	#12645h	Rappelle le GROB de menu
STR2GROB1	#11CF3h	Convertit une chaîne en GROB (police 5x9)
STR2GROB2	#11D00h	Convertit une chaîne en GROB (police 5x7)
STR2GROB3	#11F80h	Convertit une chaîne en GROB (police 3x7)
ISGROB?	#62201h	Renvoie TRUE si l'objet est un GROB

14) Global Name

Nom	Adresse	Description
STR2GN	#05B15h	Convertit une chaîne en Global Name (comme le programme CRNAME de la bibliothèque de programmes)
GN2STR	#05BE9h	Convertit un nom global en chaîne
ISGN?	#6203Ah	Renvoie TRUE si l'objet est un nom global

15) Local Name

Nom	Adresse	Description
ISLN?	#6211Ah	Renvoie TRUE si l'objet est un nom local

16) XLIB Name

Nom	Adresse	Description
SBSB2XLIB	#07E50h	Convertit deux System Binaries en XLIB Name
ISXLIB?	#621ADh	Renvoie TRUE si l'objet est un nom local

17) Drapeaux TRUE et FALSE

Tous les tests internes fonctionnent avec les deux externals TRUE et FALSE :

Nom	Adresse	Description
TRUE	#03A81h	Drapeau logique TRUE
FALSE	#03AC0h	Drapeau logique FALSE

Voici quelques opérations possibles à effectuer sur eux :

Nom	Adresse	Description
FLAGAND	#03B46h	AND (Drapeaux TRUE et FALSE)
FLAGOR	#03B75h	OR (Drapeaux TRUE et FALSE)
FLAGNOT	#03AF2h	NOT (Drapeaux TRUE et FALSE)
FLAGXOR	#03ADAh	XOR (Drapeaux TRUE et FALSE)
FLAG2R	#5380Eh	Converti un drapeau en réel (1 pour TRUE)

V) Gestion des variables

La programmation en externals donne accès aux deux types de variables du RPL : variables globales et variables locales. Ces dernières se décomposent en deux sous-types : les variables locales classiques et les variables locales anonymes dont l'emploi est mieux adapté à la programmation en externals.

Avant d'étudier ces trois types de variables, il est important de noter l'existence d'un external permettant de placer un objet sur la pile sans l'évaluer :

Nom	Adresse	Description
NOEVAL	#06E97h	L'objet qui suit est placé sur la pile sans évaluation

Son rôle est équivalent à celui du ' RPL : placé devant un nom il permet de déposer celui-ci sur la pile sans l'évaluer... Ainsi :

D9D20   Début de l'objet programme
   NOEVAL   Empêche l'évaluation de l'objet qui suit
    84E20 10 14   Nom global 'A'
B2130   Fin de l'objet programme

Dépose le nom global 'A' dans la pile, alors que :

```
D9D20          Début de l'objet programme
  84E20 10 14  Nom global 'A'
B2130          Fin de l'objet programme
```

En évalue le contenu... Cet external nous resservira lors de l'utilisation des structures IF... THEN opérant sur la pile...

1) Les variables globales

On dispose de commandes similaires à celle du RPL utilisateur classique :

Nom	Adresse	Description
STO	#07D27h	STO (Variable Globale)
PURGE	#08C27h	PURGE (Variable Globale)
RCL	#20B81h	Rappelle le contenu d'une variable. Si la variable n'existe pas on obtient FALSE, sinon on obtient l'objet et TRUE
CRDIR	#184E1h	CRDIR
STOHD	#64078h	Comme STO mais l'objet est stocké dans le répertoire caché
RCLHD	#64023h	Rappelle une variable du répertoire caché (renvoie FALSE ou l'objet et TRUE)
PURGEHD	#6408Ch	Détruit une variable du répertoire caché
CREATE	#08696h	Crée une variable globale dont le nom et le contenu sont donnés en argument. Une nouvelle variable est crée même s'il en existe déjà une portant le même nom.

2) Les variables locales (classiques et anonymes)

Il est aussi possible de créer des variables locales. On peut décider de leur donner un nom ou de les rendre anonymes. Dans ce cas, le nom donné sera le nom local vide (D6E20 00) et des externals spéciaux en permettront l'utilisation. A noter que le nom vide nécessaire pour créer une variable anonyme est codé en mémoire morte à l'adresse #34D30h. Une liste contenant des noms vides, par exemple 2, pourra donc se coder :

```
47A20        Début de liste
  03D43      Nom vide
  03D43      Nom vide
B2130        Fin de liste
```

Au lieu de :

47A20	Début de liste
D6E20 00	Nom vide
D6E20 00	Nom vide
B2130	Fin de liste

On dispose des adresses suivantes :

Nom	Adresse	Description
CREATEVL	#074D0h	Prend n objets et une liste de n noms locaux et crée les var. loc. correspondantes. En utilisant des noms vides, on crée des variables anonymes
CREATENVL	#61CE9h	Prend n objets sur la pile, un SB (n) et un nom local et crée un bloc de variables locales nommé
PURGEVL	#07497h	Détruit le dernier ensemble de variables locales
STOVL	#07D1Bh	Comme STO mais pour les variables locales
RCLVL	#07943h	Prend un nom local et renvoie l'objet contenu et TRUE si la variable existe, FALSE sinon
RCLVLN	#075A5h	Prend un System Binary n au niveau 1 et renvoie le contenu de la n-ième variable locale (s'utilise avec les variables locales anonymes)
STOVLN	#075E9h	Prend un objet au niveau 2 et un System Binary n au niveau 1 et stocke l'objet dans la n-ième variable locale (s'utilise avec les variables locales anonymes)
RCLVL1	#613B6h	Rappelle le contenu de la var. loc. N° 0 (spéciale)
RCLVL2	#613E7h	Rappelle le contenu de la variable locale N° 1
RCLVL3	#6140Eh	Rappelle le contenu de la variable locale N° 2
RCLVL4	#61438h	Rappelle le contenu de la variable locale N° 3
RCLVL5	#6145Ch	Rappelle le contenu de la variable locale N° 4
RCLVL6	#6146Ch	Rappelle le contenu de la variable locale N° 5
RCLVL7	#6147Ch	Rappelle le contenu de la variable locale N° 6
RCLVL8	#6148Ch	Rappelle le contenu de la variable locale N° 7
RCLVL9	#6149Ch	Rappelle le contenu de la variable locale N° 8
RCLVL10	#614ACh	Rappelle le contenu de la variable locale N° 9
RCLVL11	#614BCh	Rappelle le contenu de la variable locale N° 10
RCLVL12	#614CCh	Rappelle le contenu de la variable locale N° 11
RCLVL13	#614DCh	Rappelle le contenu de la variable locale N° 12
RCLVL14	#614ECh	Rappelle le contenu de la variable locale N° 13
RCLVL15	#614FCh	Rappelle le contenu de la variable locale N° 14
RCLVL16	#6150Ch	Rappelle le contenu de la variable locale N° 15
RCLVL17	#6151Ch	Rappelle le contenu de la variable locale N° 16
RCLVL18	#6152Ch	Rappelle le contenu de la variable locale N° 17
RCLVL19	#6153Ch	Rappelle le contenu de la variable locale N° 18
RCLVL20	#6154Ch	Rappelle le contenu de la variable locale N° 19
RCLVL21	#6155Ch	Rappelle le contenu de la variable locale N° 20
RCLVL22	#6156Ch	Rappelle le contenu de la variable locale N° 21

Nom	Adresse	Description
STOVL1	#615E0h	Stocke un objet dans la var. loc. N° 0 (spéciale)
STOVL2	#615F0h	Stocke un objet dans la variable locale N° 1
STOVL3	#61600h	Stocke un objet dans la variable locale N° 2
STOVL4	#61615h	Stocke un objet dans la variable locale N° 3
STOVL5	#61625h	Stocke un objet dans la variable locale N° 4
STOVL6	#61635h	Stocke un objet dans la variable locale N° 5
STOVL7	#61645h	Stocke un objet dans la variable locale N° 6
STOVL8	#61655h	Stocke un objet dans la variable locale N° 7
STOVL9	#61665h	Stocke un objet dans la variable locale N° 8
STOVL10	#61675h	Stocke un objet dans la variable locale N° 9
STOVL11	#61685h	Stocke un objet dans la variable locale N° 10
STOVL12	#61695h	Stocke un objet dans la variable locale N° 11
STOVL13	#616A5h	Stocke un objet dans la variable locale N° 12
STOVL14	#616B5h	Stocke un objet dans la variable locale N° 13
STOVL15	#616C5h	Stocke un objet dans la variable locale N° 14
STOVL16	#616D5h	Stocke un objet dans la variable locale N° 15
STOVL17	#616E5h	Stocke un objet dans la variable locale N° 16
STOVL18	#616F5h	Stocke un objet dans la variable locale N° 17
STOVL19	#61705h	Stocke un objet dans la variable locale N° 18
STOVL20	#61715h	Stocke un objet dans la variable locale N° 19
STOVL21	#61725h	Stocke un objet dans la variable locale N° 20
STOVL22	#61735h	Stocke un objet dans la variable locale N° 21

VI) Les structures de type IF... END

Il existe 3 classes de structures de type IF... END que nous allons étudier :

- IF... END opérant sur la pile ;
- Structure IF... END en externals ;
- Structure CASE.

1) IF... END opérant sur la pile :

Il existe deux externals opérant sur la pile :

- IFT qui prend un drapeau (objet TRUE ou FALSE) et un objet et qui évalue cet objet si et seulement si le drapeau est TRUE ;
- IFTE qui prend un drapeau (objet TRUE ou FALSE) et deux objets (ObjTrue au niveau 2 et ObjFalse au niveau

1) et qui évalue ObjTrue ou ObjFalse selon la valeur du drapeau.

Les adresses sont les suivantes :

Nom	Adresse	Description
IFT	#070FDh	IFT sur la pile. Voir ci-dessus
IFTE	#070C3h	IFTE sur la pile. Voir ci-dessus

Remarque : L'external NOEVAL (#06E97h) permet de déposer l'objet qui le suit sur la pile sans évaluation (voir le paragraphe sur la gestion des variables). On pourra ainsi déposer sur la pile des objets programme (D9D20... B2130) en vue d'une utilisation ultérieure par IFT ou IFTE.

2) Structure IF... END en externals

Il s'agit de structure à proprement parler. Il y en a trois (qui, toutes trois, prennent un drapeau TRUE ou FALSE dans la pile) :

* Le IF... THEN... END classique qui se code :

IF
    ObjTrue   Objet exécuté si le drapeau est TRUE

* Le IF... THEN... ELSE...END classique qui se code :

IFE
    ObjTrue   Objet exécuté si le drapeau est TRUE
    ObjFalse   Objet exécuté si le drapeau est FALSE

* Une sorte de IF... ELSE... END qui se code :

IFN
    ObjFalse   Objet exécuté si le drapeau est FALSE

Les adresses sont les suivantes :

Nom	Adresse	Description
IF	#619BCh	Structure IF... THEN... END. Voir ci-dessus
IFE	#61AD8h	Structure IF... THEN... ELSE... END. Voir ci-dessus
IFN	#0712Ah	Structure IF... ELSE. Voir ci-dessus

3) Structure CASE.

On peut réaliser une structure de type CASE par :

D9D20	Début de structure programme
clause1	Objet renvoyant TRUE ou FALSE
CASE	
objet1	Objet exécuté si le drapeau est TRUE
…	
clausen	Objet renvoyant TRUE ou FALSE
CASE	
objetn	Objet exécuté si le drapeau est TRUE
B2130	Fin de l'objet programme

Nom	Adresse	Description
CASE	#61993h	Structure CASE. Voir ci-dessus

VII) Les boucles

Deux types de boucles sont à la disposition du programmeur : les boucles définies (de type FOR… NEXT) et indéfinies (DO… UNTIL).

1) Les boucles définies

Elles sont de la forme :

START	Début de boucle
Objet	Corps de la boucle
NEXT	Fin de boucle

Les adresses correspondantes sont les suivantes :

Nom	Adresse	Description
START	#073F7h	Prend deux System Binaries dans la pile : valeur maximale au niveau 2 et initiale au niveau 1
START1	#073DBh	Ne prend que la valeur max. (valeur initiale 1)
START0-1	#073C3h	Idem de 0 à valeur max moins 1
START1-1	#073CEh	Idem de 1 à valeur max moins 1
NEXT	#07334h	Équivalent du NEXT RPL
COUNTER	#07221h	Renvoie la valeur courante du compteur
STOCNTR	#07270h	Stocke un System Binary dans le compteur
SNENDRCL	#07249h	Rappelle la valeur de fin de la boucle
SNENDSTO	#07295h	Stocke un System Binary comme borne maximale

2) Les boucles indéfinies

Deux types de boucles sont à notre disposition (comme en RPL classique) :

- La boucle de type WHILE... REPEAT... END qui se code :

WHILE
   Objet test   Objet renvoyant TRUE ou FALSE
REPEAT
   Objet   Corps de la boucle
WREND

- La boucle de type DO... UNTIL... END qui se code :

DO
   Objet test   Objet renvoyant TRUE ou FALSE
UNTIL

Les adresses sont les suivantes :

Nom	Adresse	Description
WHILE	#071A2h	Début de boucle WHILE
REPEAT	#071EEh	Fin du corps de WHILE
WREND	#071E5h	Fin de boucle WHILE
DO	#071A2h	Début de boucle UNTIL
UNTIL	#071C8h	Fin de boucle UNTIL
UNTILNEVER	#071ABh	Équivalent de FALSE UNTIL

VIII) Gestion de l'affichage

On dispose bien sûr de tous les externals de manipulation de GROBs déjà vus...

Remarques :

- Les commandes d'affichage de ligne prennent 4 System Binaries dans la pile (x1 y1 x2 y2). Il est nécessaire d'avoir $x2 \geq x1$. L'external MIN1MAX2 ordonne les quadruplets de manière adéquate et doit être appelé avant les externals de tracé ;

- Les commandes d'affichage et de test de points prennent leurs coordonnées sous forme de deux System Binaries (x et y).

Nom	Adresse	Description
TEXT	#1314Dh	Passage en page texte
GRAPH	#13135h	Passage en page graphique
MENUOFF	#4E2CFh	Enlève la barre de menu
MENUON	#4E347h	Affiche la barre de menu
ALPHAON	#1132Dh	Active l'indicateur alpha
LEFTON	#11361h	Active l'indicateur left-shift
RIGHTON	#11347h	Active l'indicateur right-shift
ALPHAOFF	#1133Ah	Désactive l'indicateur alpha
LEFTOFF	#1136Eh	Désactive l'indicateur left-shift
RIGHTOFF	#11354h	Désactive l'indicateur right-shift
CLLCD	#134AEh	Efface l'écran
CLEARLINES	#126DFh	Prend deux numéros de lignes (System Binaries) et efface les lignes d'écran situées entre elles
DISP1	#1245Bh	Affiche une chaîne en ligne de texte 1
DISP2	#1246Bh	Affiche une chaîne en ligne de texte 2
DISP3	#1247Bh	Affiche une chaîne en ligne de texte 3
DISP4	#1248Bh	Affiche une chaîne en ligne de texte 4
DISP5	#1249Bh	Affiche une chaîne en ligne de texte 5
DISP6	#124ABh	Affiche une chaîne en ligne de texte 6
DISP7	#124BBh	Affiche une chaîne en ligne de texte 7
DISP8	#124CB	Affiche une chaîne en ligne de texte 8 (si les menus sont effacés par MENUOFF)
DISPN	#12429h	Prend un System Binary (n) et affiche une chaîne en ligne de texte n
MIN1MAX2	#51893h	Ordonne des quadruplets de coordonnées
SETTLINE	#50B17h	Allume une ligne de pixel de la page texte
CLRTLINE	#50B08h	Efface une ligne de pixel de la page texte
INVTLINE	#50AF9h	Inverse une ligne de pixel de la page texte
SETGLINE	#50AEAh	Allume une ligne de pixel de la page graphique
CLRGLINE	#50ACCh	Efface une ligne de pixel de la page graphique
INVGLINE	#50ADBh	Inverse une ligne de pixel de la page graphique
TPIXON	#1384Ah	Allume un pixel de la page texte
TPIXOFF	#1383Bh	Efface un pixel de la page texte
TPIXON?	#13992h	Renvoie TRUE si le pixel (page texte) est allumé
GPIXON	#13825h	Allume un pixel de la page graphique
GPIXOFF	#1380Fh	Efface un pixel de la page graphique
GPIXON?	#13986h	Renvoie TRUE si le pixel (graphique) est allumé
UP	#4D132h	Scroll d'un pixel vers le haut
DOWN	#4D16Eh	Scroll d'un pixel vers le bas
LEFT	#4D150h	Scroll d'un pixel vers la gauche
RIGHT	#4D18Ch	Scroll d'un pixel vers la droite

IX) Gestion du clavier

1) Codage des touches

Les touches sont repérées par deux System Binaries représentant respectivement la touche physique (voir le tableau page suivante) et le mode (alpha...).

Le mode des touches est quant à lui codé suivant de la manière suivante :

Code	Mode correspondant
<1h>	
<2h>	↰
<3h>	↱
<4h>	α
<5h>	α ↰
<6h>	α ↱

2) Quelques externals

Voici quelques adresses utiles . L'une d'entre elles est assez complexe, il s'agit de INPUT qui prend 10 arguments :

- Le texte à afficher (chaîne de caractères) ;
- La réponse par défaut (chaîne de caractères) ;
- La position du curseur. Il s'agit d'un System Binary (position au sein de la chaîne) ou une liste de deux System Binaries (position en X et en Y) ;
- Un system Binary spécifiant le mode de départ (0 pour le mode courant, 1 pour l'insertion, 2 pour le remplacement) ;
- Un System Binary indiquant le mode d'entrée (0 pour le mode courant, 1 pour le mode PRG, 2 pour le mode ALG) ;
- Un System Binary spécifiant le mode alpha (0 pour le mode courant, 1 pour le mode alpha, 2 pour le mode normal) ;
- Une liste spécifiant le menu ;

A <1h>	B <2h>	C <3h>	D <4h>	E <5h>	F <6h>
MTH <7h>	PRG <8h>	CST <9h>	VAR <Ah>	↑ <Bh>	NXT <Ch>
' <Dh>	STO <Eh>	EVAL <Fh>	← <10h>	↓ <11h>	→ <12h>
SIN <13h>	COS <14h>	TAN <15h>	√x <16h>	y^x <17h>	1/x <18h>
ENTER <19h>		+/- <1Ah>	EEX <1Bh>	DEL <1Ch>	← <1Dh>
α <1Eh>	7 <1Fh>	8 <20h>	9 <21h>	÷ <22h>	
← <23h>	4 <24h>	5 <25h>	6 <26h>	× <27h>	
→ <28h>	1 <29h>	2 <2Ah>	3 <2Bh>	- <2Ch>	
ON <2Dh>	0 <2Eh>	. <2Fh>	SPC <30h>	+ <31h>	

Codage des touches physiques

- L'offset de menu sous la forme d'un System Binary ;
- Un drapeau FALSE si INPUT ne peut pas être interrompu par [ON], TRUE sinon ;
- Un system Binary spécifiant le type de résultat demandé (mettre 0 pour obtenir une chaîne de caractères) ;

INPUT renverra FALSE si [ON] a été appuyé ou la chaîne résultat et TRUE.

Nom	Adresse	Description
KEY	#04708h	Renvoie un code de touche et TRUE ou FALSE
EMPTBUFF	#00D71h	Vide le buffer clavier
BUFFNEMPT	#42402h	Renvoie FALSE si le buffer est vide, TRUE sinon
ATTNPRSD	#42262h	Renvoie TRUE si ON a été pressé, FALSE sinon
ATTNCLR	#05068h	Met le compteur d'appuis sur ON a zéro
WAITK	#41F65h	Attend l'appui sur une touche et renvoie le code et le mode (voir ci-dessus)
INPUT	#42F44h	Sorte d'INPUT. Voir ci-dessus

X) La génération d'erreurs

On dispose des externals suivants :

Nom	Adresse	Description
BEEPERR	#141E5h	Produit un beep d'erreur
STOP	#04EA4h	Exécute CLRERR et ERROR
ERROR	#04ED1h	Appelle le gestionnaire d'erreur (erreur courante)
ERRN	#04CE6h	Rappelle le numéro d'erreur courante
ERRSTO	#04D0Eh	Stocke un System Binary comme erreur courante
CLRERR	#04D33h	Met à zéro le numéro d'erreur courante
DOERR	#6383Ah	Exécuter ERRSTO et ERROR

XI) La boucle de contrôle paramétrable

Cet external est certainement le plus complexe, mais aussi le plus puissant de la programmation en RPL système... Il permet la mise en place d'une boucle de gestion de la HP48 (écran / clavier / menu) et prend 9 arguments sur la pile...

Ces arguments sont, dans l'ordre :

- L'objet qui sera évalué avant chaque exécution de touches (en particulier tout ce qui concerne l'affichage) ;
- La table d'assignation des touches. C'est un objet programme qui prend en entrée deux System Binaries (code de la touche et état de shift, voir la gestion du clavier) qui renvoie :
  - FALSE s'il ne gère pas la touche ;
  - Un objet qui sera exécuté par CNTRLLOOP et TRUE sinon.
- Un drapeau. S'il vaut :
  - FALSE, les touches non assignées seront ignorées ;
  - TRUE, les touche non assignées joueront leur rôle par défaut ;
- Un drapeau dont l'usage semble lié au précédent ;
- Une liste décrivant le menu (du même type que celle utilisée par le menu CUSTOM, voir le chapitre 7 de la deuxième partie) ;
- Le numéro initial de la page de menu à afficher. En général, cette valeur est #1 ;
- Un drapeau autorisant (TRUE) ou interdisant (FALSE) l'utilisation de HALT au sein de la boucle ;
- Une clause de fin, c'est-à-dire un objet renvoyant TRUE si la boucle doit se terminer, FALSE sinon ;
- L'objet à exécuter en cas d'erreur lors de l'évaluation d'une touche.

L'adresse de cet external est la suivante :

Nom	Adresse	Description
CNTRLLOOP	#38985h	Boucle de contrôle paramètrable (voir ci-dessus)

XII) Commandes diverses

Nom	Adresse	Description
GARCOLL	#05F42h	Déclenche le Garbage Collector
MEMWGC	#05F61h	Mémoire libre (sans Garbage Collector !)
COMPCRC	#05944h	Renvoie le CRC d'un objet et sa taille

Nom	Adresse	Description
PEEK	#6595Ah	Prend deux Binary Integer. Celui au niveau 2 sera modifié par les quartets lus à l'adresse niveau 1)
POKE	#6594Eh	Prend deux Binary Integer et inscrit les quartets au niveau 2 à l'adresse au niveau 1
WAIT	#1A7C9h	WAIT (Réel)
WAIT1	#40EE7h	Temps d'attente court
WAIT2	#40F02h	Temps d'attente moyen
WAIT3	#40F12h	Temps d'attente long
TICKS	#0EB81h	TICKS
BEEP	#1415Ah	BEEP

XIII) Récapitulatif de tous les externals

1) Par adresse

Adresse	Nom	Adresse	Nom	Adresse	Nom
#00D71h	EMPTBUFF	#03EF7h	SB/	#05D2Ch	C2RR
#0314Ch	DEPTHSB	#04708h	KEY	#05DBCh	CE2RERE
#03188h	DUP	#04CE6h	ERRN	#05F42h	GARCOLL
#031ACh	DUP2	#04D0Eh	ERRSTO	#05F61h	MEMWGC
#031D9h	DUPN	#04D33h	CLRERR	#06E97h	NOEVAL
#03223h	SWAP	#04D87h	SB2MSG	#070C3h	IFTE
#03244h	DROP	#04EA4h	STOP	#070FDh	IFT
#03258h	DROP2	#04ED1h	ERROR	#0712Ah	IFN
#0326Eh	DROPN	#05068h	ATTNCLR	#071A2h	WHILE
#03295h	ROT	#05089h	COMPGET1	#071A2h	DO
#032C2h	OVER	#050EDh	STRGETFIRST	#071ABh	UNTILNEVER
#03442h	MKA	#05153h	COMPDEL1	#071C8h	UNTIL
#03562h	ASIZE	#0516Ch	STRDELFIRST	#071E5h	WREND
#0371Dh	AGET	#05193h	STR+	#071EEh	REPEAT
#03A81h	TRUE	#0525Bh	CHR+STR	#07221h	COUNTER
#03AC0h	FALSE	#052EEh	STRAPND	#07249h	SNENDRCL
#03ADAh	FLAGXOR	#052FAh	COMP+	#07270h	STOCNTR
#03AF2h	FLAGNOT	#054AFh	COMPEXPLO	#07295h	SNENDSTO
#03B46h	FLAGAND	#0556Fh	STREMPTY?	#07334h	NEXT
#03B75h	FLAGOR	#05636h	STRLEN	#073C3h	START0-1
#03CE4h	SB<	#0567Bh	COMPLEN	#073CEh	START1-1
#03D19h	SB=	#056B6h	COMPGETN	#073DBh	START1
#03D4Eh	SB≠	#05733h	STRSUB	#073F7h	START
#03D83h	SB>	#05944h	COMPCRC	#07497h	PURGEVL
#03DBCh	SB+	#05A03h	BI2SB	#074D0h	CREATEVL
#03DE0h	SB-	#05A51h	CHR2SB	#075A5h	RCLVLN
#03DEFh	SB++	#05A75h	SB2CHR	#075E9h	STOVLN
#03E0Eh	SB--	#05B15h	STR2GN	#07943h	RCLVL
#03EB1h	SBAND	#05BE9h	GN2STR	#07D1Bh	STOVL
#03EC2h	SB*	#05C27h	RR2C	#07D27h	STO

#07E50h	SBSB2XLIB	#127A7h	STRCUT	#2A8B6h	R≤
#08696h	CREATE	#12F94h	PICTSTO	#2A8C1h	R=
#08C27h	PURGE	#13135h	GRAPH	#2A8CCh	R≠
#0EB81h	TICKS	#1314Dh	TEXT	#2A8D7h	RSGN
#0F218h	U2STR	#134AEh	CLLCD	#2A8F0h	REABS
#0F34Eh	UDECOMP	#1380Fh	GPIXOFF	#2A900h	RABS
#0F371h	UCONVERT	#13825h	GPIXON	#2A910h	RECHS
#0F5FCh	UABS	#1383Bh	TPIXOFF	#2A930h	RMANT
#0F615h	UCHS	#1384Ah	TPIXON	#2A943h	RE+
#0F6A2h	U+	#13986h	GPIXON?	#2A94Fh	RE-
#0F774h	U-	#13992h	TPIXON?	#2A974h	R+
#0F792h	U*	#1415Ah	BEEP	#2A981h	R-
#0F823h	U/	#141E5h	BEEPERR	#2A99Ah	RE*
#0F913h	USQ	#15B13h	2STR	#2A9BCh	R*
#0F92Ch	USQRT	#162B8h	R2STR	#2A9E8h	RE/
#0F945h	U2SI	#167E4h	SB2STR	#2A9FEh	R/
#0FB6Fh	UMAX	#184E1h	CRDIR	#2AA5Fh	RE^
#0FB8Dh	UMIN	#1884Dh	CLRCN	#2AA70h	R^
#0FCE6h	USIGN	#18A15h	CHK0	#2AA92h	REINV
#0FCFAh	UIP	#18A1Eh	LCHK0	#2AAAFh	RINV
#0FD0Eh	UFP	#18A5Bh	LCHK3	#2AAEAh	RESQRT
#0FD22h	UFLOOR	#18A68h	CHK3	#2AB09h	RSQRT
#0FD36h	UCEIL	#18A80h	LCHK2	#2AB1Ch	REEXP
#1132Dh	ALPHAON	#18A8Dh	CHK2	#2AB5Bh	RELN
#1133Ah	ALPHAOFF	#18AA5h	LCHK1	#2ABDCh	RMOD
#11347h	RIGHTON	#18AB2h	CHK1	#2AC27h	RESIN
#11354h	RIGHTOFF	#18B6Dh	LCHK5	#2AC78h	RECOS
#11361h	LEFTON	#18B7Ah	CHK5	#2ACD8h	REASIN
#1136Eh	LEFTOFF	#18B92h	LCHK4	#2AD08h	REACOS
#1158Fh	GROBCREAT	#18B9Fh	CHK4	#2AD95h	RESINH
#11679h	GROBREPL	#18C34h	LCHKN	#2ADC7h	RECOSH
#1192Fh	GREXTRACT	#18C4Ah	CHKN	#2AE39h	RXPON
#11CF3h	STR2GROB1	#18CEAh	R2SB	#2AF4Dh	RFP
#11D00h	STR2GROB2	#18DBFh	SB2R	#2AF60h	RIP
#11F80h	STR2GROB3	#18FB2h	CHKT	#2AF73h	RCEIL
#122FFh	REVGROB	#1A7C9h	WAIT	#2AF86h	RFLOOR
#12429h	DISPN	#20B81h	RCL	#2AF99h	REFLOOR
#1245Bh	DISP1	#238A4h	STR2	#2AFC2h	RAND
#1246Bh	DISP2	#2A5B0h	RE2R	#2B044h	RDZ
#1247Bh	DISP3	#2A5C1h	R2RE	#355B8h	ARGET
#1248Bh	DISP4	#2A6DCh	REMAX	#355C8h	ACGET
#1249Bh	DISP5	#2A6F5h	RMAX	#3566Fh	ARPUT
#124ABh	DISP6	#2A70Eh	RMIN	#356F3h	ACPUT
#124BBh	DISP7	#2A81Fh	RE<	#35CAEh	ACON
#124CBh	DISP8	#2A871h	R<	#37E0Fh	ARDM
#12645h	MENURCL	#2A87Fh	RE>	#3811Fh	ATRN
#12655h	TEXTRCL	#2A88Ah	R>	#38985h	CNTRLLOOP
#12665h	PICTRCL	#2A895h	RE≥	#3A297h	MENUSTO
#126DFh	CLEARLINES	#2A8A0h	R≥	#40EE7h	WAIT1
#12770h	STR22	#2A8ABh	RE≤	#40F02h	WAIT2

#40F12h	WAIT3	#60F72h	DROP5	#616A5h	STOVL12
#41F65h	WAITK	#60F7Eh	DROP4	#616B5h	STOVL13
#42262h	ATTNPRSD	#60FACh	ROLLD3	#616C5h	STOVL14
#42402h	BUFFNEMPT	#60FBBh	ROLL4	#616D5h	STOVL15
#42F44h	INPUT	#60FD8h	ROLL5	#616E5h	STOVL16
#45676h	MKSTR	#61002h	ROLL6	#616F5h	STOVL17
#4D132h	UP	#6103Ch	ROLL8	#61705h	STOVL18
#4D150h	LEFT	#6106Bh	ROLL7	#61715h	STOVL19
#4D16Eh	DOWN	#6109Eh	ROLLD4	#61725h	STOVL20
#4D18Ch	RIGHT	#610C4h	ROLLD5	#61735h	STOVL21
#4E2CFh	MENUOFF	#611FEh	PICK3	#61993h	CASE
#4E347h	MENUON	#6121Ch	PICK4	#619BCh	IF
#50262h	R++	#6123Ah	PICK5	#61AD8h	IFE
#50276h	R--	#6125Eh	PICK6	#62025h	ISCHR?
#503D4h	LCD2GROB	#61282h	PICK7	#6203Ah	ISGN?
#50578h	GSIZE	#612A9h	PICK8	#6204Fh	ISU?
#50ACCh	CLRGLINE	#613B6h	RCLVL0	#6210Ch	DROPF
#50ADBh	INVGLINE	#613E7h	RCLVL1	#6211Ah	ISLN?
#50AEAh	SETGLINE	#6140Eh	RCLVL2	#6212Fh	ISSB?
#50AF9h	INVTLINE	#61438h	RCLVL3	#62144h	ISBI?
#50B08h	CLRTLINE	#6145Ch	RCLVL4	#62159h	ISSTR?
#50B17h	SETTLINE	#6146Ch	RCLVL5	#6216Eh	ISR?
#51893h	MIN1MAX2	#6147Ch	RCLVL6	#62183h	ISC?
#519A3h	CRE	#6148Ch	RCLVL7	#621ADh	ISXLIB?
#519B7h	CIM	#6149Ch	RCLVL8	#621D7h	ISALG?
#519CBh	C2RERE	#614ACh	RCLVL9	#621ECh	ISPRGM?
#519F8h	CE2C	#614BCh	RCLVL10	#62201h	ISGROB?
#51A07h	RERE2C	#614CCh	RCLVL11	#62216h	ISLIST?
#51B70h	CCHS	#614DCh	RCLVL12	#6222Bh	ISTAG?
#51BB2h	CCONJ	#614ECh	RCLVL13	#6223Bh	ISRA?
#51EFAh	CINV	#614FCh	RCLVL14	#62256h	ISCA?
#52062h	CABS	#6150Ch	RCLVL15	#624BAh	SBMIN
#52374h	C^	#6151Ch	RCLVL16	#624C6h	SBMAX
#5380Eh	FLAG2R	#6152Ch	RCLVL17	#62B0Bh	DROP2F
#53D04h	BIAND	#6153Ch	RCLVL18	#62D81h	RORD
#53D15h	BIOR	#6154Ch	RCLVL19	#63191h	ADDCR
#53D26h	BIXOR	#6155Ch	RCLVL20	#6326Dh	LASTSUB
#53D4Eh	BINOT	#6156Ch	RCLVL21	#6383Ah	DOERR
#53EA0h	BI+	#615E0h	STOVL0	#63B96h	SB2RE
#53EB0h	BI-	#615F0h	STOVL1	#64023h	RCLHD
#53ED3h	BI*	#61600h	STOVL2	#64078h	STOHD
#53F05h	BI/	#61615h	STOVL3	#6408Ch	PURGEHD
#54061h	BI2STR	#61625h	STOVL4	#645B1h	STRPOS
#5435Dh	SB2R	#61635h	STOVL5	#645BDh	STRREVPOS
#5435Dh	BI2R	#61645h	STOVL6	#6475Ch	CHR2STR
#5DE7Dh	SWAPN	#61655h	STOVL7	#64775h	DTAG
#5E370h	NDUP	#61665h	STOVL8	#647BBh	TAG
#60F4Bh	DROP3	#61675h	STOVL9	#6480Bh	COMPGETP
#60F54h	DROP7	#61685h	STOVL10	#6594Eh	POKE
#60F66h	DROP6	#61695h	STOVL11	#6595Ah	PEEK

2) <u>Par ordre alphabétique du nom</u>

2STR	#15B13h	CHR+STR	#0525Bh	DROPF	#6210Ch
ACGET	#355C8h	CHR2SB	#05A51h	DROPN	#0326Eh
ACON	#35CAEh	CHR2STR	#6475Ch	DTAG	#64775h
ACPUT	#356F3h	CIM	#519B7h	DUP	#03188h
ADDCR	#63191h	CINV	#51EFAh	DUP2	#031ACh
AGET	#0371Dh	CLEARLINES	#126DFh	DUPN	#031D9h
ALPHAOFF	#1133Ah	CLLCD	#134AEh	EMPTBUFF	#00D71h
ALPHAON	#1132Dh	CLRCN	#1884Dh	ERRN	#04CE6h
ARDM	#37E0Fh	CLRERR	#04D33h	ERROR	#04ED1h
ARGET	#355B8h	CLRGLINE	#50ACCh	ERRSTO	#04D0Eh
ARPUT	#3566Fh	CLRTLINE	#50B08h	FALSE	#03AC0h
ASIZE	#03562h	CNTRLLOOP	#38985h	FLAG2R	#5380Eh
ATRN	#3811Fh	COMP+	#052FAh	FLAGAND	#03B46h
ATTNCLR	#05068h	COMPCRC	#05944h	FLAGNOT	#03AF2h
ATTNPRSD	#42262h	COMPDEL1	#05153h	FLAGOR	#03B75h
BEEP	#1415Ah	COMPEXPLO	#054AFh	FLAGXOR	#03ADAh
BEEPERR	#141E5h	COMPGET1	#05089h	GARCOLL	#05F42h
BI*	#53ED3h	COMPGETN	#056B6h	GN2STR	#05BE9h
BI+	#53EA0h	COMPGETP	#6480Bh	GPIXOFF	#1380Fh
BI-	#53EB0h	COMPLEN	#0567Bh	GPIXON	#13825h
BI/	#53F05h	COUNTER	#07221h	GPIXON?	#13986h
BI2R	#5435Dh	CRDIR	#184E1h	GRAPH	#13135h
BI2SB	#05A03h	CRE	#519A3h	GREXTRACT	#1192Fh
BI2STR	#54061h	CREATE	#08696h	GROBCREAT	#1158Fh
BIAND	#53D04h	CREATEVL	#074D0h	GROBREPL	#11679h
BINOT	#53D4Eh	DEPTHSB	#0314Ch	GSIZE	#50578h
BIOR	#53D15h	DISP1	#1245Bh	IF	#619BCh
BIXOR	#53D26h	DISP2	#1246Bh	IFE	#61AD8h
BUFFNEMPT	#42402h	DISP3	#1247Bh	IFN	#0712Ah
C^	#52374h	DISP4	#1248Bh	IFT	#070FDh
C2RERE	#519CBh	DISP5	#1249Bh	IFTE	#070C3h
C2RR	#052DCh	DISP6	#124ABh	INPUT	#42F44h
CABS	#52062h	DISP7	#124BBh	INVGLINE	#50ADBh
CASE	#61993h	DISP8	#124CBh	INVTLINE	#50AF9h
CCHS	#51B70h	DISPN	#12429h	ISALG?	#621D7h
CCONJ	#51BB2h	DO	#071A2h	ISBI?	#62144h
CE2C	#519F8h	DOERR	#6383Ah	ISC?	#62183h
CE2RERE	#05DBCh	DOWN	#4D16Eh	ISCA?	#62256h
CHK0	#18A15h	DROP	#03244h	ISCHR?	#62025h
CHK1	#18AB2h	DROP2	#03258h	ISGN?	#6203Ah
CHK2	#18A8Dh	DROP2F	#62B0Bh	ISGROB?	#62201h
CHK3	#18A68h	DROP3	#60F4Bh	ISLIST?	#62216h
CHK4	#18B9Fh	DROP4	#60F7Eh	ISLN?	#6211Ah
CHK5	#18B7Ah	DROP5	#60F72h	ISPRGM?	#621ECh
CHKN	#18C4Ah	DROP6	#60F66h	ISR?	#6216Eh
CHKT	#18FB2h	DROP7	#60F54h	ISRA?	#6223Bh

ISSB?	#6212Fh	R2RE	#2A5C1h	RECOSH	#2ADC7h
ISSTR?	#62159h	R2SB	#18CEAh	REEXP	#2AB1Ch
ISTAG?	#6222Bh	R2SB	#18CEAh	REFLOOR	#2AF99h
ISU?	#6204Fh	R2SB	#18DBFh	REINV	#2AA92h
ISXLIB?	#621ADh	R<	#2A871h	RELN	#2AB5Bh
KEY	#04708h	R=	#2A8C1h	REMAX	#2A6DCh
LASTSUB	#6326Dh	R>	#2A88Ah	REPEAT	#071EEh
LCD2GROB	#503D4h	RABS	#2A900h	RERE2C	#51A07h
LCHK0	#18A1Eh	RAND	#2AFC2h	RESIN	#2AC27h
LCHK1	#18AA5h	RCEIL	#2AF73h	RESINH	#2AD95h
LCHK2	#18A80h	RCL	#20B81h	RESQRT	#2AAEAh
LCHK3	#18A5Bh	RCLHD	#64023h	REVGROB	#122FFh
LCHK4	#18B92h	RCLVL	#07943h	RE≤	#2A8ABh
LCHK5	#18B6Dh	RCLVL0	#613B6h	RE≥	#2A895h
LCHKN	#18C34h	RCLVL1	#613E7h	RFLOOR	#2AF86h
LEFT	#4D150h	RCLVL10	#614BCh	RFP	#2AF4Dh
LEFTOFF	#1136Eh	RCLVL11	#614CCh	RIGHT	#4D18Ch
LEFTON	#11361h	RCLVL12	#614DCh	RIGHTOFF	#11354h
MEMWGC	#05F61h	RCLVL13	#614ECh	RIGHTON	#11347h
MENUOFF	#4E2CFh	RCLVL14	#614FCh	RINV	#2AAAFh
MENUON	#4E347h	RCLVL15	#6150Ch	RIP	#2AF60h
MENURCL	#12645h	RCLVL16	#6151Ch	RMANT	#2A930h
MENUSTO	#3A297h	RCLVL17	#6152Ch	RMAX	#2A6F5h
MIN1MAX2	#51893h	RCLVL18	#6153Ch	RMIN	#2A70Eh
MKA	#03442h	RCLVL19	#6154Ch	RMOD	#2ABDCh
MKSTR	#45676h	RCLVL2	#6140Eh	ROLL4	#60FBBh
NDUP	#5E370h	RCLVL20	#6155Ch	ROLL5	#60FD8h
NEXT	#07334h	RCLVL21	#6156Ch	ROLL6	#61002h
NOEVAL	#06E97h	RCLVL3	#61438h	ROLL7	#6106Bh
OVER	#032C2h	RCLVL4	#6145Ch	ROLL8	#6103Ch
PEEK	#6595Ah	RCLVL5	#6146Ch	ROLLD3	#60FACh
PICK3	#611FEh	RCLVL6	#6147Ch	ROLLD4	#6109Eh
PICK4	#6121Ch	RCLVL7	#6148Ch	ROLLD5	#610C4h
PICK5	#6123Ah	RCLVL8	#6149Ch	RORD	#62D81h
PICK6	#6125Eh	RCLVL9	#614ACh	ROT	#03295h
PICK7	#61282h	RCLVLN	#075A5h	RR2C	#05C27h
PICK8	#612A9h	RDZ	#2B044h	RSGN	#2A8D7h
PICTRCL	#12665h	RE^	#2AA5Fh	RSQRT	#2AB09h
PICTSTO	#12F94h	RE*	#2A99Ah	RXPON	#2AE39h
POKE	#6594Eh	RE+	#2A943h	R≠	#2A8CCh
PURGE	#08C27h	RE-	#2A94Fh	R≤	#2A8B6h
PURGEHD	#6408Ch	RE/	#2A9E8h	R≥	#2A8A0h
PURGEVL	#07497h	RE2R	#2A5B0h	SB*	#03EC2h
R^	#2AA70h	RE<	#2A81Fh	SB+	#03DBCh
R*	#2A9BCh	RE>	#2A87Fh	SB++	#03DEFh
R+	#2A974h	REABS	#2A8F0h	SB-	#03DE0h
R++	#50262h	REACOS	#2AD08h	SB--	#03E0Eh
R-	#2A981h	REASIN	#2ACD8h	SB/	#03EF7h
R--	#50276h	RECHS	#2A910h	SB2CHR	#05A75h
R/	#2A9FEh	RECOS	#2AC78h	SB2MSG	#04D87h

SB2R	#18DBFh	STOVL18	#61705h	TICKS	#0EB81h
SB2RE	#63B96h	STOVL19	#61715h	TPIXOFF	#1383Bh
SB2STR	#167E4h	STOVL2	#61600h	TPIXON	#1384Ah
SB<	#03CE4h	STOVL20	#61725h	TPIXON?	#13992h
SB=	#03D19h	STOVL21	#61735h	TRUE	#03A81h
SB>	#03D83h	STOVL3	#61615h	U*	#0F792h
SBAND	#03EB1h	STOVL4	#61625h	U+	#0F6A2h
SBMAX	#624C6h	STOVL5	#61635h	U-	#0F774h
SBMIN	#624BAh	STOVL6	#61645h	U/	#0F823h
SBSB2XLIB	#07E50h	STOVL7	#61655h	U2SI	#0F945h
SB≠	#03D4Eh	STOVL8	#61665h	U2STR	#0F218h
SETGLINE	#50AEAh	STOVL9	#61675h	UABS	#0F5FCh
SETTLINE	#50B17h	STOVLN	#075E9h	UCEIL	#0FD36h
SNENDRCL	#07249h	STR+	#05193h	UCHS	#0F615h
SNENDSTO	#07295h	STR2	#238A4h	UCONVERT	#0F371h
START	#073F7h	STR22	#12770h	UDECOMP	#0F34Eh
START0-1	#073C3h	STR2GN	#05B15h	UFLOOR	#0FD22h
START1	#073DBh	STR2GROB1	#11CF3h	UFP	#0FD0Eh
START1-1	#073CEh	STR2GROB2	#11D00h	UIP	#0FCFAh
STO	#07D27h	STR2GROB3	#11F80h	UMAX	#0FB6Fh
STOCNTR	#07270h	STRAPND	#052EEh	UMIN	#0FB8Dh
STOHD	#64078h	STRCUT	#127A7h	UNTIL	#071C8h
STOP	#04EA4h	STRDELFIRST	#0516Ch	UNTILNEVER	#071ABh
STOVL	#07D1Bh	STREMPTY?	#0556Fh	UP	#4D132h
STOVL0	#615E0h	STRGETFIRST	#050EDh	USIGN	#0FCE6h
STOVL1	#615F0h	STRLEN	#05636h	USQ	#0F913h
STOVL10	#61685h	STRPOS	#645B1h	USQRT	#0F92Ch
STOVL11	#61695h	STRREVPOS	#645BDh	WAIT	#1A7C9h
STOVL12	#616A5h	STRSUB	#05733h	WAIT1	#40EE7h
STOVL13	#616B5h	SWAP	#03223h	WAIT2	#40F02h
STOVL14	#616C5h	SWAPN	#5DE7Dh	WAIT3	#40F12h
STOVL15	#616D5h	TAG	#647BBh	WAITK	#41F65h
STOVL16	#616E5h	TEXT	#1314Dh	WHILE	#071A2h
STOVL17	#616F5h	TEXTRCL	#12655h	WREND	#071E5h

XIV) Conclusion

Comme nous l'avons vu au début de cette annexe, cette liste est loin d'être complète : avec un peu de patience et de ténacité, il est possible de trouver des centaines, si ce n'est des milliers, d'autres adresses…

C'est à vous de jouer ! Bon courage…

Liste exhaustive
des messages d'erreurs

Voici la liste exhaustive des messages d'erreurs que la HP48 (sans librairie supplémentaire) est susceptible d'émettre.

Ils sont classés par ordre de leur code (donné en valeur décimale et hexadécimale).

Décimal	Hexadécimal	Messages
1	# 00001h	"Insufficient Memory"
2	# 00002h	"Directory Recursion"
3	# 00003h	"Undefined Local Name"
4	# 00004h	"Undefined XLIB Name"
5	# 00005h	"Memory Clear"
6	# 00006h	"Power Lost"
7	# 00007h	"Warning:"
8	# 00008h	"Invalid Card Data"
9	# 00009h	"Object In Use"
10	# 0000Ah	"Port Not Available"
11	# 0000Bh	"No Room in Port"
12	# 0000Ch	"Object Not in Port"
13	# 0000Dh	"Recovering Memory"
14	# 0000Eh	"Try To Recover Memory?"
15	# 0000Fh	"Replace RAM, Press ON"
16	# 00010h	"No Mem To Config All"
257	# 00101h	"No Room to Save Stack"
258	# 00102h	"Can't Edit Null Char."
259	# 00103h	"Invalid User Function"
260	# 00104h	"No Current Equation"
262	# 00106h	"Invalid Syntax"
263	# 00107h	"Real Number"
264	# 00108h	"Complex Number"
265	# 00109h	"String"
266	# 0010Ah	"Real Array"
267	# 0010Bh	"Complex Array"
268	# 0010Ch	"List"
269	# 0010Dh	"Global Name"
270	# 0010Eh	"Local Name"
271	# 0010Fh	"Program"
272	# 00110h	"Algebraic"

Décimal	Hexadécimal	Messages
273	# 00111h	"Binary Integer"
274	# 00112h	"Graphic"
275	# 00113h	"Tagged"
276	# 00114h	"Unit"
277	# 00115h	"XLIB Name"
278	# 00116h	"Directory"
279	# 00117h	"Library"
280	# 00118h	"Backup"
281	# 00119h	"Function"
282	# 0011Ah	"Command"
283	# 0011Bh	"System Binary"
284	# 0011Ch	"Long Real"
285	# 0011Dh	"Long Complex"
286	# 0011Eh	"Linked Array"
287	# 0011Fh	"Character"
288	# 00120h	"Code"
289	# 00121h	"Library Data"
290	# 00122h	"External"
292	# 00124h	"LAST STACK Disabled"
293	# 00125h	"LAST CMD Disabled"
294	# 00126h	"HALT Not Allowed"
295	# 00127h	"Array"
296	# 00128h	"Wrong Argument Count"
297	# 00129h	"Circular Reference"
298	# 0012Ah	"Directory Not Allowed"
299	# 0012Bh	"Non-Empty Directory"
300	# 0012Ch	"Invalid Definition"
301	# 0012Dh	"Missing Library"
302	# 0012Eh	"Invalid PPAR"
303	# 0012Fh	"Non-Real Result"
304	# 00130h	"Unable to Isolate"
305	# 00131h	"No Room to Show Stack"
306	# 00132h	"Warning:"
307	# 00133h	"Error:"
308	# 00134h	"Purge?"
309	# 00135h	"Out of Memory"
310	# 00136h	"Stack"
311	# 00137h	"Last Stack"
312	# 00138h	"Last Commands"
313	# 00139h	"Key Assignments"
314	# 0013Ah	"Alarms"
315	# 0013Bh	"Last Arguments"
316	# 0013Ch	"Name Conflict"
317	# 0013Dh	"Command Line"
513	# 00201h	"Too Few Arguments"
514	# 00202h	"Bad Argument Type"
515	# 00203h	"Bad Argument Value"
516	# 00204h	"Undefined Name"

Décimal	Hexadécimal	Messages
517	# 00205h	"LASTARG Disabled"
518	# 00206h	"Incomplete"
519	# 00207h	"Implicit () off"
520	# 00208h	"Implicit () on"
769	# 00301h	"Positive Underflow"
770	# 00302h	"Negative Underflow"
771	# 00303h	"Overflow"
772	# 00304h	"Undefined Result"
773	# 00305h	"Infinite Result"
1281	# 00501h	"Invalid Dimension"
1282	# 00502h	"Invalid Array Element"
1283	# 00503h	"Deleting Row"
1284	# 00504h	"Deleting Column"
1285	# 00505h	"Inserting Row"
1286	# 00506h	"Inserting Column"
1537	# 00601h	"Invalid Σ Data"
1538	# 00602h	"Nonexistent ΣDAT"
1539	# 00603h	"Insufficient Σ Data"
1540	# 00604h	"Invalid ΣPAR"
1541	# 00605h	"Invalid Σ Data LN(Neg)"
1542	# 00606h	"Invalid Σ Data LN(0)"
1543	# 00607h	"Invalid EQ"
1544	# 00608h	"Current equation:"
1545	# 00609h	"No current equation."
1546	# 0060Ah	"Enter eqn, press NEW"
1547	# 0060Bh	"Name the equation,"
1548	# 0060Ch	"Select plot type"
1549	# 0060Dh	"Empty catalog"
1550	# 0060Eh	"undefined"
1551	# 0060Fh	"No stat data to plot"
1552	# 00610h	"Autoscaling"
1553	# 00611h	"Solving for "
1554	# 00612h	"No current data. Enter"
1555	# 00613h	"data point, press Σ+"
1556	# 00614h	"Select a model"
1557	# 00615h	"No alarms pending."
1558	# 00616h	"Press ALRM to create"
1559	# 00617h	"Next alarm:"
1560	# 00618h	"Past due alarm:"
1561	# 00619h	"Acknowledged"
1562	# 0061Ah	"Enter alarm, press SET"
1563	# 0061Bh	"Select repeat interval"
1564	# 0061Ch	" I/O setup menu"
1565	# 0061Dh	"Plot type: "
1566	# 0061Eh	""""
1567	# 0061Fh	" (OFF SCREEN)"
1568	# 00620h	"Invalid PTYPE"
1569	# 00621h	"Name the stat data,"

Décimal	Hexadécimal	Messages
1570	# 00622h	"Enter value (zoom out..."
1571	# 00623h	"Copied to stack"
1572	# 00624h	"x axis zoom w/AUTO."
1573	# 00625h	"x axis zoom."
1574	# 00626h	"y axis zoom."
1575	# 00627h	"x and y axis zoom."
1576	# 00628h	"IR/wire: "
1577	# 00629h	"ASCII/binary: "
1578	# 0062Ah	"baud: "
1579	# 0062Bh	"parity: "
1580	# 0062Ch	"checksum type: "
1581	# 0062Dh	"translate code:"
1582	# 0062Eh	"Enter matrix, then NEW"
2561	# 00A01h	"Bad Guess(es)"
2562	# 00A02h	"Constant?"
2563	# 00A03h	"Interrupted"
2564	# 00A04h	"Zero"
2565	# 00A05h	"Sign Reversal"
2566	# 00A06h	"Extremum"
2567	# 00A07h	"Left"
2568	# 00A08h	"Right"
2569	# 00A09h	"Expr"
2817	# 00B01h	"Invalid Unit"
2818	# 00B02h	"Inconsistent Units"
3073	# 00C01h	"Bad Packet Block Check"
3074	# 00C02h	"Timeout"
3075	# 00C03h	"Receive Error"
3076	# 00C04h	"Receive Buffer Overrun"
3077	# 00C05h	"Parity Error"
3078	# 00C06h	"Transfer Failed"
3079	# 00C07h	"Protocol Error"
3080	# 00C08h	"Invalid Server Cmd."
3081	# 00C09h	"Port Closed"
3082	# 00C0Ah	"Connecting"
3083	# 00C0Bh	"Retry #"
3084	# 00C0Ch	"Awaiting Server Cmd."
3085	# 00C0Dh	"Sending "
3086	# 00C0Eh	"Receiving "
3087	# 00C0Fh	"Object Discarded"
3088	# 00C10h	"Packet #"
3089	# 00C11h	"Processing Command"
3090	# 00C12h	"Invalid IOPAR"
3091	# 00C13h	"Invalid PRTPAR"
3092	# 00C14h	"Low Battery"
3093	# 00C15h	"Empty Stack"
3094	# 00C16h	"Row "
3095	# 00C17h	"Invalid Name"
3329	# 00D01h	"Invalid Date"

Décimal	Hexadécimal	Messages
3330	# 00D02h	"Invalid Time"
3331	# 00D03h	"Invalid Repeat"
3332	# 00D04h	"Nonexistent Alarm"
47361	# 0B901h	"Press [CONT] for menu"
47362	# 0B902h	"reset/delete this field"
47363	# 0B903h	"Reset value"
47364	# 0B904h	"Delete value"
47365	# 0B905h	"Reset all"
47366	# 0B906h	"Valid object types:"
47367	# 0B907h	"Valid object type:"
47368	# 0B908h	"Any object"
47369	# 0B909h	"Real number"
47370	# 0B90Ah	"(Complex num)"
47371	# 0B90Bh	""String""
47372	# 0B90Ch	"[Real array]"
47373	# 0B90Dh	"[(Cmpl array)]"
47374	# 0B90Eh	"{ List }"
47375	# 0B90Fh	"Name"
47376	# 0B910h	"« Program »"
47377	# 0B911h	"'Algebraic'"
47378	# 0B912h	"# Binary int"
47379	# 0B913h	"_Unit object"
47380	# 0B914h	"Invalid object type"
47381	# 0B915h	"Invalid object value"
47382	# 0B916h	"Calculator Modes"
47383	# 0B917h	"Number Format:"
47384	# 0B918h	"Angle Measure:"
47385	# 0B919h	"Coord System:"
47386	# 0B91Ah	"Beep"
47387	# 0B91Bh	"Clock"
47388	# 0B91Ch	"FM,"
47389	# 0B91Dh	"Choose number display format"
47390	# 0B91Eh	"Enter decimal places to display"
47391	# 0B91Fh	"Choose angle measure"
47392	# 0B920h	"Choose coordinate system"
47393	# 0B921h	"Enable standard beep?"
47394	# 0B922h	"Display ticking clock?"
47395	# 0B923h	"Use comma as fraction mark?"
47396	# 0B924h	"Standard"
47397	# 0B925h	"Std"
47398	# 0B926h	"Fixed"
47399	# 0B927h	"Fix"
47400	# 0B928h	"Scientific"
47401	# 0B929h	"Sci"
47402	# 0B92Ah	"Engineering"
47403	# 0B92Bh	"Eng"
47404	# 0B92Ch	"Degrees"
47405	# 0B92Dh	"Deg"
47406	# 0B92Eh	"Radians"

Décimal	Hexadécimal	Messages
47407	# 0B92Fh	"Rad"
47408	# 0B930h	"Grads"
47409	# 0B931h	"Grad"
47410	# 0B932h	"Rectangular"
47411	# 0B933h	"Polar"
47412	# 0B934h	"Spherical"
47413	# 0B935h	"System Flags"
47414	# 0B936h	"01 General solutions"
47415	# 0B937h	"02 Constant → symb"
47416	# 0B938h	"03 Function → symb"
47417	# 0B939h	"14 Payment at end"
47418	# 0B93Ah	"19 →V2 → vector"
47419	# 0B93Bh	"20 Underflow → 0"
47420	# 0B93Ch	"21 Overflow → ±9E499"
47421	# 0B93Dh	"22 Infinite → error"
47422	# 0B93Eh	"27 'X+Y*i' → '(X,Y)'"
47423	# 0B93Fh	"28 Sequential plot"
47424	# 0B940h	"29 Draw axes too"
47425	# 0B941h	"31 Connect points"
47426	# 0B942h	"32 Solid cursor"
47427	# 0B943h	"33 Transfer via wire"
47428	# 0B944h	"34 Print via IR"
47429	# 0B945h	"35 ASCII transfer"
47430	# 0B946h	"36 RECV renames"
47431	# 0B947h	"37 Single-space prnt"
47432	# 0B948h	"38 Add linefeeds"
47433	# 0B949h	"39 Show I/O messages"
47434	# 0B94Ah	"40 Don't show clock"
47435	# 0B94Bh	"41 12-hour clock"
47436	# 0B94Ch	"42 mm/dd/yy format"
47437	# 0B94Dh	"43 Reschedule alarm"
47438	# 0B94Eh	"44 Delete alarm"
47439	# 0B94Fh	"51 Fraction mark: ."
47440	# 0B950h	"52 Show many lines"
47441	# 0B951h	"53 No extra parens"
47442	# 0B952h	"54 Tiny element → 0"
47443	# 0B953h	"55 Save last args"
47444	# 0B954h	"56 Standard beep on"
47445	# 0B955h	"57 Alarm beep on"
47446	# 0B956h	"58 Show INFO"
47447	# 0B957h	"59 Show variables"
47448	# 0B958h	"60 [α][α] locks"
47449	# 0B959h	"61 [USR][USR] locks"
47450	# 0B95Ah	"62 User keys off"
47451	# 0B95Bh	"63 Custom ENTER off"
47452	# 0B95Ch	"01 Principal value"
47453	# 0B95Dh	"02 Constant → num"
47454	# 0B95Eh	"03 Function → num"
47455	# 0B95Fh	"14 Payment at begin"

Décimal	Hexadécimal	Messages
47456	# 0B960h	"19 →V2 → complex"
47457	# 0B961h	"20 Underflow → error"
47458	# 0B962h	"21 Overflow → error"
47459	# 0B963h	"22 Infinite → ±9E499"
47460	# 0B964h	"27 'X+Y*i' → 'X+Y*i'"
47461	# 0B965h	"28 Simultaneous plot"
47462	# 0B966h	"29 Don't draw axes"
47463	# 0B967h	"31 Plot points only"
47464	# 0B968h	"32 Inverse cursor"
47465	# 0B969h	"33 Transfer via IR"
47466	# 0B96Ah	"34 Print via wire"
47467	# 0B96Bh	"35 Binary transfer"
47468	# 0B96Ch	"36 RECV overwrites"
47469	# 0B96Dh	"37 Double-space prnt"
47470	# 0B96Eh	"38 No linefeeds"
47471	# 0B96Fh	"39 No I/O messages"
47472	# 0B970h	"40 Show clock"
47473	# 0B971h	"41 24-hour clock"
47474	# 0B972h	"42 dd.mm.yy format"
47475	# 0B973h	"43 Don't reschedule"
47476	# 0B974h	"44 Save alarm"
47477	# 0B975h	"51 Fraction mark: ,"
47478	# 0B976h	"52 Show one line"
47479	# 0B977h	"53 Show all parens"
47480	# 0B978h	"54 Use tiny element"
47481	# 0B979h	"55 No last args"
47482	# 0B97Ah	"56 Standard beep off"
47483	# 0B97Bh	"57 Alarm beep off"
47484	# 0B97Ch	"58 Don't show INFO"
47485	# 0B97Dh	"59 Show names only"
47486	# 0B97Eh	"60 [α] locks Alpha"
47487	# 0B97Fh	"61 [USR] locks User"
47488	# 0B980h	"62 User keys on"
47489	# 0B981h	"63 Custom ENTER on"
47490	# 0B982h	"Objects in"
47491	# 0B983h	"Edit Variable"
47492	# 0B984h	"Object:"
47493	# 0B985h	"Enter new object"
47494	# 0B986h	"Obs in"
47495	# 0B987h	"Directories:"
47496	# 0B988h	"New Variable"
47497	# 0B989h	"Name:"
47498	# 0B98Ah	"Directory"
47499	# 0B98Bh	"Enter variable name"
47500	# 0B98Ch	"Create a new directory?"
47501	# 0B98Dh	"Enter names of vars to copy"
47502	# 0B98Eh	"Copy To:"
47503	# 0B98Fh	"Copy Variable(s)"
47504	# 0B990h	"Enter directory path"

Décimal	Hexadécimal	Messages
47505	# 0B991h	"Enter var name or directory path"
47506	# 0B992h	"Move To:"
47507	# 0B993h	"Enter names of vars to move"
47508	# 0B994h	"Move Variable(s)"
47509	# 0B995h	" Vars:"
47510	# 0B996h	"Mem Available:"
47511	# 0B997h	" bytes"
47512	# 0B998h	"Characters "
47513	# 0B999h	"Key:"
47514	# 0B99Ah	"Num:"
47515	# 0B99Bh	"(none)"
47617	# 0BA01h	"Send to HP 48"
47618	# 0BA02h	"Get from HP 48"
47619	# 0BA03h	"Print display"
47620	# 0BA04h	"Print"
47621	# 0BA05h	"Transfer"
47622	# 0BA06h	"Start Server"
47623	# 0BA07h	"Enter names of vars to send"
47624	# 0BA08h	"Vars in"
47625	# 0BA09h	"Send to HP 48"
47626	# 0BA0Ah	"Port:"
47627	# 0BA0Bh	"Dbl-Space"
47628	# 0BA0Ch	"Delay:"
47629	# 0BA0Dh	"Xlat:"
47630	# 0BA0Eh	"Linef"
47631	# 0BA0Fh	"Baud:"
47632	# 0BA10h	"Parity:"
47633	# 0BA11h	"Len:"
47634	# 0BA12h	"Choose print port"
47635	# 0BA13h	"Enter object(s) to print"
47636	# 0BA14h	"Print extra space between lines?"
47637	# 0BA15h	"Enter delay between lines"
47638	# 0BA16h	"Choose character translations"
47639	# 0BA17h	"Print linefeed between lines?"
47640	# 0BA18h	"Choose baud rate"
47641	# 0BA19h	"Choose parity"
47642	# 0BA1Ah	"Enter printer line length"
47643	# 0BA1Bh	"Print"
47644	# 0BA1Ch	"Type:"
47645	# 0BA1Dh	"OvrW"
47646	# 0BA1Eh	"Fmt:"
47647	# 0BA1Fh	"Chk:"
47648	# 0BA20h	"Choose transfer port"
47649	# 0BA21h	"Choose type of transfer"
47650	# 0BA22h	"Enter names of vars to transfer"
47651	# 0BA23h	"Choose transfer format"
47652	# 0BA24h	"Choose checksum type"
47653	# 0BA25h	"Overwrite existing variables?"
47654	# 0BA26h	"Transfer"

Décimal	Hexadécimal	Messages
47655	# 0BA27h	"Local vars"
47656	# 0BA28h	"Remote PC files"
47657	# 0BA29h	"Files in "
47658	# 0BA2Ah	"Enter name of dir to change to"
47659	# 0BA2Bh	"Choose Remote Directory"
47660	# 0BA2Ch	"Infrared"
47661	# 0BA2Dh	"IR"
47662	# 0BA2Eh	"Wire"
47663	# 0BA2Fh	"Kermit"
47664	# 0BA30h	"XModem"
47665	# 0BA31h	"Odd"
47666	# 0BA32h	"Even"
47667	# 0BA33h	"Mark"
47668	# 0BA34h	"Space"
47669	# 0BA35h	"Spc"
47670	# 0BA36h	"ASCII"
47671	# 0BA37h	"ASC"
47672	# 0BA38h	"Binary"
47673	# 0BA39h	"Bin"
47674	# 0BA3Ah	"None"
47675	# 0BA3Bh	"Newline (Ch 10)"
47676	# 0BA3Ch	"Newl"
47677	# 0BA3Dh	"Chr 128-159"
47678	# 0BA3Eh	"→159"
47679	# 0BA3Fh	"→255"
47680	# 0BA40h	"Chr 128-255"
47681	# 0BA41h	"One-digit arith"
47682	# 0BA42h	"Two-digit arith"
47683	# 0BA43h	"Three-digit CRC"
47873	# 0BB01h	"Single-var"
47874	# 0BB02h	"Frequencies"
47875	# 0BB03h	"Fit data"
47876	# 0BB04h	"Summary stats"
47877	# 0BB05h	"Single-Variable Statistics"
47878	# 0BB06h	"ΣDAT:"
47879	# 0BB07h	"Type:"
47880	# 0BB08h	"Mean"
47881	# 0BB09h	"Std Dev"
47882	# 0BB0Ah	"Variance"
47883	# 0BB0Bh	"Total"
47884	# 0BB0Ch	"Maximum"
47885	# 0BB0Dh	"Minimum"
47886	# 0BB0Eh	"Enter statistical data"
47887	# 0BB0Fh	"Enter variable column"
47888	# 0BB10h	"Choose statistics type"
47889	# 0BB11h	"Calculate mean?"
47890	# 0BB12h	"Calculate standard deviation?"
47891	# 0BB13h	"Calculate variance?"
47892	# 0BB14h	"Calculate column total?"

Décimal	Hexadécimal	Messages
47893	# 0BB15h	"Calculate column maximum?"
47894	# 0BB16h	"Calculate column minimum?"
47895	# 0BB17h	"Sample"
47896	# 0BB18h	"Population"
47897	# 0BB19h	"Frequencies"
47898	# 0BB1Ah	"X-Min:"
47899	# 0BB1Bh	"Bin Count:"
47900	# 0BB1Ch	"Bin Width:"
47901	# 0BB1Dh	"Enter minimum first bin X value"
47902	# 0BB1Eh	"Enter number of bins"
47903	# 0BB1Fh	"Enter bin width"
47904	# 0BB20h	"Fit Data"
47905	# 0BB21h	"X-Col:"
47906	# 0BB22h	"Y-Col:"
47907	# 0BB23h	"Model:"
47908	# 0BB24h	"Enter indep column number"
47909	# 0BB25h	"Enter dependent column number"
47910	# 0BB26h	"Choose statistical model"
47911	# 0BB27h	"Correlation"
47912	# 0BB28h	"Covariance"
47913	# 0BB29h	"Predict Values"
47914	# 0BB2Ah	"Y:"
47915	# 0BB2Bh	"Enter indep value or press PRED"
47916	# 0BB2Ch	"Enter dep value or press PRED"
47917	# 0BB2Dh	"Summary Statistics"
47918	# 0BB2Eh	"Calculate:"
47919	# 0BB2Fh	"ΣX"
47920	# 0BB30h	"ΣY"
47921	# 0BB31h	"ΣX2"
47922	# 0BB32h	"ΣY2"
47923	# 0BB33h	"ΣXY"
47924	# 0BB34h	"NΣ"
47925	# 0BB35h	"Calculate sum of X column?"
47926	# 0BB36h	"Calculate sum of Y column?"
47927	# 0BB37h	"Calculate sum of squares of X?"
47928	# 0BB38h	"Calculate sum of squares of Y?"
47929	# 0BB39h	"Calculate sum of products?"
47930	# 0BB3Ah	"Calculate number of data points?"
47931	# 0BB3Bh	"Linear Fit"
47932	# 0BB3Ch	"Logarithmic Fit"
47933	# 0BB3Dh	"Exponential Fit"
47934	# 0BB3Eh	"Power Fit"
47935	# 0BB3Fh	"Best Fit"
48129	# 0BC01h	"Browse alarms"
48130	# 0BC02h	"Set alarm"
48131	# 0BC03h	"Set time, date"
48132	# 0BC04h	"Set Alarm"
48133	# 0BC05h	"Message:"
48134	# 0BC06h	"Time:"

Décimal	Hexadécimal	Messages
48135	# 0BC07h	"Date:"
48136	# 0BC08h	"Repeat:"
48137	# 0BC09h	"Enter alarm message"
48138	# 0BC0Ah	"Enter hour"
48139	# 0BC0Bh	"Enter minute"
48140	# 0BC0Ch	"Enter second"
48141	# 0BC0Dh	"Choose AM, PM, or 24-hour time"
48142	# 0BC0Eh	"Enter month"
48143	# 0BC0Fh	"Enter day"
48144	# 0BC10h	"Enter year"
48145	# 0BC11h	"Enter alarm repeat multiple"
48146	# 0BC12h	"Enter alarm repeat unit"
48147	# 0BC13h	"Set Time and Date"
48148	# 0BC14h	"Choose date display format"
48149	# 0BC15h	"Monday"
48150	# 0BC16h	"Tuesday"
48151	# 0BC17h	"Wednesday"
48152	# 0BC18h	"Thursday"
48153	# 0BC19h	"Friday"
48154	# 0BC1Ah	"Saturday"
48155	# 0BC1Bh	"Sunday"
48156	# 0BC1Ch	"None"
48157	# 0BC1Dh	"AM"
48158	# 0BC1Eh	"PM"
48159	# 0BC1Fh	"24-hour time"
48160	# 0BC20h	"24-hr"
48161	# 0BC21h	" 1 January"
48162	# 0BC22h	" 2 February"
48163	# 0BC23h	" 3 March"
48164	# 0BC24h	" 4 April"
48165	# 0BC25h	" 5 May"
48166	# 0BC26h	" 6 June"
48167	# 0BC27h	" 7 July"
48168	# 0BC28h	" 8 August"
48169	# 0BC29h	" 9 September"
48170	# 0BC2Ah	"10 October"
48171	# 0BC2Bh	"11 November"
48172	# 0BC2Ch	"12 December"
48173	# 0BC2Dh	"Week"
48174	# 0BC2Eh	"Day"
48175	# 0BC2Fh	"Hour"
48176	# 0BC30h	"Minute"
48177	# 0BC31h	"Second"
48178	# 0BC32h	"Weeks"
48179	# 0BC33h	"Days"
48180	# 0BC34h	"Hours"
48181	# 0BC35h	"Minutes"
48182	# 0BC36h	"Seconds"
48183	# 0BC37h	"Month/Day/Year"

Décimal	Hexadécimal	Messages
48184	# 0BC38h	"M/D/Y"
48185	# 0BC39h	"Day.Month.Year"
48186	# 0BC3Ah	"D.M.Y"
48187	# 0BC3Bh	"Alarms"
48385	# 0BD01h	"Integrate"
48386	# 0BD02h	"Differentiate"
48387	# 0BD03h	"Taylor poly"
48388	# 0BD04h	"Isolate var"
48389	# 0BD05h	"Solve quad"
48390	# 0BD06h	"Manip expr"
48391	# 0BD07h	"Integrate"
48392	# 0BD08h	"Expr:"
48393	# 0BD09h	"Var:"
48394	# 0BD0Ah	"Result:"
48395	# 0BD0Bh	"Enter expression"
48396	# 0BD0Ch	"Enter variable name"
48397	# 0BD0Dh	"Enter lower limit"
48398	# 0BD0Eh	"Enter upper limit"
48399	# 0BD0Fh	"Choose result type"
48400	# 0BD10h	"Choose disp format for accuracy"
48401	# 0BD11h	"Differentiate"
48402	# 0BD12h	"Value:"
48403	# 0BD13h	"Enter variable value"
48404	# 0BD14h	"Expression"
48405	# 0BD15h	"Taylor Polynomial"
48406	# 0BD16h	"Order:"
48407	# 0BD17h	"Enter Talyor polynomial order"
48408	# 0BD18h	"Isolate a Variable"
48409	# 0BD19h	"Principal"
48410	# 0BD1Ah	"Get principal solution only?"
48411	# 0BD1Bh	"Solve Quadratic"
48412	# 0BD1Ch	"Manipulate Expression"
48413	# 0BD1Dh	"Match Expression"
48414	# 0BD1Eh	"Pattern:"
48415	# 0BD1Fh	"Replacement:"
48416	# 0BD20h	"Subexpr First"
48417	# 0BD21h	"Cond:"
48418	# 0BD22h	"Enter pattern to search for"
48419	# 0BD23h	"Enter replacement object"
48420	# 0BD24h	"Search subexpressions first?"
48421	# 0BD25h	"Enter conditional expression"
48422	# 0BD26h	"Symbolic"
48423	# 0BD27h	"Numeric"
48641	# 0BE01h	"Plot"
48642	# 0BE02h	"Type:"
48643	# 0BE03h	"∡:"
48644	# 0BE04h	"H-View:"
48645	# 0BE05h	"Autoscale"
48646	# 0BE06h	"V-View:"

Décimal	Hexadécimal	Messages
48647	# 0BE07h	"Choose type of plot"
48648	# 0BE08h	"Choose angle measure"
48649	# 0BE09h	"Enter function(s) to plot"
48650	# 0BE0Ah	"Enter minimum horizontal value"
48651	# 0BE0Bh	"Enter maximum horizontal value"
48652	# 0BE0Ch	"Autoscale vertical plot range?"
48653	# 0BE0Dh	"Enter minimum vertical value"
48654	# 0BE0Eh	"Enter maximum vertical value"
48655	# 0BE0Fh	"Plot (x(t), y(t))"
48656	# 0BE10h	"Enter complex-valued func(s)"
48657	# 0BE11h	"Plot y'(t)=f(t,y)"
48658	# 0BE12h	"Enter function of INDEP and SOLN"
48659	# 0BE13h	"Enter derivative w.r.t. SOLN"
48660	# 0BE14h	"Enter derivative w.r.t. INDEP"
48661	# 0BE15h	"Use Stiff diff eq solver?"
48662	# 0BE16h	"ΣDat:"
48663	# 0BE17h	"Col:"
48664	# 0BE18h	"Wid:"
48665	# 0BE19h	"Enter data to plot"
48666	# 0BE1Ah	"Arrays in"
48667	# 0BE1Bh	"Enter column to plot"
48668	# 0BE1Ch	"Enter bar width"
48669	# 0BE1Dh	"Cols:"
48670	# 0BE1Eh	"Enter col to use for horizontal"
48671	# 0BE1Fh	"Enter col to use for vertical"
48672	# 0BE20h	"Steps:"
48673	# 0BE21h	"Enter indep var sample count"
48674	# 0BE22h	"Enter dep var sample count"
48675	# 0BE23h	"Plot Options"
48676	# 0BE24h	"Lo:"
48677	# 0BE25h	"Hi:"
48678	# 0BE26h	"Axes"
48679	# 0BE27h	"Simult"
48680	# 0BE28h	"Connect"
48681	# 0BE29h	"Pixels"
48682	# 0BE2Ah	"H-Tick:"
48683	# 0BE2Bh	"V-Tick:"
48684	# 0BE2Ch	"Enter minimum indep var value"
48685	# 0BE2Dh	"Enter maximum indep var value"
48686	# 0BE2Eh	"Draw axes before plotting?"
48687	# 0BE2Fh	"Connect plot points?"
48688	# 0BE30h	"Plot functions simultaneously?"
48689	# 0BE31h	"Enter indep var increment"
48690	# 0BE32h	"Indep step units are pixels?"
48691	# 0BE33h	"Enter horizontal tick spacing"
48692	# 0BE34h	"Enter vertical tick spacing"
48693	# 0BE35h	"Tick spacing units are pixels?"
48694	# 0BE36h	"Depnd:"
48695	# 0BE37h	"Enter dependent var name"

Décimal	Hexadécimal	Messages
48696	# 0BE38h	"Enter minimum dep var value"
48697	# 0BE39h	"Enter maximum dep var value"
48698	# 0BE3Ah	"H-Var:"
48699	# 0BE3Bh	"V-Var:"
48700	# 0BE3Ch	"Enter max indep var increment"
48701	# 0BE3Dh	"Choose horizontal variable"
48702	# 0BE3Eh	"Choose vertical variable"
48703	# 0BE3Fh	"0 INDEP"
48704	# 0BE40h	"1 SOLN"
48705	# 0BE41h	" SOLN("
48706	# 0BE42	"X-Left:"
48707	# 0BE43h	"X-Right:"
48708	# 0BE44h	"Y-Near:"
48709	# 0BE45h	"Y-Far:"
48710	# 0BE46h	"Z-Low:"
48711	# 0BE47h	"Z-High:"
48712	# 0BE48h	"Enter minimum X view-volume val"
48713	# 0BE49h	"Enter maximum X view-volume val"
48714	# 0BE4Ah	"Enter minimum Y view-volume val"
48715	# 0BE4Bh	"Enter maximum Y view-volume val"
48716	# 0BE4Ch	"Enter minimum Z view-volume val"
48717	# 0BE4Dh	"Enter maximum Z view-volume val"
48718	# 0BE4Eh	"XE:"
48719	# 0BE4Fh	"YE:"
48720	# 0BE50h	"ZE:"
48721	# 0BE51h	"Enter X eyepoint coordinate"
48722	# 0BE52h	"Enter Y eyepoint coordinate"
48723	# 0BE53h	"Enter Z eyepoint coordinate"
48724	# 0BE54h	"Save Animation"
48725	# 0BE55h	"Save animation data after plot?"
48726	# 0BE56h	"XX-Left:"
48727	# 0BE57h	"XX-Rght:"
48728	# 0BE58h	"YY-Near:"
48729	# 0BE59h	"YY-Far:"
48730	# 0BE5Ah	"Enter minimum XX range value"
48731	# 0BE5Bh	"Enter maximum XX range value"
48732	# 0BE5Ch	"Enter minimum YY range value"
48733	# 0BE5Dh	"Enter maximum YY range value"
48734	# 0BE5Eh	"XX and YY Plot Options"
48735	# 0BE5Fh	"Zoom Factors"
48736	# 0BE60h	"H-Factor:"
48737	# 0BE61h	"V-Factor:"
48738	# 0BE62h	"Recenter at Crosshairs"
48739	# 0BE63h	"Enter horizontal zoom factor"
48740	# 0BE64h	"Enter vertical zoom factor"
48741	# 0BE65h	"Recenter plot at crosshairs?"
48742	# 0BE66h	"Reset plot"
48743	# 0BE67h	"Dflt"
48744	# 0BE68h	"Auto"

Décimal	Hexadécimal	Messages
48745	# 0BE69h	"Function"
48746	# 0BE6Ah	"Polar"
48747	# 0BE6Bh	"Conic"
48748	# 0BE6Ch	"Truth"
48749	# 0BE6Dh	"Parametric"
48750	# 0BE6Eh	"Diff Eq"
48751	# 0BE6Fh	"Histogram"
48752	# 0BE70h	"Bar"
48753	# 0BE71h	"Scatter"
48754	# 0BE72h	"Slopefield"
48755	# 0BE73h	"Wireframe"
48756	# 0BE74h	"Ps-Contour"
48757	# 0BE75h	"Y-Slice"
48758	# 0BE76h	"Gridmap"
48897	# 0BF01h	"Solve equation"
48898	# 0BF02h	"Solve diff eq"
48899	# 0BF03h	"Solve poly"
48900	# 0BF04h	"Solve lin sys"
48901	# 0BF05h	"Solve finance"
48902	# 0BF06h	"Solve Equation"
48903	# 0BF07h	"Enter value or press SOLVE"
48904	# 0BF08h	"Eq:"
48905	# 0BF09h	"Enter function to solve"
48906	# 0BF0Ah	"Funcs in"
48907	# 0BF0Bh	"Solver Variable Order"
48908	# 0BF0Ch	"Variables:"
48909	# 0BF0Dh	"Enter order of vars to display"
48910	# 0BF0Eh	"Solve y'(t)=f(t,y)"
48911	# 0BF0Fh	"f:"
48912	# 0BF10h	"∂f∂y:"
48913	# 0BF11h	"∂f∂t:"
48914	# 0BF12h	"Indep:"
48915	# 0BF13h	"Init:"
48916	# 0BF14h	"Final:"
48917	# 0BF15h	"Soln:"
48918	# 0BF16h	"Tol:"
48919	# 0BF17h	"Step:"
48920	# 0BF18h	"Stiff"
48921	# 0BF19h	"Enter function of INDEP and SOLN"
48922	# 0BF1Ah	"Enter derivative w.r.t. SOLN"
48923	# 0BF1Bh	"Enter derivative w.r.t. INDEP"
48924	# 0BF1Ch	"Enter independent var name"
48925	# 0BF1Dh	"Enter initial indep var value"
48926	# 0BF1Eh	"Enter final indep var value"
48927	# 0BF1Fh	"Enter solution var name"
48928	# 0BF20h	"Enter initial solution var value"
48929	# 0BF21h	"Press SOLVE for final soln value"
48930	# 0BF22h	"Enter absolute error tolerance"
48931	# 0BF23h	"Enter initial step size"

Décimal	Hexadécimal	Messages
48932	# 0BF24h	"Calculate stiff differential?"
48933	# 0BF25h	"f"
48934	# 0BF26h	"Tolerance"
48935	# 0BF27h	"Solution"
48936	# 0BF28h	"Solve an·x^n++a1·x+a0"
48937	# 0BF29h	"Coefficients [an a1 a0]:"
48938	# 0BF2Ah	"Roots:"
48939	# 0BF2Bh	"Enter coefficients or press SOLVE"
48940	# 0BF2Ch	"Enter roots or press SOLVE"
48941	# 0BF2Dh	"Coefficients"
48942	# 0BF2Eh	"Roots"
48943	# 0BF2Fh	"Solve System A·X=B"
48944	# 0BF30h	"A:"
48945	# 0BF31h	"B:"
48946	# 0BF32h	"X:"
48947	# 0BF33h	"Enter coefficients matrix A"
48948	# 0BF34h	"Enter constants or press SOLVE"
48949	# 0BF35h	"Enter solutions or press SOLVE"
48950	# 0BF36h	"Constants"
48951	# 0BF37h	"Solutions"
48952	# 0BF38h	"N:"
48953	# 0BF39h	"I%YR:"
48954	# 0BF3Ah	"PV:"
48955	# 0BF3Bh	"PMT:"
48956	# 0BF3Ch	"P/YR:"
48957	# 0BF3Dh	"FV:"
48958	# 0BF3Eh	"Enter no. of payments or SOLVE"
48959	# 0BF3Fh	"Enter yearly int rate or SOLVE"
48960	# 0BF40h	"Enter present value or SOLVE"
48961	# 0BF41h	"Enter payment amount or SOLVE"
48962	# 0BF42h	"Enter no. of payments per year"
48963	# 0BF43h	"Enter future value or SOLVE"
48964	# 0BF44h	"Choose when payments are made"
48965	# 0BF45h	"Time Value of Money"
48966	# 0BF46h	"N"
48967	# 0BF47h	"I%/YR"
48968	# 0BF48h	"PV"
48969	# 0BF49h	"PMT"
48970	# 0BF4Ah	"FV"
48971	# 0BF4Bh	"End"
48972	# 0BF4Ch	"Begin"
48973	# 0BF4Dh	"Beg"
48974	# 0BF4Eh	"Amortize"
48975	# 0BF4Fh	"Payments:"
48976	# 0BF50h	"Principal:"
48977	# 0BF51h	"Interest:"
48978	# 0BF52h	"Balance:"
48979	# 0BF53h	"Enter no. of payments to amort"
48980	# 0BF54h	"Principal"

Décimal	Hexadécimal	Messages
48981	# 0BF55h	"Interest"
48982	# 0BF56h	"Balance"
49153	# 0C001h	"Unable to find root"
57601	# 0E101h	"Avogadro's number"
57602	# 0E102h	"Boltzmann"
57603	# 0E103h	"molar volume"
57604	# 0E104h	"universal gas"
57605	# 0E105h	"std temperature"
57606	# 0E106h	"std pressure"
57607	# 0E107h	"Stefan-Boltzmann"
57608	# 0E108h	"speed of light"
57609	# 0E109h	"permittivity"
57610	# 0E10Ah	"permeability"
57611	# 0E10Bh	"accel of gravity"
57612	# 0E10Ch	"gravitation"
57613	# 0E10Dh	"Planck's"
57614	# 0E10Eh	"Dirac's"
57615	# 0E10Fh	"electronic charge"
57616	# 0E110h	"electron mass"
57617	# 0E111h	"q/me ratio"
57618	# 0E112h	"proton mass"
57619	# 0E113h	"mp/me ratio"
57620	# 0E114h	"fine structure"
57621	# 0E115h	"mag flux quantum"
57622	# 0E116h	"Faraday"
57623	# 0E117h	"Rydberg"
57624	# 0E118h	"Bohr radius"
57625	# 0E119h	"Bohr magneton"
57626	# 0E11Ah	"nuclear magneton"
57627	# 0E11Bh	"photon wavelength"
57628	# 0E11Ch	"photon frequency"
57629	# 0E11Dh	"Compton wavelen"
57630	# 0E11Eh	"1 radian"
57631	# 0E11Fh	"2π radians"
57632	# 0E120h	"$\angle$ in trig mode"
57633	# 0E121h	"Wien's"
57634	# 0E122h	"k/q"
57635	# 0E123h	"ϵ0/q"
57636	# 0E124h	"q*ϵ0"
57637	# 0E125h	"dielectric const"
57638	# 0E126h	"SiO2 dielec cons"
57639	# 0E127h	"ref intensity"
57640	# 0E128h	"CONSTANTS LIBRARY"
57641	# 0E129h	"Undefined Constant"
58369	# 0E401h	"Invalid Mpar"
58370	# 0E402h	"Single Equation"
58371	# 0E403h	"EQ Invalid for MINIT"
58372	# 0E404h	"Too Many Unknowns"

Décimal	Hexadécimal	Messages
58373	# 0E405h	"All Variables Known"
58374	# 0E406h	"Illegal During MROOT"
58375	# 0E407h	"Solving for "
58376	# 0E408h	"Searching"
58881	# 0E601h	"No Solution"
58882	# 0E602h	"Many or No Solutions"
58883	# 0E603h	"I%YR/PYR ≤ -100"
58884	# 0E604h	"Invalid N"
58885	# 0E605h	"Invalid PYR"
58886	# 0E606h	"Invalid #Periods"
58887	# 0E607h	"Undefined TVM Variable"
58888	# 0E608h	"END mode"
58889	# 0E609h	"BEGIN mode"
58890	# 0E60Ah	" payments/year"
58891	# 0E60Bh	"Principal"
58892	# 0E60Ch	"Interest"
58893	# 0E60Dh	"Balance"
59139	# 0E703h	"NEAR "
59140	# 0E704h	" MINE "
59141	# 0E705h	" MINES "
59142	# 0E706h	" SCORE: "
59143	# 0E707h	"YOU MADE IT!!"
59144	# 0E708h	"YOU BLEW UP!!"
458752	# 70000h	Dernier message utilisateur (msg DOERR)

Remarque : d'autres messages que ceux ci peuvent apparaître (par exemple "No Picture Available" lors de l'utilisation de l'Equation Library) mais ne font pas partie des messages d'erreurs à proprement parler (on ne peut pas récupérer leur numéro par ERRN, ni les provoquer à l'aide de DOERR).

Instructions du LM

Les instructions des pages suivantes sont données dans l'ordre des codes (pour désassembler des programmes en rom...) et par ordre alphabétique. On trouve sur chaque ligne : le code de l'instruction, son mnémonique (avec éventuellement une indication de champ) ainsi que le nombre de cycles nécessaires à son exécution. En outre, les instructions précédées par une étoile modifient la retenue, celles précédées par un "M" donnent un résultat qui dépend du mode courant (décimal ou hexadécimal).

Les explications détaillées de ces instructions et des notations utilisées (notamment en ce qui concerne le temps d'exécution des instructions) se trouvent dans la partie 2 (le langage-machine), chapitres 2 et 3. Concernant les champs des registres, voici les deux tableaux récapitulatifs déjà vus :

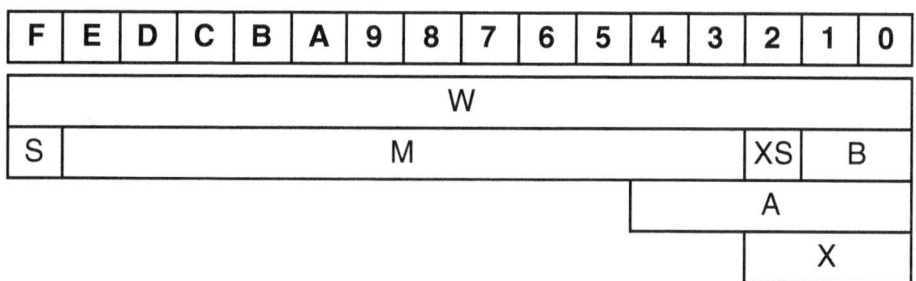

Champ	a	f	b
P	0	0	8
WP	1	1	9
XS	2	2	A
X	3	3	B
S	4	4	C
M	5	5	D
B	6	6	E
W	7	7	F
A		F	

Code		Instruction		Cycles
00		RTNSXM		11
01		RTN		11
02	*	RTNSC		11
03	*	RTNCC		11
04		SETHEX		4
05		SETDEC		4
06		RSTK=C		9
07		C=RSTK		9
08		CLRST		7
09		C=ST		7
0A		ST=C		7
0B		CSTEX		7
0C	*	P=P+1		4
0D	*	P=P-1		4
0Ef0		A=A&B	f	6+q
0Ef1		B=B&C	f	6+q
0Ef2		C=C&A	f	6+q
0Ef3		D=D&C	f	6+q
0Ef4		B=B&A	f	6+q
0Ef5		C=C&B	f	6+q
0Ef6		A=A&C	f	6+q
0Ef7		C=C&D	f	6+q
0Ef8		A=A!B	f	6+q
0Ef9		B=B!C	f	6+q
0EfA		C=C!A	f	6+q
0EfB		D=D!C	f	6+q
0EfC		B=B!A	f	6+q
0EfD		C=C!B	f	6+q
0EfE		A=A!C	f	6+q
0EfF		C=C!D	f	6+q
0F		RTI		11
100		R0=A		20.5
101		R1=A		20.5
102		R2=A		20.5
103		R3=A		20.5
104		R4=A		20.5
108		R0=C		20.5
109		R1=C		20.5
10A		R2=C		20.5
10B		R3=C		20.5
10C		R4=C		20.5
110		A=R0		20.5
111		A=R1		20.5
112		A=R2		20.5
113		A=R3		20.5
114		A=R4		20.5
118		C=R0		20.5
119		C=R1		20.5
11A		C=R2		20.5
11B		C=R3		20.5
11C		C=R4		20.5
120		AR0EX		20.5
121		AR1EX		20.5
122		AR2EX		20.5
123		AR3EX		20.5
124		AR4EX		20.5
128		CR0EX		20.5
129		CR1EX		20.5
12A		CR2EX		20.5
12B		CR3EX		20.5
12C		CR4EX		20.5
130		D0=A		9.5
131		D1=A		9.5
132		AD0EX		9.5
133		AD1EX		9.5
134		D0=C		9.5
135		D1=C		9.5
136		CD0EX		9.5
137		CD1EX		9.5
138		D0=AS		8.5
139		D1=AS		8.5
13A		AD0XS		8.5
13B		AD1XS		8.5

Code		Instruction		Cycles
13C		D0=CS		8.5
13D		D1=CS		8.5
13E		CD0XS		8.5
13F		CD1XS		8.5
140		DAT0=A	A	19.5
141		DAT1=A	A	19.5
142		A=DAT0	A	20.5,3.5
143		A=DAT1	A	20.5,3.5
144		DAT0=C	A	19.5
145		DAT1=C	A	19.5
146		C=DAT0	A	20.5,3.5
147		C=DAT1	A	20.5,3.5
148		DAT0=A	B	16.5
149		DAT1=A	B	16.5
14A		A=DAT0	B	19.5
14B		A=DAT1	B	19.5
14C		DAT0=C	B	16.5
14D		DAT1=C	B	16.5
14E		C=DAT0	B	19.5
14F		C=DAT1	B	19.5
150a		DAT0=A	a	19+q
151a		DAT1=A	a	19+q
152a		A=DAT0	a	20+q,1+q/2
153a		A=DAT1	a	20+q,1+q/2
154a		DAT0=C	a	19+q
155a		DAT1=C	a	19+q
156a		C=DAT0	a	20+q,1+q/2
157a		C=DAT1	a	20+q,1+q/2
158x		DAT0=A	x+1	18+q
159x		DAT1=A	x+1	18+q
15Ax		A=DAT0	x+1	19+q,1+q/2
15Bx		A=DAT1	x+1	19+q,1+q/2
15Cx		DAT0=C	x+1	18+q
15Dx		DAT1=C	x+1	18+q
15Ex		C=DAT0	x+1	19+q,1+q/2
15Fx		C=DAT1	x+1	19+q,1+q/2
16n	*	D0=D0+	n+1	8.5
17n	*	D1=D1+	n+1	8.5
18n	*	D0=D0-	n+1	8.5
19pq		D0=(2)	qp	6
1Apqrs		D0=(4)	srqp	9
1Bpqrst		D0=(5)	tsrqp	10.5
1Cn	*	D1=D1-	n+1	8.5
1Dpq		D1=(2)	qp	6
1Epqrs		D1=(4)	srqp	9
1Fpqrst		D1=(5)	tsrqp	10.5
2n		P=	n	3
3xh0..hx		LCHEX	#hx..h0	3+3q/2
400		RTNC		12.5/4.5
420		NOP3		
4yz		GOC	zy	12.5/4.5
500		RTNNC		12.5/4.5
5yz		GONC	zy	12.5/4.5
6300		NOP4		14
64000		NOP5		14
6yzt		GOTO	tzy	14
7yzt		GOSUB	tzy	15
800		OUT=CS		5.5
801		OUT=C		7.5
802		A=IN		8.5
803		C=IN		8.5
804		UNCNFG		14.5
805		CONFIG		13.5
806		C=ID		13.5
807		SHUTDN		6.5
8080		INTON		7
80810		RSI		8.5
8082xh0..hx		LAHEX	#hx..h0	5+q+(5+q)/2

Code		Instruction		Cycles
8083		BUSCB		10
8084d		ABIT=0	d	7.5
8085d		ABIT=1	d	7.5
8086d	*	?ABIT=0	d	20.5/12.5
8087d	*	?ABIT=1	d	20.5/12.5
8088d		CBIT=0	d	7.5
8089d		CBIT=1	d	7.5
808Ad	*	?CBIT=0	d	20.5/12.5
808Bd	*	?CBIT=1	d	20.5/12.5
808C		PC=(A)		26,3.5
808D		BUSCD		10
808E		PC=(C)		26,3.5
808F		INTOFF		7
809	*	C+P+1		9.5
80A		RESET		7.5
80B		BUSCC		8.5
80Cx		C=P	x	8
80Dx		P=C	x	8
80E		SREQ?		9.5
80Fx		CPEX	x	8
810		ASLC		22.5
811		BSLC		22.5
812		CSLC		22.5
813		DSLC		22.5
814		ASRC		22.5
815		BSRC		22.5
816		CSRC		22.5
817		DSRC		22.5
818f0x	*	A=A+x+1	f	8+q
818f1x	*	B=B+x+1	f	8+q
818f2x	*	C=C+x+1	f	8+q
818f3x	*	D=D+x+1	f	8+q
818f8x	*	A=A-x-1	f	8+q
818f9x	*	B=B-x-1	f	8+q
818fAx	*	C=C-x-1	f	8+q
818fBx	*	D=D-x-1	f	8+q
819f0		ASRB	f	8.5+q
819f1		BSRB	f	8.5+q
819f2		CSRB	f	8.5+q
819f3		DSRB	f	8.5+q
81Af00		R0=A	f	9+q
81Af01		R1=A	f	9+q
81Af02		R2=A	f	9+q
81Af03		R3=A	f	9+q
81Af04		R4=A	f	9+q
81Af08		R0=C	f	9+q
81Af09		R1=C	f	9+q
81Af0A		R2=C	f	9+q
81Af0B		R3=C	f	9+q
81Af0C		R4=C	f	9+q
81Af10		A=R0	f	9+q
81Af11		A=R1	f	9+q
81Af12		A=R2	f	9+q
81Af13		A=R3	f	9+q
81Af14		A=R4	f	9+q
81Af18		C=R0	f	9+q
81Af19		C=R1	f	9+q
81Af1A		C=R2	f	9+q
81Af1B		C=R3	f	9+q
81Af1C		C=R4	f	9+q
81Af20		AR0EX	f	9+q
81Af21		AR1EX	f	9+q
81Af22		AR2EX	f	9+q
81Af23		AR3EX	f	9+q
81Af24		AR4EX	f	9+q
81Af28		CR0EX	f	9+q
81Af29		CR1EX	f	9+q
81Af2A		CR2EX	f	9+q
81Af2B		CR3EX	f	9+q
81Af2C		CR4EX	f	9+q
81B2		PC=A		19
81B3		PC=C		19
81B4		A=PC		11
81B5		C=PC		11

Code		Instr		Timing
81B6		APCEX		19
81B7		CPCEX		19
81C		ASRB		21.5
81D		BSRB		21.5
81E		CSRB		21.5
81F		DSRB		21.5
821		XM=0		4.5
822		SB=0		4.5
824		SR=0		4.5
828		MP=0		4.5
82F		CLRHST		4.5
831	*	?XM=0		15.5/7.5
832	*	?SB=0		15.5/7.5
834	*	?SR=0		15.5/7.5
838	*	?MP=0		15.5/7.5
84d		ST=0	d	5.5
85d		ST=1	d	5.5
86d	*	?ST=0	d	16.5/8.5
87d	*	?ST=1	d	16.5/8.5
88n	*	?P≠	n	15.5/7.5
89n	*	?P=	n	15.5/7.5
8A0	*	?B=A	A	21.5/13.5
8A1	*	?C=B	A	21.5/13.5
8A2	*	?A=C	A	21.5/13.5
8A3	*	?C=D	A	21.5/13.5
8A4	*	?B≠A	A	21.5/13.5
8A5	*	?C≠B	A	21.5/13.5
8A6	*	?A≠C	A	21.5/13.5
8A7	*	?D≠C	A	21.5/13.5
8A8	*	?A=0	A	21.5/13.5
8A9	*	?B=0	A	21.5/13.5
8AA	*	?C=0	A	21.5/13.5
8AB	*	?D=0	A	21.5/13.5
8AC	*	?A≠0	A	21.5/13.5
8AD	*	?B≠0	A	21.5/13.5
8AE	*	?C≠0	A	21.5/13.5
8AF	*	?D≠0	A	21.5/13.5
8B0	*	?A>B	A	21.5/13.5
8B1	*	?B>C	A	21.5/13.5
8B2	*	?C>A	A	21.5/13.5
8B3	*	?D>C	A	21.5/13.5
8B4	*	?A<B	A	21.5/13.5
8B5	*	?B<C	A	21.5/13.5
8B6	*	?C<A	A	21.5/13.5
8B7	*	?D<C	A	21.5/13.5
8B8	*	?A≥B	A	21.5/13.5
8B9	*	?B≥C	A	21.5/13.5
8BA	*	?C≥A	A	21.5/13.5
8BB	*	?D≥C	A	21.5/13.5
8BC	*	?A≤B	A	21.5/13.5
8BD	*	?B≤C	A	21.5/13.5
8BE	*	?C≤A	A	21.5/13.5
8BF	*	?D≤C	A	21.5/13.5
8Cpqrs		GOLONG	srqp	17
8Dpqrst		GOVLNG	tsrqp	18.5
8Epqrs		GOSUBL	srqp	18
8Fpqrst		GOSBVL	tsrqp	19.5

Code		Instr		Timing
9a0	*	?A=B	a	16.5+q/8.5+q
9a1	*	?B=C	a	16.5+q/8.5+q
9a2	*	?C=A	a	16.5+q/8.5+q
9a3	*	?C=D	a	16.5+q/8.5+q
9a4	*	?A≠B	a	16.5+q/8.5+q
9a5	*	?B≠C	a	16.5+q/8.5+q
9a6	*	?C≠A	a	16.5+q/8.5+q
9a7	*	?D≠C	a	16.5+q/8.5+q
9a8	*	?A=0	a	16.5+q/8.5+q
9a9	*	?B=0	a	16.5+q/8.5+q
9aA	*	?C=0	a	16.5+q/8.5+q
9aB	*	?D=0	a	16.5+q/8.5+q
9aC	*	?A≠0	a	16.5+q/8.5+q
9aD	*	?B≠0	a	16.5+q/8.5+q
9aE	*	?C≠0	a	16.5+q/8.5+q
9aF	*	?D≠0	a	16.5+q/8.5+q
9b0	*	?A>B	b	16.5+q/8.5+q
9b1	*	?B>C	b	16.5+q/8.5+q
9b2	*	?C>A	b	16.5+q/8.5+q
9b3	*	?D>C	b	16.5+q/8.5+q
9b4	*	?A<B	b	16.5+q/8.5+q
9b5	*	?B<C	b	16.5+q/8.5+q
9b6	*	?C<A	b	16.5+q/8.5+q
9b7	*	?D<C	b	16.5+q/8.5+q
9b8	*	?A≥B	b	16.5+q/8.5+q
9b9	*	?B≥C	b	16.5+q/8.5+q
9bA	*	?C≥A	b	16.5+q/8.5+q
9bB	*	?D≥C	b	16.5+q/8.5+q
9bC	*	?A≤B	b	16.5+q/8.5+q
9bD	*	?B≤C	b	16.5+q/8.5+q
9bE	*	?C≤A	b	16.5+q/8.5+q
9bF	*	?D≤C	b	16.5+q/8.5+q

Code	Instr		Timing
Aa0	M* A=A+B	a	4.5+q
Aa1	M* B=B+C	a	4.5+q
Aa2	M* C=C+A	a	4.5+q
Aa3	M* D=D+C	a	4.5+q
Aa4	M* A=A+A	a	4.5+q
Aa5	M* B=B+B	a	4.5+q
Aa6	M* C=C+C	a	4.5+q
Aa7	M* D=D+D	a	4.5+q
Aa8	M* B=B+A	a	4.5+q
Aa9	M* C=C+B	a	4.5+q
AaA	M* A=A+C	a	4.5+q
AaB	M* C=C+D	a	4.5+q
AaC	M* A=A-1	a	4.5+q
AaD	M* B=B-1	a	4.5+q
AaE	M* C=C-1	a	4.5+q
AaF	M* D=D-1	a	4.5+q
Ab0	A=0	b	4.5+q
Ab1	B=0	b	4.5+q
Ab2	C=0	b	4.5+q
Ab3	D=0	b	4.5+q
Ab4	A=B	b	4.5+q
Ab5	B=C	b	4.5+q
Ab6	C=A	b	4.5+q
Ab7	D=C	b	4.5+q
Ab8	B=A	b	4.5+q
Ab9	C=B	b	4.5+q
AbA	A=C	b	4.5+q
AbB	C=D	b	4.5+q
AbC	ABEX	b	4.5+q
AbD	BCEX	b	4.5+q
AbE	ACEX	b	4.5+q
AbF	CDEX	b	4.5+q
Ba0	M* A=A-B	a	4.5+q
Ba1	M* B=B-C	a	4.5+q
Ba2	M* C=C-A	a	4.5+q
Ba3	M* D=D-C	a	4.5+q
Ba4	M* A=A+1	a	4.5+q
Ba5	M* B=B+1	a	4.5+q
Ba6	M* C=C+1	a	4.5+q
Ba7	M* D=D+1	a	4.5+q
Ba8	M* B=B-A	a	4.5+q
Ba9	M* C=C-B	a	4.5+q
BaA	M* A=A-C	a	4.5+q
BaB	M* C=C-D	a	4.5+q
BaC	M* A=B-A	a	4.5+q
BaD	M* B=C-B	a	4.5+q
BaE	M* C=A-C	a	4.5+q
BaF	M* D=C-D	a	4.5+q
Bb0	ASL	b	4.5+q
Bb1	BSL	b	4.5+q
Bb2	CSL	b	4.5+q
Bb3	DSL	b	4.5+q
Bb4	ASR	b	4.5+q
Bb5	BSR	b	4.5+q
Bb6	CSR	b	4.5+q
Bb7	DSR	b	4.5+q
Bb8	M* A=-A	b	4.5+q
Bb9	M* B=-B	b	4.5+q
BbA	M* C=-C	b	4.5+q
BbB	M* D=-D	b	4.5+q
BbC	M* A=-A-1	b	4.5+q
BbD	M* B=-B-1	b	4.5+q
BbE	M* C=-C-1	b	4.5+q
BbF	M* D=-D-1	b	4.5+q

Code	Instr		Timing
C0	M* A=A+B	A	8
C1	M* B=B+C	A	8
C2	M* C=C+A	A	8
C3	M* D=D+C	A	8
C4	M* A=A+A	A	8
C5	M* B=B+B	A	8
C6	M* C=C+C	A	8
C7	M* D=D+D	A	8
C8	M* B=B+A	A	8
C9	M* C=C+B	A	8
CA	M* A=A+C	A	8
CB	M* C=C+D	A	8
CC	M* A=A-1	A	8
CD	M* B=B-1	A	8
CE	M* C=C-1	A	8
CF	M* D=D-1	A	8
D0	A=0	A	8
D1	B=0	A	8
D2	C=0	A	8
D3	D=0	A	8
D4	A=B	A	8
D5	B=C	A	8
D6	C=A	A	8
D7	D=C	A	8
D8	B=A	A	8
D9	C=B	A	8
DA	A=C	A	8
DB	C=D	A	8
DC	ABEX	A	8
DD	BCEX	A	8
DE	ACEX	A	8
DF	CDEX	A	8
E0	M* A=A-B	A	8
E1	M* B=B-C	A	8
E2	M* C=C-A	A	8
E3	M* D=D-C	A	8
E4	M* A=A+1	A	8
E5	M* B=B+1	A	8
E6	M* C=C+1	A	8
E7	M* D=D+1	A	8
E8	M* B=B-A	A	8
E9	M* C=C-B	A	8
EA	M* A=A-C	A	8
EB	M* C=C-D	A	8
EC	M* A=B-A	A	8
ED	M* B=C-B	A	8
EE	M* C=A-C	A	8
EF	M* D=C-D	A	8
F0	ASL	A	8
F1	BSL	A	8
F2	CSL	A	8
F3	DSL	A	8
F4	ASR	A	8
F5	BSR	A	8
F6	CSR	A	8
F7	DSR	A	8
F8	M* A=-A	A	8
F9	M* B=-B	A	8
FA	M* C=-C	A	8
FB	M* D=-D	A	8
FC	M* A=-A-1	A	8
FD	M* B=-B-1	A	8
FE	M* C=-C-1	A	8
FF	M* D=-D-1	A	8

Code	Flags	Instruction	Mode	Timing
8B4	*	?A<B	A	21.5/13.5
9b4	*	?A<B	b	16.5+q/8.5+q
8B2	*	?A<C	A	21.5/13.5
9b2	*	?A<C	b	16.5+q/8.5+q
8A8	*	?A=0	A	21.5/13.5
9a8	*	?A=0	a	16.5+q/8.5+q
8A0	*	?A=B	A	21.5/13.5
9a0	*	?A=B	a	16.5+q/8.5+q
8A2	*	?A=C	A	21.5/13.5
9a2	*	?A=C	a	16.5+q/8.5+q
8B0	*	?A>B	A	21.5/13.5
9b0	*	?A>B	b	16.5+q/8.5+q
8B6	*	?A>C	A	21.5/13.5
9b6	*	?A>C	b	16.5+q/8.5+q
8086d	*	?ABIT=0	d	20.5/12.5
8087d	*	?ABIT=1	d	20.5/12.5
8AC	*	?A≠0	A	21.5/13.5
9aC	*	?A≠0	a	16.5+q/8.5+q
8A4	*	?A≠B	A	21.5/13.5
9a4	*	?A≠B	a	16.5+q/8.5+q
8A6	*	?A≠C	A	21.5/13.5
9a6	*	?A≠C	a	16.5+q/8.5+q
8BC	*	?A≤B	A	21.5/13.5
9bC	*	?A≤B	b	16.5+q/8.5+q
8BA	*	?A≤C	A	21.5/13.5
9bA	*	?A≤C	b	16.5+q/8.5+q
8B8	*	?A≥B	A	21.5/13.5
9b8	*	?A≥B	b	16.5+q/8.5+q
8BE	*	?A≥C	A	21.5/13.5
9bE	*	?A≥C	b	16.5+q/8.5+q
8B0	*	?B<A	A	21.5/13.5
9b0	*	?B<A	b	16.5+q/8.5+q
8B5	*	?B<C	A	21.5/13.5
9b5	*	?B<C	b	16.5+q/8.5+q
8A9	*	?B=0	A	21.5/13.5
9a9	*	?B=0	a	16.5+q/8.5+q
8A0	*	?B=A	A	21.5/13.5
9a0	*	?B=A	a	16.5+q/8.5+q
8A1	*	?B=C	A	21.5/13.5
9a1	*	?B=C	a	16.5+q/8.5+q
8B4	*	?B>A	A	21.5/13.5
9b4	*	?B>A	b	16.5+q/8.5+q
8B1	*	?B>C	A	21.5/13.5
9b1	*	?B>C	b	16.5+q/8.5+q
8AD	*	?B≠0	A	21.5/13.5
9aD	*	?B≠0	a	16.5+q/8.5+q
8A4	*	?B≠A	A	21.5/13.5
9a4	*	?B≠A	a	16.5+q/8.5+q
8A5	*	?B≠C	A	21.5/13.5
9a5	*	?B≠C	a	16.5+q/8.5+q
8B8	*	?B≤A	A	21.5/13.5
9b8	*	?B≤A	b	16.5+q/8.5+q
8BD	*	?B≤C	A	21.5/13.5
9bD	*	?B≤C	b	16.5+q/8.5+q
8BC	*	?B≥A	A	21.5/13.5
9bC	*	?B≥A	b	16.5+q/8.5+q
8B9	*	?B≥C	A	21.5/13.5
9b9	*	?B≥C	b	16.5+q/8.5+q
8B6	*	?C<A	A	21.5/13.5
9b6	*	?C<A	b	16.5+q/8.5+q
8B1	*	?C<B	A	21.5/13.5
9b1	*	?C<B	b	16.5+q/8.5+q
8B3	*	?C<D	A	21.5/13.5
9b3	*	?C<D	b	16.5+q/8.5+q
8AA	*	?C=0	A	21.5/13.5
9aA	*	?C=0	a	16.5+q/8.5+q
8A2	*	?C=A	A	21.5/13.5
9a2	*	?C=A	a	16.5+q/8.5+q
8A1	*	?C=B	A	21.5/13.5
9a1	*	?C=B	a	16.5+q/8.5+q
8A3	*	?C=D	A	21.5/13.5
9a3	*	?C=D	a	16.5+q/8.5+q
8B2	*	?C>A	A	21.5/13.5
9b2	*	?C>A	b	16.5+q/8.5+q
8B5	*	?C>B	A	21.5/13.5
9b5	*	?C>B	b	16.5+q/8.5+q
8B7	*	?C>D	A	21.5/13.5
9b7	*	?C>D	b	16.5+q/8.5+q
808Ad	*	?CBIT=0	d	20.5/12.5
808Bd	*	?CBIT=1	d	20.5/12.5
8AE	*	?C≠0	A	21.5/13.5
9aE	*	?C≠0	a	16.5+q/8.5+q
8A6	*	?C≠A	A	21.5/13.5
9a6	*	?C≠A	a	16.5+q/8.5+q
8A5	*	?C≠B	A	21.5/13.5
9a5	*	?C≠B	a	16.5+q/8.5+q
8A7	*	?C≠D	A	21.5/13.5
9a7	*	?C≠D	a	16.5+q/8.5+q
8BE	*	?C≤A	A	21.5/13.5
9bE	*	?C≤A	b	16.5+q/8.5+q
8B9	*	?C≤B	A	21.5/13.5
9b9	*	?C≤B	b	16.5+q/8.5+q
8BB	*	?C≤D	A	21.5/13.5
9bB	*	?C≤D	b	16.5+q/8.5+q
8BA	*	?C≥A	A	21.5/13.5
9bA	*	?C≥A	b	16.5+q/8.5+q
8BD	*	?C≥B	A	21.5/13.5

Code	Flags	Instruction	Mode	Timing
9bD	*	?C≥B	b	16.5+q/8.5+q
8BF	*	?C≥D	A	21.5/13.5
9bF	*	?C≥D	b	16.5+q/8.5+q
8B7	*	?D<C	A	21.5/13.5
9b7	*	?D<C	b	16.5+q/8.5+q
8AB	*	?D=0	A	21.5/13.5
9aB	*	?D=0	a	16.5+q/8.5+q
8A3	*	?D=C	A	21.5/13.5
9a3	*	?D=C	a	16.5+q/8.5+q
8B3	*	?D>C	A	21.5/13.5
9b3	*	?D>C	b	16.5+q/8.5+q
8AF	*	?D≠0	A	21.5/13.5
9aF	*	?D≠0	a	16.5+q/8.5+q
8A7	*	?D≠C	A	21.5/13.5
9a7	*	?D≠C	a	16.5+q/8.5+q
8BF	*	?D≤C	A	21.5/13.5
9bF	*	?D≤C	b	16.5+q/8.5+q
8BB	*	?D≥C	A	21.5/13.5
9bB	*	?D≥C	b	16.5+q/8.5+q
838	*	?MP=0		15.5/7.5
89n	*	?P=	n	15.5/7.5
88n	*	?P≠	n	15.5/7.5
832	*	?SB=0		15.5/7.5
834	*	?SR=0		15.5/7.5
86d	*	?ST=0	d	16.5/8.5
87d	*	?ST=1	d	16.5/8.5
831	*	?XM=0		15.5/7.5
F8	M*	A=-A	A	8
Bb8	M*	A=-A	b	4.5+q
FC	M*	A=-A-1	A	8
BbC	M*	A=-A-1	b	4.5+q
D0		A=0	A	8
Ab0		A=0	b	4.5+q
0Ef8		A=A!B	f	6+q
0EfE		A=A!C	f	6+q
0Ef0		A=A&B	f	6+q
0Ef6		A=A&C	f	6+q
E4	M*	A=A+1	A	8
Ba4	M*	A=A+1	a	4.5+q
C4	M*	A=A+A	A	8
Aa4	M*	A=A+A	a	4.5+q
C0	M*	A=A+B	A	8
Aa0	M*	A=A+B	a	4.5+q
CA	M*	A=A+C	A	8
AaA	M*	A=A+C	a	4.5+q
818f0x	*	A=A+x+1	f	8+q
CC	M*	A=A-1	A	8
AaC	M*	A=A-1	a	4.5+q
E0	M*	A=A-B	A	8
Ba0	M*	A=A-B	a	4.5+q
EA	M*	A=A-C	A	8
BaA	M*	A=A-C	a	4.5+q
818f8x	*	A=A-x-1	f	8+q
D4		A=B	A	8
Ab4		A=B	b	4.5+q
EC	M*	A=B-A	A	8
BaC	M*	A=B-A	b	4.5+q
DA		A=C	A	8
AbA		A=C	b	4.5+q
142		A=DAT0	A	20.5,3.5
152a		A=DAT0	a	20+q,1+q/2
14A		A=DAT0	B	19.5
15Ax		A=DAT0	x+1	19+q,1+q/2
143		A=DAT1	A	20.5,3.5
153a		A=DAT1	a	20+q,1+q/2
14B		A=DAT1	B	19.5
15Bx		A=DAT1	x+1	19+q,1+q/2
802		A=IN		8.5
81B4		A=PC		11
110		A=R0		20.5
81Af10		A=R0	f	9+q
111		A=R1		20.5
81Af11		A=R1	f	9+q
112		A=R2		20.5
81Af12		A=R2	f	9+q
113		A=R3		20.5
81Af13		A=R3	f	9+q
114		A=R4		20.5
81Af14		A=R4	f	9+q
DC		ABEX	A	8
AbC		ABEX	b	4.5+q
8084d		ABIT=0	d	7.5
8085d		ABIT=1	d	7.5
DE		ACEX	A	8
AbE		ACEX	b	4.5+q
132		AD0EX		9.5
13A		AD0XS		8.5
133		AD1EX		9.5
13B		AD1XS		8.5

Code	Flags	Instruction	Mode	Timing
81B6		APCEX		19
120		AR0EX		20.5
81Af20		AR0EX	f	9+q
121		AR1EX		20.5
81Af21		AR1EX	f	9+q
122		AR2EX		20.5
81Af22		AR2EX	f	9+q
123		AR3EX		20.5
81Af23		AR3EX	f	9+q
124		AR4EX		20.5
81Af24		AR4EX	f	9+q
F0		ASL	A	8
Bb0		ASL	b	4.5+q
810		ASLC		22.5
F4		ASR	A	8
Bb4		ASR	b	4.5+q
81C		ASRB		21.5
819f0		ASRB	f	8.5+q
814		ASRC		22.5
F9	M*	B=-B	A	8
Bb9	M*	B=-B	b	4.5+q
FD	M*	B=-B-1	A	8
BbD	M*	B=-B-1	b	4.5+q
D1		B=0	A	8
Ab1		B=0	b	4.5+q
D8		B=A	A	8
Ab8		B=A	b	4.5+q
0EfC		B=B!A	f	6+q
0Ef9		B=B!C	f	6+q
0Ef4		B=B&A	f	6+q
0Ef1		B=B&C	f	6+q
E5	M*	B=B+1	A	8
Ba5	M*	B=B+1	a	4.5+q
C8	M*	B=B+A	A	8
Aa8	M*	B=B+A	a	4.5+q
C5	M*	B=B+B	A	8
Aa5	M*	B=B+B	a	4.5+q
C1	M*	B=B+C	A	8
Aa1	M*	B=B+C	a	4.5+q
818f1x	*	B=B+x+1	f	8+q
CD	M*	B=B-1	A	8
AaD	M*	B=B-1	a	4.5+q
E8	M*	B=B-A	A	8
Ba8	M*	B=B-A	a	4.5+q
E1	M*	B=B-C	A	8
Ba1	M*	B=B-C	a	4.5+q
818f9x	*	B=B-x-1	f	8+q
D5		B=C	A	8
Ab5		B=C	b	4.5+q
ED	M*	B=C-B	A	8
BaD	M*	B=C-B	a	4.5+q
DC		BAEX	A	8
AbC		BAEX	b	4.5+q
DD		BCEX	A	8
AbD		BCEX	b	4.5+q
F1		BSL	A	8
Bb1		BSL	b	4.5+q
811		BSLC		22.5
F5		BSR	A	8
Bb5		BSR	b	4.5+q
81D		BSRB		21.5
819f1		BSRB	f	8.5+q
815		BSRC		22.5
8083		BUSCB		10
80B		BUSCC		8.5
808D		BUSCD		10
809	*	C+P+1		9.5
FA	M*	C=-C	A	8
BbA	M*	C=-C	b	4.5+q
FE	M*	C=-C-1	A	8
BbE	M*	C=-C-1	b	4.5+q
D2		C=0	A	8
Ab2		C=0	b	4.5+q
D6		C=A	A	8
Ab6		C=A	b	4.5+q
EE	M*	C=A-C	A	8
BaE	M*	C=A-C	a	4.5+q
D9		C=B	A	8
Ab9		C=B	b	4.5+q
0EfA		C=C!A	f	6+q
0EfD		C=C!B	f	6+q
0EfF		C=C!D	f	6+q
0Ef2		C=C&A	f	6+q
0Ef5		C=C&B	f	6+q
0Ef7		C=C&D	f	6+q
E6	M*	C=C+1	A	8
Ba6	M*	C=C+1	a	4.5+q

Code		Instruction		Cycles
C2	M*	C=C+A	A	8
Aa2	M*	C=C+A	a	4.5+q
C9	M*	C=C+B	A	8
Aa9	M*	C=C+B	a	4.5+q
C6	M*	C=C+C	A	8
Aa6	M*	C=C+C	a	4.5+q
CB	M*	C=C+D	A	8
AaB	M*	C=C+D	a	4.5+q
818f2x	*	C=C+x+1	f	8+q
CE	M*	C=C-1	A	8
AaE	M*	C=C-1	a	4.5+q
E2	M*	C=C-A	A	8
Ba2	M*	C=C-A	a	4.5+q
E9	M*	C=C-B	A	8
Ba9	M*	C=C-B	a	4.5+q
EB	M*	C=C-D	A	8
BaB	M*	C=C-D	a	4.5+q
818fAx	*	C=C-x-1	f	8+q
DB		C=D	A	8
AbB		C=D	b	4.5+q
146		C=DAT0	A	20.5,3.5
156a		C=DAT0	a	20+q,1+q/2
14E		C=DAT0	B	19.5
15Ex		C=DAT0	x+1	19+q,1+q/2
147		C=DAT1	A	20.5,3.5
157a		C=DAT1	a	20+q,1+q/2
14F		C=DAT1	B	19.5
15Fx		C=DAT1	x+1	19+q,1+q/2
806		C=ID		13.5
803		C=IN		8.5
80Cx		C=P	x	8
81B5		C=PC		11
118		C=R0		20.5
81Af18		C=R0	f	9+q
119		C=R1		20.5
81Af19		C=R1	f	9+q
11A		C=R2		20.5
81Af1A		C=R2	f	9+q
11B		C=R3		20.5
81Af1B		C=R3	f	9+q
11C		C=R4		20.5
81Af1C		C=R4	f	9+q
07		C=RSTK		9
09		C=ST		7
DE		CAEX	A	8
AbE		CAEX	b	4.5+q
DD		CBEX	A	8
AbD		CBEX	b	4.5+q
8088d		CBIT=0	d	7.5
8089d		CBIT=1	d	7.5
136		CD0EX		9.5
13E		CD0XS		8.5
137		CD1EX		9.5
13F		CD1XS		8.5
DF		CDEX	A	8
AbF		CDEX	b	4.5+q
82F		CLRHST		4.5
08		CLRST		7
805		CONFIG		13.5
81B7		CPCEX		19
80Fx		CPEX	x	8
128		CR0EX		20.5
81Af28		CR0EX	f	9+q
129		CR1EX		20.5
81Af29		CR1EX	f	9+q
12A		CR2EX		20.5
81Af2A		CR2EX	f	9+q
12B		CR3EX		20.5
81Af2B		CR3EX	f	9+q
12C		CR4EX		20.5
81Af2C		CR4EX	f	9+q
F2		CSL	A	8
Bb2		CSL	b	4.5+q
812		CSLC		22.5
F6		CSR	A	8
Bb6		CSR	b	4.5+q
81E		CSRB		21.5
819f2		CSRB	f	8.5+q
816		CSRC		22.5
0B		CSTEX		7
19pq		D0=(2)	qp	6
1Apqrs		D0=(4)	srqp	9
1Bpqrst		D0=(5)	tsrqp	10.5
130		D0=A		9.5
138		D0=AS		8.5
134		D0=C		9.5
13C		D0=CS		8.5
16n	*	D0=D0+	n+1	8.5
18n	*	D0=D0-	n+1	8.5
132		D0AEX		9.5

Code		Instruction		Cycles
13A		D0AXS		8.5
136		D0CEX		9.5
13E		D0CXS		8.5
1Dpq		D1=(2)	qp	6
1Epqrs		D1=(4)	srqp	9
1Fpqrst		D1=(5)	tsrqp	10.5
131		D1=A		9.5
139		D1=AS		8.5
135		D1=C		9.5
13D		D1=CS		8.5
17n	*	D1=D1+	n+1	8.5
1Cn	*	D1=D1-	n+1	8.5
133		D1AEX		9.5
13B		D1AXS		8.5
137		D1CEX		9.5
13F		D1CXS		8.5
FB	M*	D=-D	A	8
BbB	M*	D=-D	b	4.5+q
FF	M*	D=-D-1	A	8
BbF	M*	D=-D-1	b	4.5+q
D3		D=0	A	8
Ab3		D=0	b	4.5+q
D7		D=C	A	8
Ab7		D=C	b	4.5+q
EF	M*	D=C-D	A	8
BaF	M*	D=C-D	a	4.5+q
0EfB		D=D!C	f	6+q
0Ef3		D=D&C	f	6+q
E7	M*	D=D+1	A	8
Ba7	M*	D=D+1	a	4.5+q
C3	M*	D=D+C	A	8
Aa3	M*	D=D+C	a	4.5+q
C7	M*	D=D+D	A	8
Aa7	M*	D=D+D	a	4.5+q
818f3x	*	D=D+x+1	f	8+q
CF	M*	D=D-1	A	8
AaF	M*	D=D-1	a	4.5+q
E3	M*	D=D-C	A	8
Ba3	M*	D=D-C	a	4.5+q
818fBx	*	D=D-x-1	f	8+q
140		DAT0=A	A	19.5
150a		DAT0=A	a	19+q
148		DAT0=A	B	16.5
158x		DAT0=A	x+1	18+q
144		DAT0=C	A	19.5
154a		DAT0=C	a	19+q
14C		DAT0=C	B	16.5
15Cx		DAT0=C	x+1	18+q
141		DAT1=A	A	19.5
151a		DAT1=A	a	19+q
149		DAT1=A	B	16.5
159x		DAT1=A	x+1	18+q
145		DAT1=C	A	19.5
155a		DAT1=C	a	19+q
14D		DAT1=C	B	16.5
15Dx		DAT1=C	x+1	18+q
DF		DCEX	A	8
AbF		DCEX	b	4.5+q
F3		DSL	A	8
Bb3		DSL	b	4.5+q
813		DSLC		22.5
F7		DSR	A	8
Bb7		DSR	b	4.5+q
81F		DSRB		21.5
819f3		DSRB	f	8.5+q
817		DSRC		22.5
4yz		GOC	zy	12.5/4.5
8Cpqrs		GOLONG	srqp	17
5yz		GONC	zy	12.5/4.5
8Fpqrst		GOSBVL	tsrqp	19.5
7yzt		GOSUB	tzy	15
8Epqrs		GOSUBL	srqp	18
6yzt		GOTO	tzy	14
8Dpqrst		GOVLNG	tsrqp	18.5
808F		INTOFF		7
8080		INTON		7
8082xh0..hx		LAHEX	#hx..h0	5+q+(5+q)/2
3xh0..hx		LCHEX	#hx..h0	3+3q/2
828		MP=0		4.5
420		NOP3		
6300		NOP4		14
64000		NOP5		14

Code		Instruction		Cycles
801		OUT=C		7.5
800		OUT=CS		5.5
2n		P=	n	3
80Dx		P=C	x	8
0C	*	P=P+1		4
0D	*	P=P-1		4
808C		PC=(A)		26,3.5
808E		PC=(C)		26,3.5
81B2		PC=A		19
81B3		PC=C		19
81B6		PCAEX		19
81B7		PCCEX		19
100		R0=A		20.5
81Af00		R0=A	f	9+q
108		R0=C		20.5
81Af08		R0=C	f	9+q
120		R0AEX		20.5
81Af20		R0AEX	f	9+q
128		R0CEX		20.5
81Af28		R0CEX	f	9+q
101		R1=A		20.5
81Af01		R1=A	f	9+q
109		R1=C		20.5
81Af09		R1=C	f	9+q
121		R1AEX		20.5
81Af21		R1AEX	f	9+q
129		R1CEX		20.5
81Af29		R1CEX	f	9+q
102		R2=A		20.5
81Af02		R2=A	f	9+q
10A		R2=C		20.5
81Af0A		R2=C	f	9+q
122		R2AEX		20.5
81Af22		R2AEX	f	9+q
12A		R2CEX		20.5
81Af2A		R2CEX	f	9+q
103		R3=A		20.5
81Af03		R3=A	f	9+q
10B		R3=C		20.5
81Af0B		R3=C	f	9+q
123		R3AEX		20.5
81Af23		R3AEX	f	9+q
12B		R3CEX		20.5
81Af2B		R3CEX	f	9+q
104		R4=A		20.5
81Af04		R4=A	f	9+q
10C		R4=C		20.5
81Af0C		R4=C	f	9+q
124		R4AEX		20.5
81Af24		R4AEX	f	9+q
12C		R4CEX		20.5
81Af2C		R4CEX	f	9+q
80A		RESET		7.5
80810		RSI		8.5
06		RSTK=C		9
0F		RTI		11
01		RTN		11
400		RTNC		12.5/4.5
03	*	RTNCC		11
500		RTNNC		12.5/4.5
02	*	RTNSC		11
00		RTNSXM		11
822		SB=0		4.5
05		SETDEC		4
04		SETHEX		4
807		SHUTDN		6.5
824		SR=0		4.5
80E		SREQ?		9.5
84d		ST=0	d	5.5
85d		ST=1	d	5.5
0A		ST=C		7
0B		STCEX		7
804		UNCNFG		14.5
821		XM=0		4.5

Les librairies de la HP48

Comme nous l'avons vu dans le chapitre 4 de la deuxième partie, il existe un objet qui permet d'ajouter des fonctions à la HP48 : il s'agit de l'objet Library.

En fait, cet objet est aussi utilisé en interne par la machine, puisque toutes les fonctions standards, les messages d'erreurs et une partie des fonctions utilisées de manière interne sont stockées dans ce type d'objet.

Ainsi, lorsque la mémoire de la HP48 est vide, 52 librairies sont néanmoins présentes. Certaines ne contiennent que des messages d'erreurs (voir l'annexe 6 qui contient la liste de ces messages), d'autres contiennent les instructions standards, enfin les dernières contiennent des programmes à usage interne dont le rôle n'est pas toujours facile à déterminer... En résumé on a le tableau de la page suivante.

Deux autres tableaux présentent la liste des instructions classées par numéro de librairie et numéro de commande et par ordre alphabétique. On y trouve l'adresse de la fonction (seulement lorsque cette adresse est significative, c'est-à-dire lorsque l'instruction est remplacée par son adresse et non pas par un XLIB Name lors de la compilation de la ligne de commande), le numéro de la librairie à laquelle elle appartient, son numéro de commande dans la librairie, les drapeaux la concernant (voir la description de l'objet librairie), son nom et son type (en général P pour programme, mais aussi XLIB Name [X], Real [R] ou Unit [U]).

A l'aide de ces listes, il est possible d'intégrer facilement une instruction RPL standard à un programme en externals en incluant l'adresse ou le XLIB Name la représentant, mais aussi de comprendre le fonctionnement des instructions standards en les décompilant.

Pour se faire, il suffit de créer le XLIB Name correspondant à la fonction (à l'aide du programme MKXLIB de la bibliothèque de programmes) et d'en rappeler le contenu à l'aide du programme RCLXLIB (voir la bibliothèque de programme).

Numéro	Contenu
#000h	Messages #1h à #10h
#001h	Messages #101h à #13Dh
#002h	Messages #201h à #208h et fonctions standards
#003h	Messages #301h à #305h
#005h	Messages #501h à #506h
#006h	Messages #601h à #62Eh
#00Ah	Messages #A01h à #A09h
#00Bh	Messages #B01h à #B02h
#00Ch	Messages #C01h à #C17h
#00Dh	Messages #D01h à #D04h
#019h	Librairie vide
#0A1h	Actions touches standards
#0A2h	Actions touches left-shiftées
#0A3h	Actions touches right-shiftées
#0A4h	Actions touches en mode alpha
#0A5h	Actions touches left-shiftées en mode alpha
#0A6h	Actions touches right-shiftées en mode alpha
#0A7h	Fonctions internes de gestion des menus
#0A8h	Fonctions d'exécution des touches de menus
#0A9h	Intitulés des menus
#0AAh	Menus : tables de XLIB Names
#0ABh	Fonctions standards
#0B0h	Fonctions à usage interne
#0B1h	Fonctions à usage interne
#0B2h	Fonctions à usage interne (menu CHARS)
#0B3h	Fonctions à usage interne
#0B4h	Fonctions à usage interne
#0B5h	Fonctions à usage interne (menu KERMIT)
#0B9h	Messages #B901h à #B99Bh et fonctions internes (menu MEMORY)
#0BAh	Messages #BA01h à #BA43h et fonctions internes (menu I/O)
#0BBh	Messages #BB01h à #BB3Fh et fonctions internes (menu STAT)
#0BCh	Messages #BC01h à #BC3Bh et fonctions internes (menu TIME)
#0BDh	Messages #BD01h à #BD27h et fonctions internes (menu SYMBOLIC)
#0BEh	Messages #BE01h à #BE76h et fonctions internes (menu PLOT)
#0BFh	Messages #BF01h à #BF56h et fonctions internes (menu SOLVER)
#0C0h	Message #C001h et fonctions internes de l'Equation Library
#0C1h	Fonctions à usage interne
#0C2h	Fonctions à usage interne
#0C3h	Fonctions à usage interne
#0C4h	Fonctions à usage interne
#0E0h	Fonctions à usage interne
#0E1h	Messages #E101h à #E129h et fonctions internes de COLIB
#0E2h	Fonctions à usage interne de l'Equation Library
#0E3h	Fonctions à usage interne de l'Equation Library
#0E4h	Messages #E401h à #E408h et fonctions internes de MES
#0E6h	Messages #E601h à #E60Dh et fonctions financières internes
#0E7h	Messages #E701h à #E708h et fonctions internes de MINEHUNT
#0E8h	Fonctions à usage interne (de la commande TEACH) et exemples
#0EAh	Fonctions à usage interne (Matrix Writer)
#0F0h	Fonctions à usage interne
#0F1h	Nouvelles versions de fonctions standards et fonctions internes
#700h	Commandes standards

Les librairies standards de la HP48

On obtient alors un objet contenant des "externals" que l'on peut convertir en sa représentation hexadécimale grâce au programme SSAG. Il est alors relativement facile de décoder la programmation de l'objet. Prenons par exemple la commande DUP qui duplique l'objet au niveau 1 de la pile.

Cette commande correspond au XLIB Name #002h (librairie n° 2) #10Dh (commande n° 269). On crée le XLIB Name :

#2h #10Dh MKXLIB

Qui apparaît sous le nom de DUP (c'est normal puisque ce nom XLIB est défini). On en rappelle alors le contenu par RCLXLIB et on obtient :

EXTERNAL EXTERNAL

Qui, transformé en hexadécimal donne la séquence de code :

"D9D205AA8188130B2130"

Qui se décode (en utilisant les notations de l'annexe 5) en :

02D9D	Début d'objet programme
18AA5	Vérification de la présence d'un objet (pour une fonction faisant partie d'une librairie) : LCHK1
03188	DUP interne (sans vérification)
0312B	Fin d'objet programme

On pourrait alors regarder le fonctionnement interne des deux externals #18AA5h et #03188h en décompilant les objets situés à ces adresses (en allant lire à cette adresse avec le programme PEEK)...

C'est en procédant ainsi que l'on peut découvrir de nouveaux externals pour enrichir la liste donnée en annexe...

Remarque : pour décompiler DUP, on aurait pu aussi aller lire (par PEEK) à l'adresse #1FB87h (adresse de l'instruction)...

Les instructions standards
classées par numéros

#1957Bh	002	000	8	ASR	P	#1A584h	002	032	8	DISP	P
#1959Bh	002	001	8	RL	P	#1A5A4h	002	033	8	FREEZE	P
#195BBh	002	002	8	RLB	P	#1A5C4h	002	034	8	BEEP	P
#195DBh	002	003	8	RR	P	#1A5E4h	002	035	8	→NUM	P
#195FBh	002	004	8	RRB	P	#1A604h	002	036	8	LASTARG	P
#1961Bh	002	005	8	SL	P	#1A71Fh	002	037	8	WAIT	P
#1963Bh	002	006	8	SLB	P	#1A858h	002	038	8	CLLCD	P
#1965Bh	002	007	8	SR	P	#1A873h	002	039	8	KEY	P
#1967Bh	002	008	8	SRB	P	#1A8BBh	002	03A	8	CONT	P
#1969Bh	002	009	8	R→B	P	#1A8D8h	002	03B	5C8	=	P
#196BBh	002	00A	8	B→R	P	#1A995h	002	03C	5C8	NEG	P
#196DBh	002	00B	8	CONVERT	P	#1AA1Fh	002	03D	080	ABS	P
#1971Bh	002	00C	000	UVAL	P	#1AA6Eh	002	03E	0C8	CONJ	P
#1974Fh	002	00D	8	→UN	P	#1AABDh	002	03F	080	π	P
#19771h	002	00E	000	UBASE	P	#1AADFh	002	040	080	MAXR	P
#197A5h	002	00F	8	UFACT	P	#1AB01h	002	041	080	MINR	P
#197F7h	002	010	8	TIME	P	#1AB23h	002	042	080	e	P
#19812h	002	011	8	DATE	P	#1AB45h	002	043	080	i	P
#1982Dh	002	012	8	TICKS	P	#1AB67h	002	044	5C8	+	P
#19848h	002	013	8	WSLOG	P	#1ACDDh	002	045	500	+	P
#19863h	002	014	8	ACKALL	P	#1AD09h	002	046	5C8	-	P
#1987Eh	002	015	8	ACK	P	#1ADEEh	002	047	5C8	*	P
#1989Eh	002	016	8	→DATE	P	#1AF05h	002	048	5C8	/	P
#198BEh	002	017	8	→TIME	P	#1B02Dh	002	049	5CC	^	P
#198DEh	002	018	8	CLKADJ	P	#1B185h	002	04A	A	XROOT	P
#198FEh	002	019	8	STOALARM	P	#1B1CAh	002	04B	401	XROOT	P
#19928h	002	01A	8	RCLALARM	P	#1B278h	002	04C	0CC	INV	P
#19948h	002	01B	8	FINDALARM	P	#1B2DBh	002	04D	080	ARG	P
#19972h	002	01C	8	DELALARM	P	#1B32Ah	002	04E	004	SIGN	P
#19992h	002	01D	8	TSTR	P	#1B374h	002	04F	5C4	√	P
#199B2h	002	01E	8	DDAYS	P	#1B426h	002	050	0C4	SQ	P
#199D2h	002	01F	8	DATE+	P	#1B4ACh	002	051	0CC	SIN	P
#1A105h	002	020	8	CRDIR	P	#1B505h	002	052	0CC	COS	P
#1A125h	002	021	8	PATH	P	#1B55Eh	002	053	0CC	TAN	P
#1A140h	002	022	8	HOME	P	#1B5B7h	002	054	0CC	SINH	P
#1A15Bh	002	023	8	UPDIR	P	#1B606h	002	055	0CC	COSH	P
#1A194h	002	024	8	VARS	P	#1B655h	002	056	0CC	TANH	P
#1A1AFh	002	025	8	TVARS	P	#1B6A4h	002	057	0CC	ASIN	P
#1A1D9h	002	026	8	BYTES	P	#1B72Fh	002	058	0CC	ACOS	P
#1A2BCh	002	027	8	NEWOB	P	#1B79Ch	002	059	0CC	ATAN	P
#1A303h	002	028	8	KILL	P	#1B7EBh	002	05A	0C8	ASINH	P
#1A31Eh	002	029	8	OFF	P	#1B830h	002	05B	0C8	ACOSH	P
#1A339h	002	02A	8	DOERR	P	#1B8A2h	002	05C	0C8	ATANH	P
#1A36Dh	002	02B	8	ERR0	P	#1B905h	002	05D	0CC	EXP	P
#1A388h	002	02C	8	ERRN	P	#1B94Fh	002	05E	0CC	LN	P
#1A3A3h	002	02D	8	ERRM	P	#1B9C6h	002	05F	0CC	LOG	P
#1A3BEh	002	02E	8	EVAL	P	#1BA3Dh	002	060	0CC	ALOG	P
#1A3FEh	002	02F	1A3	IFTE	P	#1BA8Ch	002	061	0C0	LNP1	P
#1A4CDh	002	030	8	IFT	P	#1BAC2h	002	062	0C4	EXPM	P
#1A52Eh	002	031	8	SYSEVAL	P	#1BB02h	002	063	500	!	P

#1BB41h	002	064	000	FACT	P	#1C819h	002	09B	008	IM	P
#1BB6Dh	002	065	000	IP	P	#1C85Ch	002	09C	8	SUB	P
#1BBA3h	002	066	000	FP	P	#1C8EAh	002	09D	8	REPL	P
#1BBD9h	002	067	000	FLOOR	P	#1C95Ah	002	09E	8	LIST→	P
#1BC0Fh	002	068	000	CEIL	P	#1C98Eh	002	09F	8	C→R	P
#1BC45h	002	069	000	XPON	P	#1C9B8h	002	0A0	8	SIZE	P
#1BC71h	002	06A	000	MAX	P	#1CAB4h	002	0A1	8	POS	P
#1BCE3h	002	06B	000	MIN	P	#1CB0Bh	002	0A2	8	→STR	P
#1BD55h	002	06C	000	RND	P	#1CB26h	002	0A3	8	STR→	P
#1BDD1h	002	06D	000	TRNC	P	#1CB46h	002	0A4	8	NUM	P
#1BE4Dh	002	06E	100	MOD	P	#1CB66h	002	0A5	8	CHR	P
#1BE9Ch	002	06F	000	MANT	P	#1CB86h	002	0A6	8	TYPE	P
#1BEC8h	002	070	000	D→R	P	#1CE28h	002	0A7	8	VTYPE	P
#1BEF4h	002	071	000	R→D	P	#1CEE3h	002	0A8	8	EQ→	P
#1BF1Eh	002	072	8	→HMS	P	#1CF7Bh	002	0A9	8	OBJ→	P
#1BF3Eh	002	073	8	HMS→	P	#1D009h	002	0AA	8	→ARRY	P
#1BF5Eh	002	074	8	HMS+	P	#1D092h	002	0AB	8	ARRY→	P
#1BF7Eh	002	075	8	HMS-	P	#1D0DFh	002	0AC	8	RDM	P
#1BF9Eh	002	076	8	RNRM	P	#1D186h	002	0AD	8	CON	P
#1BFBEh	002	077	8	CNRM	P	#1D2DCh	002	0AE	8	IDN	P
#1BFDEh	002	078	8	DET	P	#1D392h	002	0AF	8	TRN	P
#1BFFEh	002	079	8	DOT	P	#1D407h	002	0B0	8	PUT	P
#1C01Eh	002	07A	8	CROSS	P	#1D5DFh	002	0B1	8	PUTI	P
#1C03Eh	002	07B	8	RSD	P	#1D7C6h	002	0B2	8	GET	P
#1C060h	002	07C	000	%	P	#1D8C7h	002	0B3	8	GETI	P
#1C0D7h	002	07D	000	%T	P	#1DD06h	002	0B4	8	V→	P
#1C149h	002	07E	000	%CH	P	#1DE66h	002	0B5	8	→V2	P
#1C1B9h	002	07F	8	RAND	P	#1DEC2h	002	0B6	8	→V3	P
#1C1D4h	002	080	8	RDZ	P	#1E04Ah	002	0B7	8	INDEP	P
#1C1F6h	002	081	000	COMB	P	#1E07Eh	002	0B8	8	PMIN	P
#1C236h	002	082	000	PERM	P	#1E09Eh	002	0B9	8	PMAX	P
#1C274h	002	083	8	SF	P	#1E0BEh	002	0BA	8	AXES	P
#1C2D5h	002	084	8	CF	P	#1E0E8h	002	0BB	8	CENTR	P
#1C313h	002	085	8	FS?	P	#1E126h	002	0BC	8	RES	P
#1C360h	002	086	8	FC?	P	#1E150h	002	0BD	8	*H	P
#1C399h	002	087	8	DEG	P	#1E170h	002	0BE	8	*W	P
#1C3B4h	002	088	8	RAD	P	#1E190h	002	0BF	8	DRAW	P
#1C3CFh	002	089	8	GRAD	P	#1E1ABh	002	0C0	8	AUTO	P
#1C3EAh	002	08A	8	FIX	P	#1E1C6h	002	0C1	8	DRAX	P
#1C41Eh	002	08B	8	SCI	P	#1E1E1h	002	0C2	8	SCALE	P
#1C452h	002	08C	8	ENG	P	#1E201h	002	0C3	8	PDIM	P
#1C486h	002	08D	8	STD	P	#1E22Bh	002	0C4	8	DEPND	P
#1C4A1h	002	08E	8	FS?C	P	#1E25Fh	002	0C5	8	ERASE	P
#1C520h	002	08F	8	FC?C	P	#1E27Ah	002	0C6	8	PX→C	P
#1C559h	002	090	8	BIN	P	#1E29Ah	002	0C7	8	C→PX	P
#1C574h	002	091	8	DEC	P	#1E2BAh	002	0C8	8	PICTURE	P
#1C58Fh	002	092	8	HEX	P	#1E2D5h	002	0C9	8	LABEL	P
#1C5AAh	002	093	8	OCT	P	#1E2F0h	002	0CA	8	PVIEW	P
#1C5C5h	002	094	8	STWS	P	#1E31Ah	002	0CB	8	PIXON	P
#1C5FEh	002	095	8	RCWS	P	#1E344h	002	0CC	8	PIXOFF	P
#1C619h	002	096	8	RCLF	P	#1E36Eh	002	0CD	8	PIX?	P
#1C67Fh	002	097	8	STOF	P	#1E398h	002	0CE	8	LINE	P
#1C783h	002	098	8	→LIST	P	#1E3C2h	002	0CF	8	TLINE	P
#1C79Eh	002	099	8	R→C	P	#1E3ECh	002	0D0	8	BOX	P
#1C7CAh	002	09A	008	RE	P	#1E416h	002	0D1	8	BLANK	P

#1E436h	002	0D2	8	PICT	P	#1FB5Dh	002	10C	500	RATIO	P
#1E456h	002	0D3	8	GOR	P	#1FB87h	002	10D	8	DUP	P
#1E4E4h	002	0D4	8	GXOR	P	#1FBA2h	002	10E	8	DUP2	P
#1E572h	002	0D5	8	LCD→	P	#1FBBDh	002	10F	8	SWAP	P
#1E58Dh	002	0D6	8	→LCD	P	#1FBD8h	002	110	8	DROP	P
#1E5ADh	002	0D7	8	→GROB	P	#1FBF3h	002	111	8	DROP2	P
#1E5D2h	002	0D8	8	ARC	P	#1FC0Eh	002	112	8	ROT	P
#1E606h	002	0D9	8	TEXT	P	#1FC29h	002	113	8	OVER	P
#1E621h	002	0DA	8	XRNG	P	#1FC44h	002	114	8	DEPTH	P
#1E641h	002	0DB	8	YRNG	P	#1FC64h	002	115	8	DROPN	P
#1E661h	002	0DC	8	FUNCTION	X	#1FC7Fh	002	116	8	DUPN	P
#1E681h	002	0DD	8	CONIC	X	#1FC9Ah	002	117	8	PICK	P
#1E6A1h	002	0DE	8	POLAR	X	#1FCB5h	002	118	8	ROLL	P
#1E6C1h	002	0DF	8	PARAMETRIC	X	#1FCD0h	002	119	8	ROLLD	P
#1E6E1h	002	0E0	8	TRUTH	X	#1FCEBh	002	11A	8	CLEAR	P
#1E701h	002	0E1	8	SCATTER	X	#1FD00h	002	11B	8	STOΣ	P
#1E721h	002	0E2	8	HISTOGRAM	X	#1FD2Bh	002	11C	8	CLΣ	P
#1E741h	002	0E3	8	BAR	X	#1FD46h	002	11D	8	RCLΣ	P
#1E761h	002	0E4	8	SAME	P	#1FD61h	002	11E	8	Σ+	P
#1E783h	002	0E5	100	AND	P	#1FD8Bh	002	11F	8	Σ-	P
#1E809h	002	0E6	100	OR	P	#1FDA6h	002	120	8	NΣ	P
#1E88Fh	002	0E7	500	NOT	P	#1FDC1h	002	121	8	CORR	P
#1E8F6h	002	0E8	100	XOR	P	#1FDDCh	002	122	8	COV	P
#1E972h	002	0E9	100	==	P	#1FDF7h	002	123	8	ΣX	P
#1EA9Dh	002	0EA	100	≠	P	#1FE12h	002	124	8	ΣY	P
#1EBBEh	002	0EB	100	<	P	#1FE2Dh	002	125	8	ΣX^2	P
#1EC5Dh	002	0EC	100	>	P	#1FE48h	002	126	8	ΣY^2	P
#1ECFCh	002	0ED	100	≤	P	#1FE63h	002	127	8	ΣX*Y	P
#1ED9Bh	002	0EE	100	≥	P	#1FE7Eh	002	128	8	MAXΣ	P
#1EE38h	002	0EF	8	OLDPRT	P	#1FE99h	002	129	8	MEAN	P
#1EE53h	002	0F0	8	PR1	P	#1FEB4h	002	12A	8	MINΣ	P
#1EE6Eh	002	0F1	8	PRSTC	P	#1FECFh	002	12B	8	SDEV	P
#1EE89h	002	0F2	8	PRST	P	#1FEEAh	002	12C	8	TOT	P
#1EEA4h	002	0F3	8	CR	P	#1FF05h	002	12D	8	VAR	P
#1EEBFh	002	0F4	8	PRVAR	P	#1FF20h	002	12E	8	LR	P
#1EF43h	002	0F5	8	DELAY	P	#1FF7Ah	002	12F	8	PREDV	P
#1EF63h	002	0F6	8	PRLCD	P	#1FF9Ah	002	130	8	PREDY	P
#1EF7Eh	002	0F7	E	∂	P	#1FFBAh	002	131	8	PREDX	P
#1EFD2h	002	0F8	5A7	∂	P	#1FFDAh	002	132	8	XCOL	P
#1F133h	002	0F9	8	RCEQ	P	#1FFFAh	002	133	8	YCOL	P
#1F14Eh	002	0FA	8	STEQ	P	#2001Ah	002	134	8	UTPC	P
#1F16Eh	002	0FB	8	ROOT	P	#2003Ah	002	135	8	UTPN	P
#1F1D4h	002	0FC	E	∫	P	#2005Ah	002	136	8	UTPF	P
#1F223h	002	0FD	5A7	∫	P	#2007Ah	002	137	8	UTPT	P
#1F2C9h	002	0FE	5A3	Σ	P	#2009Ah	002	138	8	COLΣ	P
#1F354h	002	0FF	E	⎮	P	#200C4h	002	139	8	SCLΣ	P
#1F3F3h	002	100	5A3	⎮	P	#200F3h	002	13A	8	ΣLINE	P
#1F500h	002	101	121	QUOTE	P	#2010Eh	002	13B	8	BINS	P
#1F55Dh	002	102	A	APPLY	P	#20133h	002	13C	8	BARPLOT	P
#1F5C5h	002	103	181	APPLY	P	#20167h	002	13D	8	HISTPLOT	P
#1F9C4h	002	107	8	→Q	P	#2018Ch	002	13E	8	SCATRPLOT	P
#1F9E9h	002	108	8	→Qπ	P	#201B1h	002	13F	8	LINFIT	P
#1FA59h	002	109	8	↑MATCH	P	#201D6h	002	140	8	LOGFIT	P
#1FA8Dh	002	10A	8	↓MATCH	P	#201FBh	002	141	8	EXPFIT	P
#1FAEBh	002	10B	501	_	P	#20220h	002	142	8	PWRFIT	P

#2025Eh	002	143	8	BESTFIT	P	#220DDh	002	179	8	PKT	P
#202CEh	002	144	8	SINV	P	#224CAh	002	17A	8	INPUT	P
#2034Dh	002	145	8	SNEG	P	#224F4h	002	17B	8	ASN	P
#203CCh	002	146	8	SCONJ	P	#22514h	002	17C	8	STOKEYS	P
#2044Bh	002	147	8	STO+	P	#22548h	002	17D	8	DELKEYS	P
#20538h	002	148	8	STO-	P	#22586h	002	17E	8	RCLKEYS	P
#2060Ch	002	149	8	STO⁄	P	#225BEh	002	17F	8	→TAG	P
#20753h	002	14A	8	STO*	P	#22633h	002	180	8	DTAG	P
#208F4h	002	14B	8	INCR	P		0AB	000	8	XVOL	P
#209AAh	002	14C	8	DECR	P		0AB	001	8	YVOL	P
#20A15h	002	14D	8	COLCT	P		0AB	002	8	ZVOL	P
#20A49h	002	14E	8	EXPAN	P		0AB	003	8	XXRNG	P
#20A7Dh	002	14F	8	RULES	P		0AB	004	8	YYRNG	P
#20A93h	002	150	8	ISOL	P		0AB	005	8	EYEPT	P
#20AB3h	002	151	8	QUAD	P		0AB	006	8	NUMX	P
#20AD3h	002	152	8	SHOW	P		0AB	007	8	NUMY	P
#20B20h	002	153	8	TAYLR	P		0AB	008	C	WIREFRAME	P
#20B40h	002	154	8	RCL	P		0AB	009	C	PARSURFACE	P
#20CCDh	002	155	8	STO	P		0AB	00A	C	GRIDMAP	P
#20D65h	002	156	8	DEFINE	P		0AB	00B	C	YSLICE	P
#20EFEh	002	157	8	PURGE	P		0AB	00C	C	SLOPEFIELD	P
#20FAAh	002	158	8	MEM	P		0AB	00D	C	PCONTOUR	P
#20FD9h	002	159	8	ORDER	P		0AB	00E	C	DIFFEQ	P
#210FCh	002	15A	8	CLUSR			0AB	00F	8	VERSION	P
#210FCh	002	15A	8	CLVAR	P		0AB	010	8	ATICK	P
#2115Dh	002	15B	8	TMENU	P		0AB	011	8	TEACH	P
#21196h	002	15C	8	MENU	P		0AB	012	8	CLTEACH	P
#211E1h	002	15D	8	RCLMENU	P		0AB	013	8	RECT	P
#211FCh	002	15E	8	PVARS	P		0AB	014	8	CYLIN	P
#2123Ah	002	15F	8	PGDIR	P		0AB	015	8	SPHERE	P
#2125Ah	002	160	8	ARCHIVE	P		0AB	016	8	MERGE1	P
#2133Ch	002	161	8	RESTORE	P		0AB	017	8	FREE1	P
#2137Fh	002	162	8	MERGE	P		0AB	018	8	ANIMATE	P
#213D1h	002	163	8	FREE	P		0AB	01C	101	LININ	P
#2142Dh	002	164	8	LIBS	P		0AB	01E	8	LIBEVAL	P
#21448h	002	165	8	ATTACH	P		0AB	020	8	CONLIB	P
#2147Ch	002	166	8	DETACH	P		0AB	021	101	CONST	P
#21E75h	002	167	8	XMIT	P		0AB	022	8	EQNLIB	P
#21E95h	002	168	8	SRECV	P		0AB	023	8	SOLVEQN	P
#21EB5h	002	169	8	OPENIO	P		0AB	024		MSOLVR	P
#21ED5h	002	16A	8	CLOSEIO	P		0AB	025	8	FFT	P
#21EF0h	002	16B	8	SEND	P		0AB	026	8	IFFT	P
#21F24h	002	16C	8	KGET	P		0AB	027	8	NDIST	P
#21F62h	002	16D	8	RECN	P		0AB	028	8	PSDEV	P
#21F96h	002	16E	8	RECV	P		0AB	029	8	PVAR	P
#21FB6h	002	16F	8	FINISH	P		0AB	02A	8	PCOV	P
#21FD1h	002	170	8	SERVER	P		0AB	02B	8	RKF	P
#21FECh	002	171	8	CKSM	P		0AB	02C	8	RKFSTEP	P
#2200Ch	002	172	8	BAUD	P		0AB	02D	8	RKFERR	P
#2202Ch	002	173	8	PARITY	P		0AB	02E	8	RRK	P
#2204Ch	002	174	8	TRANSIO	P		0AB	02F	8	RRKSTEP	P
#2206Ch	002	175	8	KERRM	P		0AB	030	8	RSBERR	P
#22087h	002	176	8	BUFLEN	P		0AB	031	8	COND	P
#220A2h	002	177	8	STIME	P		0AB	032	8	TRACE	P
#220C2h	002	178	8	SBRK	P		0AB	033	8	SRAD	P

	0AB	034	8	SNRM	P		0AB	06F	8	MSOLVR	P
	0AB	035	8	RANK	P		0AB	070	8	MINIT	P
	0AB	036	8	LSQ	P		0AB	071	8	MITM	P
	0AB	037	8	EGV	P		0AB	072	8	MUSER	P
	0AB	038	8	EGVL	P		0AB	073	8	MCALC	P
	0AB	039	8	SVD	P		0AB	074	8	MROOT	P
	0AB	03A	8	SVL	P		0AB	075	8	MINEHUNT	P
	0AB	03B	8	LU	P		0AB	076	000	ZFACTOR	P
	0AB	03C	8	QR	P		0AB	077	000	FANNING	P
	0AB	03D	8	LQ	P		0AB	078	000	DARCY	P
	0AB	03E	8	SCHUR	P		0AB	079	000	F0>	P
	0AB	03F	8	RREF	P		0AB	07A	000	SIDENS	P
	0AB	040	8	RANM	P		0AB	07B	000	TDELTA	P
	0AB	041	8	→ROW	P		0AB	07C	000	TINC	P
	0AB	042	8	ROW→	P		0AB	07D		gmol	U
	0AB	043	8	→COL	P		0AB	07E		lbmol	U
	0AB	044	8	COL→	P		0AB	07F		rpm	U
	0AB	045	8	→DIAG	P		0AB	080		dB	R
	0AB	046	8	DIAG→	P		0AB	081	8	PINIT	P
	0AB	047	8	ROW-	P		0F1	033	C	FUNCTION	P
	0AB	048	8	ROW+	P		0F1	034	C	CONIC	P
	0AB	049	8	COL-	P		0F1	035	C	POLAR	P
	0AB	04A	8	COL+	P		0F1	036	C	PARAMETRIC	P
	0AB	04B	8	RSWP	P		0F1	037	C	TRUTH	P
	0AB	04C	8	CSWP	P		0F1	038	C	SCATTER	P
	0AB	04D	8	RCI	P		0F1	039	C	HISTOGRAM	P
	0AB	04E	8	RCIJ	P		0F1	03A	C	BAR	P
	0AB	052	8	PROOT	P	#22EC3h	700	000	5	IF	P
	0AB	053	8	PCOEF	P	#22EFAh	700	001	A	THEN	P
	0AB	054	8	PEVAL	P	#22FB5h	700	002	A	ELSE	P
	0AB	055	8	TVM	P	#22FD5h	700	003	3	END	P
	0AB	056	8	TVMBEG	P	#22FEBh	700	004	8	→	P
	0AB	057	8	TVMEND	P	#23033h	700	005	9	WHILE	P
	0AB	058	101	TVMROOT	P	#2305Dh	700	006	A	REPEAT	P
	0AB	059	8	AMORT	P	#230C3h	700	007	9	DO	P
	0AB	05A	8	INFORM	P	#230EDh	700	008	2	UNTIL	P
	0AB	05B	8	NOVAL	P	#23103h	700	009	9	START	P
	0AB	05C	8	CHOOSE	P	#231A0h	700	00A	9	FOR	P
	0AB	05D	8	MSGBOX	P	#2324Ch	700	00B	B	NEXT	P
	0AB	05E	8	XSEND	P	#23380h	700	00C	B	STEP	P
	0AB	05F	8	XRECV	P	#233DFh	700	00D	9	IFERR	P
	0AB	060	8	HEAD	P	#23472h	700	00E	8	HALT	P
	0AB	061	8	TAIL	P	#234C1h	700	010	8	→	P
	0AB	062	8	SEQ	P	#235FEh	700	011	B	»	P
	0AB	063	8	DOSUBS	P	#2361Eh	700	012	1	«	P
	0AB	064	8	▲LIST	P	#23639h	700	013	B	»	P
	0AB	065	000	NSUB	P	#23654h	700	014	8	'	P
	0AB	066	000	ENDSUB	P	#23679h	700	015	0	'	P
	0AB	067	8	STREAM	P	#23694h	700	016	B	END	P
	0AB	068	8	ΣLIST	P	#236B9h	700	017	B	END	P
	0AB	06A	8	πLIST	P	#2371Fh	700	018	2	THEN	P
	0AB	06B	8	DOLIST	P	#2378Dh	700	019	1	CASE	P
	0AB	06C	100	ADD	P	#237A8h	700	01A	9	THEN	P
	0AB	06D	8	REVLIST	P	#23813h	700	01B	2	DIR	P
	0AB	06E	8	SORT	P	#23824h	700	01C	8	PROMPT	P

Les instructions standards
classées ordre alphabétique

#1AA1Fh	002	03D	080	ABS	P	#1A858h	002	038	8	CLLCD	P
#1987Eh	002	015	8	ACK	P	#21ED5h	002	16A	8	CLOSEIO	P
#19863h	002	014	8	ACKALL	P	#1FD2Bh	002	11C	8	CLΣ	P
#1B72Fh	002	058	0CC	ACOS	P		0AB	012	8	CLTEACH	P
#1B830h	002	05B	0C8	ACOSH	P	#210FCh	002	15A	8	CLUSR	P
	0AB	06C	100	ADD	P	#210FCh	002	15A	8	CLVAR	P
#1BA3Dh	002	060	0CC	ALOG	P	#1BFBEh	002	077	8	CNRM	P
	0AB	059	8	AMORT	P		0AB	043	8	→COL	P
#1E783h	002	0E5	100	AND	P		0AB	04A	8	COL+	P
	0AB	018	8	ANIMATE	P		0AB	049	8	COL-	P
#1F55Dh	002	102	A	APPLY	P		0AB	044	8	COL→	P
#1F5C5h	002	103	181	APPLY	P	#2009Ah	002	138	8	COLΣ	P
#1E5D2h	002	0D8	8	ARC	P	#20A15h	002	14D	8	COLCT	P
#2125Ah	002	160	8	ARCHIVE	P	#1C1F6h	002	081	000	COMB	P
#1B2DBh	002	04D	080	ARG	P	#1D186h	002	0AD	8	CON	P
#1D092h	002	0AB	8	ARRY→	P		0AB	031	8	COND	P
#1D009h	002	0AA	8	→ARRY	P	#1E681h	002	0DD	8	CONIC	X
#1B6A4h	002	057	0CC	ASIN	P		0F1	034	C	CONIC	P
#1B7EBh	002	05A	0C8	ASINH	P	#1AA6Eh	002	03E	0C8	CONJ	P
#224F4h	002	17B	8	ASN	P		0AB	020	8	CONLIB	P
#1957Bh	002	000	8	ASR	P		0AB	021	101	CONST	P
#1B79Ch	002	059	0CC	ATAN	P	#1A8BBh	002	03A	8	CONT	P
#1B8A2h	002	05C	0C8	ATANH	P	#196DBh	002	00B	8	CONVERT	P
	0AB	010	8	ATICK	P	#1FDC1h	002	121	8	CORR	P
#21448h	002	165	8	ATTACH	P	#1B505h	002	052	0CC	COS	P
#1E1ABh	002	0C0	8	AUTO	P	#1B606h	002	055	0CC	COSH	P
#1E0BEh	002	0BA	8	AXES	P	#1FDDCh	002	122	8	COV	P
#1E741h	002	0E3	8	BAR	X	#1EEA4h	002	0F3	8	CR	P
	0F1	03A	C	BAR	P	#1A105h	002	020	8	CRDIR	P
#20133h	002	13C	8	BARPLOT	P	#1C01Eh	002	07A	8	CROSS	P
#2200Ch	002	172	8	BAUD	P		0AB	04C	8	CSWP	P
#1A5C4h	002	034	8	BEEP	P		0AB	014	8	CYLIN	P
#2025Eh	002	143	8	BESTFIT	P	#1E29Ah	002	0C7	8	C→PX	P
#1C559h	002	090	8	BIN	P	#1C98Eh	002	09F	8	C→R	P
#2010Eh	002	13B	8	BINS	P		0AB	078	000	DARCY	P
#1E416h	002	0D1	8	BLANK	P	#19812h	002	011	8	DATE	P
#1E3ECh	002	0D0	8	BOX	P	#199D2h	002	01F	8	DATE+	P
#22087h	002	176	8	BUFLEN	P	#1989Eh	002	016	8	→DATE	P
#1A1D9h	002	026	8	BYTES	P		0AB	080		dB	R
#196BBh	002	00A	8	B→R	P	#199B2h	002	01E	8	DDAYS	P
#2378Dh	700	019	1	CASE	P	#1C574h	002	091	8	DEC	P
#1BC0Fh	002	068	000	CEIL	P	#209AAh	002	14C	8	DECR	P
#1E0E8h	002	0BB	8	CENTR	P	#20D65h	002	156	8	DEFINE	P
#1C2D5h	002	084	8	CF	P	#1C399h	002	087	8	DEG	P
#1C149h	002	07E	000	%CH	P	#19972h	002	01C	8	DELALARM	P
	0AB	05C	8	CHOOSE	P	#1EF43h	002	0F5	8	DELAY	P
#1CB66h	002	0A5	8	CHR	P	#22548h	002	17D	8	DELKEYS	P
#21FECh	002	171	8	CKSM	P	#1E22Bh	002	0C4	8	DEPND	P
#1FCEBh	002	11A	8	CLEAR	P	#1FC44h	002	114	8	DEPTH	P
#198DEh	002	018	8	CLKADJ	P	#1BFDEh	002	078	8	DET	P

#2147Ch	002	166	8	DETACH	P		0AB	017	8	FREE1	P
	0AB	045	8	→DIAG	P	#1A5A4h	002	033	8	FREEZE	P
	0AB	046	8	DIAG→	P	#1C313h	002	085	8	FS?	P
	0AB	00E	C	DIFFEQ	P	#1C4A1h	002	08E	8	FS?C	P
#23813h	700	01B	2	DIR	P	#1E661h	002	0DC	8	FUNCTION	X
#1A584h	002	032	8	DISP	P		0F1	033	C	FUNCTION	P
#230C3h	700	007	9	DO	P	#1D7C6h	002	0B2	8	GET	P
#1A339h	002	02A	8	DOERR	P	#1D8C7h	002	0B3	8	GETI	P
	0AB	06B	8	DOLIST	P		0AB	07D		gmol	U
	0AB	063	8	DOSUBS	P	#1E456h	002	0D3	8	GOR	P
#1BFFEh	002	079	8	DOT	P	#1C3CFh	002	089	8	GRAD	P
#1E190h	002	0BF	8	DRAW	P		0AB	00A	C	GRIDMAP	P
#1E1C6h	002	0C1	8	DRAX	P	#1E5ADh	002	0D7	8	→GROB	P
#1FBD8h	002	110	8	DROP	P	#1E4E4h	002	0D4	8	GXOR	P
#1FC64h	002	115	8	DROPN	P	#1E150h	002	0BD	8	*H	P
#1FBF3h	002	111	8	DROP2	P	#23472h	700	00E	8	HALT	P
#22633h	002	180	8	DTAG	P		0AB	060	8	HEAD	P
#1FB87h	002	10D	8	DUP	P	#1C58Fh	002	092	8	HEX	P
#1FC7Fh	002	116	8	DUPN	P	#1E721h	002	0E2	8	HISTOGRAM	X
#1FBA2h	002	10E	8	DUP2	P		0F1	039	C	HISTOGRAM	P
#1BEC8h	002	070	000	D→R	P	#20167h	002	13D	8	HISTPLOT	P
#1AB23h	002	042	080	e	P	#1BF5Eh	002	074	8	HMS+	P
	0AB	037	8	EGV	P	#1BF7Eh	002	075	8	HMS-	P
	0AB	038	8	EGVL	P	#1BF3Eh	002	073	8	HMS→	P
#22FB5h	700	002	A	ELSE	P	#1BF1Eh	002	072	8	→HMS	P
#22FD5h	700	003	3	END	P	#1A140h	002	022	8	HOME	P
#23694h	700	016	B	END	P	#1AB45h	002	043	080	i	P
#236B9h	700	017	B	END	P	#1D2DCh	002	0AE	8	IDN	P
	0AB	066	000	ENDSUB	P	#22EC3h	700	000	5	IF	P
#1C452h	002	08C	8	ENG	P	#233DFh	700	00D	9	IFERR	P
#1CEE3h	002	0A8	8	EQ→	P		0AB	026	8	IFFT	P
	0AB	022	8	EQNLIB	P	#1A4CDh	002	030	8	IFT	P
#1E25Fh	002	0C5	8	ERASE	P	#1A3FEh	002	02F	1A3	IFTE	P
#1A3A3h	002	02D	8	ERRM	P	#1C819h	002	09B	008	IM	P
#1A388h	002	02C	8	ERRN	P	#208F4h	002	14B	8	INCR	P
#1A36Dh	002	02B	8	ERR0	P	#1E04Ah	002	0B7	8	INDEP	P
#1A3BEh	002	02E	8	EVAL	P		0AB	05A	8	INFORM	P
#1B905h	002	05D	0CC	EXP	P	#224CAh	002	17A	8	INPUT	P
#20A49h	002	14E	8	EXPAN	P	#1B278h	002	04C	0CC	INV	P
#201FBh	002	141	8	EXPFIT	P	#1BB6Dh	002	065	000	IP	P
#1BAC2h	002	062	0C4	EXPM	P	#20A93h	002	150	8	ISOL	P
	0AB	005	8	EYEPT	P	#2206Ch	002	175	8	KERRM	P
	0AB	079	000	F0λ	P	#1A873h	002	039	8	KEY	P
#1BB41h	002	064	000	FACT	P	#21F24h	002	16C	8	KGET	P
	0AB	077	000	FANNING	P	#1A303h	002	028	8	KILL	P
#1C360h	002	086	8	FC?	P	#1E2D5h	002	0C9	8	LABEL	P
#1C520h	002	08F	8	FC?C	P	#1A604h	002	036	8	LASTARG	P
	0AB	025	8	FFT	P		0AB	07E		lbmol	U
#19948h	002	01B	8	FINDALARM	P	#1E572h	002	0D5	8	LCD→	P
#21FB6h	002	16F	8	FINISH	P	#1E58Dh	002	0D6	8	→LCD	P
#1C3EAh	002	08A	8	FIX	P		0AB	01E	8	LIBEVAL	P
#1BBD9h	002	067	000	FLOOR	P	#2142Dh	002	164	8	LIBS	P
#231A0h	700	00A	9	FOR	P	#1E398h	002	0CE	8	LINE	P
#1BBA3h	002	066	000	FP	P	#200F3h	002	13A	8	ΣLINE	P
#213D1h	002	163	8	FREE	P	#201B1h	002	13F	8	LINFIT	P

	0AB	01C	101	LININ	P		#1E809h	002	0E6	100	OR	P
#1C95Ah	002	09E	8	LIST→	P		#20FD9h	002	159	8	ORDER	P
#1C783h	002	098	8	→LIST	P		#1FC29h	002	113	8	OVER	P
	0AB	068	8	ΣLIST	P		#1E6C1h	002	0DF	8	PARAMETRIC	X
	0AB	06A	8	πLIST	P			0F1	036	C	PARAMETRIC	P
	0AB	064	8	◁LIST	P		#2202Ch	002	173	8	PARITY	P
#1B94Fh	002	05E	0CC	LN	P			0AB	009	C	PARSURFACE	P
#1BA8Ch	002	061	0C0	LNP1	P		#1A125h	002	021	8	PATH	P
#1B9C6h	002	05F	0CC	LOG	P			0AB	053	8	PCOEF	P
#201D6h	002	140	8	LOGFIT	P			0AB	00D	C	PCONTOUR	P
	0AB	03D	8	LQ	P			0AB	02A	8	PCOV	P
#1FF20h	002	12E	8	LR	P		#1E201h	002	0C3	8	PDIM	P
	0AB	036	8	LSQ	P		#1C236h	002	082	000	PERM	P
	0AB	03B	8	LU	P			0AB	054	8	PEVAL	P
#1BE9Ch	002	06F	000	MANT	P		#2123Ah	002	15F	8	PGDIR	P
#1FA59h	002	109	8	↑MATCH	P		#1FC9Ah	002	117	8	PICK	P
#1FA8Dh	002	10A	8	↓MATCH	P		#1E436h	002	0D2	8	PICT	P
#1BC71h	002	06A	000	MAX	P		#1E2BAh	002	0C8	8	PICTURE	P
#1AADFh	002	040	080	MAXR	P			0AB	081	8	PINIT	P
#1FE7Eh	002	128	8	MAXΣ	P		#1E344h	002	0CC	8	PIXOFF	P
	0AB	073	8	MCALC	P		#1E31Ah	002	0CB	8	PIXON	P
#1FE99h	002	129	8	MEAN	P		#1E36Eh	002	0CD	8	PIX?	P
#20FAAh	002	158	8	MEM	P		#220DDh	002	179	8	PKT	P
#21196h	002	15C	8	MENU	P		#1E09Eh	002	0B9	8	PMAX	P
#2137Fh	002	162	8	MERGE	P		#1E07Eh	002	0B8	8	PMIN	P
	0AB	016	8	MERGE1	P		#1E6A1h	002	0DE	8	POLAR	X
#1BCE3h	002	06B	000	MIN	P			0F1	035	C	POLAR	P
	0AB	075	8	MINEHUNT	P		#1CAB4h	002	0A1	8	POS	P
	0AB	070	8	MINIT	P		#1FF7Ah	002	12F	8	PREDV	P
#1AB01h	002	041	080	MINR	P		#1FFBAh	002	131	8	PREDX	P
#1FEB4h	002	12A	8	MINΣ	P		#1FF9Ah	002	130	8	PREDY	P
	0AB	071	8	MITM	P		#1EF63h	002	0F6	8	PRLCD	P
#1BE4Dh	002	06E	100	MOD	P		#23824h	700	01C	8	PROMPT	P
	0AB	074	8	MROOT	P			0AB	052	8	PROOT	P
	0AB	05D	8	MSGBOX	P		#1EE89h	002	0F2	8	PRST	P
	0AB	024		MSOLVR	P		#1EE6Eh	002	0F1	8	PRSTC	P
	0AB	06F	8	MSOLVR	P		#1EEBFh	002	0F4	8	PRVAR	P
	0AB	072	8	MUSER	P		#1EE53h	002	0F0	8	PR1	P
	0AB	027	8	NDIST	P			0AB	028	8	PSDEV	P
#1FDA6h	002	120	8	NΣ	P		#20EFEh	002	157	8	PURGE	P
#1A995h	002	03C	5C8	NEG	P		#1D407h	002	0B0	8	PUT	P
#1A2BCh	002	027	8	NEWOB	P		#1D5DFh	002	0B1	8	PUTI	P
#2324Ch	700	00B	B	NEXT	P			0AB	029	8	PVAR	P
#1E88Fh	002	0E7	500	NOT	P		#211FCh	002	15E	8	PVARS	P
	0AB	05B	8	NOVAL	P		#1E2F0h	002	0CA	8	PVIEW	P
	0AB	065	000	NSUB	P		#20220h	002	142	8	PWRFIT	P
#1CB46h	002	0A4	8	NUM	P		#1E27Ah	002	0C6	8	PX→C	P
	0AB	006	8	NUMX	P		#1F9C4h	002	107	8	→Q	P
	0AB	007	8	NUMY	P			0AB	03C	8	QR	P
#1A5E4h	002	035	8	→NUM	P		#20AB3h	002	151	8	QUAD	P
#1CF7Bh	002	0A9	8	OBJ→	P		#1F500h	002	101	121	QUOTE	P
#1C5AAh	002	093	8	OCT	P		#1F9E9h	002	108	8	→Qπ	P
#1A31Eh	002	029	8	OFF	P		#1C3B4h	002	088	8	RAD	P
#1EE38h	002	0EF	8	OLDPRT	P		#1C1B9h	002	07F	8	RAND	P
#21EB5h	002	169	8	OPENIO	P			0AB	035	8	RANK	P

Adresse	Lib	N°		Nom	
	0AB	040	8	RANM	P
#1FB5Dh	002	10C	500	RATIO	P
#1F133h	002	0F9	8	RCEQ	P
	0AB	04D	8	RCI	P
	0AB	04E	8	RCIJ	P
#20B40h	002	154	8	RCL	P
#19928h	002	01A	8	RCLALARM	P
#1C619h	002	096	8	RCLF	P
#22586h	002	17E	8	RCLKEYS	P
#211E1h	002	15D	8	RCLMENU	P
#1FD46h	002	11D	8	RCLΣ	P
#1C5FEh	002	095	8	RCWS	P
#1D0DFh	002	0AC	8	RDM	P
#1C1D4h	002	080	8	RDZ	P
#1C7CAh	002	09A	008	RE	P
#21F62h	002	16D	8	RECN	P
	0AB	013	8	RECT	P
#21F96h	002	16E	8	RECV	P
#2305Dh	700	006	A	REPEAT	P
#1C8EAh	002	09D	8	REPL	P
#1E126h	002	0BC	8	RES	P
#2133Ch	002	161	8	RESTORE	P
	0AB	06D	8	REVLIST	P
	0AB	02B	8	RKF	P
	0AB	02D	8	RKFERR	P
	0AB	02C	8	RKFSTEP	P
#1959Bh	002	001	8	RL	P
#195BBh	002	002	8	RLB	P
#1BD55h	002	06C	000	RND	P
#1BF9Eh	002	076	8	RNRM	P
#1FCB5h	002	118	8	ROLL	P
#1FCD0h	002	119	8	ROLLD	P
#1F16Eh	002	0FB	8	ROOT	P
#1FC0Eh	002	112	8	ROT	P
	0AB	048	8	ROW+	P
	0AB	047	8	ROW-	P
	0AB	041	8	→ROW	P
	0AB	042	8	ROW→	P
	0AB	07F		rpm	U
#195DBh	002	003	8	RR	P
#195FBh	002	004	8	RRB	P
	0AB	03F	8	RREF	P
	0AB	02E	8	RRK	P
	0AB	02F	8	RRKSTEP	P
	0AB	030	8	RSBERR	P
#1C03Eh	002	07B	8	RSD	P
	0AB	04B	8	RSWP	P
#20A7Dh	002	14F	8	RULES	P
#1969Bh	002	009	8	R→B	P
#1C79Eh	002	099	8	R→C	P
#1BEF4h	002	071	000	R→D	P
#1E761h	002	0E4	8	SAME	P
#220C2h	002	178	8	SBRK	P
#1E1E1h	002	0C2	8	SCALE	P
#2018Ch	002	13E	8	SCATRPLOT	P

Adresse	Lib	N°		Nom	
#1E701h	002	0E1	8	SCATTER	X
	0F1	038	C	SCATTER	P
	0AB	03E	8	SCHUR	P
#1C41Eh	002	08B	8	SCI	P
#200C4h	002	139	8	SCLΣ	P
#203CCh	002	146	8	SCONJ	P
#1FECFh	002	12B	8	SDEV	P
#21EF0h	002	16B	8	SEND	P
	0AB	062	8	SEQ	P
#21FD1h	002	170	8	SERVER	P
#1C274h	002	083	8	SF	P
#20AD3h	002	152	8	SHOW	P
	0AB	07A	000	SIDENS	P
#1B32Ah	002	04E	004	SIGN	P
#1B4ACh	002	051	0CC	SIN	P
#1B5B7h	002	054	0CC	SINH	P
#202CEh	002	144	8	SINV	P
#1C9B8h	002	0A0	8	SIZE	P
#1961Bh	002	005	8	SL	P
#1963Bh	002	006	8	SLB	P
	0AB	00C	C	SLOPEFIELD	P
#2034Dh	002	145	8	SNEG	P
	0AB	034	8	SNRM	P
	0AB	023	8	SOLVEQN	P
	0AB	06E	8	SORT	P
	0AB	015	8	SPHERE	P
#1B426h	002	050	0C4	SQ	P
#1965Bh	002	007	8	SR	P
	0AB	033	8	SRAD	P
#1967Bh	002	008	8	SRB	P
#21E95h	002	168	8	SRECV	P
#23103h	700	009	9	START	P
#1C486h	002	08D	8	STD	P
#23380h	700	00C	B	STEP	P
#1F14Eh	002	0FA	8	STEQ	P
#220A2h	002	177	8	STIME	P
#20CCDh	002	155	8	STO	P
#198FEh	002	019	8	STOALARM	P
#1C67Fh	002	097	8	STOF	P
#22514h	002	17C	8	STOKEYS	P
#2044Bh	002	147	8	STO+	P
#20538h	002	148	8	STO-	P
#20753h	002	14A	8	STO*	P
#2060Ch	002	149	8	STO/	P
#1FD0Bh	002	11B	8	STOΣ	P
#1CB26h	002	0A3	8	STR→	P
#1CB0Bh	002	0A2	8	→STR	P
	0AB	067	8	STREAM	P
#1C5C5h	002	094	8	STWS	P
#1C85Ch	002	09C	8	SUB	P
	0AB	039	8	SVD	P
	0AB	03A	8	SVL	P
#1FBBDh	002	10F	8	SWAP	P
#1A52Eh	002	031	8	SYSEVAL	P
#1C0D7h	002	07D	000	%T	P

#225BEh	002	17F	8	→TAG	P	#1FFDAh	002	132	8	XCOL	P
	0AB	061	8	TAIL	P	#21E75h	002	167	8	XMIT	P
#1B55Eh	002	053	0CC	TAN	P	#1E8F6h	002	0E8	100	XOR	P
#1B655h	002	056	0CC	TANH	P	#1BC45h	002	069	000	XPON	P
#20B20h	002	153	8	TAYLR	P		0AB	05F	8	XRECV	P
	0AB	07B	000	TDELTA	P	#1E621h	002	0DA	8	XRNG	P
	0AB	011	8	TEACH	P	#1B185h	002	04A	A	XROOT	P
#1E606h	002	0D9	8	TEXT	P	#1B1CAh	002	04B	401	XROOT	P
#22EFAh	700	001	A	THEN	P		0AB	05E	8	XSEND	P
#2371Fh	700	018	2	THEN	P		0AB	000	8	XVOL	P
#237A8h	700	01A	9	THEN	P		0AB	003	8	XXRNG	P
#1982Dh	002	012	8	TICKS	P	#1FE63h	002	127	8	ΣX*Y	P
#197F7h	002	010	8	TIME	P	#1FE12h	002	124	8	ΣY	P
#198BEh	002	017	8	→TIME	P	#1FE48h	002	126	8	ΣY^2	P
	0AB	07C	000	TINC	P	#1FFFAh	002	133	8	YCOL	P
#1E3C2h	002	0CF	8	TLINE	P	#1E641h	002	0DB	8	YRNG	P
#2115Dh	002	15B	8	TMENU	P		0AB	00B	C	YSLICE	P
#1FEEAh	002	12C	8	TOT	P		0AB	001	8	YVOL	P
	0AB	032	8	TRACE	P		0AB	004	8	YYRNG	P
#2204Ch	002	174	8	TRANSIO	P		0AB	076	000	ZFACTOR	P
#1D392h	002	0AF	8	TRN	P		0AB	002	8	ZVOL	P
#1BDD1h	002	06D	000	TRNC	P	#1AB67h	002	044	5C8	+	P
#1E6E1h	002	0E0	8	TRUTH	X	#1ACDDh	002	045	500	+	P
	0F1	037	C	TRUTH	P	#1AD09h	002	046	5C8	-	P
#19992h	002	01D	8	TSTR	P	#1ADEEh	002	047	5C8	*	P
#1A1AFh	002	025	8	TVARS	P	#1AF05h	002	048	5C8	/	P
	0AB	055	8	TVM	P	#1EBBEh	002	0EB	100	<	P
	0AB	056	8	TVMBEG	P	#1ECFCh	002	0ED	100	≤	P
	0AB	057	8	TVMEND	P	#1EC5Dh	002	0EC	100	>	P
	0AB	058	101	TVMROOT	P	#1ED9Bh	002	0EE	100	≥	P
#1CB86h	002	0A6	8	TYPE	P	#1A8D8h	002	03B	5C8	=	P
#19771h	002	00E	000	UBASE	P	#1E972h	002	0E9	100	==	P
#197A5h	002	00F	8	UFACT	P	#1EA9Dh	002	0EA	100	≠	P
#1974Fh	002	00D	8	→UNIT	P	#1BB02h	002	063	500	!	P
#230EDh	700	008	2	UNTIL	P	#1F1D4h	002	0FC	E	∫	P
#1A15Bh	002	023	8	UPDIR	P	#1F223h	002	0FD	5A7	∫	P
#2001Ah	002	134	8	UTPC	P	#1EF7Eh	002	0F7	E	∂	P
#2005Ah	002	136	8	UTPF	P	#1EFD2h	002	0F8	5A7	∂	P
#2003Ah	002	135	8	UTPN	P	#1C060h	002	07C	000	%	P
#2007Ah	002	137	8	UTPT	P	#1AABDh	002	03F	080	π	P
#1971Bh	002	00C	000	UVAL	P	#1F2C9h	002	0FE	5A3	Σ	P
#1FF05h	002	12D	8	VAR	P	#1FD61h	002	11E	8	Σ+	P
#1A194h	002	024	8	VARS	P	#1FD8Bh	002	11F	8	Σ-	P
	0AB	00F	8	VERSION	P	#1B374h	002	04F	5C4	√	P
#1CE28h	002	0A7	8	VTYPE	P	#1F354h	002	0FF	E			P
#1DE66h	002	0B5	8	→V2	P	#1F3F3h	002	100	5A3			P
#1DEC2h	002	0B6	8	→V3	P	#22FEBh	700	004	8	→	P
#1DD06h	002	0B4	8	V→	P	#234C1h	700	010	8	→	P
#1E170h	002	0BE	8	*W	P	#1B02Dh	002	049	5CC	^	P
#1A71Fh	002	037	8	WAIT	P	#23654h	700	014	8	'	P
#23033h	700	005	9	WHILE	P	#23679h	700	015	0	'	P
	0AB	008	C	WIREFRAME	P	#1FAEBh	002	10B	501	_	P
#19848h	002	013	8	WSLOG	P	#2361Eh	700	012	1	«	P
#1FDF7h	002	123	8	ΣX	P	#235FEh	700	011	B	»	P
#1FE2Dh	002	125	8	ΣX^2	P	#23639h	700	013	B	»	P

Les clubs HP dans le monde

La liste qui suit est la traduction de "List of Clubs for Users of HP Handheld Calculators & Computers, Tenth Edition, August 1993", de Wlodek Mier-Jedrzejowicz, reproduite ici avec l'aimable autorisation de l'auteur.

Rencontrer d'autres personnes qui utilisent des calculatrices HP est souvent le meilleur moyen d'en apprendre plus à propos de la vôtre - et cela peut même être amusant ! Un moyen de rencontrer d'autres utilisateurs est de trouver un club ou un groupe d'utilisateurs près de vous. Voici une liste de clubs, ainsi que des informations à leur propos.

HP et les clubs

Il existe de nombreuses manières d'obtenir des informations sur votre calculatrice ou votre "palmtop" HP. Les manuels, et autres livres, sont une bonne introduction. Le support technique HP vous aidera souvent en cas de problème. Les utilisateurs de courrier électronique et de messageries peuvent aussi échanger des informations grâce aux réseaux informatiques.

Tout cela peut être d'une grande utilité, mais rien ne remplace une conversation avec quelqu'un lors de la réunion d'un club, ou la lecture d'une revue.

En particulier, lorsque HP annonce de nouvelles calculatrices, votre club local est le meilleur endroit pour voir les nouveaux produits ! Cela peut aussi être intéressant de chercher à rencontrer des fans de HP lorsque vous visitez un endroit que vous ne connaissez pas - et vous pouvez même assister à des conférences internationales que des clubs organisent parfois.

Les grands clubs publient en général une revue et tiennent des réunions régulières, les plus petits ne tenant que des réunions occasionnelles. Si vous ne trouvez pas un club près de chez vous, cela vaut le coup d'adhérer à un club qui publie une revue. Surtout si vous préférez lire des journaux écrits dans votre propre langue et non pas en anglais !

A propos de cette liste

Pour les raisons évoquées ci-dessus, je suis persuadé de l'intérêt d'une liste de clubs mise à jour régulièrement. J'ai préparé cette liste pour la première fois pour le groupe américain HPX. Depuis, je l'ai mise à jour, principalement à partir d'informations recueillies pendant les conférences d'utilisateurs HP qui se sont tenues à Copenhague (Danemark) en août 1987, à Corvallis (aux Etats Unis, dans l'Oregon) en août 1988 et août 1991 et à Londres (Angleterre) en septembre 1992. Si vous trouvez des fautes, je vous serais reconnaissant de me les signaler, à l'adresse que vous trouverez à la fin de cette liste.

A propos des clubs

Il existe de nombreuses sortes de clubs. Certains des clubs les plus actifs sont ceux organisés par des petits groupes d'étudiants, à l'université, qui sont enthousiasmés par les possiblilités de leurs calculatrices. Malheureusement, ce genre de club meurt souvent lorsque les étudiants terminent leurs études, sauf si un de leurs professeurs reprend le flambeau…

D'autres clubs sont mis en place aux seins d'entreprises où de nombreuses personnes utilisent des calculatrices HP, mais il peut être difficile d'adhérer à de tels clubs, voire même d'en entendre parler, si vous ne faites pas partie de l'entreprise.

Parmi les clubs les qui ont le plus de succès, on trouve aussi ceux qui tiennent des réunions et qui publient une revue. Ces clubs possèdent un noyau de membres enthousiastes qui se réunissent régulièrement, font vivre le club et publient la revue, lue par de nombreuses autres personnes ne pouvant pas assister aux réunions mais appréciant la lecture de la revue, et qui y publient parfois des articles.

Dans cette liste, je n'ai pas tenté de décrire les clubs en détail (je suis allé en voir plusieurs, mais je ne peux pas savoir ce qui se passe dans chacun d'entre eux). Cette liste est triée par pays. Les clubs sont qualifiés d''"ACTIFS" si des réunions ont lieu ou s'ils publient un journal, comme "ETAT INCONNU" si je n'ai pas de détails récents sur eux. Si un club n'a, à ma connaissance, rien fait dans les deux dernières années, il est en fin de liste, avec la mention "INACTIF".

Comme je l'ai déjà écrit, les corrections et mises à jour sont les bienvenues et seront incluses dans les prochaines éditions de cette liste. J'aimerais aussi indiquer les adresses électroniques de ces clubs : si vous les connaissez, n'hésitez pas à m'en faire part. Des

---

informations à propos des nouveaux clubs dédiés aux "palmtops" (HP95 LX, HP100 LX…) seraient particulièrement appréciées.

Allemagne

CCD e.V., P.O. Box 110411, Schwalbacherstr. 50 Hhs., D-6000 Frankfurt-am-Main 1, Allemagne - ACTIF - Le plus grand club d'utilisateurs de calculatrices HP au monde depuis que les clubs américains ont commencé à avoir des problèmes. Ils ont commencé par regrouper les utilisateurs de HP41, mais comme leurs membres ont acheté des PC ils ont aussi mis en place des sections pour différents types de PC. Ils ont maintenant une section pour les calculatrices HP, une section MS-DOS, une pour CP/M et une pour Atari. Leur journal, PRISMA (très professionnel) continue à traiter largement des machines HP. Il est publié tous les deux mois.

Angleterre

Voir Royaume-Uni.

Australie

Melbourne : HPHH Melbourne, P.O. Box 512, Ringwood, Vic. 3134, Australie. ACTIF.

Sydney : HPHH Sydney, à contacter via un serveur : (02) 560-8087 avec les paramètres suivants : N81, 300-2400, PEP, ou appeler Ken Besley, (02) 868-3712 (numéro personnel). ACTIF.

Les deux clubs ci-dessus publient une lettre commune d'information mensuelle, à présent réalisée principalement par le club de Melbourne.

Autriche

U. HOESCH, CCA - HP-Club Austria, Braeuhausgasse 63, A-1050 Wien, Autriche - ACTIF - Aucun représentant aux conférences de Copenhague, Corvallis, ou Londres ; Ils sont toujours actifs et publient une revue.

Belgique

PCX (club Flamand), Postbus 205, B-8000 Brugge 1, Belgique - ACTIF - publie un journal (PCX) qui comporte des articles en hollandais et en français, principalement repris des revues des clubs Prompt et HP48SXtant .

Canada

UofA HP Users Club University of Alberta. Adresse électronique : hpclub@bode.ee.ualberta.ca. Adresse postale : T. Nyhus, Secrétaire du club, 8223-187 ST, Edmon, AB T5T 1H8, Canada - ACTIF - Publie une lettre d'information mensuelle électronique, possède un serveur et organise des réunions à l'université pendant l'année scolaire. Il s'agit d'un club d'étudiants, donc peu actif pendant les vacances.

Danemark

PPC-Denmark, c/o Ole Lund Jensen, Hedebygade 30A, 5.tv, DK-1754 Kobenhavn V, Dannemark - ACTIF - Publie le journal USER - Trois numéros en 1992. La plus grande part de leur activité a lieu sur un serveur. Ils ont de bonnes relations avec HP : par exemple une carte mentionnant le club est distribuée avec toutes les calculatrices HP vendues au Dannemark.

Espagne

HPUC Barcelona, c/o Carles Crespo, Aptdo. 10080, 08031 Barcelona, Esapagne - ACTIF - Un nouveau club. Je n'ai vu qu'un numéro de leur revue "Forum HP".

États-unis

Trois grands clubs américains ont joué le rôle de centres mondiaux d'échange d'informations, mais tous les trois sont à présent inactifs.

Il existe néanmoins des clubs locaux actifs aux États-unis qui sont considérés par certains comme des sections locales de l'un des trois clubs précédents.

Au moins trois d'entre eux publient leur propre revue.

Chicago : CHIP, c/o Jack R. Stout, 1946 North 18th Avenue, Melrose Park, Illinois 60160, États-unis - ACTIF - Ils se rencontrent une fois par mois et publient régulièrement une revue. Ils organisent tous les ans un excellent pique-nique d'été.

Corvallis, Oregon - ACTIF - Si vous êtes un utilisateur de calculatrice HP dans cette région et que vous ne travaillez pas pour HP, alors vous êtes sans doute à l'université locale, OSU. Pendant l'année scolaire, contactez le professeur Tom Dick du département mathématiques, Oregon State University, Corvallis OR 97331-4605, États-unis. Si vous n'êtes pas à OSU, ou pendant les vacances, vous pouvez contacter Smith, 301 NE Byron Place, Corvallis OR 97330-6233, Etats-unis.

Philadelphia - HP Handheld Club (PAHHC, né en août 1978) - ACTIF - Réunions deux fois par mois à l'université de Drexel à Philadelphie, Pensylvanie et distribution mensuelle du texte des conférences. Contacter Jake Schwartz, 135 Saxby Terrace, Cherry Hill, New Jersey 08003, États-unis.

Puget Sound (Seattle) Club, contacter le professeur Robert T. Moore, 14727 39th Ave NE, Seattle WA 98155, États-unis - ACTIF - Ce club publie une revue et tient des réunions régulières.

Californie - ETAT INCONNU - Je sais que les enthousiasmés des calculatrices HP se réunissent parfois dans la région de San Francisco et de Orange Country mais je ne sais pas qui il faut contacter. Pour Orange Country, vous pouvez essayer de demander à Joe Horn ou à Educalc.

Finlande

STaK, c/o Timo Talonpoika, Valtakatu 26 A 5, SF-53100 Lappeenranta, Finlande - ACTIF - Publie STaK, environ 4 numéros par an. Leur premier numéro de 1993 a une superbe couverture !

France

PPC-Paris, BP 604, 75028 Paris Cedex 01, France - ACTIF- Une revue, JPC, est publiée environ une fois par mois. Ce club a organisé une réunion pour son dixième anniversaire en janvier 1993. Ils ont réalisé un excellent module pour le HP-71 (JPCROM).

Club Haute Performance FFJM, Centre de Chateaugaillard, 1, avenue Foch, 94700 Maisons Alfort, France - ACTIF - Leur activité principale est la publication d'une revue d'information trimestrielle destinée aux utilisateurs de HP28, 42, 48, 71 et 95. Ils sont sponsorisés par HP et par la Fédération Française de Jeux Mathématiques. Environ 1000 personnes y ont adhéré dès la première année. J'attends avec intérêt leurs prochains numéros. Leurs analyses de livres et de produits sont très bonnes.

HP'GANG, 52, rue du Bois de Balizy, 91360 Epinay sur Orge, France - ACTIF - Un club d'étudiants qui publie une revue en argot estudiantin. Leur enthousiasme est louable.

Voir aussi HP48SXtant en Hollande.

Grande Bretagne
(Angleterre, Écosse, Pays de Galle et Irlande du Nord)

HPCC, Geggs Lodge, Hempton Road, Deddington, Oxon OX5 4QG, Angleterre - ACTIF - Ce club publie une revue (DATAFILE), huit fois par an, et organise des réunions mensuelles à Londres ainsi qu'une conférence chaque année. En 1992, c'était la conférence anniversaire internationale et en août 1993 une réunion au sujet des derniers produits HP. Remarque : ce club offre sa revue à prix de gros aux autres clubs. Pour plus de détails, se renseigner à l'adresse ci-dessus.

Il existe aussi un club d'étudiants consacré à la HP48 à l'université de Bristol qui publie une revue par courrier électronique. Pour plus de détails contacter Tony Duell - Téléphone 0272 303030 poste 3691 (à l'université).

Hollande (Pays-Bas)

Prompt HP-GC, Postbus 1081, 1500 AB Zaandam, Pays-Bas - ACTIF - Publie la revue PROMPT six fois par an qui, contrairement à STORC (voir ci-dessous), concerne toutes les calculatrices HP. Ils projettent d'organiser une conférence internationale en mai 1994.

STORC, P.O. Box 616, 5600 AP Eindhoven, Pays-Bas - ACTIF - constitué pour les utilisateurs de HP28 en 1989, il regroupe à présent des utilisateurs de HP28 et HP48. Leur nom est l'acronyme de "fondation pour le soutient au calculateurs RPL". Leur revue est publiée environ dix fois par an, avec un sommaire en anglais dans chaque numéro et quelques articles en anglais. Contrairement à la plupart des clubs, qui sont, au mieux, associés à un revendeur, STORC est un revendeur et produit des cartes pour la HP48.

HP48SXtant, Lijsterlaan 31, 2665 TH Bleiswijk, Pays-bas - ACTIF - Ce n'est pas vraiment un club mais une revue destinée aux utilisateurs de HP48 et publiée en français par Robert Pulluard.

Italie

Pas de club actif, mais des membres d'anciens clubs produisent des cartes intéressantes pour la HP48.

Mexique

Je n'ai vu aucun signe d'un club au Mexique mais quelques logiciels soignés pour le HP95 proviennent néanmoins d'utilisateurs de Mexico.

Norvège

PPC-Norway, c/o Ib Jorgensen Ornevn. 63A, N-1340 Bekkestua, Norvège - ACTIF - Ils ne publient pas leur propre revue mais collaborent avec PPC Danemark et HPCC. Certains de leurs membres ont conçu une carte d'application pour la HP48.

Pays bas

Voir Hollande.

Suède

PPC-CG c/o Odinsgatan 6, 40120 GOTEBORG, Suède - ETAT INCONNU - Je n'ai pas entendu parler de ce club récemment.

Svenska HP-raknarforeningen c/o Erik Bryntse Byalagsgatan 4 d S-703 60 Orebro, Suède. Téléphone : 19 13 29 46 - ETAT INCONNU - Un nouveau club dont je n'ai pas de nouvelles récentes non plus.

Le club Finlandais (voir Finlande) publie aussi des articles en suédois.

Suisse

PPC-Lausanne, Luzius Auer, Case Postale, 1049 Assens/VD, Suisse - ETAT INCONNU - Ils publiaient une revue mais n'étaient pas représentés aux conférences de Copenhague, Corvallis et Londres.

HP-Club, Franco dal Molin, Plattenstr. 44, 8152 Glattbrugg, Suisse - ETAT INCONNU - Je n'ai aucune information sur ce club, si ce n'est son adresse.

Activités internationales

Les grands clubs américains avaient une audience internationale jusqu'à leur disparition. Maintenant, le club le plus "international" est probablement le club de Grande-Bretagne, simplement parce qu'il publie régulièrement une revue en anglais.

Un forum européen des clubs a été agréé lors de la conférence de 1992 à Londres. Son nom est HEX (Handheld European eXchange). Ceci devrait conduire à inclure systématiquement une table des matières en anglais dans chaque numéro des revues, à l'échange des revues entre clubs, ainsi qu'à autoriser tout club membre de HEX à reprendre des articles publiés par un autre membre de HEX.

En plus des clubs précédents, la bibliothèque des utilisateurs HP (HP User's library qui est maintenant une société indépendante, "Solve and Integrate" dont vous pouvez demander l'adresse à HP), les revendeurs HP de certains pays, les développeurs indépendants, les éditeurs de magasines commerciaux et les boutiques peuvent aussi vous fournir de l'aide, mais ne sont pas inclus dans cette liste parce que ce ne sont pas des clubs.

Clubs inactifs

Afrique du sud : une petite activité dans le début des années 80, probablement du fait des travailleurs expatriés. Rien depuis...

Allemagne : une section de PPC a existé un moment mais ne semble plus être actif. Je crois qu'elle était à Dortmund.

Australie : deux clubs à Perth et Brisbane.

Belgique : un club francophone qui n'a pas donné signe de vie récemment..

Espagne : un club consacré à la HP41 a existé un moment,, dirigé par Valentin Albillo, qui avait de bons contacts avec HP et les clubs australiens.

Etats du Golfe : comme pour l'Afrique du sud......

États-unis : CHHU qui n'est plus actif bien que certaines sections se réunissent encore. PPC, LE club originel, fondé par Richard Nelson a été actif pendant 14 ans jusqu'à 1987. HPX, P.O. Box 4160, Des Plaines, IL 60016, Etats Unis, a publié la revue "HPX Exchange" pendant deux ans jusqu'en 1989, mais a promis de recommencer à la publier quand les HP48 G et GX ont été annoncées.

France : PPC-Toulouse, fermé en 1987 - Contacter le club parisien.

Italie : CHHU-IT, c/o Stefano Tendon, a publié un numéro d'une revue mais a eu peu de succès. Il est à présent inactif.

Iran : Comme l'Afrique du sud et le Golfe (voir plus haut).

Mexique : un club existait à Mexico City mais je n'ai vu aucun signe récent d'une activité de sa part.

Pays-Bas : le magasin de livres et de calculatrices TH Boekhandel Prins, publiait un journal (HP-USER NIEUWS) et se comportait de ce fait comme un club. Mais ils ont abandonné après 10 numéros du journal. Comme un petit club (Nuts) qui existait jusqu'en 1990, ils ont conseillé à leurs membres de s'inscrire à PROMPT.

Pour finir...

J'ai fait de mon mieux pour fournir des informations justes et à jour, mais nombre d'entre elles m'ont été données par des sources indépendantes et je ne peux donc garantir leur exactitude.

Si vous voulez prendre contact avec un club, je vous conseille de lui écrire en mettant l'adresse de l'expéditeur sur l'enveloppe pour vérifier que le club existe toujours et que l'adresse est encore valide, avant d'envoyer de l'argent. Laissez-leur un peu de temps pour vous répondre (les personnes qui s'en occupent le font pendant leur temps libre et ont un métier à plein temps). Si vous n'obtenez pas de réponse dans les deux mois, essayez un autre club.

Pour des raisons évidentes, j'ai préféré ne pas donner à la fois le numéro de téléphone et l'adresse d'un club, sauf si on me l'a demandé expressément.

Wlodek Mier-Jedrzejowicz, 20 Août 1993.

Si vous voulez m'envoyer des informations à inclure dans les prochaines éditions de cette liste, merci de me les envoyer à l'adresse suivante :

Wlodek Mier-Jedrzejowicz
c/o HPCC
Geggs Lodge
Hempton Road, Deddington
Oxon OX5 4QG
Angleterre

Les clubs HP dans le monde

Glossaire

Adresse	Entier compris entre # 0h et # FFFFFh (hexadécimal) représentant l'endroit où se trouve une information donnée.
AND	Voir "Et logique".
Assemblage	Action d'assembler.
Assembler	Traduire un programme assembleur en un programme en langage-machine.
Assembleur	Langage symbolique représentant le langage-machine, programme réalisant la traduction d'un programme assembleur en langage-machine.
Bank-switching	Technique consistant à faire cohabiter deux mémoires à la même adresse. L'une des deux est visible, l'autre est cachée. Pour accéder à la mémoire cachée, on change l'adresse de la mémoire visible.
BCD	Terme anglais pour DCB.
Bit	Mémoire prenant la valeur 0 ou 1 et constituant les quartets.
Buffer	Zone-mémoire destinée au stockage temporaire d'informations en attente de traitement (par exemple les codes des touches frappées, ou les données provenant de l'interface RS232c).
Byte	Terme anglais pour octet.
Champ	Partie d'un registre.
DCB	Décimal Codé Binaire : manière de stocker un nombre décimal en le représentant par le nombre hexadécimal identique (ex : 20, décimal, sera représenté par 20h [hexadécimal] qui vaut en fait 32 [décimal]).

Désassemblage	Action de désassembler.
Désassembler	Traduire un programme machine en un programme assembleur.
Désassembleur	Programme réalisant un désassemblage.
Drapeau	Mémoire ayant la valeur 0 ou 1 et servant d'indicateur.
Et logique	Opération issue de la logique booléenne qui s'effectue bit à bit sur des valeurs entières et dont le résultat est donné par la table de vérité :

	0	1
0	0	0
1	0	1

Garbage Collector	Opération réalisée dès que la machine ne dispose plus d'assez de place-mémoire. Cette opération consiste en la destruction des objets temporaires devenus inutiles. On peut déclencher le garbage collector en utilisant la commande MEM.
Hexadécimal	Base 16 (les "chiffres" sont : 0 1 2 3 4 5 6 7 8 9 A B C D E F).
Indicateur	Un des symboles pouvant s'allumer au sommet de l'afficheur de la HP48 et indiquant l'état de la machine (Rad, Alpha...), plus généralement mémoire ou symbole pouvant prendre 2 états.
Kilo-Octet	Unité de mesure de la taille d'une mémoire. Correspond à 1024 (2^{10}) octets.
Langage-machine	Suite de codes représentant une suite d'instructions élémentaires compréhensibles par le microprocesseur.

| | LCD | Liquid Crystal Display, afficheur à cristaux liquides. |

LCD | Liquid Crystal Display, afficheur à cristaux liquides.

Logique booléenne | Ensemble d'opération logique (et, ou, non...) réalisée sur les deux valeurs VRAI et FAUX traditionnellement représentées par les valeurs 0 (FAUX) et 1 (VRAI).

Mémoire | Organe de stockage de l'information. Voir Ram et Rom.

Mémoire morte | Voir Rom.

Mémoire vive | Voir Ram.

Microprocesseur | Circuit électronique exécutant des ordres élémentaires codés sous forme binaire (langage-machine).

NOT | Voir "Non logique".

Non logique | Opération issue de la logique booléenne qui consiste à inverser la valeur des bits d'une valeur entière (les bits à 1 sont mis à 0, ceux à zéro sont mis à 1).

Objet | Tout élément avec lequel travaille le RPL. Par exemple : un réel.

Octet | Information sur 8 bits, unité de mesure de la taille d'une mémoire.

OR | Voir "Ou logique".

Ou exclusif | Opération issue de la logique booléenne qui s'effectue bit à bit sur des valeurs entières et dont le résultat est donné par la table de vérité :

	0	1
0	0	1
1	1	0

Ou logique	Opération issue de la logique booléenne qui s'effectue bit à bit sur des valeurs entières et dont le résultat est donné par la table de vérité :

	0	1
0	0	1
1	1	1

Peek	Instruction ou programme servant à lire le contenu d'une ou plusieurs cases-mémoire situées à partir d'une adresse donnée.
Pile	Source d'énergie de la HP48 mais aussi système de stockage temporaire de données dont le contenu est affiché sur la partie centrale de l'écran et sur lequel est basé le principe de la notation polonaise inversée.
Poke	Instruction ou programme servant à écrire une ou plusieurs cases-mémoire situées à partir d'une adresse donnée.
Processeur	Voir microprocesseur.
Prologue	Groupe de 5 quartets identifiant l'objet débutant par ces quartets.
Quartet	Case-mémoire élémentaire de 4 bits (valeur comprise entre 0 et 15 [décimal], entre 0 et F [hexadécimal]).
RAM	Random Acces Memory ou mémoire-vive : circuit électronique pouvant stocker des informations (modifiables), zone-mémoire contenant des informations modifiables.
Registre	Une mémoire du microprocesseur. Ne contient que des entiers positifs ou nuls.

ROM	Read Only Memory ou mémoire morte : circuit électronique stockant des informations (non modifiables), zone-mémoire contenant des informations non-modifiables (la Rom contient les programmes machine des instructions RPL).
RS232c	Standard d'échange de données.
Table de vérité	Tableau donnant le résultat d'une opération booléenne en fonction des données initiales (voir "Et logique", "Ou exclusif" et "Ou logique").
XOR	Voir "Ou exclusif".

Glossaire

Index

---

www.ingramcontent.com/pod-product-compliance
Lightning Source LLC
LaVergne TN
LVHW062259060326
832902LV00013B/1956

* 9 7 8 2 8 7 8 9 2 0 0 6 2 *